CO-EFN-409

BEITRÄGE ZUR HISTORISCHEN THEOLOGIE

Herausgegeben von Johannes Wallmann

68

Humanistische Evangelienauslegung

Desiderius Erasmus von Rotterdam
als Ausleger der Evangelien
in seinen Paraphrasen

von

Friedhelm Krüger

J. C. B. Mohr (Paul Siebeck) Tübingen 1986

Als Habilitationsschrift auf Empfehlung der Theologischen Fakultät
der Friedrich-Alexander-Universität Erlangen-Nürnberg gedruckt mit Unterstützung
der Deutschen Forschungsgemeinschaft.

CIP-Kurztitelaufnahme der Deutschen Bibliothek

Krüger, Friedhelm:
Humanistische Evangelienauslegung: Desiderius Erasmus von Rotterdam als
Ausleger d. Evangelien in seinen Paraphrasen / von Friedhelm Krüger. –
Tübingen: Mohr, 1986.
  (Beiträge zur historischen Theologie; 68)
  ISBN 3-16-144975-4
  ISSN 0340-6741
NE: GT

© J. C. B. Mohr (Paul Siebeck) Tübingen 1986.

Das Werk einschließlich aller seiner Teile ist urheberrechtlich geschützt. Jede Verwertung
außerhalb der engen Grenzen des Urheberrechtsgesetzes ist ohne Zustimmung des Verlags
unzulässig. Das gilt insbesondere für Vervielfältigungen, Übersetzungen, Mikroverfil-
mungen und die Einspeicherung und Verarbeitung in elektronischen Systemen.

Satz und Druck von Gulde-Druck GmbH, Tübingen; Einband von Heinrich Koch,
Großbuchbinderei, Tübingen,

Printed in Germany

Für Mechthild
und Jan-Christof
für meine Mutter

»*Praecipuus theologorum scopus est
sapienter enarrare divinas litteras.*«

Erasmus,
Ratio seu Methodus (1519)

»*Scriptura divina lacte alit pusillos,
et tamen nemo eousque profecit,
ut illius profunditatem assequi possit.*«

Erasmus,
Apologia adversus debacchantiones Sutoria (1525)

Vorwort

Mit dieser Arbeit liegt das Ergebnis eines mehrjährigen Studiums vor, das mich neben meinen verschiedenen beruflichen Aufgabenbereichen immer wieder gefesselt hat. Neuland zu betreten, ist stets ein Wagnis. Den »anderen« Erasmus, hinter dem Humanisten und Literaten gerade den Theologen als Ausleger der Schrift aufzuspüren, hat mich gereizt, besonders da die Erasmusforschung an diesem Erasmus bisher vorübergegangen ist. Bevor nicht die restlichen Paraphrasen und die Auslegungen der Psalmen untersucht worden sind, ist jedes abschließende Urteil verfrüht.

Die vorliegende Untersuchung ist im Sommersemester 1980 von der theologischen Fakultät der Friedrich-Alexander-Universität Erlangen–Nürnberg als Habilitationsschrift angenommen worden. Herrn Landesbischof Prof. Dr. Gerhard Müller habe ich vor allen für seinen fachlichen Rat und seine Unterstützung aufrichtig zu danken. Einen nicht unerheblichen Teil der Förderung meiner Arbeit verdanke ich Herrn Prof. D. Dr. Walther von Loewenich und Herrn Prof. Dr. Cornelis Augustijn, dessen Urteil als Erasmuskenner mir Bestätigung und Ermunterung zugleich war, den eingeschlagenen Forschungsweg weiter zu verfolgen.

In den Jahren, in denen ich mich mit Erasmus beschäftigte, wurde mir von vielen Seiten Rat und Hilfe zuteil. Gern denke ich zurück an die intensiven Seminardiskussionen mit den Studenten und an die vielen, an Gewinn reichen Gespräche mit Sachkennern zum Thema, die mich weitergebracht haben. Danken möchte ich Herrn Prof. D. Dr. Robert Stupperich, in dem ich immer einen bereitwilligen, kenntnisreichen und stets aufgeschlossenen Gesprächspartner gefunden habe, wie auch Herrn Prof. Dr. Wilhelm Neuser für seine kritische Begleitung.

Ohne die freundliche Hilfsbereitschaft vieler Biliotheken, besonders auch der Bibliothek der gemeente Rotterdam wäre die Fertigstellung dieses Bandes nicht möglich gewesen. Wertvolle finanzielle Unterstützung habe ich durch einen Druckkostenzuschuß von der Deutschen Forschungsgemeinschaft erfahren, der ich zu Dank verpflichtet bin. Ein besonderes Wort des Dankes gilt Herrn Prof. Dr. Johannes Wallmann, daß er die Aufnahme meiner Arbeit in die Reihe der »Beiträge zur historischen Theologie« befürwortet hat.

Schließlich gilt mein Dank auch meiner Frau, die nicht nur die Korrekturen mitgelesen, sondern auch durch ihr Verständnis und die Gestaltung der häuslichen Atmosphäre dazu beigetragen hat, mir eine kontinuierliche wissenschaftliche Arbeit zu ermöglichen.

Bielefeld, am 30. Dezember 1985   Friedhelm Krüger

Inhalt

Vorwort V

1. *Einleitung*
   1.1 Problemlage 1
   1.2 Aufgabenstellung und Methode der vorliegenden
       Untersuchung 4

2. *Der Weg zur Schrift*
   2.1 Die Restauration der »alten und wahren« Theologie 12
   2.2 Die Hinwendung zur Schrift 15
   2.3 Von der Schrift zum Text 19
   2.4 Das Novum Instrumentum 21
   2.5 Die Paraphrasierung der Schrift 23

3. *Die Grundstruktur erasmischen Denkens*
   3.1 Das erasmische System 29
   3.2 Der Gottesgedanke 32
   3.3 Gott und Welt 35
   3.4 Der Mensch zwischen Gott und Welt 40
   3.5 Die erasmische Ontologie 43

4. *Die Theologie des Wortes*
   4.1 Die Funktion literarischer Überlieferung 47
   4.2 Die Inverbation Christi 49
   4.3 Die Doppelstruktur des Wortes 53

5. *Evangelium und Geschichte*
   5.1 Das erasmische Geschichtsverständnis 60
   5.2 Orbis totius Christi fabulae 62
   5.3 Die christozentrische Interpretation
       der evangelischen Geschichte 64

	5.4	Die Christusoffenbarung in der Geschichte	66
	5.5	Die Transparenz der evangelischen Geschichte	72
6.	*Die erasmische Allegorese*		
	6.1	Sensus litteralis und sensus spiritualis	80
	6.2	Die Funktion der Allegorese	86
	6.3	Die Grenzen der Allegorese	93
	6.4	Die Disposition des Verstehenden	97
	6.5	Schriftauslegung und Allegorese	100
	6.6	Die allegorische Deutung der evangelischen Geschichte	103
	6.7	Die Allegorese im Dienst der Ekklesiologie	109
	6.8	Das Wort in Gesetz und Evangelium als Ziel der Allegorese	117
	6.9	Die analogia spiritualis	123
7.	*Die tropologische Auslegung*		
	7.1	Sensus historicus und sensus tropologicus	131
	7.2	Die tropologische Evangelien-Auslegung	132
	7.3	Der ekklesiologische Aspekt tropologischer Auslegung	134
	7.4	Beati vivendi rationes	140
	7.5	Lehre und Leben	144
	7.6	Allegorese und Tropologese in ihrer ekklesiologischen Relevanz	148
8.	*Die erasmische Gleichnisauslegung*		
	8.1	Das Gleichnis als Sonderfall	151
	8.2	Der Sinn der Gleichnisrede	153
	8.3	Die Allegorese der Gleichnisse Lk 10,25–37 u. Lk 15,18–32	160
	8.4	Die allegorische Deutung der übrigen Gleichnisse	170
	8.5	Die tropologische Deutung	171
	8.6	Die Krisisgleichnisse	173
	8.7	Der Verweischarakter der Gleichnisse	175
9.	*Die Auslegung von Matthäus 5–7*		
	9.1	Das Kompendium der »dogmata« Christi	177
	9.2	Praecepta oder consilia	180
	9.3	Predigt als Lehre	183
	9.4	Die evangelische Tugend	185
	9.5	Der neue Mensch	187
	9.6	Die Erfüllbarkeit der Forderung	191

	9.7 »Vernünftige« Auslegung	198
	9.8 Erasmus als Ausleger der Bergpredigt	201
10.	*Evangelium und Politik*	
	10.1 Das Evangelium als Herausforderung der Herrscher zum Frieden	205
	10.2 Das Bild des christlichen Fürsten	208
	10.3 Das Gegenbild eines christlichen Fürsten	214
	10.4 Der Christ in seinem Verhältnis zum Staat	218
	10.5 Der Krieg	223
	10.6 Die Ursache des Krieges	226
	10.7 Christus, das Bild des Friedens	229
	10.8 Zwischen Evangelium und Politik	234
11.	*Zusammenfassung der wichtigsten Ergebnisse*	239
	Literaturverzeichnis	247
	Bibelstellenregister	255

1. Einleitung

1.1 Problemlage

Vor nunmehr fast zwanzig Jahren hat Roland H. Bainton in einem Aufsatz das Schattendasein beklagt, das die Paraphrasen in der Erasmusforschung so lange geführt haben. „Die Paraphrasen des Erasmus haben nie die ihnen gebührende Beachtung erfahren"[1]. Die seither vergangenen Jahre haben dieses Urteil nicht Lügen gestraft. Es ist seitdem eine Reihe von wichtigen, bedeutsamen und ertragreichen Monographien sowie Beiträgen zu Erasmus erschienen[2], doch nur einige wenige Aufsätze gehen auf die Paraphrasen ein, und wenn, dann hauptsächlich im Blick auf die Paraphrase zum Römerbrief oder unter dem Gesichtspunkt der Stellung des Erasmus zur Reformation und zur reformatorischen Rechtfertigungslehre[3]. Wiederum hat man die Paraphrasen zu den Evangelien links liegenlassen. Während die sicherlich sehr bedeutsamen Vorworte zu den Paraphrasen eine Untersuchung der in ihnen sich spiegelnden Re-

---

[1] „The Paraphrase of Erasmus have never received their due" (BAINTON, The Paraphrases, S. 67).

[2] KOHLS, Die Theologie des Erasmus; ders. Luther oder Erasmus; PAYNE, Erasmus. The Theology of the Sacraments; TRACY, Erasmus. The Growth of a Mind; RABIL, Erasmus and the New Testament; HOFFMANN, Erkenntnis und Verwirklichung; WINKLER, Erasmus von Rotterdam und die Einleitungsschriften zum Neuen Testament; KERLEN, Assertio, um nur einige aus der Fülle zu nennen. Die nach Abschluß der Arbeit 1977 erschienenen Beiträge konnten nicht mehr berücksichtigt werden. Hier wären im Blick auf vorliegende Thematik besonders zu nennen: John B. PAYNE, The Significance of Lutheranizing Changes in Erasmus' Interpretation of Paul's Letters to the Romans and Galatians in his Annotationes (1527) and Paraphrases (1532). Histoire de l'exégèse au XVIe siècle. Textes du Colloque International tenu à Genève en 1976, Genf 1978 (Etudes de Philologie et d'Histoire 34), S. 312–330. – Irmgard BEZZEL, Erasmusdrucke des 16. Jh. in bayerischen Bibliotheken, Stuttgart 1979. – Bruce Mansfield, Phoenix of His Age. Interpretations of Erasmus c 1550–1750, Toronto-Buffalo-London 1979. – Cornelis REEDIJK, Tandem bona causa triumphat. Zur Geschichte des Gesamtwerkes des Erasmus von Rotterdam, Basel-Stuttgart 1980 (Vortr. der Aeneas-Silvius-Stiftung an der Univ. Basel 16). – Heinz HOLECZEK, Erasmus deutsch. Bd. 1: Die volkssprachliche Rezeption des Erasmus von Rotterdam in der reformatorischen Öffentlichkeit, Stuttgart-Bad Cannstatt 1983.

[3] PADBERG, Glaubenstheologie und Glaubensverkündigung...; KLEINHANS, Luther und Erasmus; PAYNE, Luther and Lefèvre d'Étaples as Interpreters of Paul.

formideen erfahren haben[4], hat sich das Interesse bisher noch nicht den Paraphrasen zu den Evangelien selbst zugewandt, obwohl Erasmus in der Paraphrasierung der Evangelien eine besondere Aufgabe vor sich sah, von deren Übernahme ihn zunächst eine gewisse Scheu, wie er selbst bekennt, zurückgehalten hat[5]. Beachtet man die Zentralstellung, die Erasmus gerade der Bedeutung der Evangelien für seine Theologie einräumt, dann erstaunt die Nichtbeachtung dieser Evangelien-Paraphrasen durch die Forschung umsomehr.

Zudem konnte der biblische Charakter der Erasmischen Theologie nicht übersehen werden und wurde es auch nicht. Auer stellte Erasmus als einen „Bibeltheologen" heraus[6], und Kohls kennzeichnete seine Theologie als „Schrifttheologie"[7]. Es dürfte kein Zweifel bestehen, daß mit dieser Charakterisierung ein bedeutsamer Wesenszug Erasmischer Theologie getroffen worden ist. Erasmus selbst will Schrifttheologe sein. Im Dezember 1504 schreibt er an Colet, daß er mit vollen Segeln zur Schrift eile und ihn alles anekele, was ihn von dieser Arbeit abhalte[8]. Diesen Entschluß sollte er nicht mehr rückgängig machen. Für Erasmus wird die Schrift und besonders das Neue Testament etwas Absolutes[9]. Kohls findet zu seinem Urteil, obwohl der von ihm zugrundegelegte Schriftenkanon nur drei Frühschriften umfaßt, von denen keine der Schriftauslegung gewidmet ist. Erasmus wird ein Schrifttheologe genannt, weil er den Anspruch erhebt, ein solcher zu sein. Seine Schriftauffassung wird zu ermitteln gesucht. Wo Erasmus die Schrift zitiert, wird das häufig vermerkt, eine systematische Aufarbeitung des Phänomens findet aber nicht statt. Dafür wird die Schrifttheologie des Erasmus, die Kohls als Einheit und Zentrum der Ganzheit des Erasmischen Denkens und Wollens erkennt, von ihm inhaltlich bestimmt als eingespannt in ein universal christozentrisches System und heilsgeschichtlich strukturiert durch das „gänzlich biblisch-exegetisch fundierte Exitus-Reditus-Schema"[10]. Im Mittelpunkt der Erasmischen Theologie steht nach Kohls die Theologia crucis, in der der paränetische Imperativ zur Kreuzesnachfolge vom vorgegebenen Indikativ der in Christus persönlich geschenkten Heilsgüter begründet wird[11]. Damit ist Erasmus im Grundsatz zum reformatorischen Theologen geweiht. Doch die Kritik an dieser Posi-

---

[4] COPPENS, Les idées réformistes d'Érasme dans les préfaces aux paraphrases du Nouveau Testament; BAINTON, The Paraphrases.
[5] Ep. 1255,29–33, Allen V, S. 5.
[6] AUER, u. a. S. 49 u. 139 ff.
[7] KOHLS, Theologie, S. 68, 142 f., 196 ff. u. ö.
[8] Ep. 181,24–26, Allen I, S. 404.
[9] STUPPERICH, Die theologische Neuorientierung, S. 151.
[10] KOHLS, Theologie, S. 193.
[11] Ebd. S. 107.

tionsbestimmung Kohls ließ nicht lange auf sich warten. Und inzwischen hat Kohls zwischen die beiden Schrifttheologen Luther „und" Erasmus wieder ein „oder" gesetzt, um offenbar damit deutlich zu machen, daß die Charakterisierung einer Theologie als „Schrifttheologie" den Ansatz eher verschleiern als transparent machen kann.

Payne und Hoffmann halten Kohls mit Recht entgegen, er habe mit seiner These von der fast ausschließlich „heils"-geschichtlich und „heils"-theologisch orientierten Theologie seine Quellen überinterpretiert, die Quellenbasis zu schmal gewählt und damit den theologischen Ansatz des Erasmus verzeichnet[12].

Unter dem Einfluß seiner generellen Fehlinterpretation steht dann auch das von Kohls vorgetragene Verständnis der Erasmischen Schriftauffassung. Zwar bestimmt Kohls mit Erasmus als das hermeneutische Prinzip die Scheidung von caro und spiritus der Schrift, doch setzt er ganz offensichtlich bei Erasmus ein biblisch-paulinisches Verständnis dieser Antithese voraus, das ihm dann sogar erlaubt, als die Mitte der Erasmischen Schriftinterpretation das paulinische Wort vom Kreuz festzumachen[13]. Doch hier sind nun Fragezeichen zu setzen. Interpretiert Erasmus die paulinische Anthropologie nicht im Lichte einer platonisch gefärbten Kosmologie, indem er „Fleisch" und „Geist" mit der visiblen und intelligiblen Welt in Beziehung setzt? Jeder Interpret der Theologie des Erasmus muß sich fragen, was es für seinen theologischen Ansatz heißt, daß Erasmus die paulinische Anthropologie mit der platonischen deckungsgleich sieht[14]. Die Klärung dieses Problems ist umso bedeutsamer, als es hier nicht nur um das Verständnis der Anthropologie geht, sondern um die Strukturierung der gesamten Theologie des Rotterdamers, denn die Schrift hat ebenso teil an dieser antithetischen Grundstruktur. Ihre inhaltliche Bestimmung entscheidet auch über das Verständnis der Erasmischen Hermeneutik. Seit Rudolf Pfeiffer es 1936 abgelehnt hatte, bei Erasmus von einer sogenannten „Hermeneutik" zu sprechen[15], hat die Diskussion um die Angemessenheit dieses Urteils nicht verstummen wollen. Auch Kohls hat die Ansicht Pfeiffers unterstützt, ein hermeneutisches System habe Erasmus nicht gegeben und auch nicht geben wollen[16]. Der Streit um diese Frage wird so lange ergebnis- und nutzlos fortgesetzt werden können, wie man sich nicht über den Begriff der Hermeneutik einig wird. Die Diskussion sollte aber nicht um Begriffe

---

[12] SCHOTTENLOHER, Besprechung „Kohls", S. 250f.; PAYNE, Sacraments, S. 249, Anm. 1; ders. Toward the Hermeneutics, S. 17, Anm. 17; HOFFMANN, S. 7f. Anm. 16, ebd. S. 181, Anm. 122 u. ö.
[13] KOHLS, Theologie, S. 139.
[14] Enchiridion, Holb. 47,28–32.
[15] PFEIFFER, Besprechung Holborn, S. 628.
[16] KOHLS, Theologie, S. 141, Bd. II Anmerkungen, S. 131.

und ihre Anwendung, sondern um die Sache der Erasmischen Theologie und ihre Systematik geführt werden. Zwar macht es Erasmus seinen Interpreten nicht leicht, da er ihnen keine Schrift zur systematischen Theologie hinterlassen hat. Wenn man aber erkennt, daß die z. T. noch so disparat erscheinenden Gedanken und Aussagen eine im letzten sie verbindende Systematik zusammenhält und dieses System auch die Prinzipien des Schriftverständnisses und ihrer Auslegung bestimmt, dann stellt sich mit Notwendigkeit die Aufgabe, diese in den Schriften des Erasmus latente, fundamentaltheologische Methodologie zu erheben. Hoffmann hat das Problem durchaus scharf gesehen und ihm seinerseits tatkräftig und – wie ich meine mit Erfolg – nachzugehen versucht. Für die Erasmusforschung aber heißt das, daß sie jetzt an einen Punkt gelangt ist, an dem die Untersuchung von Einzelproblemen Erasmischer Theologie nicht mehr unter Absehung von grundsätzlichen Fragestellungen geschehen darf, so sehr sich die dann gewonnenen Detailergebnisse als Korrektive des entworfenen Ansatzes im einzelnen wiederum erweisen mögen.

1.2 Aufgabenstellung und Methode der vorliegenden Untersuchung

Die *Paraphrasen* zu den vier Evangelien sind nacheinander in der kurzen Zeit von etwa zwei Jahren zwischen Dezember 1521 und Dezember 1523 entstanden. Äußerlich gesehen waren es für Erasmus Jahre der Stetigkeit ruhigen, intensiven Arbeitens und einer stabilitas loci von gut acht Jahren in Basel (1521–1529). Mehr und mehr wurden diese Jahre jedoch überschattet von dem sich nun steigernden und ausbreitenden Religionskonflikt und dem Ausbruch neuer kriegerischer Auseinandersetzungen. Erasmus hatte der Welt sein Reformprogramm unterbreitet, nun trat es in das Stadium seiner Bewährung. Man kann heute in der Erasmusforschung von dem allgemeinen Konsens ausgehen, daß Erasmus nach seiner Rückkehr von seinem dritten Englandaufenthalt (1509–1514) in die entscheidende Phase seiner Entwicklung eintritt. Ohne Zweifel steht die Herausgabe des griechischen Neuen Testaments mit den diese Ausgabe begleitenden Schriften im Zentrum seines Werkes. Diese sogenannten *Einleitungsschriften* sind für das Verständnis der philosophia Christi von ausschlaggebender Bedeutung. Unter ihnen nimmt die *Ratio* schon insofern eine Sonderstellung ein, als sie auf dem Wege der Erweiterung aus der Methodus hervorging, z. T. selbständig veröffentlicht wurde und in den Jahren von 1519 bis 1523 fünfmal revidiert worden ist. Sie war für Erasmus offenbar von besonderer Wichtigkeit. Ihrem Charakter nach ist die Ratio eine theologische Methodenlehre, sie formuliert das theologische Programm des Erasmus und versteht sich als Anweisung, welchen Weg der Theologe, besonders aber der Anfänger einzuschlagen hat, um zur „wahren Theologie" zu gelangen. Da die „wahre Theologie" in der Schrift beschlossen liegt, stehen im Mittelpunkt der Ratio hermeneutische Lehrsätze und exegetische Regeln zur Interpretation der Heiligen Schrift, die z. T. an Beispielen und in Musterexegesen vorgeführt werden.

Es gehört wohl zu den großen Überraschungen, mit denen die Erasmusforschung aufwarten kann, daß man sich von diesen Anweisungen des Erasmus zur Schriftinterpretation nicht eben in seine eigene *Schriftauslegung* hat einführen lassen, um gewissermaßen „vor Ort" seine mehr theoretisch gehaltenen Ausführungen in der Ratio an der in der Praxis geübten Auslegung in den Paraphrasen zu überprüfen und zu kontrollieren, ob und inwieweit Erasmus seinen eigenen Zielsetzungen gefolgt ist. Der Frage ist nachzugehen, ob Erasmus die von ihm entwickelten Grundsätze in der praktischen Auslegung selbst zur Anwendung gebracht hat, ob sich ihnen gegenüber der Evangelienstoff nicht vielleicht doch als zu sperrig, bzw. zu eigendynamisch erwies, um sich z. B. gewissen Generalisierungstendenzen unterzuordnen. Im Detail mögen Nuancierungen, bzw. Änderungen notwendig geworden sein. Schließlich war Erasmus sensitiv genug, um der Eigenart des einzelnen Evangeliums Rechnung zu tragen.

Während Erasmus nach den Äußerungen im *Enchiridion* und den Einleitungsschriften zum Neuen Testament als entschiedener Verfechter einer massiven *Allegorese* beurteilt wird, ist auch hier die Probe aufs Exempel noch nicht gemacht worden. Dabei dürfte es weniger interessant sein, die einzelnen allegorischen Motive auf ihre Herkunft zu untersuchen, zumal viele Allegorien Gemeingut der patristischen Auslegung sind, als vielmehr den Fragen nachzugehen, welche Bedeutung, bzw. Funktion die Allegorese für die Erasmische Interpretation hat, worin er das Recht der Möglichkeit zur Allegorese begründet sieht, in welchem Umfang und zu welchem Zweck er allegorisiert, welche Grenzen er zieht, wie das Verhältnis zum sensus litteralis und anderen Interpretationsmodi bestimmt wird. Diese und ähnliche Fragen sind umfassend nur von den Auslegungsschriften her zu beantworten. Von dieser Basis sind aber auch wiederum Rückschlüsse auf die gesamte Theologie möglich. SPITZ hat eine bisher in der Erasmusforschung kaum beherzigte Wahrheit ausgesprochen: „Ein Verständnis der biblischen Exegese des Erasmus liefert den besten Schlüssel zu seiner Theologie in ihrer Gesamtheit. Gerade wie man Augustins reife Theologie nicht einfach von seinen frühen neuplatonischen Schriften, noch die Calvins ausschließlich aus der Institutio ableiten kann, so kann man den ganzen Erasmus nicht erfassen aufgrund einiger weniger gemeinhin zitierter Traktate"[17].

---
[17] SPITZ, S. 216.

Angesichts der Fülle des Materials muß die Darstellung einen Mittelweg einzuschlagen suchen, der einerseits, wenn nötig, zwar ins exegetische Detail führt, sich jedoch nicht darin verliert, zum anderen aber immer wieder die Einzeluntersuchungen in den größeren Zusammenhang des Erasmischen Systems hineinstellt, um das Einzelergebnis voll würdigen zu können, ohne es unter- oder überzubewerten. Somit haben die induktive und die deduktive Methode je an ihrem Ort ihre eigene Berechtigung, doch führen sie erst im aufeinander abgestimmten Zusammenspiel zu befriedigenden Ergebnissen. Obwohl sich mit Rücksicht auf die zu behandelnden Auslegungsschriften der Paraphrasen zunächst die induktive Methode als die angemessene anbietet und auf diesem Wege auch in die Untersuchung eingestiegen wurde, empfiehlt es sich, die Darstellung mit der deduktiven Verfahrensweise zu eröffnen, um gleichsam den Rahmen anzugeben, in den die Einzelbeobachtungen und -aussagen einzufügen sind. Es schien daher geboten, eine Orientierung über die allgemeinen Strukturen Erasmischen Denkens, über das sein Denken prägende *Seins-, Welt-* und *Menschenverständnis* als Prolegomena voranzustellen. In diesem Sinne der Erasmischen Vorstellung von einer Universalordnung, die alles Seiende durchwaltet, die Natur ebenso wie den Menschen und das Wort, ist der Begriff der *Ontologie* gebraucht. Hier war über die sonst angezogenen Schriften hinaus auf das Enchiridion zurückzugreifen, dem allein deswegen schon ein Mitspracherecht zusteht, weil Erasmus es 1518, mit einem Widmungsbrief an Paul Volz versehen, erneut herausgebracht und damit seine bleibende Aktualität unterstrichen hat.

Schriftauslegung setzt ein bestimmtes *Schriftverständnis* voraus, ob es nun latent bleibt oder thematisiert wird. Wenn das Wort als solches an der allgemeinen Ordnung der Dinge partizipiert, dann muß sich diese Grundbestimmung gerade auch für das Wort der Schrift entscheidend auswirken. Offenbarungsverständnis, Christologie und Anthropologie sind hier eng miteinander verschlungen. Je größer der Stellenwert ist, der dem Wort der Schrift beigemessen wird, desto höher wird die Bedeutung der Schriftauslegung eingestuft und mit umso entscheidenderem Nachdruck wird sie betrieben. Die christologischen Implikationen verlangen ein Eingehen auf die durch Christus qualifizierte Geschichte, in der das ewige Wort Wort und Mensch geworden ist. Ohne Ergebnisse der Untersuchung hier schon vorwegnehmen zu wollen, darf doch schon festgestellt werden, was sich auch dem flüchtigen Leser der Schriften des Erasmus einprägen muß, daß er dem Wort eine unvergleichlich große Prävalenz einräumt, eine Tatsache, die offenbar mit der Intellektualisierung seines Menschenbildes zusammenhängt. Für die Interpretation der evangelischen Geschichte heißt das, daß die Ereignisse zu den Reden, das Leben Christi zu seiner Lehre in Beziehung gesetzt werden müssen. Die

Formel des Erasmus „*Christus doctor et exemplar*" zeigt hier nur die generelle Tendenz an, wie Erasmus versucht, die evangelische Geschichte in die *philosophia Christi* zu integrieren. Da aber für Erasmus alles Geschehen Symbolcharakter hat, ist es Aufgabe des Auslegers, die Vielgestaltigkeit der Transparenz der evangelischen Geschichte aufzuzeigen, Aufgabe der Darstellung muß es sein, Signifikatives herauszustellen und die Schwerpunkte der Interpretation zu markieren.

Erasmus ist mit dem Makel des *Moralismus* behaftet, der schwerwiegendsten Invektive gegen ihn als Theologen, abgesehen von dem Vorwurf der Gottlosigkeit. Das ist im Grunde *Luthers Kritik* an Erasmus, die vielfältig wiederholt worden ist, die auch SCHLINGENSIEPEN 1929 noch einmal aufgegriffen hat, wenn er meint, die Erasmische Auslegung führe über eine „eudämonistisch-moralistische Linie" nicht hinaus[18]. So haben die Religionsgeschichtler bei Erasmus, „die einfache und undogmatische Moral der Bergpredigt"[19] (ihres eigenen sittlich-moralischen Verständnisses) im Zentrum seines Nachdenkens sehen zu können geglaubt. Da sie allerdings den Versuch der Nachprüfung ihrer Hypothese an der Auslegung der *Bergpredigt* durch Erasmus unterlassen haben, soll er hier nachgeholt werden. Wenn schon das Phänomen einer „undogmatischen Moral" an sich Probleme aufwirft, so erst recht die Behauptung, Erasmus habe eine solche vertreten. Auch hier ist wiederum die Frage nach der Einbettung aller Aussagen in ein vorgegebenes Koordinatensystem zu erörtern, und in diesem speziellen Fall das Verhältnis von Noetik und Ethik.

Die Aufgabe einer Paraphrase ist es, den Text ihrer Vorlage mit anderen, eben eigenen Worten nachzusprechen. Der Freiheit des Interpreten sind damit im Vergleich zum Kommentar und anderen Auslegungsformen weit engere Grenzen gesetzt und somit auch einem möglichen Gegenwartsbezug. Erasmus hat im vollen Bewußtsein dieser Beschränkung die Paraphrase als Interpretationsform gewählt, um auf diese Weise möglichst nahe an der philosophia Christi bleiben zu können und dem theologischen Streit zu entgehen. Obwohl er sich jedoch eng an das einmal gewählte Genus gehalten hat, kann er seine Handschrift natürlich nicht leugnen. Die Evangelien-Paraphrasen sind eingespannt in den Rahmen Erasmischer Denkstrukturen und selbstverständlich nicht ohne aktuellen Gegenwartsbezug. Das hat Erasmus schon allein dadurch verdeutlicht, daß er die Paraphrasen zu den vier Evangelien den vier maßgeblichen Herrschern mit dem Wunsch dedizierte, der evangelische Geist möge sie so verbinden, wie das Evangelienbuch durch seine Widmung ihre Namen vereine. Für Erasmus ist die *philosophia Christi* erst dann

---

[18] SCHLINGENSIEPEN, S. 44.
[19] WERNLE, Renaissance und Reformation, S. 69.

richtig verstanden, wenn ihre Ausstrahlung in den *gesellschaftlichen und politischen Bereich* erkannt worden ist. Viele Darstellungen unterschlagen ganz zu Unrecht diesen wichtigen und für das Verständnis des Erasmus so bedeutsamen Aspekt. Wo man allerdings allein von den sogen. *Friedensschriften* ausgeht, gelangt man sehr schnell in die Aporie, den absoluten Pazifisten mit einem Erasmus versöhnen zu müssen, dessen anfängliche Naivität in politicis angeblich der wachsenden Einsicht in einen politischen Pragmatismus weichen mußte. An diesem Punkt können gerade die Paraphrasen u. E. das Verständnis des vom Evangelium dimensionierten „politischen" Erasmus wesentlich vertiefen.

Die Paraphrasen sind Zeugnisse einer Zeit des Transitus im Leben des Erasmus. Er hatte den Zenit seiner Laufbahn bereits überschritten, als er sie niederschrieb. Sein Reformprogramm lag bereits vor, als Luthers Verständnis des Evangeliums die Welt zu erschüttern begann. Bevor sich Erasmus 1524 endgültig gegen Luther wandte, warb er ohne Unterlaß für seine Sache einer friedlichen Reform. Man wird nicht fehlgehen in der Annahme, daß die Paraphrasierung der Schrift selbst schon ein wesentliches Moment dieses Bemühens darstellt. Unter diesem Aspekt ist besonders die Auslegung in den Paraphrasen zu den Evangelien zu untersuchen. Wie die schöne Studie von FLITNER für Erasmus nachgewiesen hat, schwankt sein Charakterbild in der Geschichte[20]. Der Parteien Gunst und Haß haben in der Vergangenheit häufig genug sein Bild verzerrt und ihn in eine Ecke zu drängen oder ihn in das eigene Lager zu ziehen gesucht. Wie oft sah sich Erasmus von jenen Worten Huttens herausgefordert:

„Bekenn, Erasme, ob du ein Papist,
Ein Römer – oder evangelisch bist!
Kein drittes! Gib in klarem Stile dich!
Du kneifst die Lippen – Bist du unser? Sprich...!"[21]

Die *neuere Erasmusforschung* hat dieses Stadium einer geistigen Nötigung hinter sich gelassen, aus den Fehlern der Vergangenheit gelernt und bemüht sich, so vorurteilsfrei wie möglich zu arbeiten. Setzt man in Erasmus eine Potenz geistiger Selbständigkeit voraus, dann lautet das erste Gebot, ihn aus sich selbst heraus zu verstehen und nicht heterogene Kategorien an ihn heranzutragen. Darum ist es auch so bedeutsam, das Zentrum, die innere Einheit seines Denkens und Handelns zu orten. Nur von ihr her ist Erasmus angemessen zu verstehen und auszulegen. Dies kann natürlich nur geschehen unter Berücksichtigung seiner geistigen Wurzeln und der geistigen Welt, der er sich konfrontiert sah. Und doch dürfen sich alle diese Faktoren nicht so in den Vordergrund drängen, daß

---

[20] FLITNER, Erasmus im Urteil seiner Nachwelt.
[21] Conrad Ferdinand Meyer, Huttens letzte Tage, XXXIV Erasmus, in: Conrad Ferdinand Meyer, 1. Bd. hrsg. v. H. Schöffler, Stuttgart 1967, S. 288.

sie die geistige Individualität bis zur Unkenntlichkeit überlagern. Die Interrelation von geistiger Selbständigkeit und historischer Abhängigkeit ist wohlproportioniert zu halten, wenn Verzeichnungen verhindert werden sollen.

Ein Wort ist noch zu den Quellen zu sagen. Im Gegensatz z. B. zur Römerbrief-Paraphrase haben die Paraphrasen zu den Evangelien in den relativ wenigen Wiederauflagen bis zum Tode des Erasmus nur geringfügige Veränderungen erfahren. Im Ersterscheinungsjahr kamen meist kurz nacheinander mehrere Ausgaben in Folio und Oktav heraus. 1524 faßte dann eine Ausgabe alle vier Evangelien zusammen. Zehn Jahre später, in den Jahren 1534/35 brachte Froben in Basel noch einmal alle Evangelien-Paraphrasen einzeln heraus. Für ihren Erfolg spricht, daß sie gleich nach ihrem Erscheinen an verschiedenen Orten nachgedruckt und auch sofort in Teilen oder auch ganz übersetzt wurden[22]. Eine Untersuchung der Wirkungsgeschichte der Paraphrasen könnte sicher interessante Ergebnisse zutage fördern, zumal auch nach dem Bruch des Erasmus mit der Reformation in evangelischen Städten und Territorien Ausgaben und Übersetzungen, z. T. von namhaften Reformatoren besorgt, erschienen. Bekannt sind die Anerkennung und das Lob Bucers, der seinen Synoptiker-Kommentar offenbar nur erscheinen läßt, weil er den Eindruck hat, die Paraphrasen des Erasmus seien zu knapp ausgefallen[23]. Die Varianten in den einzelnen, von Erasmus besorgten Ausgaben sind minimal und durchgängig ohne theologischen Belang. So hat Erasmus z. B. in der Ausgabe der Johannes-Paraphrase von 1524 gegenüber der Erstausgabe ganze drei Stellen verändert und gegenüber dieser Ausgabe 1534 weitere fünf Stellen, allerdings nicht im Sinn einer Korrektur, sondern einer Verdeutlichung. Schließlich fand keine seiner Schriften eine so ungeteilte Anerkennung wie das Paraphraseon, doch wohl auch, weil er in den Paraphrasen nur Sprachrohr der Evangelien sein wollte und kontroverse theologische Themen auszuklammern wußte. Wegen der durchgängigen Einheitlichkeit der Textgestalt kann in dieser Untersuchung nach der Leidener Ausgabe zitiert werden, die den großen Vorteil hat, allgemein zugänglich zu sein.

---

[22] Vgl. vander HAEGHEN, Bibliotheca Erasmiana, 1re Série, S. 147ff. und die Introduktionen zu den Ep. 1255, 1333, 1381 u. 1400, Allen V.
[23] Martin Bucer, Synoptiker-Kommentar I, Vorrede f. 4a; vgl. auch Johannes-Kommentar f. 21 b.

2. Der Weg zur Schrift

2.1 Die Restauration der *„alten und wahren"* Theologie

Als Erasmus literarisch in Erscheinung tritt, ist er alles andere als ein *„Schrifttheologe"*, als er stirbt, kann er auf ein umfangreiches Oeuvre zurückblicken, das sich großenteils mit der Schrift selbst, ihrem Verständnis und ihrer Auslegung befaßt. Derselbe Mann, der in seinem letzten großen Werk, dem *Ecclesiastes,* eine Anweisung zum Predigen zu geben versuchte, hatte seine erste größere Jugendschrift, die „De contemptu mundi epistola" dem Gedanken einer Synthese von *Antike und Christentum* gewidmet, wie er überhaupt zunächst als ein an antiker Literatur und an Latinität Interessierter hervortritt. Man hat sich gefragt, wie es zu dieser Entwicklung gekommen ist, was bzw. wer sie veranlaßt hat, und hat dafür Gründe namhaft gemacht. Zweifellos markiert der erste England-Aufenthalt (1499–1500) eine entscheidende Station in der Entwicklung des Erasmus. Wenn darin auch alle Interpreten übereinstimmen, so ist man doch uneins über die Richtung der Wende, die der Weg des Humanisten von nun an genommen hat. Hat sich Erasmus in England von der Scholastik abgewandt[1], haben die englischen Freunde ihn für den *Neuplatonismus* aufgeschlossen[2], hat Colet Erasmus überhaupt erst zum Theologen gemacht[3] oder hat er ihn besonders für die Schrift

---

[1] Den Einfluß Colets auf Erasmus in der Abwendung von der Scholastik hat besonders RENAUDET herausgestellt, so etwa in: Etudes Erasmiennes, XVI, S. 196 und: Courants religieux et humanisme, S. 21.

[2] PUSINO, Der Einfluß Picos auf Erasmus (ZKG 46, 1927, S. 75–96), hat die These vertreten, daß Erasmus durch die englischen Humanisten für den Neuplatonismus aufgeschlossen wurde, ähnlich auch BAINTON, Erasmus, S. 61 ff.; etwas abgeschwächt KOHLS, Theologie, Bd. II, S. 76 f., Anm. 171. Wenn Bainton sagt, der Neuplatonismus habe die geistige Frömmigkeit des Erasmus nicht erst geschaffen, sondern verstärkt und neu getönt (s. o. ebd. S. 63), so muß wohl hinzugefügt werden, daß diese „geistige Frömmigkeit" auch vor dem Englandaufenthalt vom Platonismus nicht unberührt gewesen ist. Nicht in der Verstärkung vorhandener Prägungen, sondern in einer veränderten Ausrichtung liegt das Neue. Zum Nachweis eines schon frühen platonischen Einflusses vgl. RABIL, S. 21, Anm. 60.

[3] So z. B. AUER: „In England ist Erasmus zum Theologen geworden" (S. 44); ebenso BAUER (S. 186). Gegen eine solche These dürften allein schon die Herkunft des Erasmus aus der Devotio Moderna und u. a sein schon 1496 geäußerter Wunsch, das theologische Doktorat anzustreben (Ep. 48,22–24, Allen I, S. 159 f.), sprechen. Auch RABIL (S. 17) sieht

interessiert⁴? Eine einseitige Antwort wird hier am allerwenigsten die Sachlage treffen. Der herrschenden Scholastik brauchte Erasmus nicht mehr erst abspenstig gemacht, für den Neuplatonismus brauchte er nicht erst gewonnen zu werden. Als Theologe hatte er sich immer gefühlt, wollte er doch den theologischen Doktorgrad erwerben.

Sucht man nach dem neuen Impuls, den Erasmus in England erhalten haben könnte, so ist zunächst einmal seine Korrespondenz zu befragen. Was ihn nach seiner Rückkehr bewegt, erfahren wir aus einem Brief, den er auf der Flucht vor der Pest in Paris am 11. Dezember 1500 aus Orleans an Jakob Batt schreibt:

„Es ist unglaublich, wie ich darauf brenne, alle meine kleinen literarischen Arbeiten zum Abschluß zu bringen, gleichzeitig eine hinlängliche Fähigkeit im *Griechischen* zu erwerben und dann mich ganz den heiligen Schriften hinzugeben, die zu bearbeiten ich mir schon lange vorgenommen habe"⁵. Genau vier Jahre später (Dezember 1504) bekennt Erasmus in einem Brief an Colet, vor etwa drei Jahren etwas über den Römerbrief des Paulus geschrieben und auf Anhieb vier Bände fertiggestellt zu haben⁶. Das trifft in die Zeit kurz nach der Rückkehr von seinem ersten England-Aufenthalt. Wir erfahren in diesem Brief auch, warum Erasmus offenbar seine Arbeit am Römerbrief abgebrochen hat. Neben anderen Widrigkeiten hat ihn an einer Fortführung hauptsächlich gehindert, „daß ich allenthalben Griechischkenntnisse bei mir vermißte"⁷. Trotz allem: Erasmus hat nun ein Ziel vor Augen. „Es ist kaum zu sagen, wie ich mit allen Mitteln zu den heiligen Schriften eile und wie mich alles ekelt, was mich von ihnen wegruft oder fernhält"⁸. Wenn die Widrigkeiten beseitigt

---

schon in der Zeit vor dem ersten Englandaufenthalt des Erasmus sein theologisches Interesse (vgl. auch TRACY, S. 84, Anm. 4). Daß Erasmus unter dem Einfluß Colets eine Wende vollzogen hat, wird vielfach gesehen und betont (so schon MESTWERDT, S. 336; BÉNE, Erasme et Saint Augustin, S. 104ff. u. 189ff.; HUIZINGA, Erasmus, S. 32–34; PHILLIPS, Erasmus and the Northern Renaissance, S. 40–45). HYMA, Erasmus and the Oxford Reformers, 1493–1503 (S. 132–154), bestreitet einen besonderen Einfluß, weil er Erasmus ganz von der Devotio Moderna geprägt sieht.

⁴ „Erasmus erkannte seine Lebensaufgabe in der Hinwendung zur biblischen Theologie" (HOFFMANN, S. 33). So auch FALUDY, S. 82; SPITZ, S. 202; auch RABIL, S. 46. Zur ganzen Diskussion ist zu vergleichen HOFFMANN, S. 33–35 (bes. auch die Anmerkungen 83 u. 84).

⁵ „Incredibile dictu est quam mihi flagret animus omnes nostras lucubratiunculas ad vmbilicum ducere, simul Graecae facultatis mediocritatem quandam assequi, itaque deinde me totum arcanis literis dedere, ad quas tractandas iamdudum mihi gestit animus" (Ep. 138,44–48, Allen I, S. 321).

⁶ „Quanquam ante triennium ausus sum nescio, quid in epistolam Pauli ad Romanos, absoluique vno quasi impetu quatuor volumina; progressurus ni me quaedam auocassent; quorum illud praecipuum, quod passim Graeca desyderarem" (Ep. 181,31–34, Allen I, S. 404).

⁷ Ebd., s. o.

⁸ „Dici non queat, optime Colete, quam velis equisque properem ad sacras literas, quam omnia mihi fastidio sint quae illinc aut auocant aut etiam remorantur" (ebd. Z. 24–26).

sind, „dann will ich mich frei und von ganzem Herzen an die heiligen Schriften machen, um mein ganzes ferneres Leben ihnen zu weihen"[9].

Klarer kann das Bekenntnis seiner Absicht, sich der Heiligen Schrift zuwenden zu wollen, wohl nicht formuliert werden. Und sicher steht fest, daß Erasmus diesen Entschluß schon länger mit sich herumträgt, daß er sogar schon versucht hat, ihn in der Bearbeitung des Römerbriefs zu realisieren. Offensichtlich ist aber die Hinwendung zum Griechischen auch in diesem Zusammenhang zu sehen. Diese Aussagen führen uns zurück in die Zeit des England-Aufenthalts. Als Colet Erasmus damals gebeten hatte, Vorlesungen über Mose oder Jesaja zu halten, hatte er abgewehrt mit dem Hinweis auf seine ungenügende Ausrüstung für ein solches Unternehmen[10]. Seine Kräfte reichten nicht aus[11], und er fühle sich einer solchen Aufabe nicht gewachsen[12]. Daß dieses Gefühl der Inkompetenz seinen Grund in der mangelnden Kenntnis der biblischen Sprachen hat, dürfte außer Frage stehen, da Erasmus, gerade aus England zurückgekehrt, nichts Eiligeres zu tun hat, als Griechisch zu lernen. Im März 1500 schreibt er aus Paris an Batt: „Die Griechisch-Studien bringen mich fast um, aber ich gönne mir weder freie Zeit, noch habe ich Mittel, mir Bücher zu kaufen oder einen Sprachlehrer zu engagieren. Und bei allen diesen Sorgen habe ich kaum genug zum Leben. Das schulde ich meinen Studien"[13]. Erasmus zieht den Kauf griechischer Autoren dem von Kleidung vor[14]. Die Belege für das intensiv betriebene Griechisch-Studium häufen sich[15]. Als er bei der Arbeit am Römerbrief sein immer noch bestehendes sprachliches Ungenügen erfährt, spornt ihn das zu noch forcierteren Sprachstudien an[16].

Wenn diese Wendung zu den Sprachen durch den England-Aufenthalt initiiert ist – alle Anzeichen sprechen dafür – dann bleibt noch die Frage,

---

[9] „Deinde liber ac toto pectore diuinas literas aggrediar, in hiis reliquam omnem aetatem insumpturus" (ebd. Z. 29–31).

[10] „Ego vero qui mecum habitare didici, nec ignoro quam sit mihi curta suppellex, ..." (Ep. 108,79f., Allen I, S. 248); vgl. auch W. SCHWARZ, S. 120f. und RABIL, S. 46f., Anm. 26.

[11] Ebd. Z. 98.

[12] Ebd. Z. 100f.

[13] „Graecae literae animum meum propemodum enecant; verum neque ocium datur, neque suppetit quo libros aut praeceptoris operam redimam. Et dum haec omnia tumultuor, vix est vnde vitam sustineam; hoc literis nostris debemus" (Ep. 123,22–26, Allen I, S. 285).

[14] Ep. 124,62–64, Allen I, S. 288.

[15] Ebd.; Ep. 129,66–68, Allen I, S. 301; Ep. 131,2–4, Allen I, S. 305f.; Ep. 138,15–18, Allen I, S. 320; ebd. Z. 38–41, Allen I, S. 321; ebd. Z. 44–48; Ep. 139,110f., Allen I, S. 328; Ep. 143,36f., Allen I, S. 335f.; Ep. 149,9–26, Allen I, S. 352; ebd. Z. 65–68, Allen I, S. 353; Ep. 159,30–32, Allen I, S. 367; Ep. 172,9–12, Allen I, S. 381; Ep. 181,31–41, Allen I, S. 404f.; Ep. 188,1–11, Allen I, S. 418.

[16] Ep. 181,31–36, Allen I, S. 404f. s.o.

ob sich hier eine Einflußnahme personalisieren läßt. Soweit wir aus der Korrespondenz entnehmen können, hat für Erasmus John Colet im Mittelpunkt der geistigen Auseinandersetzung gestanden. Mit ihm diskutiert er exegetische Fragen der Genesis und Passionsgeschichte, mit ihm ist er sich einig in der Ablehnung der zeitgenössischen Theologie, die über ihren bloßen Spitzfindigkeiten und sophistischen Sticheleien in den Zustand verkalkter Vergreisung gekommen ist[17]. Aber mehr noch, in Colet begegnet ihm ein – wie er meint – Restaurator der *„alten und wahren"* Theologie. „Indem du mit diesem unbesiegbaren Menschengeschlecht (sc. einer schmutzigen und hochmütigen Theologenbande) den Kampf aufgenommen hast, um jene alte und wahre Theologie, die von den Spitzfindigkeiten jener Theologen angefüllt und durchflochten ist, in ihrem früheren Glanz und ihrer Würde nach deinem Vermögen wiederherzustellen, hast du, bei Gott eine in vieler Hinsicht sehr schöne, für die Theologie selbst aber eine sehr heilige Aufgabe übernommen..."[18]. Förderer seiner Bemühungen wird Colet in Oxford finden, meint Erasmus im weiteren Verlauf des Briefes, da alle Gelehrten dieser Hochschule die schon drei Jahre laufenden öffentlichen Vorlesungen Colets über die Paulinischen Briefe sehr interessiert verfolgt haben[19]. Es ist unschwer zu erkennen, worin Erasmus das gegenüber dem überkommenen Schulbetrieb Neuartige der Lehrweise Colets erblickt. Für die Oxforder Gelehrtenwelt wie für Erasmus besteht das Novum in der Hinwendung zur Schrifterklärung. Selbstverständlich hatte die Schrift auch zuvor nicht außerhalb seines Gesichtskreises gelegen, selbstverständlich machte er Vorbehalte gegenüber der Art, wie Colet seine Exegese betrieb, und gegenüber ihren Ergebnissen, beeindruckt war er aber offenbar von der Ernsthaftigkeit der Konzentration aller Kräfte auf die ursprünglichen Quellen der Theologie. Obwohl Colet seiner Erklärung die Vulgata zugrundelegte, beeindruckte er Erasmus doch offenbar dadurch, daß er die Schrift nicht als Steinbruch von dicta probantia für eine in ihren Fundamenten schriftferne Theologie mißbrauchte, sondern das paulinische Schrifttum gerade aus sich heraus und aus seiner historischen Situation zu verstehen suchte[20].

---

[17] „Quod neotericum hoc theologorum genus, qui meris argutiis et sophisticis cauillationibus insenescunt, tibi negas placere, ne tu mecum vehementer, mi Colete, sentis" (Ep. 108,20–22, Allen I, S. 246).

[18] „Quo cum hominum genere inexpugnabili qum tu, Colete, dimicationem susceperis, vt veterem illam ac veram theologiam istorum spinis obsitam implexamque in pristinum nitorem ac dignitatem pro tua virili restituas, prouinciam (ita me Deus amet) sumpsisti multis modis pulcherrimam, ipsius theologiae nomine piissimam, ... (Ep. 108,55–60, Allen I, S. 247).

[19] Ebd. Z. 64–68, Allen I, S. 247f.

[20] HARBISON, The Christian Scholar in the Age of the Reformation (S. 58), nennt die Vorlesung Colets über die paulin. Briefe einen Meilenstein in der Geschichte christlicher

Während sich Erasmus diese Intention zu eigen machte, erkannte er aber auch die Bedeutung der Sprachbarriere, die Colet mangels einschlägiger Sprachkenntnisse daran hinderte, das sich selbst gesteckte Ziel zu erreichen. Diese Einsicht beflügelte ihn zu seinen intensiv betriebenen Sprachstudien. Wie kann man sich, so klagt Erasmus 1501 Anton von Bergen, dem Geheimnis der Theologie auch nur von ferne nähern, wenn man des Griechischen unkundig ist, weil die Übersetzer sklavisch gearbeitet haben, und so gar nicht ausgerüstet ist, um zum *sensus literalis* vorstoßen zu können[21]. Hier schließt sich für Erasmus der Kreis. Weil er sich, von Colet veranlaßt, wie dieser der Interpretation der Schrift zuwenden will, lernt Erasmus im Gegensatz zu ihm Griechisch und erkennt so, über Colet hinaus sich noch weiter der Schrift nähernd, erst recht die Bedeutung seines Schrittes. Erneuerer der „alten und wahren" Theologie ist Colet für Erasmus darin, daß er die Theologie auf ihre ureigensten Quellen, auf die Schriften des Alten und Neuen Testaments, zurückzuführen sich bemüht.

Das bedeutet für Erasmus natürlich nicht die Aufgabe der Herausgeberschaft der antiken Klassiker, auch führt er seine Arbeit an den Vätern fort. Nur stehen alle diese Bemühungen von nun an unter einem geänderten Vorzeichen. Daß Erasmus die Begegnung mit Colet als eine Wende empfunden hat, bezeugt er selbst in dem schon mehrfach zitierten Brief an seinen englischen Freund, geschrieben während seines England-Aufenthalts im Oktober 1499. „Ich bin nicht hierher gekommen, um Poesie oder Rhetorik zu lehren, Dinge, die ihren Reiz für mich verloren haben, nachdem sie aufgehört haben, notwendig für mich zu sein. Gegen eine solche Aufgabe sträube ich mich, weil sie hinter meinem Vorhaben zurückbleibt, ... denn ich habe niemals eine Lehrtätigkeit im Bereich der weltlichen Literatur (wie man sagt) angestrebt"[22]. So scharf hatte sich Erasmus noch nie von der Beschäftigung mit den saeculares litterae abgegrenzt. Daß er diese Grenzlinie eingehalten und nicht ständig überschritten hätte, davon kann wahrlich keine Rede sein. Hat also Erasmus sich über sich selbst getäuscht? Die Arbeiten der folgenden Jahre beweisen, daß er an der Basis eine Kursänderung vorgenommen hatte, die an der Oberfläche noch nicht in der Entschiedenheit sichtbar wurde, wie er ihr in den Worten dieses Briefes von 1499 Ausdruck verlieh. HUIZINGA hat Erasmus hier wie auch in manch anderer Hinsicht ins Herz geschaut,

---

Theologie. Zu vergleichen ist auch FERGUSON, The Correspondence of Erasmus, Letters 1 to 141, S. 204, Anm. 2, Z. 76.

[21] Ep. 149,21–26, Allen I, S. 352.

[22] „Neque vero huc appulit vt poeticas aut rhetoricas litteras docerem, quae mihi dulces esse desierunt posteaquam desierunt esse necessariae. Hoc recuso quia minus est instituto meo, ... quippe qui saecularium (vt vocant) litterarum professionem nunquam prae me tulerim" (Ep. 108,95–100, Allen I, S. 248).

wenn er das noch Jahre sich hinziehende Schwanken so deutet: „Noch lange Jahre kann Erasmus, ohne daß wir ihm Heuchelei vorwerfen dürfen, nach Belieben und je nach seinem Interesse den Literator oder den Theologen herauskehren... Eine von jenen Besonderheiten der geistigen Entwicklung des Erasmus ist die, daß sie keine heftige Krisis kennt. Man findet ihn nie in jenem bitteren inneren Kampf, den die Allergrößten durchmachen. Sein Übergang von der literarischen zu einer religiösen Geisteshaltung hat nichts von einem Bekehrungsvorgang"[23].

2.2 Die Hinwendung zur Schrift

Wenn Erasmus in England einen entscheidenden Einfluß in der Ausrichtung auf die Bedeutung der Schrift erfahren hat, dann muß dieser seine Spuren in seinen Werken aus den Folgejahren hinterlassen haben. Während die Adagia, die Erasmus als nächste herausbringt, nichts von diesem Einfluß verraten, ist er im *Enchiridion* mit Händen zu greifen. „Im ‚Handbüchlein' spricht ein neuer Erasmus. Es ist die erste Frucht seines Englandaufenthaltes"[24]. Das „Handbuch des christlichen Streiters" empfiehlt als Waffen des geistlichen Kampfes Gebet und Wissen[25]. Während Erasmus das Gebet geradezu beiläufig behandelt, widmet er sein Hauptaugenmerk dem Wissen. Das hier angesprochene Wissen wird aber nicht als absolutes Wissen, als das Wissen überhaupt, etwa das philosophische Wissen definiert, sondern ganz konkret als das Wissen, das dem intensiven Studium der Heiligen Schriften entspringt[26]. Diese Art, Theologie zu treiben, kontrastiert der Methode der zeitgenössischen Theologie, die in ihrem Vertrauen auf Skotus die Heiligen Schriften übergehen zu können glaubt. Einer solchen Auffassung möchte sich Erasmus ganz entschieden widersetzen[27]. Weil die Schrift inspiriert ist[28], muß sie hochgeachtet[29] und ihr mit reinem Herzen begegnet werden[30]. Durch ihre Inspiration wird alles an der Schrift bis ins kleinste Detail hinein bedeutungsvoll und nachforschenswert, nichts ist überflüssig[31]. In dieser Kon-

---

[23] HUIZINGA, Erasmus, S. 33.
[24] So AUER, S. 53. Daß Erasmus erst im oder mit dem Enchiridion die Wende zur *Theologie* (Emphase von mir) vollzogen haben sollte (so z. B. AUER, S. 75, auch S. 62, ähnlich S. 53), scheint mir den Sachverhalt nicht zu treffen. Vgl. auch KOHLS, Theologie, Bd. II, S. 84f., Anm. 1. Während TRACY (S. 87) z. B. nur allgemein von einer neuen und theologischen Orientierung durch den Englandaufenthalt spricht, konkretisiert SPITZ (Religious Renaissance, S. 202) diese Wende m. E. zutreffend: „It was Colet who first inspired him to dedicate himself to theology, that is, to Biblical studies and patristics... Colet's influence is still to be found in the Enchiridion composed two years later."
[25] „Precatio et scientia", Enchiridion, Holb. 29,16.
[26] Ebd. 30, 26ff.; 31, 31ff.
[27] Ebd. 34, 1ff.
[28] Ebd. 30, 34f.
[29] Ebd. 33, 18ff.
[30] Ebd. Z. 13ff.
[31] Ebd. 31, 9ff.

zentration auf die Schrift schlägt sich unbezweifelbar die in England erfahrene Orientierung nieder wie auch die Tatsache, daß sich Erasmus infolgedessen zwischenzeitlich selbst an ein fleißiges Schriftstudium begeben hat, dessen Voraussetzung, die Kenntnis der biblischen Sprachen, sich anzueignen er gerade begonnen hat.

Es fällt auf, wie undifferenziert Erasmus von der Schrift oder den Heiligen Schriften noch spricht. Wesentlich erscheint ihm der Rückbezug auf die Schrift als solche, die Abstufungen der einzelnen Schriften wie Aussagen untereinander und gegeneinander fallen vorerst nicht ins Gewicht, werden vielleicht auch noch nicht so scharf gesehen. Wie *Jesaja* unter den Propheten, so nimmt *Paulus* unter den Aposteln eine Spitzenstellung ein, und beide sind getragen von einunddderselben Intention, vom Fleisch zum Geist zu rufen[32]. Neben Paulus steht das Evangelium, beide bezeugen offenbar dieselbe Botschaft[33], ein ausgeprägtes Gefälle wird noch nicht – wie später dann[34] – gesehen. Paulus steht neben dem Evangelisten *Johannes* oder den evangelischen Büchern, fast erweckt Erasmus den Eindruck, als wolle er den Apostel an absoluter Spitze placieren. Kontrolliert man nach der Ausgabe von HOLBORN die Anspielungen und Zitate aus den Evangelien, so werden sie an Zahl knapp von den Paulus-Zitaten überholt[35]. diese Auffälligkeit stimmt gut mit der Tatsache zusammen, daß Erasmus zu eben dieser Zeit mit der Kommentierung des Römerbriefs beschäftigt ist und sich offenbar auf Anregung von Colet in Paulus hineinarbeitet. Man versteht, warum ein kleines Erbauungstraktätchen (libellus)[36], ein Gelegenheitsschriftchen (res est casu nata)[37], für Erasmus selbst und die Darlegung seines Anliegens, wie auch für seine Zeitgenossen zu einer so hohen Bedeutung gelangen konnte. Gegenüber Colet hat Erasmus 1504 bekannt, daß Enchiridion nicht aus irgendeiner Art von Selbstherrlichkeit oder Prestigesucht geschrieben zu haben, „sondern nur zu dem einen Zweck, den allgemeinen Irrtum derer zu kurieren, die die Religion auf Zeremonien und äußerliche, beinahe mehr jüdische Riten gründen und seltsamerweise vernach-

---

[32] „Et si quis observaverit, animadvertet hoc unum esse, quo nos vocant inter prophetas praecipuus Isaias, inter apostolos Paulus, qui nulla paene epistola non hoc agit, non inculcat nihil fidendum esse carni, in spiritu esse vitam, libertatem, lumen, adoptionem et fructus illos optabiles, quos enumerat" (ebd. 72, 27–32).

[33] Vgl. etwa ebd. 34, 33 ff.

[34] In der Ratio (1520) wird Erasmus eine solche Abstufung vornehmen. „Nec fortassis absurdum fuerit in sacris quoque voluminibus ordinem auctoritatis aliquem constituere, id quod facere non est veritus Augustinus" (Holb. 211,10–12); vgl. auch ebd. 294, 8 ff. (1519).

[35] Etwa 170 Zitaten aus den paulinischen Briefen stehen 132 aus den Evangelien (Matthäus 74, Markus 0, Lukas 28 und Johannes 30) gegenüber.

[36] Erasmus an Johannes Botzheim (30. Jan. 1523), Allen I, S. 20, 12.

[37] Ebd. S. 19, 36.

lässigen, was zur wahren Frömmigkeit gehört"[38]. Schon in den die ältere Fassung des Enchiridion begleitenden Passagen hatte Erasmus den gleichen Gedanken zum Ausdruck gebracht, die Frömmigkeit nicht mit der Einhaltung von Speisegeboten, sonstigen Kultvorschriften oder der Beachtung von Äußerlichkeiten erfüllt zu sehen[39]. Nach seinem eigenen Urteil ging es Erasmus demnach im Enchiridion um die Verinnerlichung wahrer Frömmigkeit, um eine *Internalisation,* die zu dem als Kern erkannten Zentrum der Religion zurückzulenken sich bemüht. Obwohl hier verschiedene Motive wirksam gewesen sein mögen, die durch den *Neuplatonismus* beeinflußte Motivierung scheint dominant gewesen zu sein[40]. John Colet hatte Erasmus gelehrt, Paulus mit neuplatonischen Augen zu sehen. Im Enchiridion erscheinen die platonische und die paulinische Anthropologie annähernd deckungsgleich[41], denn Plato hat aufgrund göttlicher Eingebung das neutestamentliche Menschenverständnis, so wie es sich Erasmus darstellt, schon vorweggenommen[42]. Indem Erasmus diese Sicht, so sehr sie Paulus auch verzerrte, auf das ganze Neue Testament übertrug, leuchteten für ihn auch im außerpaulinischen Kanon eine Reihe von Aussagen auf, die ihm die gleiche Perspektive zu signalisieren schienen. Denn was für den Menschen Geltung haben sollte, mußte ebenso für das Ganze der sichtbaren wie unsichtbaren Welt zutreffen[43]. Und wie der Mensch das Ziel der eigenen Vergeistigung immer vor Augen haben sollte, so mußte überall das Gesetz zur Durchsetzung kommen, von den körperlichen Dingen sich zu lösen und sich dem Geistigen zuzuwenden[44].

Im Kontext dieser neuplatonisch bestimmten Gedankenwelt mußten dann nicht nur Worte des Paulus, die den Fleisch-Geist-Gegensatz und

---

[38] „Enchiridion non ad ostentationem ingenii aut eloquentiae conscripsi, verum ad hoc solum, vt mederer errori vulgo religionem constituentium in ceremoniis et obseruationibus pene plusquam Iudaicis rerum corporalium, earum quae ad pietatem pertinent mire negligentium" (Ep. 181,46ff., Allen I, S. 405).

[39] „Hoc modo commoneo, vt pietatem neque in cibo neque in cultu neque in vlla re visibili constituas, sed in iis quae tradidimus" (Ep. 164,30ff., Allen I, S. 374).

[40] BAINTON, Erasmus, S. 61–64 u. 73.

[41] Holb. 48, 13–17.

[42] Ebd. 43, 4ff.

[43] „Ergo in hoc est iter ad vitam spiritalem ac perfectam, si sensim assuescamus abduci ab iis, quae vere non sunt, rapiamurque ad illa, quae vere sunt aeterna, incommutabilia, sincera. Id quod vidit et Socrates, vir non tam lingua quam vita philosophus. Ait enim ita demum animam feliciter emigrare e corpore, si prius per philosophiam mortem fuerit diligenter meditata et multo ante per rerum corporalium contemptum et Spiritualium amorem ac contemplationem assueverit tamquam a corpore abesse" (ebd. 69, 3ff.).

[44] „Socrates autem in Phaedone Platonis cum nihil aliud putat esse philosophiam quam mortis meditationem, hoc est ut animus quantum potest abducat sese a rebus corporeis et sensibilibus transferatque ad ea, quae ratione, non sensibus percipiantur, cum Stoicis nimirum sentire videtur" (ebd. 45, 1ff.).

seine Überwindung ansprechen, eine besondere Bedeutung erlangen, sondern gerade auch Aussagen der Evangelien lebendig werden. Im 5. Kanon des Enchiridion gewinnt für Erasmus das Wort aus dem 6. Kapitel des Johannes-Evangeliums zentrales Interesse: „Der Geist ist es, der lebendig macht, das Fleisch hilft nichts" (Joh 6,64)[45]. Unter diesem Blickwinkel kommt Christus dort ins Bild, wo er sich gegen das jüdische Kult- und Zeremonialgesetz wendet, indem er es hinterfragt, so in den Sabbatheilungen und -streitgesprächen. Aber auch dort, wo er die religiös-nationalen oder familiären Bindungen relativiert bzw. ignoriert, spricht für Erasmus der gleiche Christus[46]. Wo er die nur äußerliche Verrichtung von Riten infrage stellt, ist das Ziel Christi die Vergeistigung der Religion. Im Verständnis des Erasmus kumuliert alles in der Aussage: „Gott ist Geist und die ihn anbeten, müssen ihn im Geist und in der Wahrheit anbeten" (Joh 4,23)[47]. Dieses von Erasmus in seiner Stringenz für ihn neu entdeckte Grundgesetz bezieht er selbstverständlich auch auf die Schrift, was schon allein das Wort des Paulus aus 2.Kor 3,6 nahelegt: „Der Buchstabe tötet, der Geist aber macht lebendig"[48]. Es ist deutlich, daß Erasmus Paulus hier nicht im Kontext seiner Argumentation zu verstehen sucht, sondern in stark generalisierender Weise einen paulinischen Satz zur allgemeinen, allgültigen Maxime erhebt, die im Erasmischen Verständnis eben auch für die Gegenwart ihre Geltung hat. Das aus der Schrift gewonnene Grundgesetz ist vor allem auch auf sie selbst anwendbar und darum zu ihrem eigentlichen Verständnis anzuwenden[49].

Damit hat Erasmus ein Materialprinzip gewonnen, das sich für ihn vornehmlich an Paulus und von einem vermeintlich adäquaten Paulusverständnis auch an Christus selbst verifizieren läßt. Sofern Christus in Lehre und Leben als Inkarnation dieses Materialprinzips gesehen wird, macht er den eigentlichen Inhalt der Schrift aus, wird die Schrift mit Christus identifiziert. Wie für das Studium der Heiligen Schrift muß auch für den Umgang mit den heidnischen Schriften als letzter Konvergenzpunkt Christus angenommen werden[50]. Der Gedanke von der *propädeutischen Funktion* der heidnischen *Antike,* den Erasmus schon in den Antibarbari ausgesprochen hatte[51], kommt auch im Enchiridion wieder zum

---

[45] Ebd. 72, 17f.
[46] Ebd. 72, 25–73, 6.
[47] Ebd. 85, 28.
[48] Ebd. 34, 34ff.
[49] Vgl. ebd. 34, 22ff.
[50] „Breviter omnem ethicam litteraturam delibare profuerit, si quidem id fiat, ut dixi, et annis idoneis et modice, tum cautim et cum delectu, deinde cursim et peregrinantis, non habitantis more, postremo, quod est praecipuum, si omnia ad Christum referantur" (ebd. 32, 28ff.).
[51] „Optimus igitur ille moderatur Christus cum suo seculo summi boni cognitionem peculiariter destinasset, proximis ante seculis id tribuendum putavit, quod ad summum bonum, proxime accederet, summam videlicet eruditionem" (LB X 1713 C).

Tragen, hier allerdings eindeutig auf die Schrift bezogen. „Jene Schriften (der heidnischen Philosophen) bilden und nähren einen jugendlichen Geist, sie bereiten ihn aber auch auf wunderbare Weise auf die Erkenntnis der göttlichen Schriften vor"[52]. Was diese Propädeutik der heidnischen Schriften betrifft, so nimmt Erasmus nun eine Differenzierung nach ihrer inhaltlichen wie formalen Seite vor. Wenn er von den Philosophen die platonischen besonders empfiehlt, dann deswegen, weil sie nicht nur mit den von ihnen vertretenen Ansichten, sondern auch in der Art, wie sie sie vertreten, also in ihrer Redeweise, der der Propheten und des Evangeliums am nächsten stehen[53]. In solchen Bemerkungen verrät sich bereits das scharf beobachtende Auge des Exegeten.

Wie die antike heidnische Literatur das Studium der heiligen Schriften vorbereitet, zu ihm hinführt und es fördert, so geschieht auch die Beschäftigung mit den *Vätern* nicht l'art pour l'art, sondern in der Abzwekkung auf ein besseres Verständnis der Schrift. Dabei rät Erasmus, sich speziell den Schriftinterpreten zu widmen, die in einer geistlichen Auslegung den Buchstaben so weit wie möglich hinter sich lassen[54]. Nichts mag deutlicher die Bedeutung beleuchten, die die Schrift für Erasmus mittlerweile gewonnen hat, als die Ausrichtung der Arbeit an den heidnischen Klassikern und den „Vätern der Kirche" auf das eine Ziel eines tieferen, besseren und angemesseneren Verständnisses der Schrift selbst. Insofern all diese Arbeit im Dienst der Schrift steht, könnte man den Verfasser des Enchiridion schon einen *„Schrifttheologen"* nennen, obwohl er es in unserem Verstande stricte dictu sicher nicht gewesen ist[55].

2.3 Von der Schrift zum Text

Es zeugt für des Erasmus Scharfblick, daß er anders als John Colet die absolute Notwendigkeit des Rückgangs auf den *Urtext* erkannte. Konzentration der theologischen Arbeit auf die Schrift bedeutete für ihn den Rückgriff auf einen gereinigten Schrifttext, denn nur so waren seiner Meinung nach der Autor einer biblischen Schrift und seine eigentlichen Ansichten für den Interpreten erreichbar. Aus dieser Einsicht heraus betrieb Erasmus auch unter großen Anstrengungen und Opfern das Studium des Griechischen.

---

[52] „Fingunt illae litterae vegetantque puerile ingenium atque ad divinarum scripturarum cognitionem mire praeparant..." (Enchiridion, Holb. 32,12 ff.).

[53] „E philosophis autem Platonicos te sequi malim, propterea quod cum plerisque sententiis tum ipso dicendi charactere quam proxime ad propheticam euangelicamque figuram accedunt" (ebd. 32, 25 ff.).

[54] Ebd. 33, 31 ff.

[55] „Aber ‚Schrifttheologe', ‚Mensch eines Buches', wie man sagt, ist Erasmus nicht geworden" (Erasmus von Rotterdam, Briefe, hrsg. v. KÖHLER, XXIII).

Erasmus hatte sich gerade solide Griechisch-Kenntnisse angeeignet, als er einen bedeutsamen Fund machte, der ihn auf seinem Weg in die eingeschlagene Richtung weiterbrachte. Im Sommer 1504 stieß er in der Bibliothek des Prämonstratenserklosters Parc bei Löwen auf eine Abschrift der Annotationen des Laurentius *Valla* zum Neuen Testament[56]. Diese textkritischen Anmerkungen beeindruckten ihn so sehr, daß er sich – wie bekannt – im Einverständnis mit Christoph Fischer zu ihrer Edition entschloß[57]. In seinem Widmungsschreiben zu dieser Ausgabe sieht er sich einer Front von Gegnern gegenüber, die nur dem Theologen, nicht aber dem Grammatiker die Arbeit am Text der Heiligen Schrift zuzugestehen bereit sind, während Erasmus gerade als die Aufgabe des Grammatikers ansieht, auch die Heilige Schrift zu übersetzen[58]. Die Königin der Wissenschaften, die Theologie, sollte die notwendige Handreichung der Grammatik als Dienerin nicht verachten[59]. Und wer das Geschäft des Grammatikers von der Inspiration durch den Heiligen Geist abhängig machen will, dem hält Erasmus ein Wort des Hieronymus entgegen, daß der Prophet etwas anderes ist als der Übersetzer. Seine Tätigkeit beruht im Gegensatz zur Inspiration des Propheten auf menschlichen Fertigkeiten der Bildung und des Talents[60].

„Der Bibelbuchstabe darf nicht geändert werden", halten ihm seine Gegner vor. Erasmus stimmt ihnen zu, nur muß er ihnen vorwerfen, daß sie für den Bibelbuchstaben halten, was möglicherweise schon seine durch Unwissenheit bewirkte Perversion darstellt[61]. Für das Alte Testament kann man sich nur auf die hebräischen Handschriften verlassen, für das Neue nur auf die griechischen Textzeugen[62], und eben nicht auf die *Vulgata*. Auch das Argument, die *Väter* hätten bei ihrer Kenntnis der drei Sprachen alles hinlänglich erklärt, verfängt nicht. „Ich möchte die Quelle lieber mit meinen eigenen Augen sehen als mit fremden", entgegnet Erasmus, „im übrigen haben die Väter, wenn sie auch sehr viel gesagt haben, doch noch viel zu erklären übrig gelassen"[63].

---

[56] Vgl. Ep. 182,1ff., Allen I, S. 407; dazu auch Allen, introduction, ebd. S. 406f.

[57] Ep. 182,8ff., Allen I, S. 407.

[58] „Atque haud scio an hi sint omnium odiosissime obturbaturi ad quos maxima pars vtilitatis pertinet, nempe theologi. Non ferenda, inquient, temeritas, hominem grammaticum post vexatas disciplinas omnis ne a sacris quidem litteris petulantem abstinere calamum... imo totum hoc, diuinas vertere scripturas, grammatici videlicet partes sunt. Neque vero absurdum si quibusdam in rebus plus sapit Iethro quam Moyses" (Ep. 182,111ff. u. 129ff., Allen I, S. 409f.).

[59] „Ac ne ipsa quidem, opinor, disciplinarum omnium regina theologia ducet indignum admoueri sibi manus, ac debitum exhiberi obsequium a pedissequa grammatica" (Ep. 182,132ff., Allen I, S. 410).

[60] S. ebd. Z. 137ff.   [61] S. ebd. Z. 158ff.   [62] S. ebd. Z. 177ff.

[63] „Illud audio quosdam dicere, veteres interpretes trium linguarum peritos satis explicuisse sicubi fuit opus. Primum malim ego meis oculis cernere quam alienis; deinde vt plurima dixerint, certe multa posteris dicenda reliquerunt" (ebd. Z. 185ff., S. 412).

Was hier noch Rechtfertigung und Verteidigung des Werkes eines anderen ist, sollte Erasmus später zu seiner Selbstrechtfertigung anführen. Nicht, daß er sich mit Vallas Annotationen identifiziert hätte – in den eigenen Annotationes übt er u. a. Kritik an Vallas Weitschweifigkeit –[64], der mit dieser Edition eingeschlagene Weg zeigt die Intentionen, die für die weitere Entwicklung des Erasmus bestimmend werden. Seitdem er die Heilige Schrift als die einzig legitime Basis aller Theologie erkannt hat, konzentrieren sich seine Bemühungen ganz wesentlich auf die Restauration des originalen und darum auch verläßlichen Bibeltextes, wie auf eine verläßliche, angemessene Übersetzung. Der Philologe Erasmus als Herausgeber und Übersetzer stellt seine Fähigkeiten in den Dienst der Erneuerung der Christenheit durch die Wiederherstellung ihrer originalen Quellen.

2.4 Das Novum Instrumentum

Man wird sagen müssen, daß eine Edition des neutestamentlichen *Urtextes* geradezu in der Luft lag, und so ist es auch nicht von ungefähr, wenn in Spanien eine solche bereits vorbereitet wurde. In einer Zeit, in der mehr und mehr die griechischen Klassiker der Antike und die griechischen Kirchenväter in ihrer Ursprache herausgegeben wurden, war es nur allzu verständlich, daß die Christenheit die ureigenste Quelle ihrer eigenen Existenz nun auch sozusagen im Original ohne alle Übermalungen der Jahrhunderte freigelegt sehen wollte. Nachdem man die *Vulgata* am hebräischen und griechischen Text überprüfen konnte, war sie zusehends in Mißkredit geraten. Laurentius *Valla* hatte diese kritische Arbeit geleistet, Gianozzo *Manetti* hatte sie fortgesetzt. In Alcalà war unter Leitung von Kardinal *Ximénes,* dem Erzbischof von Toledo, die *komplutensische Polyglotten-Bibel* in Arbeit und bereits fertiggestellt, als Erasmus mit Froben in Basel 1516 die erste Druckausgabe des griechischen Neuen Testaments herausbrachte. Die Vorarbeiten reichen weit zurück. Schon 1505 scheint Erasmus sich mit einer lateinischen Übersetzung des Neuen Testaments beschäftigt zu haben[65]. 1514 berichtet er vom Abschluß seiner Bemühungen, durch das Vergleichen alter griechischer Manu-

---

[64] So kritisiert Erasmus z. B., daß Valla eine Kolumne darauf verwendet, die Deklination des Namens „Maria" zu diskutieren: „Porro quae Valla cavillatur hoc loco de Maria et Mariam, minutiora judicavi, quam ut his lectorem voluerim onerare" (Annotationes, LB VI 3F). Bei aller Anerkennung hält sich Erasmus in seiner Kritik an Valla in den Annotationes nicht zurück, so z. B.: „Caeterum quod Laurentius disputat, dicendum potius, apud patres nostros, quam ad patres nostros, somnium est" (LB VI 227F); vgl. auch ebd. 38B, 66E, 77D, 78C, 80D u. ö.
[65] ALLEN belegt seine Vermutung in seiner Einleitung zur Vorrede des Erasmus zum Nouum Instrumentum (Allen II, S. 181ff.).

skripte des Neuen Testaments einen gereinigten Text herzustellen und ihn mit Anmerkungen zu versehen[66].

Im August 1515 ist die Entscheidung, dieses Werk in Basel bei Froben zu veröffentlichen, gefallen[67], und innerhalb der nächsten sechs Monate wurde diese Meisterleistung vom Druckteam und besonders natürlich durch die wahrhaft unermüdliche Arbeitsintensität des Erasmus vollbracht[68]. Die Ausgabe bot den griechischen Urtext, eine lateinische, die Vulgata ersetzende Übersetzung, dazu die Annotationes und wurde eingeleitet von einem Widmungsbrief an Papst Leo X., einer Vorrede zu den *Annotationes,* einem Aufruf an den frommen Leser, *Paraclesis* genannt, einer *Apologia* als Rechtfertigung des griechischen Textes und seiner lateinischen Übersetzung wie auch von einer *Methodus,* in der Erasmus über die Methodologie seiner Schriftinterpretation Auskunft geben wollte. Da sich Erasmus schon beim Erscheinen dieses Werkes seiner Unzulänglichkeit bewußt war, plante er gleich eine zweite Ausgabe[69], die dann 1519 unter dem geänderten Titel „Novum Testamentum" erschien. 1522, 1527 und 1535 sollten durchgesehene und erweiterte Ausgaben folgen.

Es kann hier nicht der Ort sein, die vielfältigen Probleme, die sich mit der Herausgabe des Novum Testamentum stellen, auch nur annähernd anzudeuten. Sie haben in der Erasmusforschung bisher noch erstaunlich wenig Beachtung gefunden[70]. Für Erasmus selbst war mit diesem Werk ein entscheidendes Ziel erreicht. Da der Zugang zu den reinen Quellen nun wieder freigelegt worden war, konnte die *restitutio Christianismi* ihren Lauf nehmen. Erasmus hat sich damals nicht träumen lassen, daß er noch viel Zeit und Kraft in die Verteidigung dieses großen Werkes würde investieren müssen. Es erwuchsen ihm viele Kritiker und Feinde, deren er sich zu erwehren hatte: in Deutschland Johannes Eck, in Löwen Martin Dorp, Jakob Latomus und Franz Titelmans, in Frankreich Jakob Lefèvre, Peter Sutor und Noel Beda, in England Edward Lee, in Spanien Jakob Stunica und Sanctius Carranza und in Italien Alberto Pio und Petrus

---

[66] „Ex Graecorum et antiquorum codicum collatione castigaui totum Nouum Testamentum, et supra mille loca annotaui non sine fructu theologorum" (Ep. 296,155–157, Allen I, S. 570; vom 8. Juli 1514). Im Herbst 1512 trägt sich Erasmus mit dem Plan, einen gereinigten Text zu erstellen (Ep. 264,13f., Allen I, S. 517).

[67] Ep. 348,10–12, Allen II, S. 137. Beatus Rhenanus hatte Erasmus wiederholt den Wunsch Frobens mitgeteilt, die Herausgabe zu besorgen (Ep. 328,36, ebd. S. 63 u. Ep. 330,1, ebd. S. 65).

[68] Ep. 421,43–70, ebd. S. 253f.

[69] Ep. 421,68–71, Allen II, S. 254.

[70] BLUDAU, Die beiden ersten Erasmus-Ausgaben des Neuen Testaments und ihre Gegner; DELITZSCH, Handschriftliche Funde, Vol. I: Die Erasmischen Entstellungen der Apokalypse...; REICKE, Erasmus und die neutestamentliche Textgeschichte; neuerdings auch JARROTT, Erasmus' Biblical Humanism.

Cursius. Daß sich Erasmus seinen Herausforderern so nachdrücklich gestellt hat, darf wohl als ein Anzeichen dafür genommen werden, wie sehr ihm die Sache der Restitution des neutestamentlichen Textes am Herzen gelegen hat.

Erasmus hatte einen weiten Weg zurückgelegt, seit er um die Jahrhundertwende das Studium des Griechischen aufgenommen hatte, um sich in die Schrift einarbeiten zu können. Wenn er während seines England-Aufenthaltes auch auf die Bedeutung der Schrift für die angestrebte Erneuerung der Theologie aufmerksam geworden war, den entscheidenden Anstoß für die Art und Weise seiner Weiterarbeit vermittelten ihm die Annotationes des Laurentius Valla zum Neuen Testament. Statt Kommentare zu Büchern der Schrift und der Väter zu schreiben, wandte er sich der Schrift selbst zu. Das heißt: die Theologie steht wieder ganz am Anfang. Bevor sie überhaupt weiterbauen kann, hat sie sich ihres Fundaments zu versichern, des Textes, der Urkunde des göttlichen Wortes und seiner ursprünglichen Intention. Und das wird stets ihre vornehmste Aufgabe sein und bleiben. Allerdings hat dies Unternehmen für Erasmus nicht rein theologischen oder sozusagen binnentheologischen Charakter; denn für ihn beginnt mit der Restitution der ursprünglichen Gestalt der Schrift die Restitution des neuen, von Christus her bestimmten Menschen und damit die Erneuerung der christlichen Gesellschaft[71].

2.5 Die Paraphrasierung der Schrift

Die Wiederherstellung der Urgestalt des Bibeltextes zur Erneuerung der christlichen Gesellschaft konnte natürlich nur einen Sinn haben, wenn die gereinigte und in ihrem ursprünglichen Glanz neu erstrahlende Schrift möglichst weite Verbreitung fand. An ihr war Erasmus sehr gelegen. In der Vorrede zur Matthäus-Paraphrase greift er dieses früher schon berührte Thema noch einmal auf und bekennt sich zur Verbreitung der Schrift nicht nur unter den Theologen, sondern gerade auch unter den Laien[72]. Die Schrift gehört in die Hände des Bauern, des Handwerkers, des Steinmetzen, der Dirnen, der Zuhälter und schließlich auch der Türken[73], denn sollen die die Schrift nicht lesen, die Jesus selbst gehört haben, die Blinden, Lahmen, Bettler, Zöllner, die heidnischen Hauptleute, Handwerker, Frauen und Knaben?[74] Wenn Erasmus in diesem

---

[71] „Seine textkritische Arbeit muß als wesentlicher und grundlegender Bestandteil seines Reformprogramms verstanden werden" (HOFFMANN, S. 135; vgl. auch den Kontext. Ähnlich TREINEN, S. 111ff.).
[72] LB VII 2 verso.
[73] „Me quidem auctore leget agricola, leget faber, leget latomus, legent et meretrices et lenones, denique legent et Turcae" (ebd.).
[74] Ebd. Ebenso Widmungsbrief zur Markus-Paraphrase, Ep. 1400,339ff., Allen V, S. 360. Zum ganzen vgl. auch Paraclesis, Holb. 142,10–25.

Paraphrasen-Vorwort den Gedanken der *Vulgarisation* der Schrift so auffallend hervorhebt, dann wird damit deutlich, wie sehr das Erasmische *Paraphrasenwerk* im Dienste der allgemeinen Verbreitung der Schrift steht. „Denn", so bekennt Erasmus im Widmungsbrief zur Lukas-Paraphrase, „wir haben die Paraphrasen nicht geschrieben, um den Menschen das Evangelium aus den Händen zu reißen, sondern damit es leichter und mit größerem Gewinn gelesen wird, gleichwie Speisen schmackhaft zubereitet werden, damit man sie lieber und angenehmer verzehrt"[75]. Die Paraphrasen sind darauf abgestellt, gerade auch den schlichten, nicht theologisch gebildeten Leser in die Schrift hineinzuführen.

Zu allen Büchern des Neuen Testaments – die Apokalypse ausgenommen – hat Erasmus Paraphrasen geschrieben. Allerdings begann er nicht bei den Evangelien, wie man wohl hätte erwarten können[76], sondern beim corpus Paulinum mit dem Römerbrief. Man mag nach den Gründen dieses Vorgehens fragen[77], sicherlich war für Erasmus mit entscheidend, daß er zum Römerbrief schon Vorarbeiten geleistet hatte. Bekannt ist jene Episode aus dem Sommer des Jahres 1514, als das Pferd des Erasmus kurz nach dem Aufbruch von Gent scheute, Erasmus sich den Rückenwirbel verstauchte und dem göttlichen Paulus gelobte, als Dank für eine baldige Genesung den Kommentar zum Römerbrief zu vollenden[78]. Erasmus genas, doch Paulus sollte noch drei Jahre auf seinen Kommentar warten müssen. Wir wissen aus einem Brief des Erasmus an Colet vom Dezember 1504, daß er sich ca. drei Jahre zuvor schon an den Römerbrief herangewagt und in einem Anlauf vier Bände fertiggestellt hatte[79]. So reicht denn seine Beschäftigung mit dem Römerbrief mehr als eineinhalb Jahrzehnt hinter die Veröffentlichung der Paraphrase zu dieser paulinischen Schrift zurück. Obwohl er über die Arbeit an der Paraphrase gestöhnt hatte[80], rückblickend kommt ihm dieses Unternehmen im Vergleich mit der mühevollen Revision der Textausgabe des Neuen Testaments geradezu als Erholung vor[81]. Lieber will er 600 Paraphrasen schreiben, als eine einzige kritische Textausgabe veranstalten, denn die Paraphrase ist sein eigentliches Betätigungsfeld, auf dem er sich zu Hause fühlt. „O, wenn ich mich doch immer auf solchen Feldern versucht

---

[75] „Non enim in hoc scribimus Paraphrases, vt Euangelium excutiamus e manibus hominum, sed vt commodius et maiore cum fructu legatur: quemadmodum condiuntur cibi, quo libentius ac iucundius sumantur" (Ep. 1381,422–425, Allen V, S. 322).
[76] Z. B. Paraclesis, Holb. 146,6ff. u. Z. 26ff.; ebd. 149,1ff., aber auch z. B. Ep. 1381,244–248, Allen V, S. 318.
[77] RABIL (S. 129ff.) hat eine Reihe von möglichen Gründen erörtert.
[78] Ep. 301,5–32, Allen II, S. 5f.
[79] Ep. 181,31–34, Allen I, S. 404.
[80] Ep. 707,14–16, Allen III, S. 134 u. Ep. 714,7–9, ebd. S. 144.
[81] Ep. 720,8–12, ebd. S. 150.

hätte", schreibt Erasmus Anfang 1518 bedauernd[82]. Und in seinem Nachruf von 1540 hat Beatus Rhenanus dieses Urteil des Erasmus über sich selbst bestätigt. Zur Arbeit an den Paraphrasen habe Erasmus erklärt: „Hier befinde ich mich auf meinem ureigenen Feld", und Beatus Rhenanus fügt bestätigend hinzu: „So war es auch"[83].

HUIZINGA hat über Erasmus geurteilt: „Für einen Geist wie den seinen war die angemessene Beschäftigung das Paraphrasieren"[84]. Was aber versteht Erasmus als Aufgabe der Paraphrase? Um dieser Frage auf die Spur zu kommen, ist einigen seiner Bemerkungen noch näher nachzugehen. Hatte Erasmus noch 1516 einen ausführlicheren Kommentar zum Römerbrief geplant[85], so nennt er sein vollendetes Werk eine Paraphrase, das diese Bezeichnung zu Recht trägt[86]. Eine *Paraphrase* ist eine Art Kommentar, aber doch wieder nicht ein Kommentar im strikten Sinn, denn sie unterscheidet sich von anderen Kommentararten dadurch, daß sie sich nicht deren Freiheit nehmen darf[87]. In einem Brief von 1522 gibt Erasmus eine Definition der Paraphrase: „Eine Paraphrase ist nämlich keine Übersetzung, sondern eine gewisse freiere Art eines fortlaufenden Kommantars, ohne daß die Personen verändert werden"[88]. Die Paraphrase steht im Gegensatz zur Metaphrase, diese gibt die Meinung des Autors möglichst getreu wieder, jene lebt davon, daß der Paraphrast unter Zuhilfenahme eigener Anschauungen und Gedanken die Absicht des Autors verdeutlicht[89]. Obwohl die Paraphrase zum Genus des Kommentars gehört, unterscheidet sie sich von diesem doch wiederum dadurch, daß sie sich nicht wie der Kommentar einfach auf einen Vergleich unterschiedlicher Meinungen verschiedener Interpreten beschränken und im Blick auf eine auszulegende Stelle ihre eigene Unfähigkeit, sie auszulegen, erklären kann[90]. Vielmehr steht die Paraphrase unmittelbar im Dienst des wiederzugebenden Textes und ist daher zu einer impliziten

---

[82] Ep. 755,4–7, ebd. S. 190.
[83] IV, 303, Allen I, S. 64.
[84] S. 95.
[85] In den Annotationes zu Rm 1,1 von 1516 nennt Erasmus diesen Plan, in der Ausgabe von 1527 fehlt die Notiz (vgl. Allen III, S. 115 n. 28).
[86] Ep. 726,2, Allen III, S. 153.
[87] „... nimirum exclusus ab ea libertate quam admittunt reliqua commentariorum genera: nam et paraphrasis commentarii genus est" (Ep. 1255,37–39, Allen V, S. 6); vgl. auch Ep. 1333,395–397, ebd. S. 172 u. Ep. 1342,929, ebd. S. 225.
[88] „Est enim paraphrasis non translatio, sed liberius quoddam commentarii perpetui genus, non commutatis personis" (Ep. 1274,37–39, Allen V, S. 47).
[89] Ebd. Z. 34–36, ebd. S. 46f. Das Verhältnis des Paraphrasten zu seiner Vorlage vergleicht Erasmus mit der paraphrasierenden Weitergabe des Aristoteles durch Themistius (ebd. Z. 36f., ebd. S. 47).
[90] „Hic in commentariis licet absque periculo referre sententias diuersorum diuersas, licet ingenue fateri locum sibi non liquere. At idem ius non est paraphrastae" (Ep. 1255,57–59, Allen V, S. 6).

Interpretation gezwungen. Die Paraphrase will die Intention des Autors herausarbeiten und nachsprechen, was der Text wirklich meint. Trotz dieser inhaltlich enggeführten Begleitung des Textes oder gerade wegen der zu lösenden Aufgabe einer möglichst klaren Verdeutlichung der Absicht des Autors, hat der Paraphrast sich selbst mit seinen Gedanken in den Verstehens- und Auslegungshorizont miteinzubringen. So hat er z. B. das hermeneutische Geschäft der inneren Kritik zu betreiben und den Geltungsbereich eines Schriftwortes abzutasten, ob es allgemein oder nur für einen bestimmten Personenkreis gemeint ist, ob es stets oder nur für eine begrenzte Zeit gilt[91]. So steht die Erasmische Paraphrase auf halbem Wege zwischen der Übersetzung und dem Kommentar, von der Übersetzung übernimmt sie die enge Anlehnung an den Text, vom Kommentar die stärkere Einbeziehung des interpretatorischen Moments.

Im Widmungsschreiben zur Römerbrief-Paraphrase schildert Erasmus seine Arbeit als Paraphrast etwas detaillierter. Sie besteht darin, Lücken auszufüllen, abrupte Übergänge zu glätten, Ungeordnetes zu ordnen, schwer Verständliches verständlich zu machen, Verknotetes aufzulösen und dem Dunklen ein Licht aufzusetzen[92]. Diese Aufgabenbeschreibung stimmt sehr gut zum onto-theologischen Ansatz, nach dem dem äußerlichen Wort als Bestandteil der intelligiblen Welt nur in der Verhüllung Verweischarakter zukommt. Im Zusammenhang der Erörterung der Allegorese wird noch darzustellen sein, wie Erasmus gerade die Ungereimtheiten, Widersprüche und Absurditäten in den Dienst der Verweisfunktion auf die Eigentlichkeit gestellt sieht. Als sich Erasmus anschickt, die Evangelien zu paraphrasieren, überdenkt er noch einmal grundsätzlich sein Unternehmen und die Kühnheit, sich an einen so hehren Stoff zu wagen. Als formaler Grund stehe einer Paraphrasierung der Evangelien eigentlich der Personenwechsel entgegen, als inhaltlicher, daß ein gut Teil des Evangeliums aus einfacher und klarer Erzählung von Geschehnissen bestehe, die der Paraphrasierung ebensowenig bedürften wie der Mittag einer besonderen Beleuchtung[93]. Man wird diese Argumente nicht allzu wörtlich nehmen dürfen, da sie wenigstens teilweise als ein typisch humanistisches Understatement anzusehen sind. Schließlich sind für Erasmus auch die Evangelien nicht von einer so unproblematischen Klarheit, sondern haben ebenfalls ihre dunklen Stellen. Allerdings sieht er nur zu deutlich, daß sie im Vergleich mit den apostolischen Briefen eine andere Literaturgattung darstellen und daher auch eine andere Behandlung verlangen.

---

[91] Ebd. Z. 59–63, ebd.
[92] Ep. 710,26–28, Allen III, S. 138.
[93] Ep. 1255,29–42, Allen V, S. 5f.

In der Zeit vom 13. Januar 1522 bis zum 1. Dezember 1523 bringt Erasmus seine Paraphrasen zu den Evangelien heraus. Mit dem Matthäusevangelium beginnt er, wendet sich dann dem Johannesevangelium zu, um schließlich über das Lukasevangelium zu Markus als dem letzten Evangelium, das er paraphrasiert, vorzustoßen. In der Paraphrasierung bewegt sich Erasmus eng am Text entlang. Was knapp gesagt, sucht er etwas weitläufiger zu erklären[94], doch sein Bemühen geht dahin, die eigentliche Intention des Textes, seinen originären und schlichten Sinn herauszustellen[95]. Beatus Rhenanus hat zwar behauptet, Erasmus habe sich im Blick auf die Paraphrasenarbeit an den *Vätern* orientiert, an Ambrosius, Hieronymus, Augustin und Hilarius bei den lateinischen Kirchenvätern, bei den griechischen besonders an Chrysostomus und Theophylakt[96], doch Erasmus erweckt den Eindruck, als habe er den Vätern weit reservierter gegenübergestanden. Die Väter können ihm keine letzten Autoritäten sein, zudem haben sie aus ihrer Konfrontation mit den Häresien manches verdreht. Dagegen will Erasmus wieder den ursprünglichen Sinn zutage fördern[97]. Natürlich hat sich ein Mann wie Erasmus dem Einfluß der Väter nicht gänzlich verschließen wollen und auch können. Doch seine kritische Haltung bleibt anzumerken und zu berücksichtigen. Die Gattung der Paraphrase erlaubte es ihm auch nicht, wie in den *Annotationes* die Väter oder andere Autoren zu zitieren. Wenn Erasmus auch aufs Ganze gesehen den paraphrasierenden Stil durchgehalten hat, manchmal durchbricht er doch seine Schranken. Will er eine Schriftaussage wie z. B. Joh 1,1 vertiefen, dann tut er es meditativ, den Gedanken umkreisend, indem er sich durchaus rhetorischer Mittel bedient[98]. Kleine Betrachtungen werden eingestreut, so z. B. im Anschluß an Joh 5,16, wenn aus Anlaß dieser johanneischen Sabbatheilung (Joh 5,1–16) auf die synoptischen Streitgespräche abgehoben und an das Jesuswort vom Sabbat, der um des Menschen willen da ist (Mk 2,27 par.), erinnert wird[99]. Ein kleines Wortspiel wird eingearbeitet: Einem Menschen aufzuhelfen (sublevare) wird als Gotteslästerung angesehen, einem Esel aus dem Brunnen heraufzuhelfen (sublevare) gilt nicht als Verletzung des Sabbats[100]. Mit solch griffigen Formulierungen, die immer wieder begegnen, sucht Erasmus seinen Lesern das Evangelium nahezubringen und zu veranschaulichen. Durch Querverbindungen und Reminiszenzen will er sie zum Nachdenken anregen. Oft hält er im Fluß der

---

[94] Ep. 1333,41f., Allen V, S. 164.
[95] Ebd. Z. 392f., ebd. S. 172.
[96] Allen I, S. 64, Z. 304ff.
[97] Ep. 1333,329ff., Allen V, S. 172; vgl. ebd. Z. 29ff., ebd. S. 164.
[98] LB VII 497/98.
[99] Paraphr. in Joh 5,16, LB VII 535 E–536 A.
[100] Ebd. 536 A.

Erzählung inne, um eine Person oder Situation psychologisch zu beleuchten und auf diese Weise den Leser näher an das Geschehen heranzuführen, bzw. ihn in es hineinzuziehen. Beispielhaft ist hier die Ausgestaltung des von Erasmus fingierten Gesprächs Jesu mit den Emmaus-Jüngern (Lk 24)[101].

Erasmus hat keine Evangelienharmonie verfaßt. Wie noch zu zeigen sein wird, konnte er über und hinter aller varietas der evangelischen Geschichte den Fixpunkt der harmonia Christi ausmachen. Die Differenzen werden ihm nicht zum Problem. Wo es der Verdeutlichung und Erbauung dient, trägt Erasmus Worte und Ereignisse aus anderen Evangelien ein. Die Predigt des Täufers bei Matthäus wird z. B. durch die lukanische Version ergänzt und dadurch natürlich anschaulicher gestaltet[102]. Je weiter Erasmus in der Paraphrasierung voranschreitet, desto mehr gibt er die Zurückhaltung des Paraphrasten auf. Immer häufiger adressiert er den Leser direkt, so schon in der Johannes-Paraphrase[103], erst recht aber in der zu Markus[104]. In der Lukas-Paraphrase schlüpft Erasmus schließlich so in das Gewand des Evangelisten, daß er seinen Leser ständig als „Theophilus" apostrophiert[105]. Alles deutet darauf hin, daß sich Erasmus in den Paraphrasen als Prediger fühlt, der auf diese Weise die philosophia Christi vermitteln möchte, nicht in der Form von dogmatischen Abhandlungen oder freien Meditationen, sondern im Nachsprechen und Zusprechen der evangelischen Botschaft.

---

[101] Paraphr. in Lc 24,27, LB VII 469 ff.
[102] Paraphr. in Mt 3,12, LB VII 16 B ff.
[103] Z. B. Joh 7,50, LB VII 562 C.
[104] Etwa Mc 8,6, LB VII 216 F; Mc 10,50, ebd. 240 F; Mc 14,43, Ebd. 262 D u. ö.
[105] Z. B. LB VII 440 B, 443 B, 450 B, 462 C, 464 C u. ö.

3. Die Grundstruktur Erasmischen Denkens

3.1 Das Erasmische System

Man hat sich daran gewöhnt, Erasmus den Systematiker abzusprechen, zumal er keine Dogmatik oder etwas ihr Gleichwertiges verfaßt hat. Erasmus ist bekannt und geschätzt als Literat, Dichter und Philologe, als Editor, Exeget und Interpret der Hl. Schrift, aber gerade auch wiederum dem Schriftausleger wird nicht zugestanden, sich einer *Hermeneutik* zu bedienen. Man mag mit Recht fragen, warum dem so ist. Die Antwort dürfte zunächst darin zu suchen sein, daß es Erasmus seinen Interpreten nicht so leicht gemacht hat, ihnen ein Koordinatensystem seiner Theologie in der Form einer Dogmatik oder in einer sonstigen Art der Grundlegung mit an die Hand zu geben. Doch der Grund für die Schwierigkeiten, die Erasmus seinen Lesern verursacht, dürfte tiefer liegen. Luther hat das Problem zwar gesehen, ob er es in seiner Tiefe verstanden hat, mag dahinstehen. In einer Tischrede charakterisiert er ihn so: „Erasmus ist ein Aal. Niemand kann ihn ergeifen, denn Christus allein. Der Mann ist doppelt"[1]. Vir duplex, das bedeutete mehr als mit dem Ruch der Unaufrichtigkeit behaftete Doppelzüngigkeit, das bedeutete ein tiefes Erfassen seines Wesens. Erasmus empfand und dachte zu differenziert, als daß er die Wirklichkeit der Wahrheit in die Formen menschlichen Geistes und menschlicher Sprache adäquat hätte meinen fassen zu können. Die Approximation an die Wahrheit bringt es notwendigerweise mit sich, daß sie nur relativ, bruchstückhaft, komplementär, dialektisch erfaßt und somit mehr erahnt als ergriffen werden kann. Diese Grundposition geht daher nicht von ungefähr Hand in Hand mit einer gewissen Ambiguität in Aussageinhalt und -form, die dem Interpreten Erasmischer Theologie den Zugang zu Grundstrukturen seines Denkens nicht gerade erleichtert. Was anderen als Differenz, ja als Widerspruch erscheinen muß, fügt sich für Erasmus als die zwei Seiten zu einer Medaille zusammen. Man wird es verstehen, wenn Erasmus gegenüber immer wieder der Vorwurf mangelnder Orthodoxie und dogmatischer Unklarheit erhoben worden ist.

---

[1] „Erasmus est anguilla. Niemand kan yhn ergreiffen denn Christus allein. Est vir duplex" (WATR 1,55,32f.).

Vom scholastischen Standpunkt einer auf systematische Ordnung und vernunftmäßig einsehbare Synthese abzielenden Theologie, die ihren Gegenstand formal-begrifflich, logisch zu erfassen sucht, mußten und müssen die Aussagen des Erasmus defekt und unbefriedigend erscheinen[2].

Ihn aber mit solchen, seinem Wesen fremden Maßstäben zu messen, heißt jedoch, Erasmus zu verkennen, heißt aber auch, die Interpretation kurzzuschließen. Wer sich Erasmus so nähert, steht vor seinem Werk wie vor den Fragmenten eines Mosaiks, zu dessen Restaurierung die ursprüngliche Planskizze verlorengegangen ist. Wie stimmen bei Erasmus sein *Spiritualismus* und sein *Realismus* zusammen? Beide Komponenten durchziehen als Konstanten sein gesamtes Denken. So greifen ineinander Weltbejahung und Weltverneinung, Weltlichkeit und Weltflucht, Akzentuierung der Göttlichkeit Christi wie seines Menschseins, Hochschätzung des Menschen und seine Abwertung, die Erarbeitung des Buchstabens der Schrift und doch wieder seine Spiritualisierung in geistlicher Deutung, eine Verinnerlichung des kirchlichen wie religiösen Lebens und doch das gleichzeitige Festhalten an der Institution Kirche und den äußeren Formen ihres Lebens, sein Traditionalismus und sein Reformprogramm, die Betonung der ethischen Verwirklichung wie auch des erkenntnistheoretischen Strebens. Die hier aufgezeigten Pole – sie ließen sich ohne Mühe noch vermehren – stehen in offensichtlicher Spannung zueinander, die auf den ersten Blick z. T. sogar kontradiktorische Züge trägt. Es bleibt aber die Frage, ob nicht hinter den Spannungen und Widersprüchen ein gemeinsamer Nenner aufgespürt werden kann. Wenn es gelingt, konvergierende Grundstrukturen aufzuzeigen, die auf einen einheitlichen Ansatz zuführen, wäre die crux interpretum wesentlich gemildert; denn von einem solchen Ansatz ließen sich die disparaten Elemente des Erasmischen Welt-, Christus- und Menschenbildes, wie auch seines Schrift-, Kirchen- und Sakramentsverständnisses in die richtige Perspektive rücken.

Daß das Denken des Erasmus von einer *Systematik* bestimmt ist, hat schon R. Pfeiffer erkannt und im Blick auf die Einleitungsschriften zum Neuen Testament von der Konzeption eines eigentümlichen, weltumfassenden Systems gesprochen[3]. Andere sind ihm gefolgt[4]. Und in der Tat liegt den Gedanken des Erasmus ein geschlossenes, universales Weltbild

---

[2] Lortz, Erasmus kirchengeschichtlich.
[3] Besprechung der Holborn-Ausgabe, S. 633.
[4] Ritter (Bedeutung S. 48) hatte das Problem schon gesehen, Meissinger (S. 358) eine systematische Erfassung gefordert. Auer (S. 29) hatte ein Zentrum ausgemacht, Padberg (Humanismus, S. 105f.) hat es näher bestimmt und Fehlinterpretationen darauf zurückgeführt, die Aussagen des Erasmus nicht im Horizont seines Ordnungsdenkens gesehen zu haben.

zugrunde, das seine Kosmologie, Theologie und Anthropologie durchdringt. Schließlich war es gerade das Anliegen des Erasmus, die vor- und außerchristliche Welt, die Welt der Natur und der Erfahrung in den Bereich der Erfahrung des christlichen Glaubens einzubeziehen. Oder anders ausgedrückt: Erasmus geht es darum, von der Offenbarung Gottes in Christus her alle Bereiche zu erschließen, weil sie alle an der einen göttlichen Ordnung teilhaben. Diese universalistische Tendenz setzt aber ein generelles Verstehensprinzip voraus, ein Koordinatensystem, das durch die richtige Einordnung eines jeden Phänomens diesem seinen rechten Platz und damit den Schlüssel zu seinem Verständnis an die Hand gibt. In diesem Sinn ist von Erasmus als einem Systematiker zu sprechen, nicht im hoch- oder spätscholastischen Verständnis, wie er es selbst in der Ratio ironisierend charakterisiert hat[5]. Das scholastische Quästionenwesen mit seinen Distinktionen und aufgesetzten Fragen lehnt er als sachfremd und als dem Gegenstand der Theologie unangemessen ab. Nicht zuletzt aus diesem Grund ist Erasmus weit davon entfernt, eine theologische Summa zu verfassen. Was ihm notwendig und sachgemäß erscheint, ist, den Weg und die Methode des Studiums der „wahren" Theologie aufzuzeigen, d. h. eine Anleitung zu geben, wie man sich mit der Theologie zu beschäftigen hat. Auch in dieser Schrift ist von ihrem Thema und ihrer Anlage her keine exzessive Darlegung der Fundamentalien oder des Weltbildes zu erwarten, auf dessen Hintergrund die Erasmischen Aussagen zu projizieren sind. Dieser Vorbehalt gilt aber in ganz besonderem Maße für das exegetische Schrifttum, vornehmlich für die hier zu behandelnden Paraphrasen. Da sich Erasmus in ihnen möglichst nahe am Text entlang bewegt, nimmt er verhältnismäßig wenig Gelegenheit zu Exkursen, die sich eines theologischen Problems in genere annehmen. Obwohl es auch diese gibt, läßt Erasmus vieles in die Erklärung einfließen, das entweder über den Inhalt des Textes hinausweist oder ihn in spezifischer Weise verändert und uminterpretiert, so daß von hier aus auf einen Interpretationshorizont geschlossen werden kann, der seinerseits ein umfassendes Verstehensprinzip voraussetzt. Um diesen Hintergrund der Auslegung in den Paraphrasen aufzuhellen, sind die *Einleitungsschriften* zum Neuen Testament methodisch hinzuziehen. Einmal ist das hermeneutische Programm, das Erasmus in diesen aufstellt, an der praktischen Durchführung in seinen Paraphrasen zu kontrollieren, zum anderen können programmatische Ausführungen in diesen Schriften das Verständnis der auslegenden Texte wesentlich erhellen.

---

[5] Ratio (1519), Holb. 191,1 ff.; vgl. auch Methodus, ebd. 155, 11 ff.

3.2 Der Gottesgedanke

Die Frage des Einstiegs in ein System ist von nicht zu unterschätzender Bedeutung für seine Darstellung. Man muß sich bei Erasmus fragen, ob nicht bei der Anthropologie anzusetzen ist, da sie zweifellos im Vordergrund seines Denkens steht. Schließlich gelten alle seine Bemühungen der Reform, und sein Reformprogramm setzt bei der Umwandlung des Menschen ein. In der Darstellung der Erasmischen Anthropologie und der auf ihr basierenden Reform wird dieser induktive Weg zu beschreiben sein, wird es wesentlich darum gehen, die Hinaufbildung des Menschen im hierarchischen Ordnungsgefüge der Stufenfolge des Seins aufzuzeigen. Dieser Wendung des Menschen Gott entgegen geht die Bewegung Gottes auf den Menschen zu zeitlich und sachlich vorauf, ganz abgesehen davon, daß das Ordnungsgefüge wie auch der Mensch, der in es eingebettet ist, Vorgaben Gottes sind. Von daher erscheint es durchaus sachlich gerechtfertigt, dieser göttlichen Vorordnung und Dominanz Rechnung zu tragen, indem der Erasmische Ansatz deduktiv zur Darstellung kommt.

Auf dem höchsten Punkt der Seinspyramide steht Gott, und *Gott ist Geist,* „deus est spiritus"; dies zu betonen wird Erasmus nicht müde. Dabei beruft er sich auf Joh 4,24, eine Stelle, die er in der Paraphrase im Zusammenhang der Frage nach dem wahren im Gegensatz zum äußerlichen Zeremonialdienst sieht und hier nicht weiter interpretiert[6]. In anderen Zusammenhängen kehrt diese Aussage in den Paraphrasen häufig wieder, so z. B. im Nikodemus-Gespräch innerhalb der Auslegung des Verses Joh 3,8. Obwohl hier kein Bezug auf Gott gegeben ist, stellt Erasmus ihn her. Von den Dingen, die mit den geistlichen eine beträchtliche Kongruenz haben, ist der Rückschluß auf Gott möglich, der der einfachste Geist ist, allen körperlichen Wahrnehmungen weit entrückt[7]. Ebenso trägt er den Gedanken in Joh 5,36 ein. Wo Gott sich den Menschen durch Gesicht und Stimme wie bei Mose oder aus Anlaß der Taufe Jesu offenbart hat, da hat er es in einem uneigentlichen Sinne getan, denn

---

[6] „Deus enim quum spiritus sit, non delectatur puritate corporali, ... sed spirituales adoratores amat" (Paraphr. in Joh 4,24, LB VII 529 C/D). Ausdrücklich auf diese Joh-Stelle beruft sich Erasmus wohl im Enchiridion: „Spiritus est deus, et spiritualibus victimis flectitur" (Holb. 85,28; vgl. Ratio, 1520, Holb. 250,5ff.). Zu Unrecht bezieht KOHLS auch die Stelle 2. Kor 3,17 hier mit ein (Theologie, Bd. I, S. 96). Ganz abgesehen von der Schwierigkeit ihrer Interpretation im Rahmen der paulinischen Theologie (dazu u. a. SCHWEIZER, ThW NT, Bd. 6, S. 415f.) ist sie christologisch ausgerichtet und nur bedingt anzuführen, obwohl auch für Erasmus natürlich Christus an den Eigenschaften Gottes partizipiert (vgl. im Enchiridion z. B.: „Christus autem spiritus est" [Holb. 88,7]).

[7] „... sume tibi imaginem ab his rebus, quae cum spiritualibus nonnullam habent congruentiam, et tamen corporeis sensibus percipiuntur. Deus simplicissimus est Spiritus, proculque semotus ab omnibus sensibus corporeis" (Paraphr. in Joh 3,8, LB VII 520D).

sein eigentliches Wesen ist Geist ohne Stimme und Erscheinung[8]. Häufig steht der Hinweis auf die Geistigkeit Gottes im Zusammenhang der Anweisung zu seiner rechten Verehrung. Da Gott Geist ist, kann er auch nur geistlich verehrt werden[9]. Dieser Gedanke wird nicht dem Neuen Testament entnommen, zumal er sich so auch nicht am locus classicus (Joh 4,24) findet. Nach johanneischem Verständnis wird mit dem geistlichen Gottesdienst nicht ein geistig-innerlicher, sondern diesem und jeder Form von kultischem Gottesdienst der eschatologische Gottesdienst gegenübergestellt, der Antwort ist auf das Wunderwirken Gottes in Jesus. Gott ist Geist, das heißt, daß Gott wunderbar am Menschen handelt. „Kommunikation mit ihm gibt es nur durch seine wunderbare und eschatologische Selbstmitteilung"[10]. „Dieser Satz ist keine Definition im griechischen Sinne, die die Seinsweise, die Gott an sich eigen ist, bestimmen wollte." Vielmehr will der Satz sagen, was Gott für den Menschen bedeutet[11].

KOHLS hat nun versucht, Erasmus gegen den Vorwurf in Schutz zu nehmen, es gehe ihm um eine objektivistische Gottesaussage im philosophischen Sinne[12]. Wenn gerade diese definitorischen Aussagen einen solchen Anschein erwecken, dann möchte KOHLS dagegen einwenden, daß Gott Geist genannt wird, weil er sich so seinen Gläubigen zeigt und er von seinem eigenen Geist seinen Gläubigen etwas mitgeteilt hat[13]. Doch ist damit schon das Differential zu einem philosophischen Gottesbegriff gesetzt? Denn Erasmus spricht hier nicht vom *Gläubigen,* sondern vom Menschen schlechthin, der, weil Gott ihm an seinem Geist Anteil gegeben hat, eben zu einem Teil Geist vom Geiste Gottes ist[14]. Über die

---

[8] „Pater autem cum spiritus sit, nec vocem habet, quae possit auribus humanis percipi, nec speciem, quae cerni possit oculis corporeis. Nam Mosi non talis apparuit et auditus est, qualis est suapte natura, ... Sic enim soli Filio visus est atque auditus, et tamen aliqua voce, aliqua specie, se vestris sensibus insinuavit" (Paraphr. in Joh 5,36.37, LB VII 539C).

[9] „Si quaeretis, inquit, quod sit opus, quo demereamini Deum, qui Spiritus est, et spiritualibus delectatur; non est immolatio victimarum, non observatio Sabbati, ... non caetera, quae corporalibus constant ceremoniis, sed hoc est opus, ..., ut credatis Filio suo, ..." (Paraphr. in Joh 6,29, LB VII 546C). „Jam enim pigebat Deum, qui spiritus est, inhabitare Templum manibus hominum exstructum; non delectabatur victimis pecudum" (Paraphr. in Lc 24,27, LB VII 472A). Diesen Zusammenhang stellt auch das Enchiridion her. „Spiritus est deus, et spiritualibus victimis flectitur" (Holb. 85,28). Vgl. auch Paraphr. in Mc 7,7, LB VII 210F.

[10] KÄSEMANN, Art. Geist IV. Geist und Geistesgaben im NT, RGG³, Bd. 2, Sp. 1278. Ähnlich BULTMANN, Das Evangelium des Johannes, S. 139ff.

[11] BULTMANN, ebd. S. 141.

[12] KOHLS, Erasmus, Bd. I, S. 96f.

[13] Ebd. S. 97.

[14] KOHLS zieht die Stelle aus dem Enchiridion heran: „Spiritum vero, qua divinae naturae similitudinem, in qua conditor optimus de suae mentis archetypo aeternam illam honesti legem insculpsit digito, hoc est spiritu suo. Hac deo conglutinamur unumque cum eo

äußerst weittragenden Implikationen dieser Aussage wird noch am gegebenen Ort zu sprechen sein. Hier bleibt nur festzustellen, daß Erasmus eine *Geistmitteilung* Gottes an den *Menschen* abseits der Christusoffenbarung kennt. Das heißt natürlich nicht, daß er an einer rein spekulativen Gotteslehre interessiert wäre. Über Gott an sich, seine Aseität, aber auch über die theologische Gotteslehre und die Art der Bestimmung der innertrinitarischen Beziehungen unternimmt es Erasmus nicht, sonderlich nachzudenken. Wo er es dennoch gelegentlich tut, geschieht es so nebenbei, daß man den Eindruck gewinnt, er übernehme schlicht die traditionell vorgeprägten Formeln[15]. Insofern ist KOHLS Recht zu geben, daß Erasmus sich bemüht, über Gott nur in dessen Gerichtetsein auf den Menschen zu reden. Schließlich steht der Mensch bei seinem Reformbestreben im Zentrum seines Nachdenkens. Doch mit alledem ist nichts darüber gesagt, wie sich alle Aussagen auf dem Hintergrund einer Ontologie und eines sie bestimmenden Gottesverständnisses bewegen.

Wenn Erasmus Gott als Geist bezeichnet, dann setzt er damit im Gegensatz zum Johannes-Evangelium ein absolutes Identitätsverhältnis. Gott ist zuallererst nicht der sich im Geist durch Jesus Christus am Menschen Offenbarende, sondern der absolute Geist unter Ausschluß jedweder Substanzhaftigkeit. „Gott ist einfachster Geist, weit entfernt von jeder körperlichen Sinneswahrnehmung"[16]. Doch Gott bleibt nicht bei sich selbst, er offenbart sich den Menschen durch das Einwirken seines Geistes auf den menschlichen Geist. Daß Jesus Nikodemus auf die Gleichnisfähigkeit des Windes für das Erkennen des göttlichen Geistes hinweisen kann, hat doch nur dann einen Sinn, wenn den Dingen der materiellen Welt eine solche Fähigkeit inhärent ist und der Mensch befähigt ist, den Gleichnischarakter der Dinge wahrzunehmen. So umrahmen in der Auslegung des Verses 8 von Joh 3 den Satz von der Identifikation Gottes mit dem absoluten Geist die beiden anderen Aussagen von der *Gleichnisfähigkeit* der körperlichen Dinge und der *Erkenntnisfähigkeit* des Menschen. „Durch heilige Wehen wird der Geist des Menschen vom Geist Gottes in seinen Bann gezogen und umgeformt"[17]. Voraussetzung für die Möglichkeit einer solchen Einflußnahme ist natürlich die Empfänglichkeit des Menschen.

---

reddimur" (Holb. 52,28–31). Diese Aussage dürfte sich schwerlich im Sinne des Johannes-Evangeliums interpretieren lassen. Insofern besagt es auch wenig, daß sich Erasmus auf das NT beruft, entscheidend ist sein Schriftverständnis. Hier urteilt KOHLS zu unkritisch (KOHLS, Erasmus, Bd. I, S. 94ff.).

[15] Vgl. KOHLS ebd.; HOFFMANN, bes. S. 147, Anm. 2.
[16] S. o. Anm. 7.
[17] „Arcanis afflatibus mentes hominum a Dei Spiritu rapiuntur ac transformantur" (Paraphr. in Joh 3,8, LB VII 520E).

3.3 Gott und Welt

Was schon in Joh 3 angeklungen war, muß von der Auslegung des Johannes-Prologs her noch näher beleuchtet werden. Da im Gegensatz z. B. zum alttestamentlichen Gottesverständnis, für das Gott als Gott der Geschichte in dieser handelt und erfahren werden kann, der Erasmische Ansatz von der *Aseität* der reinen *Geistigkeit Gottes* ausgeht, ist damit die Unterschiedenheit von und die Distanz zu der materiellen Welt in viel stärkerem Maße betont. Die Gefahr einer *Diastase* zwischen *Gott* auf der einen und *Welt* wie Mensch auf der anderen Seite tut sich auf, die gnostische Gefahr einer dualistischen Trennung von Gott und Welt. Dieser Gefahr begegnete das Johannes-Evangelium dadurch, daß es die Welt nicht als die Ausgeburt eines Widergottes verstand, sondern als die Schöpfung des göttlichen Logos. Johannes sagt: „Die Welt ist Gottes Schöpfung und als solche Gottes Offenbarung". Weil dieser Gedanke für Erasmus von so zentraler Bedeutung ist, akzentuiert er ihn in seiner Auslegung des Johannes-Prologs in ganz besonderer Weise. So sehr auch die volle Offenbarung durch den fleischgewordenen Logos in Jesus Christus geschieht, so ist doch die Beteiligung des präexistenten Logos nicht zu unterschlagen, da sie für die Art der Selbstoffenbarung Gottes, für den Status der Welt und die Erkennbarkeit Gottes Konsequenzen hat. In Erläuterung von Joh 1,10 sagt Erasmus: Dieses Wort Gottes war immer in der Welt und zwar so, wie der Geist des Künstlers in seinem Werk. „Auch damals (im Anfang) leuchtete dieses Licht in der Welt durch das, was wunderbar geschaffen worden war, indem es die Macht, Weisheit und Güte Gottes wie auch immer offenbar machte, und auf diese Art sprach er auch damals schon in gewisser Weise zum Menschengeschlecht"[18]. In diesen Zusammenhang bezieht Erasmus auch Vers 9 ein, wenn er in ihm eine Aussage über den präexistenten Logos sieht, während Johannes hier doch wohl vom Fleischgewordenen zu reden scheint[19]. Mit dem wahren Licht ist der „Sermo Dei", der *Logos* gemeint. Aus dieser Quelle sprudelt hervor, was es, sei es unter Menschen oder

---

[18] „Semper hic sermo Dei fuit in mundo, non quod qui immensus est, ullo locorum ambitur contineatur, sed sic erat in mundo, quemadmodum ingenium opificis est in opere, quemadmodum gubernator est in eo, quod moderator. Lucebat et tum haec lux in mundo, per ea, quae mirifice condita fuerant, virtutem, sapientiam ac bonitatem divinam utcunque patefaciens, atque hac ratione tum etiam quodam modo loquebatur hominum generi" (Paraphr. in Joh 1,10, LB VII 502 C).
[19] Im Novum Testamentum bezieht Erasmus das „Kommen" nicht auf das Licht, sondern auf „jeden Menschen" (s. zur Stelle, LB VI 340 A); demnach legt er auch seiner Paraphrase den Text zugrunde: „Erat lux vera, qua illuminat omnem hominem venientem in hunc mundum" (Paraphr. in Joh 1,9, LB VII 501 F). Vgl. BULTMANN, Das Evangelium des Johannes, S. 31 f. Zur Exegese der Stelle durch Erasmus: KRÜGER, Bucer und Erasmus, S. 111 f.

Engeln, an Funken des Geistes, Wahrheitserkenntnis und Glaubenserleuchtung gibt[20]. Wohl kennt Erasmus einen Offenbarungsfortschritt von der Schöpfung über Gesetz und Propheten bis zu Johannes, dem Täufer, einen Progress, der erst in Christus selbst zu seinem Ziel kommt[21]. Doch schon die wunderbare Schöpfung bezeugt den Sterblichen die Allmacht, Weisheit, die unerschöpfliche Güte und außerordentliche Liebe, die Gott für das Menschengeschlecht hegt[22].

Ähnlich argumentiert Erasmus auch in seiner Auslegung von Joh 1,1. Da die göttliche Natur ganz entschieden die Schwachheit des menschlichen Geistes überragt und sie nur gleichnishaft aus der Schöpfung zu erschließen ist, hat Gott sich selbst hinlänglich offenbart im Alten Testament, in Jesus Christus und durch die Wirkung des Heiligen Geistes in seinen Jüngern[23]. Erhellend für den hier in Rede stehenden Zusammenhang ist das Mittelglied. Trotz der starken Betonung der revelatio specialis hält Erasmus doch an der *revelatio generalis* fest. In den Werken der Schöpfung leuchten gewisse Spuren der göttlichen Macht, Weisheit und Güte auf. Der Grund der Möglichkeit eines solchen Aufleuchtens liegt in der Symbolkraft der Dinge der geschaffenen Welt, die deshalb gleichnisfähig sind[24]. Es ist nicht nur das Johannes-Evangelium, das Erasmus zu diesen Vorstellungen inspiriert. Am Ende der Erklärung des Lukas-Evangeliums, im Gespräch Jesu mit den Emmaus-Jüngern, in dem Erasmus noch einmal Gang und Bedeutung des Heilsgeschehens zusammenfaßt, streift er ebenfalls diesen Gedanken. So wie Gott Geist und die Ewigkeit selbst ist, haben nur die unsichtbaren Dinge ewigen Bestand. Dennoch ist der sichtbaren Welt eine Bedeutung zuzumessen, denn sie steht nicht relationslos zur unsichtbaren, göttlichen Welt, sondern vielmehr mit dieser in der Verbindung *gleichnishafter Relation*[25]. Häufig be-

---

[20] „Verum Sermo Dei, de quo nobis in praesentia sermo est, erat illa lux vera, semper manans a Deo Patre, fonte lucis omnis, unde lumen mutuatur, quidquid lucet in coelis et terris. Sive inter homines, sive inter Angelos, si qua scintilla ingenii, si qua cognitio veri, si quod fidei lumen, ab hoc fonte proficiscitur" (Paraphr. in Joh 1,9, LB VII 501 F–502 A).

[21] Paraphr. in Joh 1,6.7, LB VII 501 B–D.

[22] „Itaque non contentus hac admirabili mundi fabrica declarasse mortalibus, et omnipotentiam suam, sapientiamque, et bonitatem immensam, atque eximiam erga genus hominum caritatem" (Paraphr. in Joh 1,6, LB VII 501 B/C).

[23] Paraphr. in Joh 1,1, LB VII 497 A–D.

[24] „Quamquam autem in rebus conditis vestigia quaedam sublucent divinae potentiae, sapientiae, ac bonitatis; fit quidem ut similitudines ductae ab his rebus, quas utcunque sensibus ingenioque complectimur, adducant nos in tenuem aliquam, et umbraticam rerum incomprehensibilium cognitionem; ut eas veluti per somnium ac nebulam utcunque contemplemur; nulla tamen similitudo duci potest a rebus ullis conditis,..., quae per omnia quadret ad rationem, ac natura eorum, ad quorum cognitionem praestandam illae collationes adhibentur" (Paraphr. in Joh 1,1, LB VII 497 A–B).

[25] „Jam enim pigebat Deum, qui spiritus est, inhabitare Templum... Nihil autem perpetuum, quod est visibile corporeis oculis. Quae non videntur aeterna sunt, et ob hoc

schreibt Erasmus dieses Verhältnis mit der Licht-Schatten- oder Urbild-Abbild-Relation. Die sichtbare Welt hat ihren Sinn darin, daß sie über sich selbst hinaus auf ihr Urbild, die geistige, unsichtbare, göttliche Welt zurückverweist.

Die sichtbare Welt ist abbildlich, Schatten, Typ und Bild im Unterschied zur wahren Welt, der sie nachgebildet ist. Weil die Urbilder der sichtbaren Welt, johanneisch gesprochen, im göttlichen Logos vorgebildet sind, ist diese sichtbare Welt in ihrer Fülle Symbol. Die gesamte erfahrbare Welt ist typologisch strukturiert und daher transparent für das göttliche Geheimnis. Die Sonne, der Mond, die Nacht, die Schönheit des Körpers, Jugend, Alter, Krankheit, Gesundheit, Tod, Krieg, Frieden, Kälte, Wärme usw., die ganze Welt und alles in ihr ist voller *Symbolik* und weist wegen seiner Beziehung zur geistigen Welt Gottes eben auf diese hin. Darum kann Erasmus im Enchiridion formulieren: „Im ganzen Theater dieser sichtbaren Welt, im Alten Testament, im Neuen, in jedem Gebot der Kirche, schließlich in dir selbst und in jeder menschlichen Handlung ist außen gewissermaßen Fleisch, innen Geist"[26]. So möchte er auch die Anweisung geben: „Gewöhne dich daran, ... was du in dieser gröberen Welt, die aus den Elementen besteht, ... was du schließlich im gröberen Teil deiner selbst siehst, auf Gott und den unsichtbaren Teil in dir zurückzubeziehen"[27]. Damit steht das Erasmische Wirklichkeitsverständnis zur Debatte. Insofern folgt er der *neuplatonisch-origenistischen Anschauung,* als für ihn die eigentliche Wirklichkeit in der Idee und durch Teilhabe an ihr im intelligiblen Wesen der Dinge besteht. „Demnach, was auch immer die sichtbare Welt den Augen des Körpers darbietet, sein Urbild (idea) wirst du in den Dingen des Geistes finden"[28]. Für den Christen Erasmus ist der Seinsgrund alles Seienden Gott als reinster, einfachster, absoluter Geist. Von Gott als dem Schöpfer, Lenker und Erneuerer leitet sich her, was irgendwie auch noch gut genannt werden kann, sagt die Matthäus-Paraphrase[29].

Zu dieser Urwirklichkeit Gottes als Geist steht alle andere Wirklichkeit

---

digna Deo, qui est ipsa aeternitas. Sed tamen hae rerum visibilium umbrae datae sunt ad tempus rudi crassoque populo, ut aliquando per haec rudimenta proficerent ad ea quae sunt animi"(Paraphr. in Lc 24,27, LB VII 472 A–B).

[26] „... in toto theatro mundi huius visibilis, in vetere lege, in nova, in omni mandato ecclesiae, denique in teipso atque in omni negotio humano foris caro quaedam est, intus spiritus" (Enchiridion, Holb. 87,22–25); vgl. auch ebd. 67, 34ff.

[27] „Ergo quicquid... vides... in hoc crassiore mundo, qui constat ex elementis, ..., denique quicquid in crassiore tui parte, id assuescas ad deum, atque invisibilem tui portionem referre" (ebd. 68, 9–13).

[28] „Ita quicquid hic visibilis mundus offert oculis corporeis, eius ideam reperies in rebus animi"(Ratio, 1519, Holb. 283,26ff.).

[29] „... a quo ceu fonte manat, quicquid bonae rei est usquam" (Paraphr. in Mt 28,19, LB VII 145C).

in Beziehung, und insofern sie teil an ihr hat, kann sie einen partiellen Wirklichkeitscharakter für sich in Anspruch nehmen. Die körperlich-sinnenhaften und sichtbaren Dinge sind nicht selbst die wahre Wirklichkeit, sondern nur Schatten dieser Urwirklichkeit. Wenn sie daher mit dieser zwar nicht gleichgesetzt werden können, so stehen sie doch in Analogie zu ihr. Der Analogieschluß kann demnach nur zu einer schwachen und schattenhaften Erkenntnis der göttlichen Unendlichkeit und Urwirklichkeit führen[30]. Allein daß der Mensch Begriffe seines eigenen Erfahrungsbereichs, die der göttlichen Sphäre inadäquat sind, verwenden muß, hindert ihn am Vorstoß in die göttliche Welt, denn nichts gibt es in der gesamten geschöpflichen Welt, das einen Vergleich hergäbe, der aufs genaueste die Wirklichkeit und Wahrheit der göttlichen Natur widerspiegeln würde[31]. Diese Einschränkung muß gemacht werden, weil die Integrität der ursprünglichen Ordnung verlorengegangen ist. Aber sie ist eben nicht so verlorengegangen, daß die sichtbare geschöpfliche Welt keine „Anhaltspunkte" für die Erkenntnis dieser ursprünglichen Ordnung mehr bieten könnte. Man kann zur Illustration dieses Gedankens neben dem Enchiridion und den Einleitungsschriften auch das Adagium Sileni Alcibiadis von 1515 heranziehen, obwohl hier der Argumentationsduktus unserem Darstellungstrend entgegenläuft. Indem aber Erasmus dazu auffordert, bei allen Dingen von außen nach innen und von unten nach oben zu streben, qualifiziert er die Dinge an sich, allerdings in der Stufenfolge einer Wertskala, die durch ein Gefälle vom Intelligiblen zum Sensiblen gekennzeichnet wird. Dies Gefälle kann einen Punkt erreichen, wo der äußere Schein das wahre Sein der Dinge zu verdecken droht. Doch solche Verkehrung kann nur als Anreiz genommen werden, den Dingen noch weiter auf den Grund zu gehen. Hier liegt für das Erasmische System ein entscheidender Schnittpunkt, auf dessen Bedeutung noch zurückzukommen sein wird[32].

Es bleibt jedoch als ein ganz wichtiger Gesichtspunkt festzuhalten, daß sich Erasmus keine Spielart eines irgendwie gearteten, gnostischen Dualismus zueigen macht. Wenn die geschöpfliche, die äußere Welt, die Welt der Dinge und Erscheinungen, Materie und Substanz zwar im Gegensatz zum Geistigen und der Welt des göttlichen Geistes stehen, so heißt das für Erasmus doch keinesfalls, daß dieser Gegensatz exklusiv und damit die sensible Welt rein negativ beurteilt würde und also als böse zu klassifizie-

---

[30] Vgl. oben Anm. 19.

[31] „... quum nihil usquam sit in omnibus rebus conditis, unde duci possit comparatio, quae ad unguem quadret ad veritatem naturae divinae" (Paraphr. in Joh 1,2, LB VII 498 E).

[32] „In elementis, quae vocant, quo quidque praestantius est, hoc longius a sensibus est remotum, velut aer et ignis... In quovis rerum genere, materia pars vilior, maxime patet sensibus, formae vis et beneficium, utilitate sensitur, et tamen ipsa procul abest a sensibus" (Adagium, „Sileni Alcibiadis", LB II 773 A/B); vgl. auch Enchiridion, Holb. 31,3 ff.

ren wäre. Weil die sensibilia auch in ihrer Verkehrung zur ursprünglich guten Ordnung gehören, kann von ihnen eine Brücke zur intelligiblen und göttlichen Welt geschlagen werden. Eben darum ist das Verhältnis beider Bereiche zueinander das der Analogie und nicht der Verstellung.

Wenn Erasmus hier richtig gesehen worden ist, dann dürfte jetzt der Konvergenzpunkt freigelegt sein, auf den alle Gedanken zielen und von dem her sie folglich verstanden werden müssen. Die Eigenart des Erasmischen Denkens offenbart sich in der Art, wie er die beiden Bereiche einander zuordnet. Das Verhältnis dürfte am ehesten mit dem Begriff der *Spannungseinheit* zu charakterisieren sein. Die geistig-göttliche Welt und die geschöpflich-substanzhafte Welt der körperlichen Dinge sind zwar streng voneinander zu unterscheiden, aber eben doch nicht voneinander zu scheiden, da sie im Urstand einmal zusammengehört haben. Die von daher datierende Teilhabe des Abbilds am Urbild, des Schattens am Licht, des Symbols am Sein vermittelt die Einheit der so tief getrennten sinnenhaften und geistigen Welt. Mit der Formel „Einheit in der Spannung" könnte die *dialektische Grundstruktur* des Erasmischen Denkens charakterisiert werden. Unter dem Aspekt der Einheit erblickt Erasmus in allem Leibhaften, Sichbaren und Erfahrbaren eine Analogie zum Geistigen, Wahren und zur Welt Gottes selbst, deren Symbol, Abbild, Schatten oder *Allegorie* es ist. Dieser positiven Sicht der Weltbetrachtung ist immer die negative integriert, denn unter dem Gesichtspunkt der Spannung sucht er den anderen Aspekt zu veranschlagen, daß nämlich alles Körperhafte und Zeitliche *nur* der Schatten eigentlicher und wahrer Wirklichkeit ist und ihm daher immer der Charakter des Vorläufigen, Symbolischen, Schattenhaften, eben der Uneigentlichkeit anhaftet. Erasmus zu verstehen heißt, diese beiden Seiten zu sehen. Das Ausblenden eines Aspekts führt notwendigerweise zur Vereinseitigung. Nur wenn beide Seiten in ihrer Spannungseinheit, in ihrer dialektischen Relation erfaßt werden, ist das Zentrum des Erasmischen „Systems" getroffen, das als Sinnmitte die Einzelaussagen erst interpretierbar macht.

In dieser Strukturiertheit der Sinnmitte liegt auch der Grund für die so überaus differierende Beurteilung des Erasmus durch seine Interpreten. Wenn sein Charakterbild in der Geschichte geschwankt hat, so ist die Ursache wohl weniger in der Anlage seines Charakters zu suchen, als vielmehr im Ansatz seines Denkens. Die Spannungsbreite seiner Aussagen liegt weit mehr in der Sache als in der Person begründet. Spiritualismus und Wirklichkeitssinn, Idealismus und Realismus, Weltbejahung und Weltverneinung, Jenseitsfrömmigkeit und Diesseitskultur, Theologie und Humanismus, Noetik und Ethik (Theorie und Praxis), Geist und Materie, Freiheit des Geistes und Institution, Freiheit und Determinismus erscheinen als die Pole äußerster, unvereinbarer Gegensätzlichkeit. Wer Erasmus auf die eine oder andere Seite zu ziehen versucht, übersieht, daß ihm daran gelegen hat, beides in seine Perspektive einzubeziehen. Wer hier einseitig akzentuiert oder nur reine Widersprüchlichkeit konstatieren zu können glaubt, hat offenbar nicht bemerkt, wie sehr Erasmus sich gerade darum bemüht, die Gegensätze in Relation zu setzen und in einer höheren Einheit aufzuheben.

Daß es sich dabei um ein Grundprinzip seiner Weltsicht handelt, hat Erasmus wiederholt zu erkennen gegeben. Hier soll zur Klärung dieses Sachverhalts noch einmal auf das Adagium Sileni Alcibiadis verwiesen werden. Die Spannungseinheit von Schein und Sein durchwaltet den ganzen Kosmos, die Geschichte Jesu Christi ebenso wie die Existenz der Lebewesen schlechthin, die des Menschen im besonderen, alle anorganischen Sachen, das Universum mit Gott an seiner Spitze, die Sakramente der Kirche wie die Heilige Schrift und hier wiederum vornehmlich die Gleichnisse. Das heißt, *Kosmologie, Naturverständnis, Anthropologie, Christologie, Ekklesiologie* und *Hermeneutik* sind von den *gleichen ontologischen Voraussetzungen* her entworfen. Das wird man sich um so deutlicher vor Augen halten müssen, als es hier um die Interpretation der Erasmischen Schriftauslegung geht, die von ihrem Genus her wenig Anlaß zu grundsätzlichen Erwägungen dieser Art bietet[33]. Und doch sind nicht nur die Dinge der körperhaften, sichtbaren Welt, die Menschen, der Mensch Jesus, seine Worte und Gleichnisse, die in der Schrift begegnen, in dem umgreifenden ontologischen Gesamtzusammenhang zu sehen, auch die Geschichte selbst macht hier keine Ausnahme. Nicht nur Jesus selbst, nicht nur seine Worte, das ganze evangelische Geschehen zeichnet sich durch die *Transparenz* für die wahre Wirklichkeit Gottes aus[34].

3.4 Der Mensch zwischen Gott und Welt

Obwohl an anderer Stelle noch eingehender vom Menschen zu handeln sein wird, muß doch schon im Zusammenhang der Frage nach der Grundstruktur Erasmischen Denkens von ihm gesprochen werden. Denn im Grunde präsentiert sich Erasmus nicht als sonderlich interessiert an einer systematisierten Ontologie und Kosmologie. Was er dazu sagt, sind mehr Randbemerkungen, die auf seine Sicht der Dinge schließen lassen, jedoch weit davon entfernt sind, einen wohlausgefeilten Entwurf vermitteln zu wollen. Im Zentrum seiner Überlegungen steht der

---

[33] HOFFMANN hat wohl richtig beobachtet, daß bei Bezugnahme auf die Grundstruktur Erasmischen Denkens Schriften verschiedenen Inhalts und Form (die Paraphrasen eingeschlossen) auf einen Nenner gebracht werden können (S. 50).

[34] Die Paraphrasen bringen auf Schritt und Tritt Beispiele für eine allegorische Betrachtung der evangelischen Geschichte. Was Erasmus im Blick auf die Perikope vom Einzug in Jerusalem formuliert, gilt im Grunde für das ganze evangelische Geschehen: „Subest autem in hac rerum gestarum historia non parum mysterii" (Paraphr. in Lc 19,40, LB VII 343 B).

Mensch als Ansatz- und Ausgangspunkt der Restitution; allerdings auf dem Hintergrund von Ontologie und Kosmologie. Erasmus weist dem Menschen seinen Platz zwischen Gott und Welt an. Gott gegenüber wird der Mensch auf die Seite der Schöpfung gestellt, dort rangiert er aber an erster und hervorragender Stelle. „Gott hat in seiner ihm eigenen Güte das Weltall geschaffen und in ihm die Engelgeister wie auch das menschliche Geschlecht als ein Mittelding aus Engeln und Vieh"[35]. Damit nimmt diese Aussage das im Enchiridion entworfene *Menschenbild* auf[36]. Der Mensch ist so in die Mitte zwischen die geistig-intelligible, göttliche Engelwelt und die sichtbare Welt der körperlichen Dinge hineingestellt, daß er an beiden Welten teilhat und quasi eine eigene, eine dritte Welt bildet[37]. Im Verhältnis der beiden Welten zueinander stellt der Mensch einen Sonderfall dar, da er nicht nur in einer exemplarisch-symbolischen Relation zur intelligiblen Welt steht, sondern sogar an ihr Anteil hat. Und weil er an beiden Bereichen partizipiert, schafft er die Möglichkeit der Überbrückung zwischen den Gegensätzen. Es könnte so aussehen, als sei wie im Kosmos die Ordnung im Menschen ontologisch als dualistischer Gegensatz bestimmt, doch in Wahrheit liegt Erasmus alles daran, den Kosmos wie auch den Menschen an diesen Gegensätzen nicht auseinanderbrechen zu lassen, sondern *Kohärenzen* als Ansatzpunkte für eine *Transformation* ad meliorem partem aufzuzeigen.

Diese Intention läßt sich auch in der Anlage der Erasmischen *Anthropologie* nachweisen. Das merkwürdige Schwanken zwischen *dichotomischen* und *trichotomischen* Aussagen zur Anthropologie scheint seinen Grund darin zu haben, daß Erasmus auch hier den Menschen nicht zerreißen, sondern die beiden, eindeutig unterschiedenen Seiten irgendwie doch vermitteln will. Zwischen Geist und Fleisch ist ein Mittelbereich, die Seele, angesiedelt, in ihrer Art wertneutral, so daß sie die Funktion des Bindegliedes bzw. der Überbrückung der Gegensätze übernehmen kann. Die Seele wird zu dem, von dem sie sich in Beschlag nehmen läßt. Gibt sie dem Einfluß des Geistes nach, wird sie Geist, verschreibt sie sich dem Fleisch, verfällt sie ihm[38]. Obwohl Erasmus die Seele in diesem Bereich

---

[35] „... ex sua bonitate condidit universam hanc mundi machinam, et in hac mentes angelicas, et humanum genus velut ex Angelis ac pecudibus medium, ..." (Paraphr. in Joh 1,2, LB VII 499D).

[36] Deutlich klingt an: „Est igitur homo prodigiosum quoddam animal ex duabus tribusve partibus multo diversissimis compactum, ex anima veluti numine quodam et corpore tanquam muta pecude" (Enchiridion, Holb. 41,16–18).

[37] „Duos igitur quosdam mundos imaginemur, alterum intelligibilem tantum, alterum visibilem. Intelligibilem, quem et angelicum licet appellare, in quo deus cum beatis mentibus, visibilem caelestes sphaeras et quod in his includitur. Tum hominem veluti tertium quendam mundum utriusque partipicem, visibilis secundum corpus, invisibilis, secundum animam" (Enchiridion, Holb. 67,28–34).

[38] „Porro tertiam et inter ista mediam constituit, quae sensuum ac motuum naturalium

der Neutralität zu halten sucht, wird doch deutlich, daß sie sich durch eine größere Affinität zum Geist auszeichnet[39]. Daran ist abzulesen, wie sehr ihr eine Tendenz nach oben, auf das Geistige und Göttliche eignet. Zwar kann die Mittelinstanz der Seele auch nach unten abgleiten, doch ist es ihre ureigentliche Funktion, den Weg nach oben zu bahnen und dazu beizutragen, das Fleisch dem Geist dienstbar zu machen.

Unter diesem Gesichtspunkt ist auch der sichtbare Teil des Menschen, sein Körper, nicht grundsätzlich abgewertet. Obwohl ihm eine Neigung zum Fleisch vorgegeben ist, obwohl seine positiven Kräfte schwächer sind als die der Seele, erscheint er doch nicht ganz und gar zum Negativen determiniert. Man kann sagen, daß er in einer relativen Neutralität den sichtbaren, äußerlichen Dingen gleichgesetzt wird und sogar gleichnisfähig für die eigentliche, geistige und wahre Welt werden kann[40]. Wenn Erasmus auch sehr wohl von der Verkehrung des Körpers in das Fleisch zu reden weiß, so liegt seinem Denken dennoch eine grundsätzliche Abwertung des Leiblichen fern. So spiegeln sich die Verhältnisse des *Makrokosmos* in denen des menschlichen *Mikrokosmos*. Durch das Hervorheben der *Mittelbereiche* wird der Dualismus gemäßigt und ein Auseinanderbrechen der grundsätzlichen Einheit des Seins verhindert. Zur Charakterisierung des Erasmischen Ansatzes reicht es nicht hin, die dichotomischen Aussagen zu repetieren und einen Dualismus zu konstatieren, der den menschlichen Mikrokosmos wie auch den Makrokosmos durch den Antagonismus von zwei unvereinbar gedachten Bereichen gekennzeichnet sein läßt. Die Erasmische Position wird erst dort angemessen erfaßt, wo die vermeintlichen *Gegensätze* in der sie *auflösenden Einheit* gefaßt werden. Eine solche Sicht ist möglich, weil das Denken des Erasmus von der ursprünglichen, alles umfassenden Einheit der göttlichen Ordnung ausgeht, auf die hin selbst in der Pervertierung alles ausgerichtet bleibt. Erasmus orientiert sich am Modell einer *integralen Ontologie*. Nur von dieser Voraussetzung aus kann er den Gedanken der Transformation ad meliora und der Restitution alles Seienden zu seiner

---

sit capax. Ea velut in factiosa re publica non potest non alterutri partium accedere; hinc atque hinc sollicitatur, liberum habet, utro velit inclinare. Si carni renuntians ad spiritus partes sese traduxerit, fiet et ipsa spiritalis, sin ad carnis cupiditates semet abiecerit, degenerabit et ipsa in corpus" (Enchiridion, Holb. 52,31–53,3; vgl. ebd. 54, 9ff.; 54, 1ff.; 54, 25ff.). Die anima richtet sich auf die naturalia (s. o., vgl. auch ebd. 54, 4ff.) und die necessaria (53, 33ff.).

[39] Die Vernunft, die sich an dem dem menschlichen Geist eingeprägten Urbild des göttlichen Geistes orientiert (Enchiridion, Holb. 52,28ff.), nimmt Einfluß auf die höheren, der anima (bzw. animus) zugeordneten Affekte (ebd. 42, 31ff.; 54, 2ff.).

[40] „Proinde quicquid in corporeis rebus sensus aut appetunt aut horrent, idem conveniet in internis spiritum longe magis amare aut odisse. Arridet oculis decora species corporis. Cogita, quam honesta res sit species animae" (Enchiridion, Holb. 68,29–32; comp. sqq.). „Breviter quicquid sentitur in corpore, id intelligendum est in anima" (ebd. 69, 2ff.; vgl. auch ebd. 69, 25ff.).

ursprünglich göttlichen Ordnung denken. Von daher löst sich auch ein Teil der Schwierigkeiten, die sich dem Interpreten beim Lesen der Erasmischen Schriften aufdrängen, wenn er Erasmus zwischen einem Realismus auf der einen und einem Spiritualismus bzw. Idealismus auf der anderen Seite schwanken sieht. Was zuweilen als Unschlüssigkeit, Taktieren und Skeptizismus erscheinen mag und Erasmus immer wieder als Charakterschwäche sowie Welt- oder Menschenverachtung angelastet worden ist, dürfte letztlich in dieser dialektisch zu nennenden Basishaltung begründet liegen.

Wie die Leiblichkeit, der schlechtere Teil des Menschen nicht schlichtweg abqualifiziert wird, sondern ihm durchaus eine positive Wertung und damit eine Aufstiegsmöglichkeit gegeben werden kann, so ist auch der Geist als besserer Teil zu noch Besserem befähigt, denn durch den Geist gewinnt der Mensch Anteil am Geist Gottes[41]. Für Erasmus dürfte auch hier wiederum charakteristisch sein, daß er zwischen der göttlichen Welt und dem Menschen keine klare Trennlinie zieht. Die intelligible Welt, die Gott und die Engelwelt umfaßt, reicht bis in die Welt des menschlichen Geistes hinein[42]. Wenn diese den Menschen in die Nähe Gottes rückende Aussage des Enchiridion in der Johannes-Paraphrase vielleicht ein wenig zurückgenommen wird[43], so muß man doch ganz klar sehen, daß auch solche Unklarheiten oder scheinbaren Ungereimtheiten bei Erasmus Methode haben. Ihm liegt daran, von oben nach unten *Durchlässigkeit* zu schaffen, um damit die *Transformation* von unten nach oben zu ermöglichen. Erst wenn diese der Anlage nach vorhandene Möglichkeit verschenkt wird, setzt die Pervertierung der einmal intendierten Ordnung ein und führt zum fortschreitenden Auseinanderfallen des ursprünglich aufeinander Bezogenen.

3.5 Die Erasmische Ontologie

Sollte es mit der oben versuchten Darstellung gelungen sein, den Ansatz des Erasmus freizulegen, von daher seine leitenden Denkstrukturen nachzuzeichnen und so manche disparat, ja sogar widersprüchlich erscheinenden Aussagen auf einen gemeinsamen Nenner zu bringen, dann wäre damit die Voraussetzung für ein besseres Verständnis der Erasmischen Theologie und die von ihr gesteuerte Schriftauslegung erbracht. Nach diesem Exposé begegnet uns in Erasmus nicht der vor-

---

[41] „Spiritum vero, qua divinae naturae similitudinem exprimimus, in qua conditor optimus de suae mentis archetypo aeternam illam honesti legem insculpsit digito, hoc est spiritu suo. Hac deo conglutinamur unumque cum eo reddimur" (Enchiridion, Holb. 52,28–31); ähnlich ebd. 41, 16ff.
[42] Enchiridion, Holb. 67,28ff., zitiert oben Anm. 32.
[43] Paraphr. in Joh 1,2, LB VII 499D, zitiert oben Anm. 30.

nehmlich literarisch interessierte Humanist, sondern der im Kontext seines Weltbildes operierende Theologe. Der Streit um die Frage, ob und inwieweit Erasmus als ein *Systematiker* angesehen werden kann, ist in dem Augenblick müßig, da erkannt worden ist, daß alle Aussagen, so disparat sie auch erscheinen mögen, einen Platz in einem sie verbindenden Koordinatensystem haben. Nicht ein grundsätzlich dualistisches Modell ist, wie häufig angenommen, die Grundstruktur Erasmischen Denkens, in der alles Sein in zwei polare Bereiche zerfällt. Vielmehr wird Erasmus von dem *dialektischen Modell* einer die *Gegensätze* in sich *aufhebenden Einheit* bestimmt. Er denkt im letzten nicht polar-dualistisch, sondern *integralmonadisch*.

Alle Dinge, die intelligible wie die körperhaft-sichtbare Welt sind pyramidisch angeordnet und diese *Pyramide des Seins* wird gekrönt von Gott als dem absoluten Geist, der höchsten Form des Seins überhaupt. Je materieller sich die Welt gestaltet, desto weiter entfernt sie sich vom eigentlichen Sein und verfällt der Uneigentlichkeit des Scheins. Gott am nächsten stehen die Engel und seligen Geister in der intelligiblen Welt. An ihr partizipiert auch der Mensch mit seinem geistigen Sein, während er mit seinem Leib und dessen Funktionen der körperlichen Welt zuzurechnen ist, der alle anderen Lebewesen, wie auch die Erscheinungen und Dinge der Natur zugehören[44]. Danach nimmt im Bereich der pyramidisch angelegten sichtbaren Welt der Natur der Mensch mit seiner rationalen Intelligenz den höchsten Rang ein, gefolgt von den mit instinktiver Intelligenz ausgestatteten Tieren und Wesen, denen wiederum die anorganischen Sachen nachgeordnet sind. Doch diese Stufenordnung im großen wiederholt sich im Detail. Erasmus versucht dies wiederholt an den Elementen klarzumachen. Von den Elementen hat jedes seinen ihm zukommenden Platz. Den höchsten Rang nimmt das Feuer ein, dem sich die Luft, das Wasser und die Erde nach unten hin anschließen[45]. Das Modell ist noch dadurch zu differenzieren, daß diese *Stufenordnung,* in der die Elemente zueinander stehen, im Bereich des jeweiligen Elements wiederkehrt. So ähnelt das Feuer in seinem oberen Teil der Natur des Himmels am meisten, während es sich im Grenzbereich zur Luft hin am stärksten materialisiert. Dasselbe gilt natürlich für die anderen Elemente in gleicher Weise[46]. Das Feuer zeichnet sich allerdings dadurch besonders

---

[44] Enchiridion, Holb. 67,28 ff., zitiert oben Anm. 37.

[45] Ad Paulum Volzium, Holb. 12,2–5; Ratio, 1519, Holb. 202,32–203,6; „In elementis, quae vocant, quo quidque praestantius est, hoc longius a sensibus est remotum, velut aer et ignis" (Sileni Alcibiadis, LB II 773 A/B).

[46] „Inter elementa, quibus infimus hic mundus constat, suus cuique locus est, sed ignis, qui proximum orbi lunari locum obtinet, cum in summa sui parte purissimus sit ac liquidissimus caelique naturae simillimus, tamen in aeris confinio seipso crassior est. Aer item in summa sui circuli margine simillimus igni, in infima parte, qua confinis est aquae,

aus, daß es eine Anziehungskraft besitzt. Das Feuer zieht durch seine Ausstrahlungskraft die anderen Elemente allmählich an und verwandelt sie nach Möglichkeit in sein eigenes Wesen. Die durch Winde verflüchtigte Erde wandelt es in Wasser, den Wasserdampf wandelt es in Luft und die verfeinerte Luft überführt es in sich selbst hinein. Die Grenzen zwischen den einzelnen Bereichen sind nur in einer Richtung von oben nach unten durchlässig, d. h. das Höherstehende oder Bessere besitzt die größere Anziehungskraft. Dem Inferioren fehlt die Macht, das jeweils Bessere zu sich herabzuziehen und negativ zu beeinflussen[47].

Die en passant von Erasmus eingestreuten Bemerkungen sind zu beschränkt und vage, um daraus eine *Kosmologie* abzuleiten. Man muß aber auch beachten, daß Erasmus an der Systematisierung und Ausarbeitung einer umfassenden Kosmologie nicht interessiert ist. Die wenigen oben angezogenen Aussagen aus dem Brief an Paul Volz und der Ratio werden von ihm beispielhaft zur Erläuterung eines ekklesiologischen und ethischen Sachverhalts vorgebracht. Denn wie im Kosmos die alles anziehende Kraft vom Feuer ausgeht, so übt Christus im Reich des Geistes diese Funktion als Quell des ewigen Feuers aus[48]. Christus strahlt seinen gewinnenden Einfluß auf die drei Kreise der societas christiana aus, wie sich das Feuer auf alle anderen Elemente verwandelnd auswirkt. Erasmus will nicht über die Funktion der Elemente belehren, sondern an ihnen die Ausstrahlungs-, Wirk- und Anziehungskraft Christi erklären. Man wird aber noch fragen müssen, welcher Effekt dieser Transformation zukommt, ob sie nur eine Vervollkommnung im eigenen Bereich bewirkt oder einen Sprung in die nächsthöhere Stufe ermöglicht. Erasmus hält bei allem daran fest, daß die Initiative jeglicher transformatorischen Bewegung vom Feuer bzw. von Christus ausgeht. Soweit die Priester als der erste Kreis die Fürsten beeinflussen, tun sie es auf die Veranlassung durch Christus hin und mit seiner Unterstützung[49]. Im Bilde gesprochen: Es ist

---

crassescit. Fortassis idem de aqua terraque dici potest" (Ratio, 1519, Holb. 202,32–203,1). Auf die societas christina bezogen: „Tertium circulum promiscuo vulgo dare licebit ceu crassissimae huius orbis, quem fingimus, parti, sed ita crassissimae, ut nihilo secius ad Christi corpus pertineat, quamquam in singulis circulis ordinem aliquem imaginari licet" (Ratio, 1519, Holb. 202,18–22).

[47] „Atque interim ignis, cui praecipua vis ad agendum, paulatim omnia rapit ad se et quoad licet in suam transformat naturam. Terram spiritibus attenuatam vertit in aquam, aquam eliquatam vertit in aerem, aerem extenuatum in se transformat. Confinia serviunt transformationi non in deterius, sed in melius" (Ratio, 1519, Holb. 203,1–6). Im Brief an Paul Volz: „Elementorum suus cuique locus est; sed ignis, qui summam tenet sedem, omnia paulatim ad se rapit et, quoad licet, in suam transformat naturam. Aquam eliquatam vertit in aerem, aerem extenuatum in se transformat" (Holb. 12,2–5).

[48] „Porro, ut Christus velut ignis aeterni fons sacerdotum ordinem proxime ad se trahit ac velut igneos reddit, ..., ita sacerdotum est, et praesertim summorum, principes quoad licet ad sese vocare" (Ad Paulum Volzium, Holb. 10,8–11).

[49] Vgl. die vorige Anmerkung.

das Feuer, das die Veränderung der anderen Elemente und ihre Umformung in einen anderen Status bewirkt[50]. Und hier scheint es nun eindeutig so zu sein, daß nicht nur an eine Vervollkommnung in der eigenen Sphäre, sondern an eine Verwandlung und Umformung in den nächsthöheren Stoff gedacht ist. Erde wird zu Wasser, Wasser zu Luft, Luft zu Feuer. Auch Christus, die Quelle des ewigen Feuers zieht den Stand der Priester ganz nahe zu sich heran und macht sie gleichsam feurig[51].

Man wird diese Aussagen nicht pressen wollen, doch sind sie offenbar daraufhin angelegt, einsehbar zu machen, daß die Transformation einen Prozeß der Näherung in Gang bringt, deren Sinn gerade darin besteht, die Grenzen des eigenen Bereichs auf dem Weg der Heraufbildung nach oben hin zu überwinden[52]. Schließlich soll hier auch nur angedeutet werden, daß Erasmus als Ziel des Menschen seine Transformatio und Transfiguratio in Christus, in den Geist hinein vor Augen hat, einen Prozeß, der per definitionem einen Transitus fordert. Woher fließen Erasmus diese Gedanken zu? Zunächst aus seiner Beschäftigung mit *Plato* selbst. Darüber hinaus war er offenbar mit *Plotin* vertraut, der ein solches Stufenmodell, allerdings in der Form von Emanationen von der intelligiblen zur sensiblen Welt entworfen hatte[53]. Die *Kirchenväter* hatten davon vieles aufgenommen und weitervererbt. Schließlich waren ähnliche Vorstellungen bei den englischen Humanisten virulent. Erasmus konnte aus allen diesen Quellen schöpfen und tat es offenbar sehr eklektisch. Insofern hat der Neuplatonismus die auf Verinnerlichung drängende geistige Frömmigkeit des Erasmus nicht geschaffen, wohl aber motiviert[54].

---

[50] Holb. 12,2ff.; 203,1ff.
[51] Holb. 10,8f.
[52] Wie oben gezeigt, differenziert Erasmus insofern, als er die einzelnen Bereiche wiederum in sich gestuft sein läßt. Natürlich ist eine Verbesserung zum Optimum innerhalb des jeweiligen Bereichs das erste Ziel, doch kann daraus nicht abgeleitet werden, daß nicht auch die Grenzen überschritten werden können (wie das etwa HOFFMANN, S. 129f., bes. Anm. 275 tut), wie anders wäre sonst eine Aussage wie „spiritus deos nos reddit" zu interpretieren.
[53] In seiner Schrift „De ratione studii" von 1511 empfiehlt Erasmus für das Studium der Philosophie nach Plato, Aristoteles und Theophylakt die Lektüre Plotins (LB I, 523 B, AA I–2, S. 120, 13). AUER (S. 66f.) hat ebenfalls auf die Verbindung zu Plotin aufmerksam gemacht.
[54] Vgl. auch BAINTON, Erasmus, S. 61–65.

4. Die Theologie des Wortes

4.1 Die Funktion literarischer Überlieferung

Es hieße einen wesentlichen Aspekt Erasmischen Denkens zu übergehen, wollte man nicht wenigstens kurz die Auslegung der Evangelien in den Paraphrasen im Zusammenhang der Wertung der *Literatur* im allgemeinen durch Erasmus beleuchten. Welche Bedeutung bzw. Qualität mißt Erasmus der literarischen Überlieferung zu? Nun ist Erasmus unbestreitbar ein Mann des Wortes, genauer gesagt des fixierten, geschriebenen Wortes. Neben eigener Schriftstellerei steht seine Arbeit als Kollektor, Editor und Kommentator. Nicht die Jurisprudenz, die Medizin oder irgend eine Art naturwissenschaftlichen Forschens beschäftigen ihn, sein Betätigungsfeld liegt ausschließlich auf dem Gebiet der bonae und sacrae litterae. „Die Literatur bildet den vornehmsten Erkenntnisgegenstand"[1]. Es wäre ein Thema für eine gesonderte Studie nachzuweisen, inwieweit Erasmus einen direkten Zugang zur Natur gefunden hat, bzw. inwieweit dieser Zugang literarisch vermittelt gewesen ist[2]. Wie man sich hier auch entscheiden mag, man kann an der Tatsache nicht vorübergehen, daß das *Wort* der Natur übergeordnet bleibt und das Wort das Wesen der Natur und ihrer Erscheinungen erst eigentlich zutage fördert[3]. In „De ratione studii" bringt Erasmus diesen Gedanken zum Ausdruck, wenn er feststellt, daß die Dinge nicht anders als durch die Bezeichnungen der Sprache (also die Wörter) erkannt werden[4].

Kommt von daher dem Wort schon seine eminente Bedeutung zu, so eignet ihm diese noch im besonderen Maße als Kommunikationsmittel.

---

[1] HOFFMANN, S. 122.

[2] Intensiv mit diesem Aspekt hat sich beschäftigt MARGOLIN, L'Idee de nature... Vgl. dazu auch WOODWARD: „Facts are to be derived from literary sources, and in turn are to be employed in the illustration of literature" (S. 141). Das Problem hat auch angesprochen HOFFMANN, Kap. II, 3a Natur- und Naturverständnis (S. 120ff.).

[3] HOFFMANN (S. 122) meint sagen zu können, daß, wenn Erasmus von Natur rede, er in erster Linie das Grammatische, Dialektische, Rhetorische des Wortes meine und sein Naturbild nicht aus der Beobachtung natürlicher Phänomene entstehe, sondern literarisch aus dem Wort erhoben werde.

[4] „Etenim cum res non nisi per vocum notas cognoscantur,..." (De ratione studii, LB I, 521 A).

Im Bedenken der Tatsache, daß das Johannesevangelium (Kap. 1) Christus das Wort nennt, spricht Erasmus von der *kommunikativen Aufgabe* des Wortes. Unseren Willen können wir nicht sicherer und schneller mitteilen als durch die Rede, die aus dem Inneren des Geistes durch eine verborgene Kraft den Gedanken des Redenden in den des Hörenden überführt[5]. In der Wertigkeit wird das Wort der Tat vorgeordnet. Jesus wünscht sich Menschen, die dem reinen, nackten Wort ohne die Bestätigung durch ein Wunder glauben. Was aber für die Kommunikation in der Gegenwart gilt, hat noch größere Berechtigung in seiner Bedeutung für den Kontakt mit der Vergangenheit. Die großen Taten vergangener Zeiten verfallen der Vergessenheit oder werden verdunkelt, wenn sie nicht durch das beredsame Werk eines Historikers zur Literatur, der einzigen Hüterin der Geschehnisse, werden. Nur so bleibt ihr Ruhm bei der Nachwelt lebendig[6]. Keine Listen, keine Tafeln, keine Münzen, keine Statuen, keine Pyramiden verkünden klarer oder bewahren getreuer den Ruhm der Könige als die Schriften eines literarisch begabten Menschen[7]. Hier spricht unverkennbar der literarisch interessierte und selbst schriftstellerisch tätige Humanist, der das literarische Zeugnis, sei es Quelle oder Sekundärliteratur über alles schätzt und allen anderen Formen historischer Zeugenschaft vorzieht. Die Funktion literarischer Überlieferung ist es, die Geschichte dem Vergessen oder der Verdunkelung zu entreißen und sie der Nachwelt lebendig zu erhalten.

Diese Gedanken decken sich mit den im Enchiridion geäußerten, verdeutlichen aber auch das Anliegen des Erasmus. Reliquien des Paulus oder Christi, bzw. Christusdarstellungen bleiben im Äußerlichen, die Schriften jedoch spiegeln das Bild des Geistes wider. Obwohl das gesprochene wie das geschriebene Wort am geistigen wie am leiblichen Bereich der Welt teilnehmen, steht für Erasmus doch außer Frage, daß das Wort in der Seinspyramide einen besonderen Rang einnimmt. Daß der Geist in der Sprache sein vornehmliches Sprachrohr findet, gehört zu den Erasmischen Grunderkenntnissen. Nach der *ontologischen Bestimmtheit der Sprache* ist alles Sein in ihr vorgegeben. Hier sei noch einmal auf den in „De ratione studii" formulierten Gedanken verwiesen, daß die Dinge nicht anders als durch die Sprache erkannt werden[8]. Dieser sprachphilosophische Aspekt wirkt sich bis in die charakteristische Aufnahme der johan-

---

[5] „Quod si cui volumus animi nostri voluntatem esse cognitam, nulla re certius id fit, aut celerius, quam oratione, quae ex intimis mentis arcanis deprompta, per aures audientis, occulta quadam energia, animum loquentis transfert in animum auditoris" (Paraphr. in Joh 1,2, LB VII 499 B).

[6] Brief an Robert Gaguin vom Okt. 1495 aus Anlaß von Gaguins Veröffentlichung einer Darstellung der französischen Geschichte (Ep. 45,36–40, Allen I, S. 150).

[7] Ebd. Z. 124–127, S. 152.

[8] Vgl. oben Anm. 4.

neischen Logoschristologie durch Erasmus aus, wenn er die Übersetzung des Logos durch sermo bevorzugt.

4.2 Die Inverbation Christi

Wenn Christus uns versprochen hat, „daß er ständig bei uns bleiben wird bis an der Weltzeit Ende, so leistet er das vornehmlich in diesen Schriften, in denen er auch jetzt noch für uns lebt, atmet, spricht, beinahe möchte ich sagen, noch wirkungsvoller als zu der Zeit, da er unter den Menschen weilte. Weniger sahen und weniger hörten die Juden, als du siehst und hörst in den Evangelien, allerdings unter der Voraussetzung, daß du Augen und Ohren mitbringst, mit denen du ihn ausmachen und hören kannst"[9]. In dieser Passage der Paraclesis von 1516 bringt Erasmus mehr zum Ausdruck als nur den allgemeinen Gedanken, daß Christus auch durch die Schrift spricht. Hier wird vielmehr ein Prioritätsanspruch für die Schrift erhoben, wohingegen die Begegnung mit dem historischen Jesus abgewertet wird. *Christus* wird so sehr *mit seinem Wort identifiziert,* daß andere Erscheinungsweisen dahinter zurücktreten müssen. Für uns lebt, atmet und spricht er in den evangelischen Schriften. Fast gleichlautend äußert sich Erasmus im Widmungsschreiben an Leo X. zur Ausgabe des Neuen Testaments aus demselben Jahr. Die philosophia christiana soll man aus den evangelischen und apostolischen Schriften schöpfen, „in denen jenes himmlische Wort, einst aus dem Vaterherzen zu uns gelangt, noch weiter lebt, atmet, handelt und spricht"[10]. Hatte Erasmus schon im Enchiridion vom Bild des Geistes Christi gesprochen, das die evangelischen Schriften anschaulich machen, in der Paraclesis wiederholt er diesen Gedanken mit fast den gleichen Worten.

Die Schriften der Evangelien „spiegeln das lebendige Bild jenes hochheiligen Geistes und Christus selbst wider, wie er spricht, heilt, stirbt, aufersteht, und machen ihn endlich so ganz gegenwärtig, daß man weniger sehen würde, wenn man ihn vor Augen hätte"[11]. Auch hier wieder-

---

[9] „Qui quod pollicitus est se semper nobiscum fore usque ad consummationem saeculi, in his litteris praecipue praestat in quibus nobis etiamnum vivit, spirat, loquitur, paene dixerim efficatius, quam cum inter homines versaretur. Minus videbant, minus audiebant Iudaei, quam tu vides et audis in euangelicis litteris, tantum ut oculus et aures afferas, quibus ille cerni et audiri possit" (Paraclesis, Holb. 146,22–28).
[10] „... Si quotquot vbique terrarum Christianam philosophiam profitentur, in primis autoris sui decreta ex Euangelicis Apostolicisque literis imbibant, in quibus verbum illud coeleste, quondam e corde Patris ad nos profectum, adhuc nobis viuit, adhuc spirat, adhuc agit et loquitur, sic vt mea quidem sententia nusquam alias efficacius aut praesentius" (Ep. 384,44–49, Allen II, S. 185); vgl. „... nihil est quod Christum expressius, efficacius, absolutius referat exprimat, repraesentet quam Euangelistarum et Apostolorum literae" (Ep. 373,178–180, Allen II, S. 170).
[11] „... at hae tibi sacrosanctae mentis illius vivam referunt imaginem ipsumque Chri-

um ist mehr gesagt, als daß Jesus in oder durch die Schrift redet, wie es Erasmus etwa zu Jesu Predigt in Nazareth (Luk 4,14–30) ausdrückt: „Er redet zu uns nämlich täglich in den Heiligen Schriften. Er redet durch die evangelischen Propheten, d. h. die Interpreten der heiligen Bücher"[12]. Näher kommt da schon eine Bemerkung aus der Vorrede zur Lukas-Paraphrase. Obwohl der Heilige Geist die ganze Heilige Schrift durchweht, hat er doch vornehmlich seine Kraft den evangelischen Schriften mitgeteilt, in denen der Herr selbst spricht[13]. Etwas deutlicher wird die Johannes-Paraphrase. Auch nach der leiblichen Aufnahme Christi in den Himmel leuchtet doch sein Licht weiter aus den Aposteln und Heiligen Schriften[14]. Es hat fast den Anschein, als rede Erasmus hier von einer Auferstehung Christi in die Schrift hinein. Die *Schrift* wird zum *Christus prolongatus* und *Christus praesens,* sie ist nach seiner Auferstehung an seine Stelle getreten.

Bei der Hochschätzung literarischer Quellen durch Erasmus wird man sich über die äußerst positive Einstufung der Schriften des Evangeliums nicht wundern. Erasmus wendet sich jedoch den Evangelien nicht nur als den ältesten Urkunden der Christenheit zu, sondern sieht in ihnen geradezu eine Weise der Inkarnation Christi. Standen schon in Jesu Erdentagen die Worte im Vordergrund, so daß das Johannes-Evangelium Christus mit gutem Grund als sermo bezeichnet, dann gilt das erst recht vom Nachösterlichen, der *in das Schriftwort auferstanden* ist, in ihm lebt, zu uns spricht und auf diese Weise an uns heute handelt. Die *Heilige Schrift* ist eine bleibende *Inkarnation Christi* in der Form der *Inverbation.* Die Schrift hat damit Anteil an der Leibwerdung Christi mit allen ihren Implikationen.

Man wird den sachlichen Kontext der Erasmischen Ontologie berücksichtigen müssen, um diese Aussagen in ihrer vollen Bedeutung zu erfassen. Der Schrift eignet wie allen Dingen der körperlich sinnenhaften Welt Symbolcharakter. Sie steht in der Spannung von Unterschiedenheit und Teilhabe. Im Adagium „Sileni Alcibiadis" ordnet Erasmus auch die Schrift dem Gesamtgefüge allen Seins ein. Wie im Universum, wie beim

---

stum loquentem, sanantem, morientem, resurgentem, denique totum ita praesentem reddunt, ut minus visurus sis, si coram oculis conspicias" (Holb. 149,8–12); vgl. Enchiridion, ebd. 75, 15 ff.

[12] „Loquitur enim ille cottidie nobis in arcanis litteris. Loquitur per Euangelicos Prophetas, hoc est, sacrorum Voluminum interpretes" (Paraphr. in Lc 4,20, LB VII 325 E).

[13] „Quamquam autem omnis diuina Scriptura vim habet medicam tamen nullum pharmacum habet efficacius quam Euangelicum. Idem in omnibus est spiritus, sed in his esse voluit in quo praecipue vim suam exereret, ne nullum esset discrimen inter ministros et Dominum, inter lacunas et fontem" (Ep. 1381,244–248, Allen V, S. 318).

[14] „Porro dum quisque in vita corporis est, etiam post sublatum in coelos Christi corpus, tamen habet illius lucem ex Apostolis, sacrisque Litteris, quae facultatem praebent operan-

Menschen, bei jedem Lebewesen, ja wie bei allem Seienden so ist auch bei der Schrift eine Doppelstruktur zu konstatieren. Äußeres Erscheinungsbild und wahres, inneres, eigentliches Sein fallen oft so weit auseinander, daß die Gestalt der sinnenhaften Erscheinung über die Bedeutung des Wesens eines Dinges hinwegtäuschen kann. Obwohl Schein und Sein nicht im Einklang miteinander stehen, kann der ärgste Schein wahres Sein bergen[15]. Im Enchiridion formuliert Erasmus mit besonderer Abzweckung auf die Schrift denselben Gedanken. Die Heiligen Schriften, die fast jenen Silenen des Alcibiades gleichen, bergen unter einer ärmlichen, beinahe lächerlichen Hülle die reine Gottheit[16]. Mag das Äußere, Leibhafte, Buchstäbliche der Schrift auch noch so negativ beurteilt werden, es dient aber der Einkleidung des Göttlichen selbst. Wenn das schon für die profanen Schriften gilt, wieviel mehr muß es dann für die Heilige Schrift zutreffen. Erasmus stellt die Gleichung auf: Vater, Wort des Vaters gleich Sohn, Wort Christi gleich Sohn. Es kann keine Differenz zwischen dem Vater und seiner Selbstmitteilung geben, ob sie nun in der *Person des Sohnes* oder im *Wort der Schrift* geschieht. Darum nennt Joh 1 Christus den Logos, das Wort, weil dem Wort die höchste Form kommunikativer Funktion zukommt[17]. Da das Wort Geist vom Geiste seines Urhebers ist, kann Erasmus so weit gehen, das Wort mit seinem Urheber weitestgehend zu identifizieren, bzw. die Person des Sprechenden im gesprochenen Wort in einzigartiger Weise repräsentiert zu sehen. *Menschwerdung* und *Schriftwerdung* entsprechen einander, denn sie sind als zwei Aspekte der Inkarnation zu verstehen[18]. Von daher läßt sich die tiefere Bedeutung des Satzes ermessen, daß nach seiner Auferstehung die Heiligen Schriften an Christi Stelle getreten sind und er jetzt in ihnen und durch sie spricht und handelt. Im Wort der Schrift hat Christus das angemessene Medium seiner Vergegenwärtigung und fortdauernden Wirksamkeit gefunden. Die *Inkarnation* setzt sich in der *Inverbation* fort.

Die Vorstellung von der Inkarnation des ewigen Wortes im Wort der Schrift konnte Erasmus von *Origenes* übernehmen, der sie bereits vorgebildet hatte. „Immer ist in der Schrift ‚das Wort Fleisch geworden‘, damit es unter uns wohne", stellt Origenes fest[19], was nichts anderes heißt, als daß die Schrift als eine bleibende Inkarnation des Logos verstanden ist.

---

di, quod ad salutem pertinet" (Paraphr. in Joh 9,5, LB VII 575 E).

[15] Silenci Alcibiadis, LB II 773 A ff.

[16] „Maxime vero scripturae divinae, quae fere silenis illis Alcibiadeis similes sub tectorio sordido ac paene ridiculo merum numen claudunt" (Enchiridion, Holb. 70,17–19).

[17] Paraphr. in Joh 1,2, LB VII 499 B, zitiert oben Anm. 5.

[18] So z. B. TRACY (S. 152): „Scripture was almost a second incarnation, divinely simple in the sense of its numinous immediacy."

[19] „ἀεὶ γὰρ ἐν ταῖς γραφαῖς ὁ λόγος σὰρξ ἐγένετο", „ἵνα κατασκηνώσῃ ‚ἐν ἡμῖν'" (Contra Celsum, VI 77, GCS2, S. 148, 29 f.).

Wie bei Origenes Inkarnation und Inverbation in eins fallen, wird deutlich, wenn er Jesu Leib und die Schrift gleichermaßen den Tempel des Logos nennt[20]. Für Origenes verbürgt die Verleiblichung des Logos Gottes in Geschichte, Schrift und Leib Jesu die Gegenwart dieses Logos in der Welt [21]. Diese Bürgschaft leistet eben auch die *Schrift,* weil ihr in den Augen des Origenes eine *christologisch-inkarnatorische Struktur* eignet[22]. Damit erhält das Wort der Schrift für Origenes geradezu einen sakramentalen Charakter[23], wie er sich auch im Verständnis des Erasmus abzuzeichnen scheint. Weil im Wort der Schrift die Gottheit, der Logos, Christus selbst anwesend ist und wirkt, erweist es sich als so mächtig. In seiner Paraphrasierung der Heilung eines Blindgeborenen (Joh 9) deutet Erasmus die Wasser des Teiches Siloa allegorisch auf die Schrift. Da sie aus den verborgenen Höhlen göttlicher Weisheit fließt, hat sie, obwohl ohne Eloquenz, die himmlische Macht, jede eingewurzelte Blindheit des menschlichen Geistes zu vertreiben[24]. Das in der Schrift mächtige Wort tritt an die Stelle Christi und wirkt aus sich selbst heraus. Zahlreich sind die Stellen, an denen Erasmus betont, daß sich Jesus einzig und allein des effizienten Wortes bedient, so, wenn die Diener der Hohenpriester und Pharisäer zu diesen zurückkehren mit der Auskunft, daß sie an ihrem Auftrag, Jesus zu ergreifen, von diesem gehindert wurden, indem er sie durch ein kurzes, aber wirksames Wort verzaubert und verwandelt habe (Joh 7,46)[25]. Bei dem *intellektualistischen Ansatz* seiner Theologie und in ihrem Rahmen auch der Anthropologie ist es nur konsequent, wenn Erasmus dem Wort, und gerade auch dem Wort der Schrift eine derartig hohe Bedeutung zumißt, ist es doch Ausfluß des Gottesgeistes[26] und beeinflußt den Geist des Menschen[27]. Das Wort in seiner christologisch-inkarnatorischen Struktur fungiert als die Konstituante im Verkehr Gottes mit dem Menschen.

---

[20] Johanneskommentar, Buch X. 39, GCS 4, S. 215, 8–13.
[21] Die Theologie des biblischen Wortes bei Origenes hat GÖGLER sehr umfassend dargestellt. Hier sind besonders zu vergleichen die Seiten 299 ff.
[22] Ebd. S. 304.
[23] Ebd. S. 303 f.
[24] „... non quod ex illis aquis quisquam salutem sit assequutus, sed quod divinae Scripturae typum gerant. Quae cum absque strepitu mundanae eloquentiae placide leniterque fluant, tamen quoniam ex abstrusis divinae sapientiae cavernis scatent, coelestem vim habent depellendi quamvis inveteratam humanae mentis caecitatem, ..." (Paraphr. in Joh 9,7, LB VII, 576 B/C).
[25] „... Se quidem hoc animo adisse Jesum, ut eum captum adducerent, sed brevi sermone, verum efficaci, sic velut incantatos ac transformatos, ..." (Paraphr. in Joh 7,46, LB VII 561 E).
[26] „Oracula mera (ut sunt) esse puta, de divinae mentis adyto profecta" (Enchiridion, Holb. 33,19 f.); vgl. ebd. 75, 17 ff.
[27] S. o. Paraphr. in Joh 9,7, LB VII 576 B/C.

4.3 Die Doppelstruktur des Wortes

Was der Gedanke einer Inkarnation Christi im Wort der Schrift, die wir als Inverbation bezeichneten, schon nahezulegen schien, daß nämlich das Wort Anteil sowohl an der göttlichen wie auch menschlichen Natur haben muß, erweist sich bei näherer Durchsicht der Paraphrasen als zutreffend. Der Vergleich des gesprochenen und schriftgewordenen Wortes mit dem fleischgewordenen Wort unterstreicht die *Doppelstruktur* des Schriftwortes als ein in seiner Natur sinnenhaft erfahrbares und doch geistig in Gott verborgenes. Den Hinweis auf diese Doppelstruktur des Wortes gibt nach Erasmus Christus selbst, wenn er sich einer gleichnishaften Rede bedient, die in oder hinter dem Wortlaut einen tieferen Sinn, ein Geheimnis birgt[28]. Das Bild der von Moses in der Wüste erhöhten Schlange (Num 21,8.9), das Christus auf sich selbst anwendet (Joh 3,14f.), ist für Erasmus ein sicheres Indiz der Tatsache, daß unter der äußeren Decke der Schrift ein geheimer Sinn verborgen liegt[29]. Was Erasmus hier im Blick auf ein Jesuswort feststellt, generalisiert er und bezieht es auf die gesamte Heilige Schrift. Jesus läßt er im Zusammenhang von Joh 6,63 sagen, daß seine Rede nur geistlich verstanden werden kann, weil sie himmlisch ist. Wie der menschliche Körper nicht ohne den Geist lebendig ist, so lebt auch die Schrift nur von ihrem *geistlichen Sinn*, und verstehen kann sie nur, wer sie geistlich versteht[30]. Ohne den geistlichen Sinn erweist sie sich als toter Buchstabe. Die auffällige Parallelisierung des caro-spiritus-Dualismus in der Anthropologie wie in seiner Anwendung auf die Schrift ist schon aus dem Enchiridion bekannt. Alle Schrift, besonders aber die Heilige, besteht aus einfachem Sinn und Geheimnis wie aus Körper und Geist[31]. Hier ist über die Anthropologie hinweg die Brücke zum Ansatz der Erasmischen *Ontologie* geschlagen und damit ein Zusammenhang aufgedeckt, wie ihn Erasmus in den Sileni Alcibiadis aufzeigt.

Die Reihe der Belege aus den Paraphrasen läßt sich fortsetzen. So belehrt der Auferstandene die Emmausjünger, daß sie ihren Unglauben

---

[28] Ratio (1519), Holb. 259,32ff.; vgl. auch Paraphr. in Lc 18,34, LB VII 424F–425A.

[29] „... simul interim aperiens, quantum interesset inter eos, qui Legem carnaliter legerint, praeter historiam nihil animadvertentes, et eos qui Spiritus afflatu, de quo fuerat mentio, sensum arcanum sub Scripturae tectorio latentem perciperent" (Paraphr. in Joh 3,15, LB VII 522B).

[30] „Nam caro per se nihil prodest, spiritus est qui donat vitam. Quid est enim corporis humani moles, si non adsit spiritus? Ita sermo meus, secundum carnem intellectus, non conferat vitam, nisi veluti coelestem spiritualiter intelligatis" (Paraphr. in Joh 6,64, LB VII 551B/C).

[31] Enchiridion, Holb. 70,13ff. vgl. dazu: „Quum enim sensus historicus veluti corpus sit Scripturae, sensus reconditior velut anima, ..." (Ecclesiastes, LB V 1043D); ebenso Paraphr. in Gal 4,24, LB VII 959D.

und ihr Unverständnis darauf zurückführen müssen, das geistliche Wesen der Schrift nicht erkannt zu haben[32]. Den Jüngern verheißt der Auferstandene am Schluß des Lukas-Evangeliums, daß sie zum geistlichen Verständnis der Schriften vorstoßen werden[33]. Was das mosaische Gesetz vorschreibt, das ist nach dem geistlichen Verständnis in Christus erfüllt[34]. Dieses *dualistische Strukturelement* prägt die gesamte Schrift, das Alte wie das Neue Testament. Die Unterschiedenheit der beiden Testamente wird weitgehendst nivelliert und eine mögliche *qualitative Differenz* zu einer *quantitativen* gewandelt. In der Auslegung der Speisung der Viertausend (Mk 8,1–10) deutet Erasmus das Weizenbrot auf die evangelische Verkündigung, mit der er das Gerstenbrot des Pentateuch vergleicht. Wie die Gerste unter rauher Schale ihren Kern versteckt, so ist auch beim mosaischen Pentateuch der geistliche Sinn unter der figürlichen Hülle verborgen[35]. Nicht anders das Evangelium, es hat sein Fleisch und seinen Geist, so hatte es schon das Enchiridion festgestellt. „Habet euangelium carnem suam, habet et spiritum"[36]. Der Antithese Fleisch-Geist kann Erasmus auch die andere Buchstabe-Geist an die Seite stellen, indem er sich auf Joh 6,63 und Paulus, besonders 2.Kor 3,6 beruft: Das Fleisch nützt nichts, bzw. der Buchstabe tötet, der Geist aber ist es, der lebendig macht. Dabei bezieht Erasmus die Antithese auf die Differenz zweier verschiedenartiger Verstehensweisen, interpretiert sie also als eine *hermeneutische Formel*. Paulus dagegen geht es in dieser Gegenüberstellung darum, die in Christus erschienene, pneumatische Wirklichkeit des neuen Bundes vom alten Bund abzuheben, der sich im unwirksam gewordenen, schriftlich fixierten Gesetz manifestiert. Γράμμα darf also nicht formal mit „Buchstabe" übersetzt werden, sondern steht als Inbegriff für das Gesetz, dessen Ohnmacht, ja tötende Wirkung angesichts der lebenschaffenden Christuswirklichkeit im πνεῦμα offenbar wird.

Auf einem ähnlichen Verstehenshorizont ist die Aussage von Joh 6,63 zu sehen. Nach dem Kontext der Verse 51–58 bezieht sich die σάρξ auf die σάρξ des Fleischgewordenen. Dann will Vers 63 sagen: der Mensch, der seinen Blick auf die Inkarnation richtet, wie sie im Mahl präsent wird,

---

[32] „An nondum sentitis Scripturam esse spiritualem...?" (Paraphr. in Lc 24,26, LB VII 468F).

[33] „Posthac proficite ad spiritualem intelligentiam Scripturarum" (Paraphr. in Lc 24,44, LB VII 487F–488A).

[34] „Quicquid enim Lex Mosaica juxta carnem praescribit de Nazaraeis consecrandis, hoc juxta spiritualem intelligentiam in Christo completum est" (Paraphr. in Lc 24,26, LB VII 476F–477A).

[35] „Nimirum hic erat vere panis Euangelicus, triticeus, non hordeaceus,... Habet hordeum suam medullam, sed scabro opertam tectorio. Habet et Mosi Pentateuchus sensum spiritualem, sed figurarum involucro tectum" (Paraphr. in Mc 8,5, LB VII 216C/D).

[36] Enchiridion, Holb. 72,14f.

dringt nicht zum Heil durch, wenn ihm nicht der Geist, der in Jesu Worten wirkt, die Augen für die in der σάρξ geoffenbarte Wirklichkeit Gottes öffnet. Auch die Worte Jesu haben für denjenigen sarkischen Charakter, der aus ihnen nur den Anspruch des Menschen Jesus heraushört, Gott gleich sein zu wollen. Doch der Mensch überwindet den Anstoß nicht dadurch, „daß er in den Worten einen geistigen Gehalt, ewige Wahrheiten, zeitlose Ideen findet, sondern dadurch, daß er glaubt, daß ihm im Anspruch dieses Menschen Gott begegne"[37]. Auf das Sakrament bezogen liegt in dem Wort eben nicht die Warnung, nicht beim äußeren Element stehenzubleiben und es geistig aufzufassen, vielmehr ist gesagt, daß man darin angesichts des ärgerlich konkret sarkischen Sakraments nur durch die Kraft des Geistes das Heil erblicken kann. Die neutestamentlichen Aussagen beschreiben die *offenbarungsgeschichtlich-eschatologische Dimension* und nicht den formalen Gegensatz zwischen der äußeren Form und dem ihr inhärenten geistigen Inhalt. Man wird nicht leugnen wollen, daß die Verschiedenheit der Offenbarungsinhalte auch verschiedene Verstehensweisen bedingt und damit das hermeneutische Problem ins Spiel kommt. So dominierend wie es Erasmus bei Paulus und im Johannes-Evangelium ausgesprochen sieht, reden die angezogenen Verse jedenfalls nicht davon.

In der Geschichte der Auslegung des Verses 2. Kor 3,6 steht *Origenes* am Anfang jener langen Traditionskette, die einer formalistisch-hermeneutischen Deutung den Vorrang gibt. Nach Origenes nennt Paulus die sinnenhafte Komponente der Heiligen Schrift den „Buchstaben", die geistige das „Pneuma"[38]. Bei Paulus bezieht sich im Verständnis des Origenes „Buchstabe" auf den Wortlaut, „Pneuma" auf den Sinn einer Schriftstelle[39]. Im Vergleich zu Paulus funktioniert Origenes die offenbarungsgeschichtlich-eschatologische Wende in eine ontologische und noologische Stufenfolge um. „Die paulinische Antithese wird zur Offenbarungsstruktur (des alten wie des neuen Bundes) und deckt sich mit der allegori-

---

[37] BULTMANN, Das Evangelium des Johannes, S. 342; vgl. zu demselben Zusammenhang SCHWEIZER, Artikel „πνεῦμα" in ThWNT Bd. VI, S. 439f. Zu 2 Kr 3,6 vgl. EBELING, Artikel „Geist und Buchstabe" in: RGG³ Bd. II, Sp. 1290f.; gut charakterisiert auch WENDLAND: „Dieser Gegensatz ist also heilsgeschichtlich gedacht, während der philosophische Gegensatz der Autonomie und geistigen Freiheit des Menschen zu äußeren geschichtlichen Ordnungen, Konventionen und Vorschriften dem paulinischen Denken gemäß ganz in der Geschichte der „alten" heidnischen Welt vor Christus gehören würde" (S. 155).
[38] „... ,γράμμα' μὲν τὴν αἰσθητὴν ὠνόμασεν ἐκδοχὴν τῶν θείων γραμμάτων ,πνεῦμα' δὲ τὴν νοητήν" (Contra Celsum, VI. 70 GCS 2, S. 140, 16–18).
[39] „ᾧ ἀκολούθως καὶ ὁ Παῦλος τὸ μὲν ,γράμμα' εἶπεν ἀπὸ κτέννειν, ὅπερ ἴσον ἐστὶ τῷ ,πρὸς' τὸ ῥητόν ,τὸ δὲ πνεῦμα' ζῳοποιεῖν, ὅπερ ἰσοδυναμεῖ τῷ πρὸς διάνοιαν" (ebd. VII. 20, GCS 2, S. 172, 5–8).

schen Struktur der Wirklichkeit und des Verstehens überhaupt"[40]. Die Formalisierung tritt dort ein, wo unter „Buchstabe" nicht mehr das Gesetz in seiner Gesamtheit als die vergangene Wirklichkeit des alten Bundes, sondern die Vergänglichkeit und damit Unzulänglichkeit des Geschriebenen, des Wortes, der Schrift verstanden wird. Jetzt treten sich nicht mehr die beiden Offenbarungsweisen gegenüber, vielmehr stehen beide unter dem gleichen Vorzeichen dieser Antithetik: vergänglicher Buchstabe, sich durchhaltender Geist. Da für Origenes „Buchstabe" das Äußere, Konstatierbare, „Geist" aber der innere, geistige Sinngehalt der Schrift ist, gilt diese Unterscheidung sowohl für das Alte wie für das Neue Testament. Die Frage des Origenes ist nicht mehr die des Paulus, wie sich die Offenbarung Gottes im Gesetz zu der in Christus grundsätzlich verhält, sondern sein Problem ist vielmehr, die Identität der einen Offenbarung Gottes im alten wie im neuen Bund einsichtig zu machen. Als Mittel dazu bedient er sich der *Allegorese*. Wie schon die Rabbinen versuchten, eine vergeistigte Gottesvorstellung mit den alttestamentlichen Anthropomorphismen durch ihre Allegoristik auszugleichen, so setzt Origenes die Allegorese ein, um das Kontinuum der *einen Offenbarung* Gottes in den *beiden Testamenten* zu dokumentieren. Und doch ist dies, so ausgedrückt, nicht die volle Wahrheit. Das Argumentationsgefälle muß umgekehrt werden. Die Allegorese schafft nicht erst eine Einheit oder läßt womöglich nur den Schein einer solchen aufkommen, vielmehr gibt sie diesem schon bestehenden Faktum nur seinen Ausdruck. Der Grund der Notwendigkeit einer allegorischen Interpretation liegt tiefer. Weil die Schrift an der *ontologischen Struktur* alles Seienden partizipiert, eignet ihr außer dem *Literalsinn* noch eine tiefere Bedeutung. Wort und Wort Gottes können nicht identisch sein, „denn der Logos Gottes ist nicht dasselbe wie der Logos aller. Der Logos hat jeglichem anderen Logos gegenüber etwas Fremdes"[41]. Jeder Ausdruck muß daher „verwandelt, ins Höhere gewendet und allegorisch verstanden werden"[42]. Und dies gilt natürlich nicht nur von der Schrift Alten Testaments, sondern gerade auch vom Neuen Testament. Die Auslegung wird nicht mehr bestimmt von dem Gegensatzpaar Verheißung-Erfüllung. Das eigentliche Problem stellt sich jetzt in der *Transzendierung des Buchstabens*, des geschriebenen Wortes auf seinen in beiden Testamenten enthaltenen *geistigen Sinn* hin.

Der voranstehende summarische Exkurs zu Origenes mag verdeutlicht haben, wie sehr Erasmus in der sich von Origenes herleitenden

---

[40] EBELING, Artikel „Geist und Buchstabe" in RGG³ Bd. II, Sp. 1292.
[41] „οὐδὲ γὰρ ὁ λόγος αὐτοῦ τοιοῦτός ἐστιν, ὁποῖος ὁ πάντων λόγος" (Jeremiahomilie XX 1, GCS 3, S. 176, 19f.).
[42] Johanneskommentar, Buch I. 26, GCS 4, S. 33, 20–25.

Die Doppelstruktur des Wortes 57

Traditionskette steht. Origenes folgend verwandelt er die offenbarungsgeschichtlich-eschatologische Dimension, die durch die paulinische Antithese „Buchstabe-Geist", bzw. die johanneische „Fleisch-Geist" umschrieben ist, in ein hermeneutisches Problem. Obwohl natürlich die Offenbarung das Verstehensproblem grundsätzlich impliziert, erhebt es Erasmus zu vorrangiger Bedeutung. Und das geschieht auch bei Erasmus nicht von ungefähr, sondern ist wie für Origenes auch für ihn in seinem umfassenden Wirklichkeitsverständnis begründet. Dies wird besonders daran deutlich, daß der aus dem Buchstaben der Heiligen Schrift zu erhebende innere und geistliche Schriftsinn nicht nur der Mitte der Lehre Christi, sondern auch dem Naturgesetz zu entsprechen hat, zwei Größen, die beide das Urbild der ontologischen Ordnung darstellen[43]. Wie die gesamte äußere Wirklichkeit so hat auch die Schrift metaphorischen Charakter und will auf ihren geistlichen Sinn hin ausgelotet werden. Es hängt mit der inkarnatorischen Struktur des Wortes und mit dem Verständnis des Erasmus von Inkarnation und hier der speziellen Form der Inverbation zusammen, daß er bei der Schriftinterpretation von der Mehrschichtigkeit des Wortes ausgeht. Die göttliche Wirklichkeit und Wahrheit kann als transzendente pneumatische Wirklichkeit für unsere sinnenhafte Erfahrung nicht in ihrer Eigentlichkeit repräsentiert und offenbart werden. Finitum non capax infiniti. Die göttliche Weisheit hat sich dem menschlichen Wort akkommodiert, ist aber nicht in ihm aufgegangen[44]. Nun gilt es, durch die menschliche Worthülse zum göttlichen Kern vorzustoßen[45]. Der Bewegung der *Akkommodation* hat als Gegenbewegung die *Sublimation* als Eindringen in den geistigen Sinngehalt zu entsprechen[46]. Wie die Dinge der leiblichen Welt nur etwas Vordergründiges, auf die eigentliche Wirklichkeit Hinweisendes sein können, so kann auch das Wort der Schrift lediglich die Funktion des Bildes, der Metapher oder des Symbols beanspruchen. Da Gleiches sich nur mit Gleichem verbindet[47], kann der Geist mit dem Buchstaben niemals identisch sein, vielmehr muß er in und hinter ihm aufgesucht werden. Damit hat auch Erasmus die paulinisch-johanneische Sicht einer heilsökonomischen Wende, wie sie mit der Antithese Fleisch-, bzw. Buchstabe-Geist charakterisiert ist, zu einem sich ständig wiederholenden Verstehenspro-

---

[43] „In his haec quoque servanda regula, ut sensus, quem ex obscuris verbis elicimus, respondeat ad orbem illum doctrinae Christianae, respondeat ad illius vitam, denique respondeat ad aequitatem naturalem" (Ratio, 1519, Holb. 286,1 ff.).
[44] „Balbuit nobis divina sapientia et veluti mater quaepiam officiosa ad nostram infantiam voces accommodat" (Enchiridion, Holb. 34,16f.).
[45] S. z. B. ebd. 34, 22f.
[46] „Demittit illa sese ad tuam humilitatem, at tu contra ad illius sublimitatem assurge" (ebd. 34, 19f.).
[47] Ist etwa im Enchiridion (Holb. 42,3f.) von der Seele gesagt.

zeß, der sich im Übergang vom wörtlichen zum geistigen Verständnis vollzieht, abgeschwächt und so die *heilsgeschichtliche Wende* in eine *noologische Stufenfolge* umgewandelt. Weil das Wort die ganze Stufenfolge vom äußerlichen Wortlaut bzw. dem geschriebenen Buchstaben bis hin zum Logos Gottes durchläuft, wird der Mensch aufgefordert, sich auf dieser Jakobsleiter, die vom Buchstaben bis zum göttlichen Geheimnis reicht, hinaufzubewegen und so in den tieferen Sinngehalt auf der geistig-geistlichen Ebene einzudringen[48]. Wenn man somit feststellen muß, daß Erasmus die neutestamentliche Antithese spiritualisiert, so wird er ihr doch insofern gerecht, als er unter dem Geist, der Mitte der Schrift, nichts anderes als Christus selbst versteht[49].

Für eine gewisse Verwirrung der Begriffe sorgt Erasmus selbst, weil er terminologisch nicht präzise ist und auch das Phänomen der Mehrschichtigkeit des Wortes nicht konsequent genug durchdacht hat. Um es kurz vorwegzunehmen, Erasmus unterscheidet nicht zwischen dem *Sinn* und der *geistlichen Bedeutung* eines Wortes. Dies wird z. B. deutlich in der Lukas-Paraphrase zu Lk 18,34. Das Unverständnis der Jünger, das sie der Leidensankündigung Jesu entgegenbringen, erklärt Erasmus damit, daß sie die Rede Jesu nicht wörtlich nehmen, weil sie in Analogie zu anderen Worten Jesu mit seiner bildlichen Redeweise rechnen und daher die Aussagen in einem übertragenen Sinn verifizieren. Als Beispiele folgen das Wort vom Sauerteig der Pharisäer (Mt 16,6.11 ff.; par.), die Bildrede über das Brot des Lebens (Joh 6,35.48), das paradoxe Wort vom Kamel und dem Nadelöhr (Mt 19,24; par.), noch einmal die Brotrede (Joh 6,53 ff.) und das Tempelwort (Joh 2,19). In der Ratio kennzeichnet Erasmus zu Recht das Wort vom Kamel, das eher durch ein Nadelöhr geht, als daß ein Reicher ins Gottesreich gelangt, als eine Hyperbel[50], als eine Redeweise also, die schon auf der Ebene des sensus litteralis im übertragenen Sinn zu verstehen ist. Einer ganz anderen Kategorie gehört das Tempelwort in der Deutung des Johannes an, der es allegorisiert und in

---

[48] „Tu igitur, mi frater, ... a corpore ad spiritum, a mundo visibili ad invisibilem, a littera ad mysterium, a sensibilibus ad intelligibilia, a compositis ad simplicia temetipsum quasi gradibus quibusdam Scalae Iacob erige" (Enchiridion, Holb. 88,21 ff.); ähnlich ebd. 34, 19 f.; 35, 16 ff.

[49] In Bezug auf das Alte Testament deutlich ausgesprochen in Paraphrasis in Lc 4,17, LB VII 325 B: „Jesus enim ipse latebat in Lege reconditus et abstrusus" und von der gesamten Schrift ebd. in Lc 4,20, LB VII 325 E: „Loquitur enim ille quotidie nobis in arcanis litteris. Loquitur per Euangelicos Prophetas, hoc est, sacrorum voluminum interpretas". Andere Belegstellen aus dem Enchiridion, Holb. 64,16 f.; aus der Ratio (1519): „Sit igitur apud nos primus honos novo testamento, ... et ubi Christus nobis multo expressius quam in vetere depingitur" (Holb. 294,8 ff.).

[50] Ratio (1519), Holb. 268,10 ff. BULTMANN (Geschichte, S. 180) charakterisiert das Wort als der Hyperbel verwandte Paradoxie.

Tod wie Auferstehung Jesu schon erfüllt sieht[51]. Hier läßt Erasmus die klare Unterscheidung des übertragenen Sinns bildlicher Redeweise von der eigentlichen Allegorie vermissen. Ebenso nennt er in der Ratio Bildworte bzw. Metaphern Allegorien[52]. Der Ecclesiastes bestätigt nur noch diesen Befund[53]. Auch in diesem Detail erweist sich Erasmus als ein trefflicher Schüler des Origenes. Beide versäumen es, die Deutung bildlicher Redeweise in ihrem übertragenen Sinn unter die Auslegung nach dem sensus litteralis zu rechnen. Wenn damit auch die verbum-res-Relation methodisch nicht völlig geklärt wird, so bedeutet dies doch für die Praxis der Auslegung ein Weniger an Abrücken vom sensus litteralis.

---

[51] So SCHWEIZER, Das Evangelium nach Markus, S. 187.
[52] Mt 19,12; 5,29f.; Lk 18,1 werden Allegorien genannt (Ratio, 1519/23, Holb. 277,29ff.); vgl auch die weiteren Ausführungen zur Sache, die alle eine hier bei Erasmus vorliegende begriffliche Unschärfe belegen.
[53] Ecclesiastes, LB V 1044 A/B.

5. Evangelium und Geschichte

5.1 Das Erasmische Geschichtsverständnis

Es kann hier nicht darum gehen, die Geschichtsauffassung des Erasmus in allen ihren Aspekten zur Darstellung zu bringen, obwohl diese Aufgabe zweifellos reizvoll wäre und das Thema noch immer einer umfassenden Bearbeitung entgegensieht. Es geht in der vorliegenden Untersuchung im wesentlichen um das Geschichtsverständnis, wie es sich in der Evangelienauslegung artikuliert, und hier wiederum ist es selbstverständlich die *Geschichte Jesu,* die im Vordergrund der Betrachtung steht. Nach programmatischen Äußerungen zum Thema wird man in den Paraphrasen vergeblich suchen, doch kann die Art, wie Erasmus mit den Ereignissen umgeht, sehr wohl Aufschluß über sein Geschichtsverständnis geben. Grundsätzlichere Aussagen finden sich bei Erasmus in der Ratio, allerdings auch nicht zur Sache selbst, sondern im Zusammenhang der zu beachtenden Regeln einer rechten Auslegung, zu der auch die Berücksichtigung der verschiedenen Zeiten gehört, in die hinein ein Wort gesprochen ist oder für die es gemeint sein soll[1]. In diesem Zusammenhang unterscheidet Erasmus eine Abfolge von fünf Zeitabschnitten, indem er der Zeit Jesu zwei Perioden voraufgehen und zwei folgen läßt. Die erste Epoche deckt sich mit der Zeit des *Alten Testaments,* die auf die Zeit Jesu hinweisenden und als solche nur vorübergehenden Charakter hat. An sie schließt sich die Zeit *Johannes des Täufers* an, die den Übergang von der alttestamentlichen Vorbereitungszeit zur eigentlichen Zeit Jesu markiert; die eine ist im Schwinden begriffen, die andere zieht schon als Morgenröte herauf. In *Jesus* kommt die dritte Epoche zu ihrer Entfaltung, die auch noch die apostolische und vielleicht nachapostolische Zeit miteinschließt, in der das Evangelium noch zart und Judaismus wie Heidentum noch stark waren. Als nächste Zäsur nennt Erasmus die *konstantinische Wende,* mit der die Zeit der Weltkirche anhebt. Die fünfte und letzte Periode ist gekennzeichnet durch Abfall und Entartung, in die

---

[1] „Ut personarum igitur, sic et temporum observata varietas obscuritatem discutit in arcanis litteris. Neque enim quidquid Iudaeis vel imperatum est vel interdictum vel permissum, ad Christianorum vitam est accommodatum" (Ratio, 1519, Holb. 198,33–199,1).

die Weltkirche geraten ist[2]. Sie dauert zur Zeit des Erasmus noch an. Insofern systematisiert und harmonisiert Erasmus die Geschichte, als er jeweils zwei Perioden auf Christus hin – und zwei von ihm wegführen läßt. Sein Geschichtsbild ist vom Gedanken der *Prophetie* und *Apostasie* bestimmt. Besser kann gar nicht zum Ausdruck gebracht werden, wie sehr alle Geschichte in Christus zentriert ist. Man könnte in der Erasmischen Diktion formulieren: totius historiae Christus unicus scopus[3]. Man muß sich die Möglichkeit einer andersartigen Geschichtsbetrachtung vor Augen halten, um die Bedeutung einer solchen *christozentrisch-heilsgeschichtlichen Sicht* zu ermessen. Erasmus sucht nicht etwa im Auf und Ab geschichtlicher Ereignisse das Kontinuum des Typischen, er sieht die Geschichte auch nicht von Anbeginn in einem stetigen Progress begriffen, so daß die Kirche über seine eigene Zeit hinaus ihrer höchsten Vollendung entgegenginge. Im Gegenteil, da im Wirken Jesu die *Mitte der Zeit* beschlossen liegt, können alle anderen Perioden entsprechend ihrer Nähe zu dieser Mitte nur zu- oder abnehmen. Alle vier Epochen sind auf diese mittlere, auf Christus bezogen. Hier liegt die Sinnmitte der Zeit, von der alle Ereignisse ihre Bedeutung empfangen.

Für ein solches heilsgeschichtliches Schema ist der Versuch der Bestimmung des eigenen Standorts innerhalb des Zeitablaufs wichtig. Hier in der Ratio fixiert er seine eigene Gegenwart in der fünften Epoche, die durch die Apostasie charakerisiert ist. Mit einer solchen Ortung des eigenen Standorts ist natürlich auch schon die Entscheidung über den Orientierungspunkt gefallen, an dem sich eine mögliche Reform auszurichten hat. Wenn die zeitgenössische Epoche durch Abfall von der Mitte der Zeit in Verfall geraten ist, dann muß eine Reform die Tendenz umkehren und zur Sinnmitte zurückstreben. Dem *ad fontes* auf literarischem Gebiet entspricht das *ad Christum* als geschichtliche Rückorientierung am Ursprung. Für die Gegenwart des Erasmus heißt das, daß sie sich an der Mitte der Zeit, an Christus selbst messen zu lassen hat und eben diese Zeit das Arsenal kritischer Maßstäbe für alle Folgezeiten bereithält. Wenn damit auch die 1519 von Erasmus eingeschlagene Grundrichtung deutlich markiert ist, so darf natürlich nicht übersehen werden, daß Erasmus hier nicht undifferenziert denkt. Der Sinn der Unterscheidung einzelner Epochen liegt für ihn gerade in der Erkenntnis der je eigenen Geschichtlichkeit. Es wird nicht einfach das Ideal der Kirchenerneuerung nach der urchristlichen Norm urgiert, sondern der Einsicht Raum gegeben, daß die werdende Weltkirche anderen Gesetzen unterworfen und daher teilweise gezwungen war, sich zu akkommodieren, manchmal sogar in scheinbarem Widerspruch zu Christus selbst.

---
[2] Vgl. den ganzen Abschnitt in der Ratio (1519, 1522), Holb. 198,33–201,33.
[3] In Anlehnung an die Formulierung aus dem Enchiridion, Holb. 63,9f.

Erasmus führt dazu aus: „Als die Religion Christi schon über den ganzen Erdkreis verbreitet und gefestigt war, ... sind entsprechend der veränderten Lage neue Gesetze eingeführt worden, von denen einige mit den Anweisungen Christi in Widerspruch zu stehen scheinen, wenn man nicht mit der Unterscheidung der Zeiten die Schrift mit sich selbst in Einklang bringt"[4]. Die Modifizierung des ad Christum durch den Gedanken der geschichtlichen Entwicklung hat Erasmus einerseits vor einer simplen Repristination der Urkirche bewahrt, ihm aber zum anderen auch zunehmend bei fortschreitender Distanzierung zur reformatorischen Bewegung die Möglichkeit gegeben, mit Berufung auf die veränderten Zeitläufe den status quo der Kirche in seiner sachlichen Entfernung vom Urchristentum mehr und mehr zu rechtfertigen[5]. 1519 jedoch in der Ratio wie auch in den folgenden Jahren, in denen Erasmus die Paraphrasen schreibt, liegt noch das ganze Gewicht auf der Theologie und Kirche erneuernden Rückbesinnung auf die Zeit des Wirkens Christi und der Apostel. Dazu stimmt vortrefflich, daß Erasmus bei der Zusammenstellung einer Summa für den theologischen Anfänger diese Kurzformel christlichen Glaubens aus den Evangelien und den apostolischen Briefen (in dieser Reihenfolge!) extrahieren will[6]. Den Evangelien kommt deshalb der höchste Rang zu, weil in ihnen die Mitte der Zeit, die Majestät Christi offenbart ist[7].

5.2 Orbis totius Christi fabulae

Wenn die Mitte der Zeit, das Leben und Wirken Christi, von einer so eminenten Bedeutung für die Gegenwart sind, dann muß dieser Periode notwendigerweise die gesteigerte Aufmerksamkeit gelten. In der Ratio geschieht dies im Zusammenhang der Beweisführung für die *Konzinnität der Geschichte Christi,* seiner Lehre und seines Lebens, der Prophetie, die sein Kommen vorabgeschattet hat, und der Ereignisse um seine Nachfol-

---

[4] „Nam per universum terrarum orbem propagata iam et constabilita Christi religione, ..., pro mutatu rerum statu novae leges sunt inductae, quarum aliquot viderentur cum Christi decretis pugnare, nisi distinctione temporum scripturas in concordiam redigamus" (Ratio, 1519, Holb. 201,13–20 passim).

[5] „Porro cum Ecclesia, quemadmodum res caeterae mortalium omnes habeat rudimenta, progressum et summam, nunc subito illam ad primordia revocare, nihilo sit absurdius quam virum adultum ad cunas et infantiam velle retrahere" (vgl. auch sequ.; Epistola in Pseudevangelios, LB X 1585). Die Epistola stammt aus dem Jahr 1529.

[6] Methodus, Holb. 156,14ff.; Ratio, 1519, ebd. 193, 24ff. Da die Evangelien nach Meinung des Erasmus noch vor den apostolischen Briefen rangieren und er die Paraphrasierung letzterer schon als ein Wagnis unternommen hat, hält ihn vor der Paraphrasierung der Evangelien noch größere Scheu zurück (vgl. Widmungsbrief an Karl V. zur Matthäus-Paraphrase vom 13. Jan. 1522, Ep. 1255,29–33, Allen V, S. 5).

[7] Vgl. ebd.

ger. Obwohl Jesu Leben auf den ersten Blick mosaikhaft, ja z. T. sogar widersprüchlich erscheint, ist doch alles in sich sehr wohl stimmig. Wenn Jesus auch auf mannigfaltige Art beruft, wenn er sich auch verschiedenartig zum Wirken von Wundern motivieren läßt, wenn auch die Umstände seines Wunderwirkens verschieden sind, wenn er unterschiedlich um Zustimmung heischt, wenn die Art seiner Gesprächsführung variiert, so ist der Grund einer solchen *Varietas* in der theandrischen Natur Jesu Christi und seinem Bemühen zu suchen, ohne Aufgabe seiner Identität sich bis ins Äußerste zu *akkommodieren,* um allen alles zu werden. Darüber hinaus weiß Erasmus eine Reihe von Momenten aufzuzählen, die schon auf den ersten Blick unmittelbar die *Harmonie Christi* belegen. Die Lebensstationen Christi zeigen ihn als das Ebenbild von Armut, Demut wie vollkommener Reinheit.

Aber auch Christi Lehre, die in sich selbst geschlossen ist, steht in vollem Einklang mit diesem seinem Leben, denn Christus hat die Reinheit, Sanftmut, Armut und die Ausschaltung von Ehrgeiz wie Hochmut nicht nur gelehrt, sondern auch gelebt. Den Wahrheitserweis seiner Lehre erbrachte Christus außerdem auch dadurch, daß er lehrend vor und nach seiner Auferstehung mit sich identisch blieb. Nach seiner Auferstehung lehrte er nichts anderes als vorher. Er war sein eigener Prophet, und seine Lehre von der Unsterblichkeit hat er durch die eigene Auferstehung bestätigt. Einen solchen vollkommenen Zirkel harmonischer Übereinstimmung findet man in keinem anderen Menschen als allein in Christus[8].

Ein ganzes Bündel von Fragen, die mit diesem Abschnitt aufgeworfen sind, soll zunächst ausgeklammert werden. Wenn sich die mittlere Epoche des Erasmischen Geschichtsschemas mit diesem in sich geschlossenen und stimmigen orbis totius Christi fabulae deckt, dann ist für unseren Zusammenhang wichtig, wie Erasmus den Kreis der Geschichte des Lebens Jesu Christi inhaltlich bestimmt. Im Zusammenhang der Ratio nennt Erasmus als erstes die fidei *simplicitas,* die als Gegenstück zur superbia gesehen wird[9]. Die der simplicitas an die Seite gestellte *innocentia* beschreibt Christus als den von jeder sündigen Befleckung Reinen[10]. Schließlich folgt ein langer Abschnitt, der intern vom Gedanken der

---

[8] Ratio, 1519, Holb. 209,1 ff. vgl. besonders: „At circulum hunc et omnium rerum inter se congruentium harmoniam in solo Christo reperies... orbem hunc in nullo reperies homine, qui quidem orbis a prophetis exorsus per apostolorum martyrumque vitam ac doctrinam in sese coit" (ebd. 211, 1–6).

[9] Ratio, 1519, Holb. 216,34. Simplicitas und fides stehen sich offenbar sehr nahe (vgl. ebd. 180, 5). Die simplicitas legt sich aus als fiduciae modestia (ebd. 217, 29) und humilitas (ebd. 218, 25) im Gegensatz zur superbia (ebd. 217, 12. 28; 218, 26) und avaritia (ebd. 217, 12. 218, 18).

[10] 1519, ebd. 220, 11 ff.

humilitas zusammengehalten wird, ohne daß der Begriff expressis verbis fällt[11]. Ein Blick zurück ins Enchiridion bestätigt dieses Christusbild, wenn Christus dort *caritas, simplicitas, patientia* und *puritas* genannt wird, kurz: alles, was er gelehrt hat[12].

Die Funktion dieses Abschnittes in der Ratio ist es gewesen, über der Mannigfaltigkeit Christi die sich in ihm repräsentierende Sinneinheit zu zeigen, die natürlich mit der als Summe des evangelischen Glaubens erhobenen[13] identisch ist. Damit ist das schon mehrfach berührte Thema des Verhältnisses von *Lehre und Leben Christi* angesprochen, das in gesondertem Zusammenhang noch eingehender verfolgt werden muß.

Indem Erasmus so die ganze fabula Christi, d. h. die Geschichte seines Lebens in einzigartiger Konzentration unter die Trias Einfachheit, Reinheit, Demut subsumiert, gewinnt er die Möglichkeit, die Kette der Lebensereignisse Christi in ihrem dramatischen Verlauf auf einen gemeinsamen Nenner zu bringen. Dabei macht es keinen Unterschied, ob es sich um Jesu Taten, sein Geschick oder gar Personen und Umstände handelt, die seinen Lebensweg begleiten, da die gesamte evangelische Geschichte dem gleichen Aspekt dieser Konzentration unterworfen ist. Selbst der Tatsache, daß Joseph ein gerechter Mann genannt wird, wird in diesem Zusammenhang Bedeutung zugemessen, denn der Stiefvater zeugt mit seiner Gerechtigkeit für die Unschuld des Sohnes[14]. Formal gesehen wird eine solche außerordentliche Konzentration der Vielfarbigkeit der evangelischen Ereignisse auf das Zentrum dreier Begriffe in einer Programmschrift wie der Ratio nicht sonderlich überraschen, doch wird zu untersuchen bleiben, ob Erasmus in der aktuellen Auslegung der Evangelien sein hier angegebenes Ziel mit gleicher Stringenz verfolgt.

5.3 Die christozentrische Interpretation der evangelischen Geschichte

Liest man die Erasmische Evangelien-Paraphrase, dann wird man lebhaft an seine bewegenden Schlußworte der Paraklesis von 1516 erinnert: „Zeigt jemand Christi Fußspur, wie fallen wir Christen vor ihr nieder und beten sie an. Doch warum verehren wir nicht lieber sein lebendiges und atmendes Bild in diesen Büchern? ... nichts repräsentiert Christus deutlicher und wahrer als die evangelischen Schriften. ... Sie

---

[11] Ebd. 221, 16–223, 31. Im Mittelpunkt steht der Gedanke der Akkommodation als Erniedrigung (ebd. 222, 7ff.); vgl. auch ebd. 210, 3f.
[12] „Christum vero esse puta non vocem inanem, sed nihil aliud quam caritatem, simplicitatem, patientiam, puritatem, breviter quicquid ille docuit" (Enchiridion, Holb. 63,11f.).
[13] Ratio (1519), Holb. 193,24ff.
[14] Ratio (1519), Holb. 220,11ff.

stellen dir das lebendige Bild seines heiligen Sinnes dar, ihn selbst, Christus, wie er redet, heilt, stirbt, aufersteht, mit einem Wort so allumfassend und gegenwärtig, daß du ihn mit leiblichen Augen nicht weniger vollkommen sehen könntest"[15]. Für Erasmus konzentriert sich demnach in den Evangelien alles auf Christus. Er ist ihr wahrer, wenn auch gelegentlich verborgener Skopus. Nirgends anders als in den Evangelien kann man Christus direkter begegnen. Ihr Ziel ist es, ihn vorzustellen. Wie Christus von Erasmus gesehen und interpretiert wird, muß der weiteren Analyse vorbehalten bleiben, daß es ihm bei dem zentralen Inhalt des Evangeliums um Christus geht, ist zunächst einmal festzuhalten. Dies hat vornehmlich seine Konsequenz darin, daß für Erasmus die Gestalt Jesu Christi absolut im Vordergrund des Interesses steht. Die *Evangelien* dienen ihm nicht als Steinbruch für Antworten auf Fragen einer systematisch-dogmatisch angelegten Theologie. Sie wollen vielmehr dem Leser vor Augen malen, wer dieser Christus war bzw. ist und worin seine Sendung, d. h. sein Bezug zu den Menschen seiner und jeder Zeit beschlossen liegt.

Wie stark diese *christozentrische Tendenz* die gesamte Auslegung prägt, mag das Beispiel der Einbindung der Perikope von der Enthauptung Johannes des Täufers (Mk 6,14–29) illustrieren. Diese Legende, die keinen christlichen Charakter zeigt[16], erzählt Erasmus nach, jedoch so, daß er an zwei Stellen eine Brücke zu Jesus hinüber schlägt. War Johannes schon zu Lebzeiten der lebendige Verweis auf Jesus Christus, so blieb er dieser Funktion auch im Tode treu. Obwohl er als Typus des Gesetzes gilt, kommt ihm als Vorläufer signifikative Bedeutung zu, indem sein Tod den Tod Christi vor- und abbildet. Für Erasmus spricht die Perikope von Jesus Christus dadurch, daß er sie *allegorisiert*. In der Dunkelheit des Gefängnisses sieht er die Schatten des Gesetzes, die dem aufgehenden Licht des Evangeliums weichen müssen, in der Enthauptung des Johannes einen Hinweis für die Kirche, daß sie kein anderes Haupt als Jesus allein anerkennen soll. Ebenso sucht Erasmus Vers 16 mit der Befürchtung des Herodes, Johannes, der Täufer, sei von den Toten auferweckt worden, für die Christusgeschichte fruchtbar zu machen, wenn er den Leser an seiner Überlegung teilnehmen läßt, wie verkehrt doch die Urteile der Gottlosen sind, daß sie bis zum heutigen Tag die Auferstehung Jesu bestreiten, während sie die Auferstehung des Johannes, der seine Macht nicht durch Wunder erwiesen hat, für möglich halten.

Ist es hier eine einfache Reflexion, so bedient sich Erasmus dort der Allegorie, um einen christologisch-ekklesiologischen Gehalt zu erheben. Dabei ist für unseren Zusammenhang die grundsätzliche Frage der Alle-

---

[15] Paraclesis, Holb. 148,34–149,12 (passim).
[16] BULTMANN, Geschichte, S. 328.

gorisierung unerheblich im Vergleich zu der Beobachtung, daß Erasmus einen so spröden Stoff wie die Perikope von der Enthauptung Johannes, des Täufers, durch Beziehung auf Christus einer Auslegung dienstbar machen kann, die generell als christozentrische charakterisiert werden muß. Indem Erasmus sich bei seiner Paraphrasierung eng an den Text der Evangelien hält und sich im wesentlichen nicht durch Betrachtungen aller Art, besonders dogmatischer Erörterungen oder Exkurse von Jesus Christus als dem vornehmlichen Gegenstand der Evangelien forttragen läßt, erreicht er diese außerordentliche Christozentrik und setzt damit zugleich auch einen Markstein für das, was er als Mitte der Schrift und damit als Mitte der Theologie und Kirchenreform ansieht.

5.4 Christusoffenbarung in der Geschichte

Es findet sich m. W. nirgends ein Hinweis in der Richtung eines Nachdenkens über den Grund der Offenbarung in der Geschichte. Erasmus geht von dem Faktum der in Christus geschehenen, geschichtlichen Offenbarung aus. Die Frage ist nur, welche Bedeutung Erasmus der Geschichtlichkeit der Offenbarung zumißt. Erasmus kennt vier Bereiche, in denen sich Offenbarung ereignet: in der *Natur,* in der *Geschichte des Alten Testaments,* in der *Geschichte Jesu Christi* und nach seiner Auferstehung in der *Kirche* durch die besondere Form der Leitung durch den Heiligen Geist, wobei der Christusoffenbarung eine zentrale Stellung zukommt, da die natürliche und die alttestamentliche Offenbarung nur eine propädeutische Funktion haben und die nachösterliche Geistoffenbarung ebenfalls nur die Aufgabe hat, die Christusoffenbarung zu vollenden.

Um die Tatsache der Inkarnation Christi als Mensch in der Geschichte und ihre Bedeutung für den Gesamtzusammenhang Erasmischer Theologie recht zu verstehen und zu werten, wird es nötig sein, sich an den Ansatz Erasmischen Denkens zu erinnern. Alles Sein ist in einer pyramidisch angeordneten Stufung begriffen, von seiner höchsten Form in der Geistigkeit Gottes bis hinab in die stärkste Veräußerlichung der materiellen Welt, die in der Materialisierung ihren Ursprung aus der geistigen Welt zu vergessen, ja sogar zu verstellen droht. Die körperliche Welt des Sichtbaren befindet sich in Distanz zu ihrem Archetypus, der geistigen und unsichtbaren Welt, zu der sie stets als dem Ziel ihrer Vollendung hinstrebt. Die körperliche und sichtbare Welt existiert wesentlich als Ausdruck und Symbol. So gesehen haben Welt und Geschichte revelatorischen Charakter, obwohl gerade auch gesehen werden muß, daß dieser revelatorische Charakter eben nur bedingt gilt, weil alles Körperhafte und Zeitliche den Stempel der Uneigenheitlichkeit schattenhafter und vorläufiger Daseinsweise trägt.

In den Kontext dieser Gedankenführung ist auch die Offenbarung Christi in der Geschichte einzutragen. Da die sinnenhafte, körperliche Welt grundsätzlich an der geistigen, göttlichen Welt teilhat und in dieser Teilhabe ihr Symbolcharakter begründet liegt, stellt das Eingehen des göttlichen Geistes in die Leibhaftigkeit von Mensch und Geschichte in Jesus von Nazareth nur den Sonderfall im Rahmen dieses allgemeinen Horizontes dar. Obwohl die gesamte Welt der Erscheinungen gleichnisfähig im Blick auf die Welt des göttlichen Geistes und wahren Seins ist, findet sie doch nirgendwo reineren Ausdruck als dort, wo sich Gott und Welt im Menschen Jesus von Nazareth verbinden. Nicht daß in dieser Union die Menschheit durch die Mitteilung der Gottheit geadelt und somit erst befähigt würde, des göttlichen Geistes teilhaftig zu werden. Mit der Potenz einer solchen Vollendung im Geistigen war die körperhafte Welt seit ihrer Erschaffung nach dem Urbild des Geistes schon begabt worden. Die *Inkarnation* bedeutet die Realisierung dieser vorgegebenen Möglichkeit in ihrer Vollendung.

Cur deus homo? Warum geht Gott in dieser einmaligen Weise in die körperhafte, sinnlich-sichtbare Welt des Menschen ein? Warum begibt er sich aus der ihm eigenen Welt des wahren Seins in die Welt des Scheins? Die Frage so stellen, heißt, sie schon halb beantwortet zu haben in dem für das Denken des Erasmus charakteristischen Sinne. Das wird besonders deutlich, wenn Erasmus im Blick auf die Menschwerdung Gottes in Jesus Christus die Vorstellung der Inkarnation vornehmlich durch den Begriff der *Akkommodation* interpretiert. Damit wird die pädagogische Motivation des göttlichen Heilsplans offengelegt, denn in der Inkarnation geht es um nichts anderes, als daß sich Gott dem menschlichen Fassungsvermögen anpaßt. Weil der Mensch der Wahrheit nur mittelbar ansichtig wird, darum muß Gott diesen pädagogischen Weg der Offenbarung durch die Mittelbarkeit der Akkommodation wählen, um den Menschen zu erreichen. Das Eingehen Gottes in die Begrenztheit der körperhaft-sinnlichen Welt, die Inkarnation in den menschlichen Leib ist die den Menschen faßbare Weise göttlicher Offenbarung. Die Ratio belegt diesen Gedanken, besonders auch die Interdependenz von Inkarnation und Akkommodation, wenn Erasmus dort ausführt: „Er hat sich denen angepaßt, die er an sich ziehen wollte. Um die Menschen zu retten, ist er Mensch geworden"[16a]. Im schon zitierten Zusammenhang des positiven Einwirkens der höheren Elemente läuft die Argumentation des Erasmus darauf hinaus zu zeigen, wie Jesus sich ganz analog verhalten hat, indem er sich der Schwäche seiner Jünger anpaßte, um sie (wie der Kontext es nahelegt) auf diese Weise zu sich zu ziehen.

Alle diese Aussagen sind am Modell einer mehr johanneisch ausgerich-

---
[16a] Ratio (1519), Holb. 222,7f.

teten *Logos-Christologie* orientiert. Ganz folgerichtig favorisiert Erasmus daher auch den johanneischen Gedanken einer bedingten Gegenwart Christi im Fleisch, die aufzuheben im Heilsplan Gottes beschlossen liegt. So läßt Erasmus Jesus zu Joh 16,7 sagen: „Denn ich bin nicht gekommen, um ständig bei euch auf Erden zu sein, sondern darum habe ich mich zu eurer Schwäche herabgelassen, daß ich euch in den Himmel hinaufziehe"[17]. Auch in der Kommentierung von Joh 14,26 bringt Erasmus seine Sicht griffig zum Ausdruck. Die leibhafte Gegenwart Jesu Christi ist nur eine vorübergehende, eine Hilfestellung, die um der Grobheit der Menschen willen notwendig geworden ist, um sie stufenweise zu Vollkommenerem hinzuführen[18]. Die mit infirmitas und crassitudo umschriebene Situation des Menschen erfordert die Inkarnation als Akkommodation zur Erziehung des Menschengeschlechts. Anders als in einer solchen Angleichung an das Fassungsvermögen der Menschen wäre ihre Errettung nicht möglich. Wie Christus allen alles wird, so wird er den Menschen ein Mensch[19].

Die anthropologischen Begriffe der infirmitas und der crassitudo legen einander gegenseitig aus. Die Schwäche des Menschen besteht darin, daß er zur Grobheit neigt, die die Dinge der körperhaft-sinnlichen Welt denen der unsichtbar-geistigen vorzieht. Mit crassitudo beschreibt Erasmus den Hang des Menschen, der äußerlich sichtbaren Welt mit ihren Erscheinungen verhaftet zu bleiben[20]. Dieser Schwäche trägt Christus Rechnung, wenn er die Welt des Menschen aufsucht und sich ihrer Mittel bedient, um den Menschen zu vollkommeneren Formen des Seins zu führen. Das heißt aber auch, daß der gesamte Erdenweg Jesu, seine Worte, seine Taten und sein Verhalten im allgemeinen unter diesem Vorzeichen der Akkommodation stehen. Es wird noch ausführlicher davon zu handeln sein, welchen christologischen Entwurf im engeren Sinn Erasmus vorlegt. Hier aber wird ein Charakteristikum seines ontologischen Ansatzes in der

---

[17] „Non enim in hoc veni, ut semper vobiscum agam in terris, sed ideo me dejeci ad vestram infirmitatem, ut vos eveherem in coelum" (Paraphr. in Joh 16,7, LB VII 620B).

[18] „Nec egebitis posthac mea praesentia corporali, quae pro tempore data est hominum crassitudini, quo per gradus proficerent ad perfectiora" (Paraphr. in Joh 14,26, ebd. 612C); vgl. auch: „Nam hoc modo visum est Deo, nobis rursum depromere sermonem suum, ut crassius ac familiarius nosci posset" (Paraphr. in Joh 1,3, ebd. 499F). „Quod si abiero, vosque, neglecta corporali praesentia, praeparaveritis animos vestros sublimioribus dotibus" (Paraphr. in Joh 16,7, ebd. 620C). „Corporis hujus praesentia pro tempore fovit imbecillitatem vestram" (Paraphr. in Joh 16,5, ebd. 619E); vgl. auch noch ebd. 622C.

[19] In der Ratio (1519) schon vorgezeichnet („Sic omnia factus est omnibus" – Holb. 211,30f.), ist dieses Motiv der Akkommodation „omnia omnibus" als Abwandlung des „similia similibus" zu verstehen (vgl. HOFFMANN, S. 90, Anm. 86).

[20] Es ist dabei besonders zu verweisen auf die Aussage des Enchiridion: „Ergo quicquid in eo vides, immo quicquid in hoc crassiore mundo, qui constat ex elementis, ..., denique quicquid in crassiore tui parte, id assuescas ad deum atque invisibilem tui portionem referre" (Holb. 68,9–13).

Gestaltung des Christusbildes und der von ihm geprägten evangelischen Geschichte sichtbar. Das Heilswerk Christi ist einem Schauspiel vergleichbar, in dem Christus seine Rolle übernommen hat, die auch eine ganz bestimmte Maske erfordert[21]. Dadurch, daß Christus als der Menschgewordene dem menschlichen Fassungsvermögen entgegenkommt, ja von den Menschen erst in diesem Status der Akkommodation erfaßt werden kann, muß er sich in die Welt der Uneigentlichkeit und des Mißverständnisses begeben. Anders ist das weitgehende Unverständnis der Jünger und die totale Uneinsichtigkeit der Pharisäer nicht zu verstehen. Obwohl Gott in der Menschwerdung und Akkommodation die einzige Möglichkeit des Verkehrs mit den Menschen ergriffen hat, ist sie doch mit dem Charakter der Ambiguität behaftet, denn der Leib ist nicht die Gottheit selbst, sondern Verweis auf sie, und Christi Taten haben Verweischarakter.

Ein anschauliches Beispiel liefert Erasmus in der Kommentierung der Heilung des Gelähmten bei Markus (2,1–11). Die Unglaubwürdigkeit Jesu, die Macht der Sündenvergebung für sich in Anspruch nehmen zu können, leitet sich aus der Niedrigkeit seiner menschlichen Gestalt ab, eine Barriere, die für die Schriftgelehrten selbst von der Wundertat der Heilung nicht überwunden werden kann[22]. Gerade wegen der Schwäche seines Fleisches und seiner Niedrigkeit wird Christus nicht als der erkannt, der er wirklich ist[23]. Seine Gottheit gibt er nur andeutungsweise und gleichnishaft zu erkennen[24], indem er sich manchmal sogar verstellt und die Rolle des Unwissenden annimmt[25]. Bezeichnenderweise deutet Erasmus das Bildwort vom Senfkorn (Lk 17,6) christologisch, denn Christus verbirgt seine göttliche Macht unter der Unscheinbarkeit der äußeren Hülle, und erst das Sterben bringt die wahre Entfaltung[26]. In diesem Sinn macht sich Erasmus auch den johanneischen Gedanken aus

---

[21] In der Matthäus-Paraphrase spricht Erasmus geradezu vom Theatrum mundi, in das Christus eingetreten ist, als die Zeit erfüllt war (Paraphr. in Mt 3,12, LB VII 16F).

[22] „Id faciam, non ut jactem potestatem meam, sed ut intelligatis Filio hominis, qui vobis nunc humilis videtur et imbecillis, a Deo traditam esse potestatem verbo remittendi peccata, ..." (Paraphr. in Mc 2,10, LB VII 171 D); vgl. auch den gesamten Zusammenhang ebd. 171 B ff.

[23] „Filius hominis, qui nunc ob infirmitatem carnis et humilitatem a vobis elatis non agnoscitur, ..." (Paraphr. in Lc 22,69, LB VII 457 E).

[24] „... et id temporis satis erat Jesu, per aenigma significasse divinam naturam, ..." (Paraphr. in Lc 20,44, LB VII 442 E).

[25] „Jesus tum quidem gerebat personam idiotae: sed quod in illo erat infimum, sublimius erat eo, quod in hominibus est summum" (Paraphr. in Mc 12,18, LB VII 249 F).

[26] „Porro per granum sinapis Dominus seipsum indicavit, qui quum se praeberet humillimum omnium, tamen occultam divinae naturae vim intus occultabat, quae tum demum sese prodidit, posteaquam in cruce comminutum est granum, in morte sepultum est" (Paraphr. in Lc 17,6, LB 418 C/D).

den Abschiedsreden zueigen, daß der Offenbarer nicht in der Sphäre menschlich-weltlichen Seins aufgeht und das Verhältnis der Jünger zu ihm nicht als ein innergeschichtliches begründet werden kann (Joh 16,7; vgl. Joh 14,28)[27]. Die Jünger müsen und werden sich allmählich daran gewöhnen, die körperliche Gegenwart Christi zu entbehren. Im Streben nach höheren Dingen lernen sie es, auf die in Raum und Zeit eingebundene Gestalt Christi zu verzichten. Sie erübrigt sich dann selbst.

Den gleichen Gedanken bringt schon das Enchiridion zum Ausdruck. Im Zusammenhang der Formulierung seines Grundgesetzes nach Joh 6,64: „Das Fleisch nützt nichts, der Geist ist es, der lebendig macht", kommt Erasmus auch auf die irdische Wirksamkeit Jesu zu sprechen, da sie in gleicher Weise dem Grundgesetz unterliegt. Ihre Unwirksamkeit erweist sich am bis zuletzt sich dokumentierenden Unverständnis selbst der Jünger, das die Anwesenheit Jesus im Fleisch nicht zu überwinden vermochte, ja sie steht dem Glauben sogar entgegen, denn nach Joh 16,7 entzieht sich Jesus seinen Jüngern, weil ihnen das zum Vorteil gereicht.

Im Enchiridion macht Erasmus die Tragweite deutlich, die diese Sätze für ihn haben, denn es geht ihm in ihnen um Grundsätzliches. Am Beispiel der äußeren Erscheinung Christi im Fleisch macht er deutlich, welchen Stellenwert die Welt der körperlichen, sinnenhaften Dinge für die wahre Frömmigkeit überhaupt hat. Wenn die körperliche Gegenwart Christi zum Heil nichts nützt, wie können wir es dann wagen, auf irgendeine körperliche Sache die wahre Frömmigkeit zu gründen, so fragt Erasmus. Corporea praesentia inutilis[28] – dieser Gedanke kehrt vielfach, besonders in der Erklärung des Johannes-Evangeliums sinngemäß wieder, einmal sogar in verbalem Anklang, wenn Erasmus Jesus zu Joh 16,16 sagen läßt, daß er die Jünger verlasse, um sie allmählich des Anblicks seines Leibes zu entwöhnen, da er ihnen nichts nütze[29].

Wie so häufig im Denken des Erasmus offenbaren sich hier zwei Tendenzen, die auf den ersten Blick gegenläufig zu sein scheinen. Einmal betont Erasmus die Notwendigkeit der Inkarnation in der Form der Akkommodation, zum anderen wird er nicht müde, die Notwendigkeit ihrer Aufhebung hervorzuheben. Unter diesem Doppelaspekt sucht er die Geschichte Jesu nachzuerzählen, natürlich auch mit der Konsequenz, daß die Spannung dieser beiden Tendenzen seine Darstellung beherrscht. Damit steht Erasmus *Johannes* sehr nahe, dessen Christusbild dadurch gekennzeichnet ist, daß Jesus hier als der Gottessohn in der Hülle reiner Menschlichkeit gezeigt werden soll. Jesu irdisches Leben ist zweifellos im

---

[27] Vgl. BULTMANN, Das Evangelium des Johannes, S. 486f.
[28] Enchiridion, Holb. 76,10f.
[29] „Post exiguum enim temporis spatium rursus reddar oculis vestris, ut paulatim assuescatis carere corporis hujus conspectu, qui nobis inutilis est" (Paraphr. in Joh 16,16, LB VII 622C).

Grunde schon die Vorwegnahme der Ostern enthüllten Herrlichkeit. Mit feinem Gespür für die Eigenart des Johannes-Evangeliums hatte Erasmus schon im Widmungsschreiben der Johannes-Paraphrase bemerkt, dieses Evangelium zeichne sich gegenüber den anderen Evangelien besonders dadurch aus, daß es die Göttlichkeit Christi betone, und dies in Frontstellung gegen die Häretiker[30].

Erasmus macht die Beobachtung, daß es das Johannes-Evangelium darauf abstellt, die verborgenen Geheimnisse der göttlichen Natur darzulegen[31]. Ebenso erkennt er die verhüllende Redeweise Jesu, die für dieses Evangelium charakteristisch ist[32]. Ohne Frage entdeckt Erasmus in den Denkstrukturen des Johannes-Evangeliums eine grundsätzliche Affinität zum eigenen theologischen Ansatz und zu dem Christusbild, wie es sich ihm darstellt. Mit Johannes teilt Erasmus das Interesse, die Menschheit Christi herauszustellen. Doch was Johannes in antidoketischer Absicht tut, dürfte für Erasmus in dem Bemühen um eine möglichst korrekte Reproduktion der chalkedonensischen Christologie motiviert sein. Jedoch liegt Erasmus letztlich nichts an toten dogmatischen Definitionen und Formeln[33]. Was nicht der Vervollkommnung des christlichen Lebens dient, ist in seinen Augen toter Buchstabe[34]. Wie vom Buchstaben zum Geist, zu dem eigentlich Gemeinten durchzustoßen ist, so darf man nicht bei der Menschheit Christi stehenbleiben, sondern muß sie zur occasio pietatis nehmen, um von der Menschheit zur Gottheit, von der Verhüllung zur Eigentlichkeit, vom Körperhaften zum Geistigen vorzustoßen[35].

---

[30] „Praecipuam autem causam fuisse putant, quur scripserit hoc Euangelium, ut Christi diuinitatem assereret aduersus haereses" (Widmung an Ferdinand, zur Paraphrase in Joh, 5. Jan. 1523, Ep. 1333,353 ff., Allen V, S. 171).

[31] „..., quod magna ex parte versatur in abditis illis naturae diuinae mysteriis enarrandis..." (ebd. Z. 14f., S. 164).

[32] „... quod totus fere sermo, quem Euangelista tribuit Domino Jesu, sit aenigmatis inuolutus" (ebd. Z. 35f., S. 164).

[33] In der Ratio (1519) findet sich eine treffende Illustration zur Frage des christologischen Dogmas (Holb. 297,24 ff.). Erasmus verweist auf Chrysostomos: „Divus Ioannes Chrysostomus in Ioannis euangelium homilia decima satis existimat didicisse nos in Christi persona divinam naturam cum anima corporeque humano sic ineffabili quodam nexu conglutinatam fuisse, ut naturas inter se distinctas eadem complecteretur hypostasis: porro quibus rationibus id fiat, non arbitratur ulterius scrutandum. Quodmodo autem hoc sit, inquit, noli disquirere, factum est, ut ipse novit" (Ratio, 1520, ebd. 298, 6–13); vgl. auch den weiteren Zusammenhang.

[34] Das Ziel der theologischen Erkenntnis nennt Erasmus mit dem 1. Timotheusbrief (1,5): „caritas de corde puro et conscientia bona et fide non ficta" (ebd. 300, 35–301, 1).

[35] Im Kontext der Erasmischen Ontologie hat der Christ dieser Tendenz von außen nach innen, vom Sichtbaren zum Unsichtbaren, vom Körperlich-Fleischlichen zum Geistigen zu folgen. Man muß aber berücksichtigen, daß diese Tendenz ihren unübersehbaren und auch für den Fortgang wichtigen Ausgangspunkt hat. Insofern kann dieser in der Welt des Körperhaft-Sichtbaren liegende Ausgangspunkt zu einer Gelegenheit zur Frömmigkeit

5.5 Die Transparenz der evangelischen Geschichte

Auslegung ist immer auch schon *Applikation*. Der Ausleger hat nichts auszulegen, wenn er sich nicht selbst irgendwie in dem geschichtlichen Ereignis wiederfindet. Das heißt aber auch, daß ein Ereignis eine Ausstrahlungskraft über sich selbst hinaus besitzen muß, um zum Spiegel werden zu können, in dem sich nachfolgende Geschlechter zu erkennen vermögen. Ein solches Moment ist in der Kraft des Ursprungs wirksam, die für die Kirche in Christus lebendig ist und in der sakramentalen Dimension gegenwärtig werden kann.

Nun geht es Erasmus aber weniger um die geschichtswirksame Kraft im Ursprung als vielmehr um das Fortwirken Christi in seiner Lehre, und von daher bringt er den Geschichtserzählungen geringeres Interesse entgegen als den Redestücken. Andererseits ist Erasmus davon überzeugt, daß Gott als Lenker der Geschichte hinter allem steht, was sich ereignet, und daß nichts ohne Gottes Willen und alles so geschieht, wie Gott es vorausbestimmt und eingerichtet hat. Anstelle einer Fülle von Belegen sei hier nur auf Joh 7,49 verwiesen. Die offiziellen religiösen Autoritäten, die ihre Sicherheit aus dem Gesetz gewinnen, verfluchen das gesetzesunkundige Volk, weil es Jesus anhängt. Dies, so sieht es Erasmus, ist nicht als ein in der Vergangenheit versunkenes Ereignis zu verstehen, vielmehr hat es durch Gottes Vorsehung eine über sich selbst hinausweisende Aussagekraft. „Das ist auf göttliche Anordnung so geschehen, um uns gewiß zu lehren, daß der wahren Religion nichts hartnäckiger Widerstand leistet als die Bosheit derer, die durch die Vorspiegelung einer Scheinreligion verfälscht sind"[36]. Da Erasmus in den Autoritäten des Judentums zur Zeit Jesu das Verhalten der religiösen Führer seiner eigenen Zeit wiederzuerkennen glaubt, gewinnt für ihn die historische Episode eine bis in die Gegenwart hineinreichende, übergreifende Bedeutung, die natürlich von der weisen Lenkung Gottes von vornherein so beabsichtigt war.

Damit tut sich für Erasmus hinter der Vordergründigkeit des äußerlichen, an Raum und Zeit gebundenen Geschehens noch eine andere Dimension auf. Das gilt nicht nur für die vielen, unprätentiösen, schlichten Einzelzüge einer Erzählung – so, wenn Jesus schläft oder auf einen Berg steigt –, sondern auch gerade für die mirakulösen Vorgänge, denn die Wundertaten Jesu haben ihren Sinn und Zweck nicht in sich selbst, als sei es damit getan, daß dieser geheilt und jener zum Leben erweckt wurde.

---

werden. Das gilt eben auch für den Menschen Jesus (Enchiridion, Holb. 68,9ff.; vgl. ebd. 74, 3f.; zum ganzen Zusammenhang AUER, bes. S. 80ff.).

[36] „Haec divina dispensatione sic gesta sunt, ut nos certo doceremur, nihil pertinatius obsistere verae Religioni, quam eorum malitiam, qui falsae religionis imagine fucati sunt" (Paraphr. in Joh 7,49, LB VII 562B).

Die Transparenz der Geschichte

Dabei zweifelt Erasmus an der Historizität der Wunderberichte natürlich nicht. In dieser Richtung entsteht für ihn kein Auslegungsproblem. Wohl aber erhebt sich die Frage, ob es sich hier um ein einmaliges Ereignis gehandelt hat oder ob dieses zwar einmalige Ereignis doch in irgendeiner Form von fortdauernder Aktualität ist. Im Zusammenhang der Auferweckung des Jünglings von Nain (Lk 7,11–17) kommt Erasmus auf dieses Problem zu sprechen. Nachdem er die Geschichte von der Auferweckung paraphrasierend nacherzählt hat, stellt er fest, daß sich die Sache historisch so zugetragen habe, allerdings nicht, ohne einen ihr innewohnenden Hinweis auf die *doctrina spiritualis* zu geben. Was dann folgt, ist eine allegorische Interpretation des Ereignisses, in das das Leben des Christen zwischen Sünde und Vergebung im Schoße der Kirche eingezeichnet wird, um die Historie für die Gegenwart fruchtbar zu machen. Ähnlich schließt Erasmus den Bericht vom Einzug Jesu in Jerusalem ab: In der Geschichte dieser Ereignisse ist nicht wenig an Geheimnis verborgen[37]. Mit dieser Feststellung leitet er eine Allegorese ein, die die Geschichte bis in die Einzelzüge hinein auszudeuten sucht. Jesu Handeln ist hintergründig, denn was er einmal getan hat nach dem Fleisch, das tut er immer nach dem geistlichen Sinn[38]. Mit Hilfe dieses dualistischen Schemas lassen sich die Geschehnisse aus ihrer Begrenztheit auf den einmaligen Fall heraus – und in die Bedeutsamkeit für je eine neue Zeit überführen. Dies ist aber nur möglich, weil ein von Jesus selbst intendierter, geheimnisvoller Zusammenhang zwischen seinem äußerlichen Handeln und der geistlichen Abzweckung besteht, der als ein analogischer charakterisiert werden muß. Daß mit einem solchen Schema einer zügellosen Allegorese gewisse Schranken gesetzt sind, versteht sich von selbst.

In der Markus-Paraphrase hat Erasmus seiner Auffassung von der Bedeutung der evangelischen Geschichte noch beredteren Ausdruck gegeben und sich in der Erklärung wiederum des Einzugs Jesu in Jerusalem mit einem Appell direkt an den Leser gewandt, wie er es sonst nur höchst selten im Verlaufe seiner Paraphrasen tut: „Hier möchte ich immer wieder ermahnen, lieber Leser, daß sich nicht nur das, was Jesus Christus gesagt hat, sondern was auch immer er sein ganzes Leben lang getan hat, nicht per Zufall ereignet hat, sondern aufgrund des göttlichen Ratschlusses zum Zweck der Erziehung des Menschengeschlechts. Denn da ist nichts, das nicht für uns Bedeutung hätte als Frömmigkeitsvorbild, oder als Vergegenwärtigung der alttestamentlichen Prophetie, als Darstellung der Bilder, mit denen das Gesetz wie durch gewisse Andeutungen Chri-

---

[37] „Subest autem in hac rerum gestarum non parum mysterii" (Paraphr. in Lc 19,40, LB VII 434 B).
[38] „... qui [sc. Jesus] quod semel fecit juxta carnem, nunquam non facit juxta spiritualem sensum" (ebd. 434 F).

stus vorabgebildet hatte, oder als Voranzeige später eintretender Ereignisse. Wenn diesem auch in allen seinen Taten nachzuspüren ist, so ist doch alles von heiligeren Geheimnissen voll, je näher er dem Tag seines Todes... kommt"[39].

In verschiedenen Richtungen kann sich das Geschehen als transparent erweisen, zunächst kann es die Erfüllung der alttestamentlichen Prophetie bedeuten. Wie exzessiv Erasmus in der christologischen Auslegung des Alten Testaments und besonders auch der Propheten vorgehen kann, zeigt sehr eindrücklich seine über sechzehn Spalten in der Leidener Ausgabe reichende Paraphrase von Lk 24,27, in der er die Schriftauslegung des Auferstandenen fingiert, die dieser den Emmausjüngern zuteilwerden läßt. Dabei überschreitet er weit den Rahmen der alttestamentlichen Zitate und Anspielungen im Neuen Testament[40]. Das Geschehen in den Evangelien kann aber auch selbst wieder Prophetie werden und in die Zukunft weisen, so, wenn z. B. Jesu Verlassen des Tempels dahingehend gedeutet wird, daß es den späteren Übergang des Lichtes des Evangeliums von den Juden zu den Heiden schon präfiguriert[41]. Verbindungslinien weiß Erasmus auch von der evangelischen Geschichte zu den Gesetzestexten und den erzählenden Stücken des Alten Testaments zu ziehen. In den alttestamentlichen Sühnehandlungen, in denen das Blut die Sühnewirkung herbeiführt, ist z. B. das Abendmahl und darin Jesu Sühnetod vorabgebildet[42]. Ebenso sprechen die Vätererzählungen und das sonstige Geschehen des Alten Testaments schon schatten- und umrißhaft vom Christusgeschehen[43]. Isaak, der das Holz zum Opfer trägt, zu dem er

---

[39] „Hic etiam atque etiam te lector admonitum esse volo, non solum quae locutus est Jesus Christus, verum etiam quaecunque gessit per omnem vitam, non esse fortuito gesta, sed ex consilio divino ad humani generis eruditionem. Nihil enim est quod non habeat, aut exemplum nobis ad pietatem expressum, aut repraesentationem veteris prophetiae, aut exhibitionem figurarum, quibus Lex velut aenigmatibus quibusdam Christum signarat, aut significationem rerum post eventurarum. Id quum in omnibus ab illo gestis vestigandum sit, tamen quo propius accessit ad diem mortis,... hoc sacratioribus mysteriis plena sunt omnia" (Paraphr. in Mc 11,7, LB VII 242 D/E).

[40] LB VII 469A–484F. In dieser Art von Exkurs liefert Erasmus hinreichend Stoff für die Erarbeitung seines Verständnisses und seiner Deutung des Alten Testaments. AUER hat schon auf diesen Passus aufmerksam gemacht und geurteilt, daß die Durchführung der Einzelbeziehungen ein wenig zu weit gehe (S. 144).

[41] „Subduxit itaque sese Jesus illorum furori, et clanculum egressus est Templum, ipso facto praeludens, futurum ut Euangelica lux, ab impiis ac suapte sponte caecis Judaeis repulsa, demigraret ad Gentes,..." (Paraphr. in Joh 8,59, LB VII 574D). Mit dem Verrat des Judas will Jesus schon die Zukunft vorbezeichnen, in der auch wieder diejenigen, die der Kirche vorstehen sollen, aus Geldgier das Evangelium verraten werden (Paraphr. in Mt 26,14, LB VII 132E).

[42] Paraphr. in Mt 26,26, LB VII 133F–134A.

[43] „Neque solum haec omnia praedicta sunt Prophetarum oraculis, verum etiam Patriarcharum factis adumbrata" (Paraphr. in Mt 1,1, LB VII 3D).

selbst bestimmt ist, wird als Christi Typus gedeutet[44], den Auszug aus Ägypten versteht recht, wer in ihm einen Hinweis auf die Umkehr der Menschen von der Finsternis des Irrtums und Dunkelheit der Laster zur Unschuld, zum Licht und zur Unsterblichkeit erblickt[45]. Sachlich durchaus gerechtfertigt steht jedoch die *tropologische Interpretation* der evangelischen Geschichte in der Aufzählung des Erasmus an prominenter, erster Stelle. Die erzählten Ereignisse werden erst für die Gegenwart fruchtbar, wenn man sie daraufhin ansieht, wie geeignet sie sind, vorbildhaft die Frömmigkeit anzuregen. Mit einer gewissen Monotonie kehrt dieses Schema alle Evangelien-Paraphrasen hindurch immer wieder, besonders im Anschluß an das Verhalten oder die Taten Jesu, indem Erasmus die Tropologese mit dem stereotypen *„docens"* einleitet. So kommentiert Erasmus Mt 3,16: „Als aber Jesus getauft war, stieg er alsbald aus dem Wasser", Jesus sei munter und eilig dem Wasser entstiegen, um zu lehren (docens), daß man bei den Waschungen weder verweilen noch gleich zu ihnen zurückkehren dürfe, wenn man wiederum gesündigt habe[46].

Die *Transparenz der evangelischen Geschichte* steht für Erasmus außer Frage, ein Umstand, auf den er in der Auslegung der Perikope von der Heilung eines Gelähmten (Mk 2,1–12) zu sprechen kommt, denn der Vorgang der körperlichen Heilung hat signifikative Bedeutung für die Rekonvaleszenz der Seele. D. h. nachdem Erasmus die Geschichte mit dem Skopus der christologischen Frage nach der Vollmacht nacherzählt hat, wendet er sich der allegorischen Interpretation zu. Diese hinwiederum ist aber nur möglich, weil die Geschichte dieser Heilung über das brutum factum hinausweist. Erasmus vergleicht das evangelische Geschehen mit einem Kunstwerk, sei es eine Skulptur oder ein gemaltes Bild, bei dem man ja auch manchmal verweilt, um dann bei der Betrachtung von Einzelheiten immer wieder neue Aspekte zu entdecken, die einem vorher entgangen sind. Denn alles, was der Herr auf Erden getan hat, hat er zu dem Zweck getan, daß wir dem Geschehen, indem wir es bedenken, für uns entnehmen, was dem frommen Leben nützt. Das geschieht mit größerem Nutzen, wenn wir zunächst erwägen, was den leiblichen Augen äußerlich dargeboten wird, und dann, was mit diesem Bild bezeichnet ist, daß es im seelischen Bereich geschehen soll[47]. Wie-

---

[44] „... Isaac, qui et ipse Christi typum gessit, ligna bajulans ad sacrificium, cui erat ipse destinatus" (ebd. Mt 1,2, 3F–4A).

[45] „Porro quod illi typo celebrabant, hoc per Christum vere agebatur: nimirum ut homines per Euangelicam fidem relictis errorum tenebris, ac vitiorum caligine, transferrentur ad innocentiam, ad lucem, ad immortalitatem" (Paraphr. in Joh 2,13, LB VII 517A).

[46] „... Jesus alacer ac properans, veluti deposita peccatorum sarcina, egressus ab aqua, docens in lotionibus non esse commorandum, nec ad eas subinde redeundum, iteratis peccatis, ..." (Paraphr. in Mt 3,16, LB VII 17D).

[47] „Jam vero si ad Sculptorum aut Pictorum opera nonnunquam resistimus, singulas

derum ist das dualistische Schema nicht zu verkennen. Die geschichtlichen Ereignisse ruhen nicht in sich selbst, sondern wollen etwas bedeuten, das auf einer anderen Ebene hinter oder in ihnen liegt und nur mittelbar durch sie zum Ausdruck kommt. Damit versinkt die evangelische Geschichte nicht in der Vergangenheit. Die Kontingenz wird überspielt, das *ibi et tunc* wird in ein *hic et nunc* überführt und so die Vergangenheit für die Gegenwart fruchtbar gemacht. Das ist möglich, weil das äußerliche Geschehen in Analogie zu inneren, seelischen, geistig-geistlichen Vorgängen steht, die im Bereich der Ethik anzusiedeln sind. Da die Ereignisse der evangelischen Geschichte exemplarischen Charakter für die christliche Lebensgestaltung tragen, ist die ihnen angemessene Methode der Interpretation die *Tropologese*. Sie erhebt, was der christlichen Lebensführung frommt.

Der *sensus historicus* erübrigt sich für Erasmus nicht, da aufgrund des Analogieschemas der sensus tropologicus an den sensus historicus gebunden bleibt. Auf diese Weise werden die historischen Ereignisse nicht zu Ausgangsbasen rasanter allegorischer Erklärungen degradiert, sondern als solche ernst genommen und bis ins Detail untersucht. Obwohl sich gerade die Bedeutung nicht in der Faktizität des Geschehenen erschöpft, wird die Historie nicht völlig in Bedeutsamkeit aufgelöst. Von daher gesehen hat es einen Sinn, wenn Erasmus in der Perikope von der Heilung eines Gelähmten (Mk 2,1–12) in extenso die Schwere der Krankheit erwägt, da er in ihr ein Gleichnis der Krankheit der Seele sieht.

Die Transparenz der evangelischen Geschichte bleibt aber nicht nur auf das Verhalten und die Taten Jesu beschränkt. Selbst kleine unbedeutend scheinende Nebenzüge oder Details können von solcher Transparenz sein, daß sie Wesentliches von der eigentlichen Wirklichkeit durchscheinen lassen. Nicht von ungefähr streuten die Jerusalemer Palmzweige auf den Weg, denn die Palme ist Siegeskranz und -trophäe, immergrünend, hoch, zwar mühsam wachsend, aber süß in der Frucht, und begabt mit einer gewissen arteigenen Widerstandskraft gegen eine auferlegte Last[48]. Dies wird von Erasmus als ein kleines Bildchen so hingetupft, ohne zu einer Anwendung auf Christus ausgeweitet zu werden. Immerhin ver-

---

artificii partes contemplantes, semperque novi quippiam animadvertentes, quod prius oculos suffugerat, equidem arbitror non abs re fore, si ad hoc tam insigne spectaculum aliquantisper commoremur, pia curiositate collustrantes singula. Quandoquidem quicquid gessit in terris Dominus, in hoc gessit, ut in his philosophantes, nobis decerperemus, quod ad pie vivendum conducit. Id majore cum fructu fiet, si primum consideremus, quod foris exhibitum est oculis corporeis, mox, quid in animis gerendum, hac imagine nobis est significatum" (Paraphr. in Mc 2,12, LB VII 172 B).

[48] „Nam haec arbor victorum erat corona ac triumphalis, perpetuo virens, procera, et adscensu difficilis, sed fructu suavissimo, genuina quadam naturae vi insurgens adversus onus impositum" (Paraphr. in Joh 12,12.13, LB VII 596 B).

deutlicht es sehr gut, wie hintergründig ihm die einzelnen Züge der evangelischen Geschichte erscheinen.

Aber auch Vorgänge am Rande wie der, daß Andreas seinen Bruder Simon zu Jesus führt, sind nicht als historische und damit ein für allemal vergangene Belanglosigkeiten zu werten. Wenn gleich am Anfang der Kirche der Bruder den Bruder zu Jesus bringt, dann ist das ein Hinweis auf ihre Grundstruktur der brüderlichen Liebe und wechselseitigen Eintracht[49]. Die Beispiele ließen sich beliebig vermehren. In anderen Zusammenhängen wird auf sie zurückzukommen sein. Hier sollte nur verdeutlicht werden, wie für Erasmus die ganze evangelische Geschichte in allen ihren Einzelzügen und Details hintergründig und daher über sich selbst wie den Augenblick hinaus aussagekräftig und interpretierbar ist.

Dies zu konstatieren, heißt aber noch bei weitem nicht, den vollen Sachzusammenhang aufgedeckt zu haben, denn dieser ist erst aufgespürt, wenn das *Erasmische Geschichtsverständnis* im Kontext seiner Ontologie beleuchtet worden ist. Da die gesamte erfahrbare, körperlich-materielle Welt typologisch und daher transparent für das göttliche Geheimnis strukturiert ist, kann und darf die Geschichte davon nicht ausgenommen werden. Sie hat ebenso Anteil an dieser Struktur und trägt folglich *Symbolcharakter;* was besagen will, daß die Ereignisse der evangelischen Geschichte nur Bilder einer hinter ihnen liegenden Wahrheit sind, daß sie aber gleichwohl nicht weniger als diese Wahrheit abbilden. Das Ereignis ruht nicht in sich selbst als solches, sondern ist intentional signifikativ, auf die höhere Ebene einer Bedeutung ausgerichtet, erhält aber gerade von dieser Bedeutung her seinen besonderen Stellenwert. Auch hier meldet sich wieder die charakteristische dialektische Spannung zwischen dem Realismus und dem Idealismus des Erasmus zu Wort, die auch nicht aufgelöst werden kann, weil sie mit der Existenz dieser Welt wesensmäßig gegeben ist.

Die geistige Verwandtschaft mit dem *origenistischen Denken* ist offenkundig, wie sehr auch der Weg der Vermittlung dieser Gedanken im Dunklen liegen mag. Nach der Ontologie des Alexandriners ist das Körperhafte nicht die eigentliche Wirklichkeit, sondern bildet oder schattet sie nur ab. Dieser fundamental-ontologische Ansatz seines Denkens schlägt sich auch in der Christologie und seinem Geschichtsverständnis nieder. Christi Ankunft im Fleisch legt Origenes dahingehend aus, daß sie nur „Symbol" des pneumatischen Logos gewesen ist, Jesu Leib war „Typus" und „Zeichen", Jesu Taten waren „Symbole" und „Gleichnisse" des pneumatischen Wirkens des Logos. Da in der Sicht des Origenes auch

---

[49] „Quod autem frater fratrem attraxerat ad Jesum, felix erat Ecclesiae nascentis auspicium, quae constat fraterna caritate, concordiaque mutua" (Paraphr. in Joh 1,43.44, LB VII 512E).

die Geschichte Anteil am Symbolcharakter der Welt hat, kommt ihr ebenfalls revelatorische Bedeutung zu. Damit ist ausgedrückt, daß die Ereignisse der evangelischen Geschichte gleichermaßen den Logos vergegenwärtigen und verhüllen. In der Historie verschränken sich Uneigentlichkeit und Eigentlichkeit. Im Johanneskommentar rollt Origenes das Problem an der scheinbaren Widersprüchlichkeit in der historischen Berichterstattung der Evangelisten auf. Wer aber ihre Schriften für einen Geschichtsbericht hält, hat sich in ihrer Intention geirrt. Die Evangelisten bedienen sich vieler äußerer Handlungen und Worte Jesu zur Darstellung, um das Wunderbare und höchst Unbegreifliche seiner Macht zu vermitteln[50]. Der Irrtum liegt nach Origenes in der Ansicht, Historisches sei Typus für andere Ereignisse historischer Ordnung, und körperhafte Vorgänge seien Typus für wiederum Körperhaftes. Vielmehr ist das Körperhafte Typus für Pneumatisches, und das Historische ist Typus für Geistiges[51]. In diesem Sinne sind die Taten Jesu als die zu enträtselnden Andeutungen der eigentlich geistigen Werke anzusehen[52]. Wie alle Dinge der körperhaften Welt haben die geschichtlichen Ereignisse ebenfalls die Funktion, die geistige Wirklichkeit abzubilden. Es soll hier nicht übergangen werden, daß bei Origenes die bedeutete geistige Wirklichkeit die Historie überwuchert und fast zur Bedeutungslosigkeit herabdrückt. So haben nach seiner Meinung die Evangelisten zur Kennzeichnung ihrer geistigen Erkenntnis manchmal durch den Ausdruck gleichsam Anschauliches hinzuverwoben[53]. Diese Einsicht dispensiert ihn stellenweise von der besonderen Nähe zum Text und den Einzelheiten des in ihm berichteten Ereignisses. Zur Zeit der Abfassung der Paraphrasen hat Erasmus in einem Einschub in die Ratio deutlich gemacht, daß er dieser Praxis einer allzu ausfernden Allegorese, wie er sie gerade auch von Origenes angewandt sah, reserviert gegenüberstand, ja sie in ihrer Überspitzung ablehnte[54].

Und doch verbindet Erasmus mit Origenes ein tiefreichender Konsens. Nicht daß sich Erasmus im Enchiridion nur zur Auslegungsmethode des Origenes bekannt hätte, er hat sie auch geübt, weil er mit Origenes Fundamentalien des Denkens teilte. Mit Origenes suchte er die paulini-

---

[50] Johanneskommentar, Buch X.5, GCS 4, S. 175, 7–11.
[51] „οὐ γὰρ νομιστέον τὰ ἱστορικὰ ἱστορικῶν εἶναι τύπους καὶ τὰ σωματικὰ σωματικῶν ἀλλὰ σωματικὰ πνευματικῶν καὶ τὰ ἱστορικὰ νοητῶν". (ebd. Buch X.18, GCS 4, S. 189, 27–29).
[52] „...καὶ τὰ παριστάμενα μυστήρια ὑπὸ τῶν λόγων αὐτοῦ τά τε γράμματα, ὧν αἰνίγματα ἦσαν αἱ πράξεις αὐτοῦ" (ebd. Buch I.7, GCS 4, S. 12, 15 f.).
[53] „ἔσθ' ὅπου καὶ προσυφανάντων τῇ γραφῇ μετὰ λέξεως ὡσπερεὶ αἰσθητὸν τὸ καθαρῶς νοητῶς αὐτοῖς τετρανωμένον" (ebd. Buch X.5, GCS 4, S. 175, 10 f.).
[54] Darin ist Origenes für Erasmus zu weit gegangen, daß er zuweilen den sensus historicus der Allegorese zu opfern bereit war (Ratio, 1523, Holb. 280, 23 ff.).

sche wie auch die johanneische Unterscheidung von „dieser" und der göttlichen Welt in den Kategorien des *platonischen Exemplarismus* zu fassen. Wie die sinnenhafte Welt ein Abbild des intelligiblen Reiches der Ideen darstellt, so sind auch die geschichtlichen Ereignisse Bilder geistiger Wirklichkeit. Welt und Geschichte werden transparent für die hinter ihnen liegende göttliche, eigentliche und wahre Wirklichkeit. Sie lassen diese Wirklichkeit durchscheinen, weil sie in ihrem Analogieverhältnis zu ihr an ihr teilhaben. Da Welt und Geschichte einen signifikativen Charakter tragen, da sie metaphorisch angelegt sind, also etwas be-deuten, in ihrem So-sein auf ein anderes Sein hinweisen, ist die *Allegorese* nicht eine unter anderen mögliche Auslegungsmethode, sondern als solche die einzig geforderte, weil ihre Voraussetzungen der Wirklichkeit schon inhärent und vorgegeben sind.

Das Interessante an Erasmus ist, daß in ihm letztlich zwei Geschichtsentwürfe aufeinanderstoßen. Erasmus unternimmt einen neuen Versuch, nicht nur – wie oft sehr oberflächliche beobachtet worden ist – die Antike mit dem Christentum über die Aufnahme der *antiken Moral* und die Moralisierung des Christentums auszusöhnen, sondern strebt viel tiefgründiger danach, *griechisches Welt- und Seinsverständnis* mit dem *biblisch-neutestamentlichen Geschichtsverständnis* auszugleichen. Dort ereignet sich Gott im geistigen Sein, hier offenbart er sich in der Geschichte. Der griechische Logos ist in seiner Erscheinung nichts geschichtlich Einmaliges, sondern im ewigen Kreislauf der Dinge schaffende Kraft, während der Logos von Joh 1 Fleisch wird und darüberhinaus noch ein konkreter Mensch. Wenn Erasmus die evangelische Geschichte nacherzählt, dann versucht er von seinen geistigen Voraussetzungen aus diese beiden Sichten ineinander zu projizieren. Die Menschwerdung Gottes, sein Eingehen in die Geschichte, gerade auch in der äußersten Konsequenz der Akkommodation in Christus, ist ihm in der Aufnahme biblischer Gedanken gleichwohl wichtig. Aber die Geschichte transzendiert sich selbst. Die Inkarnation als Akkommodation ist letztlich Funktion der Erlösung aus der sensiblen in die intelligible Welt durch die Heraufbildung des Seienden zum wahren Sein. So entscheidend die Geschichte als Ort der Offenbarung ist, sie hat nur *transitorischen Charakter*. Von daher nimmt Erasmus die eschatologische Dimension kaum wahr. Man könnte sein *Geschichtsverständnis* ein „metaphorisches" nennen[55].

---

[55] Zur Frage des Verhältnisses von stoisch-neuplatonischem zum ntl. Logosverständnis vgl. KLEINKNECHT, Artikel „λέγω..." ThWNT IV, S. 88f. Zur Sache auch BOMAN, Das hebräische Denken im Vergleich mit dem Griechischen, Göttingen ³1959, bes. S. 148.

6. Die Erasmische Allegorese

6.1 Sensus litteralis und sensus spiritualis

In die Geschichte der Schriftauslegung ist Erasmus als Vertreter einer wärmstens empfohlenen und reichlich geübten *allegorischen Interpretation* eingegangen. Doch trifft dieses Urteil zu? Ebeling z. B. stützt sich für seine Beurteilung nur auf Aussagen aus dem Enchiridion und hier besonders auf die Kritik des Erasmus an der scholastischen Theologie, die seiner Ansicht nach die allegorische Auslegungsmethode entweder verachte oder äußerst frostig betreibe[1]. Aber die Basis des Enchiridions ist für ein fundiertes Urteil zu schmal, da Erasmus in seiner Einstellung zur Allegorese eine Wandlung durchgemacht hat, die ihn auch die Notwendigkeit allegorischer Interpretation differenzierter einschätzen ließ. Die Auslegung des Alten Testament in den Psalmen verlangt eine andere Methode als beispielsweise die der Evangelien. Wer nur die Psalmenauslegung in Betracht zieht, wird notwendig anders urteilen als der, der auch die Paraphrasen der Evangelien miteinbezieht.

In der mittelalterlichen Auslegungstradition hatte sich die Interpretation nach der *Quadriga*, dem *vierfachen Schriftsinn*, zum Schema verfestigt. Mechanistisch gehandhabt, mußte dieses Ordnungsschema eine lebendige Schriftauslegung verunmöglichen. Einer solchen Entwicklung wollte und konnte Erasmus nicht das Wort reden. Andererseits war er aber wiederum so von der Fülle und Fruchtbarkeit der Heiligen Schrift überzeugt, daß er sich nicht dazu verstehen konnte, nur *einen* Schriftsinn als möglich und angemessen anzuerkennen. Dies zeigt sich schon in der frühen (1499) Diskussion zwischen Erasmus und Colet über den Kampf Jesu in Gethsemane. Gegen das Argument Colets, die Wahrheit und Schlichtheit der Schrift verlange die Beschränkung auf den einfachen Schriftsinn[2], führt Erasmus die reiche Vielfalt und Fülle der Schrift ins

---

[1] EBELING, Evangelienauslegung, S. 138–141. Dazu aus dem Enchiridion (Holb. 71,27f.): „Eam vero nostri theologi aut aspernantur fere aut oppido quam frigide tractant, ..." Ebenso schon ebd. 33, 33 ff.: „Video enim neotericos theologos litterae nimium libenter inhaerere et captiosis quibusdam argutiis magis quam eruendis mysteriis operam dare, ...".

[2] „Primum quidem non possum assentire tibi, cum multis aliis id dicenti, et, meo judicio, erranti, sacras litteras saltem uno aliquo in genere, suapte foecunditate plures sensus parere.

Feld, die geradezu nach einer entsprechend vielfältigen Auslegung verlangt[3]. Interessanterweise legt er aber dann gerade die diskutierte Stelle Matth 26,39 nicht nach einem mehrfachen Schriftsinn aus, sondern beschränkt sich wie Colet einzig und allein darauf, den *sensus historicus* zu erheben, und gerade darin sieht er sich in Differenz zu Colets Meinung[4]. Aus einem Brief von 1501 an Antonius von Bergen spricht die Skepsis des Erasmus gegenüber einer allegorischen Deutung, die philologisch sorglos auf den literalen Sinn keine Rücksicht nimmt[5]. Im Enchiridion jedoch stellt er Origenes als den besten Schriftausleger heraus, weil er nach Paulus zu denen gehört, die sich am weitesten vom Buchstaben entfernen[6]. In der Methodus von 1516 streift Erasmus die Quadriga nur am Rande, indem er die Notwendigkeit betont, die Auslegung je auf einer der vier Interpretationsebenen wiederum zu differenzieren. Hier wird auf die Auslegung der Prüfung Abrahams durch Origenes als ein gutes Beispiel verwiesen[7].

Wie vielfältig die Bezüge zur Gegenwart und zum einzelnen sein können, d. h. wie mannigfach der *sensus tropologicus* variiert werden kann,

---

Non quod nolim ipsas quam foecundissimas esse, quarum exuberantem foecunditatem plenitudinemque, unice admiror; sed quod opiner, foecunditatis esse ipsius, non parturire plura, sed unum aliquod, et ipsum verissimum" (Responsio ad argumenta Erasmiana, LB V 1291 C/D).

[3] „Nihil enim prohibet, quo minus ex sacris litteris, quae mira quadam foecunditate sunt, varios sensus eliciamus, et unum locum non uno modo accipiamus" (Disputatio de taedio et pravore Christi, LB V 1267 A); gleichfalls in der Redponsio Erasmi ad Joannis Coleti litteras (Allen I, 111,14f., S. 255): "Nam quod a me obiter et per occasionem dictum est, ex arcanis litteris, quoniam fecundissimae sunt, varios sensus elici posse, et nihil reiiciendum quod modo sit probabile nec a pietate abhorreat, ...".

[4] Dazu RABIL, S. 43f.

[5] Für die Interpretation des Psalmverses „Meine Sünde ist immer vor mir" (Ps. 51,3b) fordert Erasmus den Rückgriff auf den Text der Septuaginta, um die Schriftstelle zu verstehen und nicht auf abstruse Deutungen verfallen zu müssen (Allen I, 149, bes. 26–41, S. 352).

[6] „Ex interpretibus divinae scripturae eos potissimum delige, qui a littera quammaxime recedunt. Cuiusmodi sunt in primis post Paulum Origenes, Ambrosius, Hieronymus, Augustinus" (Enchiridion, Holb. 33,31ff.). „Paulus autem apostolus post Christum fontes quosdam aperuit allegoriarum. Quem secutus Origenes in hac parte theologiae facile principatum obtinet" (ebd. 71, 21ff., zitiert Z. 24ff.); vgl. auch Methodus, Holb. 157,28ff. u. Ratio (1519), Holb. 284,10ff.

[7] „Iam non satis est circumspicere, quomodo iuxta sensum historicum, tropologicum, allegoricum, anagogicum diversis in rebus varie reluceat aeterna veritas, verum etiam in singulis horum qui gradus sint, quae differentiae, quae tractandi ratio. Quot modis tractat Origenes a deo tentatum Abraham? In historia versans quos tamen locos invenit? Ut ne dicam, quod idem typus pro varietate rerum, ad quas accommodatur, pro diversitate temporum velut aliam accipit figuram, veluti porcorum siliquae ad opes, ad voluptates, ad honores, ad mundanam eruditionem possunt accommodari. Et tamen adhuc versaris in tropologia. Quin tota parabola potest ad Iudaeorum populum et gentes applicari" (Holb. 157,25–158,1).

deutet Erasmus im Blick auf das Gleichnis vom Verlorenen Sohn an. Gleichzeitig legt er aber auch Wert darauf zu betonen, daß sich nicht alle Aussagen tropologisch interpretieren lassen, da sie nur für bestimmte Adressaten einer bestimmten Zeit gemeint waren[8]. Man wird Erasmus dahingehend verstehen müssen, daß er im Beachten des Spezifikums einer jeden Aussage und im Bestreben, ihrer Intention gerecht zu werden, die Auslegung nach dem vierfachen Schriftsinn jedenfalls nicht mechanistisch gehandhabt wissen will.

Wenn Erasmus 1519 in seiner Ratio der Darstellung des sensus quadruplex den Nachsatz hinzufügt: „denn auf diese Weise sehe ich manche unterteilen", so dürfte er damit wohl zum Ausdruck bringen, wie wenig er im Grunde an diesem Schema interessiert ist. Immerhin trägt er es hier im Vergleich zur Methodus inhaltlich vor: Es geht dabei um die Gliederung in einen sensus historicus, „der einfach ist", einen sensus tropologicus, „der sich auf die Sitten und das allgemeine Leben bezieht", einen sensus allegoricus, „der die Geheimnisse des Hauptes und des ganzen mystischen Leibes behandelt" und in einen sensus anagogicus, „der an die himmlische Hierarchie rührt"[9].

Wenn uns die Ratio des Erasmus Desinteresse an einer am vierfachen Schriftsinn streng orientierten Auslegungsmethode vermuten ließ, so liefert der *Ecclesiastes* die ausdrückliche Bestätigung für eine solche Annahme, wenn er darauf verweist, daß die *Kirchenväter* nur einen *doppelten Schriftsinn* kannten: den grammatischen bzw. literalen oder historischen Sinn einerseits und zum anderen den geistlichen Sinn, den sie bald Tropologie, bald Allegorie, bald Anagogie nennen, allerdings ohne damit einen sachlichen Unterschied machen zu wollen[10]. Erasmus sieht die Willkürlichkeit der Unterscheidung, die Forcierung der Begriffsdistinktionen. Wenn auch die Bezeichnungen Tropologie, Allegorie und Anagogie etymologisch gesehen verschiedenen Ursprungs sind, so zielen sie doch auf einunddieselbe hinter dem sensus historicus oder grammaticus liegende Sinnschicht ab[11]. Von diesen drei Verstehensweisen gibt Erasmus der *Tropologie* eindeutig den Vorzug mit der Begründung, daß sie der wörtlichen Auslegung am nächsten kommt, weil sie besonders eng an sie gebunden ist; ja die Historie selbst beinhaltet den tropologischen Sinn[12].

---

[8] Siehe die vorherige Anm.
[9] Ratio (1519), Holb. 284,2–27.
[10] „Non me clam est, neotericos in Scripturis quadruplicem tradere intellectum, Historicum sive Grammaticum, Tropologicum, Allegoricum et Anagogicum... Caeterum, prisci Doctores non agnoscunt nisi duos sensus: Grammaticum sive litteralem, aut si mavis Historicum: et Spiritualem, quem variis appellant nominibus, nunc Tropologiam, nunc Allegoriam, nunc Anagogen, nullo tamen discrimine" (Ecclesiastes, LB V 1034F).
[11] „Etymologiae harum vocum diversae sunt, sed eodem recidunt. Allegoria Graecis dicta est, quod aliud dicitur, aliud intelligitur..." (ebd.).
[12] „Hic autem sensus infimo [sc. Grammatico] proximus est, in ipsa obiter Historia

Erasmus beschreibt das mit dem Verhältnis einer Bildunterschrift zu dem dazugehörigen Bild. In der Wertung des Bildes, so meint er, könne man durchaus verschiedener Meinung sein, das Thema der Darstellung selbst aber sei eindeutig. Der Vergleich trifft insofern nicht, als eben nicht jeder Geschichte eine troplogische Deutung beigegeben ist.

Es mag deutlich geworden sein, daß Erasmus den Begriff der Allegorie im weitesten Sinn des Wortes auf jede Interpretation, die sich vom wörtlichen Verständnis einer Aussage entfernt, anwenden kann. In jedem Einzelfall ist daher zu entscheiden, mit welcher Präzisierung der Ausdruck gebraucht ist. Allerdings ist Erasmus in seiner Neigung zur Allegorese durchaus Schwankungen unterlegen. Wie schon erwähnt, preist er im Enchiridion Paulus und Origenes als hervorragende Vertreter allegorischer Auslegung[13], wie überhaupt in dieser Schrift der Zug vom Buchstaben hin zu einem diesem Buchstaben unterliegenden geistlichen Sinn sehr ausgeprägt ist[14]. Doch es läßt sich auch ein anderer Trend nachweisen, der genau in die entgegengesetzte Richtung zielt. Es konnte schon auf den Brief an Antonius von Bergen (1501) hingewiesen werden, der mindestens die Erhebung des sensus litteralis zur Grundlage jeder weiteren Interpretation einer Schriftstelle macht[15]. Von nicht zu unterschätzender Bedeutung ist für die Entwicklung des Erasmus, daß er im Sommer 1504 beim Stöbern in der Bibliothek des Prämonstratenserklosters Parc vor den Toren Löwens auf die *Annotationes* zum Neuen Testament des *Laurentius Valla* stieß, denn mit diesem Werk erhielt er einen neuen Anstoß, sich mit dem Urtext der Schrift und dadurch mit dem sensus litteralis zu befassen. Gerade weil in der Heiligen Schrift selbst die i-Pünktchen einen geheimen Sinn haben, muß man dem Text in seiner wortwörtlichen Gestalt und seinem Sinn größte Beachtung schenken, gibt Erasmus in seiner Vorrede zur Ausgabe der Annotationes Vallas zu bedenken[16]. Eine weitere Notiz zur Allegorese findet sich in der Moria, in der sich Erasmus über Prediger lustig macht, die eine törichte und

---

indicans quae ad bonos mores conferunt" (ebd. 1035 A/B); vgl. „At Tropologicum sensum ipsa Historia secum defert, traditque sensui communi. Nec tam est sensus a Grammatico diversus, quam hujus declaratio; Veluti artifex in tabula magno artificio depicta ostendit spectatoribus, quid ibi sit egregium et admiratione dignum. Non omnes aeque iudicant de pictura, sed omnes agnoscunt quod indicatur, quemadmodum nos Tropologiam indicavimus in hac Historia" (ebd. 1036F).

[13] Enchiridion, Holb. 71,24ff.
[14] Vgl. ebd. 30, 35–31, 1; 31, 4ff.; 31, 26ff.; 33, 18ff.; 33, 31ff.; 68, 15ff.; 70, 13ff.; u. ö.
[15] S. o. Anm. 5.
[16] „At fas non est, inquiunt, in sacris scripturis quicquam immutare, propterea quod illic ne apiculi quidem mysterio vacant. Imo tanto magis nefas est deprauare, tantoque attentius corrigendum a doctis, quod per inscitiam est adulteratum" (Vorrede zu den Adnotationes des Laurentius Valla, Christopher Fisher gewidmet, März 1505, Ep. 182,158–161, Allen I, S. 411).

dumme Begebenheit aus der Geschichte einflechten und diese dann allegorisch, tropologisch und anagogisch auslegen[17]. In den Anmerkungen dazu heißt es: „Allegorien im Alten Testament dulden wir nicht, es sei denn, daß die Umstände uns dazu zwingen. Doch wer erträgt es, daß der Traum eines Taugenichts wiederum durch einen Traum gedeutet wird. Manche aber lesen das mit fast mehr Ehrfurcht als das Evangelium"[18]. Unbeschadet der Autorschaft[19] dieser Anmerkungen, läßt der Text eine deutliche Abneigung gegenüber jener ausfernden Allegorese erkennen. Man erinnert sich der späteren Kritik des Erasmus an jenem Pariser Theologen, der die Allegorisierung des Gleichnisses vom Verlorenen Sohn auf eine Predigtreihe von vierzig Tagen ausdehnte[20].

Während Erasmus in der *Methodus* (1516) die Quadriga anführt, ohne eine stärkere Reserve seinerseits gegenüber der Auslegungsmethode nach dem vierfachen Schriftsinn zu erkennen zu geben[21], legt er auch hier wiederum großen Wert auf die Erhebung des sensus litteralis[22]. Dieselbe Intention verfolgt Erasmus auch in der Vorrede „Pio Lectori" zur Ausgabe des *Novum Instrumentum* von 1516, wenn er schreibt: „Der geringste Teil ist, was man den Buchstaben nennt, doch auf ihn stützt sich wie auf ein Fundament er geistliche Sinn"[23]. In der *Apologia ad Jacobum Fabrum Stapulensem* vom folgenden Jahr möchte Erasmus eine sinnvolle Allegorese in der Beschränkung auf die Tropologese verwirklicht sehen[24]. In der *Ratio* von 1519 kommt die Skepsis des Erasmus gegenüber jeder Art von ausfernder Allegorese zum Tragen. Zwar empfiehlt er auch für den Bereich des Neuen Testaments die allegorische Auslegung, doch eben nur, wenn sie sachkundig gehandhabt wird[25]. *Ambrosius* wird getadelt,

---

[17] Moriae Encomium, LB IV 478 A.
[18] Ebd. 478 E.
[19] Als Verfasser der Anmerkungen zeichnet Gerhard Lister verantwortlich. In einem Brief an Martin Bucer vom 2. März 1532 gesteht Erasmus allerdings seine Mitarbeit an den Fußnoten ein (Ep. 2615,171–181, Allen IX, S. 449 f.). Hat Erasmus eventuell doch die Anmerkungen selbst verfaßt, um den negativen Eindruck, den seine Moria bei vielen hinterlassen hatte, nachträglich noch abzufangen und zu verwischen? Zum Kommentar Listers neuderdings HESS, bes. S. 146 f.
[20] Ratio (1519), Holb. 282,16–24.
[21] Methodus, Holb. 157,25.
[22] Ebd. 158, 22 ff.
[23] „Infima pars est quam vocant literam; sed huic ceu fundamento mysticus innititur sensus" (Ep. 373,104 f., Allen II, S. 168); fast gleichlautend in der Expositio conc. in ps. LXXXV (1528): „sensus enim Historicus veluti substratum fundamentum, non excludit, sed sustinet sensum mysticum" (LB V 511 A).
[24] „Neque te fugit, opinor, quam Veteres ferme omnes sibi indulgeant in allegoriis, praesertim Ambrosius, Origenes, et Hieronymus, in quibus labi negant periculosum, si modo ad pios mores accommodentur" (LB IX, 51 B).
[25] „Sunt, qui novi quoque testamenti historiam ad allegoriam trahunt, quod ego sane vehementer approbo, cum aliquoties sit necessarium, saepissimum festivum et elegans, si quis modo scite rem tractet" (Ratio, 1519, Holb. 278,18 ff.).

weil er nach der Meinung des Erasmus manchmal maßlos allegorisiert. Aufs heftigste lehnt er den läppischen *Allegorismus* gewisser Leute ab, die selbst erfinden, was sie durch Allegorie erklären[26]. So genügt es z. B. bei der Erklärung der Gleichnisse, den Skopus einer Parabel herauszustellen[27]. Diese Pioniertat des Erasmus in der Geschichte der Gleichnisauslegung hat JÜLICHER zu Recht und gebührend gewürdigt[28]. Den Vertretern einer forcierten Allegorese hält Erasmus die Erkenntnis entgegen, daß die Redeweise der Wahrheit einfach, nichts aber einfacher und wahrer als Christus selbst ist[29]. Das heißt aber, daß Erasmus ein *christologisches Prinzip* als Kriterium der Bewertung allegorischer Auslegung einführt.

Die Fassung der Ratio von 1523 unterstreicht die 1519 sich verstärkt zeigende Tendenz zur Abwehr unangemessener Allegorese noch erheblich. Ernsthafte Beschäftigung mit der Heiligen Schrift bewahrt ein Mittelmaß. Darin sündigen Origenes, Ambrosius, Hilarius und andere häufig, indem sie im Verfolg einer Allegorie den sensus grammaticus als nicht notwendig abtun[30]. Während Erasmus 1519 Origenes und Ambrosius noch als Vorbilder in der Allegorese empfiehlt, versieht er dieses Lob 1523 mit der gewichtigen Einschränkung: „abgesehen davon, daß beide unmäßig sind und dem historischen Sinn meist nicht gerecht werden, wie er es verdiente"[31]. Wiederum in einem Zusatz von 1523 erläutert Erasmus die Notwendigkeit der Allegorese, weist aber gleichzeitig auf die Bedeutung des sensus historicus hin. Wenn auch die göttliche Vorsehung aus pädagogischen Gründen den geistigen Gehalt zuweilen allegorisch verkleidet hat, so kann das doch nicht heißen, mit der allegorischen Auslegung den historischen Sinn gleich über Bord werfen zu müssen. Meist haben beide Sinnschichten ihre Daseinsberechtigung[32]. Man

---

[26] Ratio, Holb. 282,3 ff.
[27] Ratio (1519), Holb. 281,9 ff.
[28] JÜLICHER I, S. 254 f.
[29] „Simplex est, iuxta tragici sententiam, veritatis oratio; nihil autem Christo neque simplicius neque verius" (Ratio, 1519, Holb. 280,4 f.).
[30] „Quin illud in genere mihi lector admonendus est hac in re frequenter peccare Origenem, Ambrosium, Hilarium et si qui sunt alii, qui libenter Originem imitantur, qui nonnunquam studio inculcandae allegoriae sensum grammaticum submovent, cum nihil sit opus" (Ratio, 1523, Holb. 280,23 ff.).
[31] „Porro in tractandis allegoriis felicissimus artifex est Origenes, sedulus magis quam felix Ambrosius, si quis forsitan requirat exemplum, quod imitetur, nisi quod uterque immodicus est ac plerumque iniquior historico sensui quam par est" (Ratio, 1519/23, Holb. 284,23 ff.).
[32] „Nec ideo tamen oportet omnem historicum sensum in divinis libris tollere, quod ob causas memoratas aliqua loca reperiantur, quibus divina providentia voluit ingenia, nostra veluti cogere ad rimandum intellectum spiritualem. Et plerumque fit, ut uterque sensus constet" (Ratio, 1523, Holb. 275,3 ff.); ähnlich im Ecclesiastes: „... illud in primis spectandum Ecclesiastae, ne qua occasione deflectat a germano scripturae sensu...". (LB V 1019 A/B).

nimmt eine deutliche Tendenz der *Abwendung von der allegorischen Methode* in der Kritik ihrer Übertreibungen zugunsten einer Aufwertung des sensus litteralis bzw. historicus wahr. Gerade in den Zusätzen der Fassung der Ratio von 1523 findet sich eine betontere Reserve des Erasmus gegenüber möglichen Mißdeutungen durch eine überbordende Allegorese. Mit diesen Äußerungen aus dem Jahr 1523 reichen wir unmittelbar in den Zeitraum hinein, in dem Erasmus seine Paraphrasen zu den Evangelien schreibt.

6.2 Die Funktion der Allegorese

Wozu aber dann noch Allegorese? Die sich hier eröffnenden Fragen wären für uns eventuell leichter zu beantworten, hätte Erasmus ein von ihm 1519 offenbar schon in seinen Grundzügen vorliegendes Büchlein über die theologischen Allegorien zum Abschluß gebracht[33]. Immerhin äußert er sich zum Thema in der *Ratio,* wenn auch weder systematisch, noch umfassend, so doch wenigstens in Umrissen, die seine Position näherungsweise erkennen lassen. Ausführlicher setzt sich Erasmus im *Ecclesiastes* mit dem Problem der Allegorese auseinander, doch können die Ausführungen dieser Spätschrift aus methodischen Gründen hier nicht herangezogen werden, da sie die Meinung des Erasmus gut ein Jahrzehnt nach der Abfassung der Evangelien-Paraphrasen widerspiegeln. Da Erasmus allerdings in diesen späten Äußerungen keine grundsätzlich andere Position bezieht, können sie doch wenigstens als Spiegelung seines früheren Ansatzes dienen.

Bei der Erörterung des Problems der Erasmischen Allegorese hat man – wie schon aufzuzeigen versucht wurde – davon auszugehen, daß Erasmus die Allegorese nicht als ein instrumentum superadditum der Auslegung, sondern als ein mit dem Wesen der Heiligen Schrift selbst gegebenes und daher ihr inhärentes Prinzip ansieht. Da der Geist seiner Natur nach mit dem Buchstaben nicht identisch werden, bzw. sein kann, ist die Schrift von vornherein daraufhin angelegt, nach ihrem eigentlichen und geistlichen Sinn gefragt und so hinterfragt zu werden[34]. Hinzu kommt aber noch die Beobachtung, daß sich die Heilige Schrift größtenteils selbst einer uneigentlichen Redeweise bedient; denn fast die gesamte Heilige Schrift besteht aus Allegorien[35]. Hier ist der Terminus „Allegorie" offenbar in dem allgemeinen Sinn gebraucht, daß die Heilige Schrift auf weiten Strecken „etwas anderes besagt" (ἄλλο ἀγορεύει), als der Wortlaut ausdrückt. Für Erasmus sind Christus und in seiner Nachfolge

---

[33] Vgl. Ratio (1519), Holb. 283,34–284,2.
[34] Die Heilige Schrift besteht aus zwei Sinnschichten; vgl. Ratio (1523), Holb. 275,6f.
[35] Ratio (1519), Holb. 274,24ff.

Paulus die illustren Vorbilder für eine allegorische Schriftauslegung, da Christus selbst in Allegorien gesprochen und Paulus mit ihrer Hilfe das Alte Testament ausgelegt hat[36]. Beispiele für die Verkündigung Jesu wie auch die des Paulus werden angeführt[37]. Wie die Heilige Schrift in einer bildhaften, allegorischen Redeweise einhergeht, so liefert sie auch selbst Modelle der Interpretation zur Auflösung der Allegorien[38].

Insgesamt gesehen kennt Erasmus eine doppelte Motivation, die ihn dazu veranlaßt, den Literalsinn auf eine ihm unterliegende Sinnebene hin zu hinterfragen. „Vom grammatischen Sinn abzurücken,..., erzwingt zuweilen die Notwendigkeit, zuweilen rät dazu aber auch die Nützlichkeit"[39]. Unter diesen beiden Gesichtspunkten sind die diversen und sporadischen Aussagen des Erasmus zum Thema sachgerecht zu ordnen. *Notwendig* wird die *Allegorese,* wo der Wortlaut etwas Falsches, Lächerliches oder Absurdes besagt[40]. Für Erasmus ist dies vornehmlich im Alten Testament der Fall. Um der vermeintlichen Peinlichkeit mancher Aussagen zu entgehen, um aber auch gleichzeitig das Alte Testament für die christliche Kirche und die Gegenwart fruchtbar machen zu können, bedient sich Erasmus nur allzu bereitwillig der Allegorese. Weil Gottes Wort auch im Alten Testament sinnvoll sein muß, legitimiert sich die Allegorese als die angemessene Auslegungsmethode dadurch, daß sie die Schwierigkeiten in Richtung auf einen vernünftigen Sinn überwindet. So hat schon die Alte Kirche das Alte Testament nur allegorisch verstehen und auch nur auf diese Weise übernehmen können[41]. Wie Erasmus immer wieder bekennt, sieht er in *Origenes* den versiertesten Vertreter dieser Tradition. Mit Origenes nimmt auch er Anstoß an den Anthropomorphismen des Alten Testaments, die – wörtlich verstanden – die Würde Gottes verletzen müßten. Besonders die Schöpfungsgeschichte hält eine Reihe von Beispielen bereit, die Erasmus im Gefolge des Origenes anführt, so wenn z. B. erzählt wird, Gott habe das Paradies wie einen Garten

---

[36] „... cumque constet Christum allegoriis usum et Paulum aliquot veteris instrumenti locos per allegoriam interpretari..." (Ratio, 1519, Holb. 282,6ff.); auch schon in der Methodus (1516): „Parabolis omnia paene convestivit Christus, id quod poetis est peculiare. Rhetorum schemata in prohetis et Paulinis litteris ostendit Augustinus. Ipse Paulus poetarum est usus testimoniis" (Holb. 155,9ff.); vgl. im Enchiridion: „Paulus autem apostolus post Christum fontes quosdam aperuit allegoriarum" (Holb. 71,24f.).
[37] Z. B. Ratio (1520), Holb. 262,12ff.; (1523) 276,1ff.; 277,17ff.
[38] Ratio (1523), Holb. 280,28ff.
[39] „A Grammatico sensu,..., recedere interdum cogit necessitas, interdum suadat utilitas" (Ecclesiastes, LB V 1044A).
[40] „Aliquoties palam falsus est, nonnumquam etiam ridiculus et absurdus est verborum sensus, si simpliciter accipiatur" (Ratio, 1522, Holb. 274,28–30); vgl. auch ebd. 282, 4ff. „...rursus alia, quae quoniam iuxta sensum historicum absurda sunt, cogunt nos ad allegoriam confugere" (Enarr. in ps. II, 1522, LB V 231 D–232 A); ebenso Ecclesiastes, ebd. 1044D.
[41] HARNACK, Die Entstehung der christlichen Theologie..., S. 33ff.

gepflanzt[42]. Doch auch Widersinniges ist zu konstatieren, so wenn z. B. an den ersten drei Schöpfungstagen von „Morgen und Abend" die Rede ist, während Sonne, Mond und Sterne, ja am ersten Tag noch nicht einmal der Himmel, erschaffen waren[43]. Doch für Erasmus finden sich solche Absurditäten auch im Neuen Testament. So konnte Jesus doch nicht leibhaftig vom Teufel auf einen hohen Berg geführt werden und von dort mit leiblichem Auge alle Reiche der Welt und ihre Herrlichkeit erblicken[44]. Dieses Beispiel der Versuchungsgeschichte ist ebenfalls von Origenes entlehnt. Was von den erzählenden Stücken des Alten wie des Neuen Testaments gilt, trifft auch für die Gebote und Anweisungen beider Testamente zu. Wörtlich genommen wären sie unsinnig, oder wenn sie in einer früheren Zeit unter anderen Bedingungen einmal sinnvoll waren, so sind sie es in der Gegenwart jedenfalls nicht mehr[45]. Auch die Prophetie darf nicht immer nach dem Literalsinn ausgelegt werden, wenn man ihren eigentlichen Sinn eruieren will[46]. In allen diesen Fällen hilft die Allegorese nicht nur über die Schwierigkeiten, die von diesen Stellungen aufgeworfen werden, hinweg, sondern muß geradezu als das von Gott verordnete Mittel angesehen werden, zu dem eigentlich intendierten Sinn vorzustoßen.

Erasmus kennt aber noch eine andere Funktion der Allegorese. Er denkt an Stellen, die an und für sich wörtlich genommen sinnvoll sind, durch eine allegorische Interpretation aber noch fruchtbarer gemacht werden können. So führt er neben dem Gesichtspunkt der Notwendigkeit der Allegorese den der *Nützlichkeit* ein, der für ihn hauptsächlich unter einem *pädagogisch-homiletischen Vorzeichen* steht. Schon in der Ratio (1520) führt er die Erzählung des Sündenfalls als Beispiel an, um zu zeigen, wie die Warnung vor der Begehrlichkeit, die zur Sünde führt, effektvoll mit Gen 3 zu illustrieren ist. Das heißt aber natürlich, daß der Geschichte des Sündenfalls – deren Historizität Erasmus nicht ansteht, in Zweifel zu ziehen – über das Moment eines factum historicum hinaus eine generelle, auch die Gegenwart tangierende Bedeutsamkeit eignet. Genau dies bringt Erasmus im Ecclesiastes zum Ausdruck, indem er die Erzählung tropologisch für den Menschen schlechthin generalisiert, daß Satan durch trügerische Versprechungen die niederen Affekte des Menschen erregt, damit er von den Geboten Gottes abweicht, daß aber von den

---

[42] Ratio (1523), Holb. 275,14ff. Erasmus folgt hier Origenes, wie ein Detailvergleich dartun könnte; vgl. De principiis IV, 3, 1–4, GCS 5, S. 323–330 u. Contra Celsum IV, 37, GCS 1, S. 307f.
[43] Ratio (1523), Holb. 275,15ff. Auch dazu Origenes s. o.
[44] Ebd. 275, 35ff.; Origenes a.a.O.
[45] Ratio (1523), Holb. 276,33ff.
[46] Vgl. z. B. Ratio (1522), Holb. 276,8ff., 18ff. Erasmus kombiniert hier Jes 8,4 mit Mt 2,1–12. Hieronymus, Comm. in Isaiam, lib. III, MSL 24, 116ff.

Die Funktion der Allegorese 89

Affekten des Fleisches auch die Vernunft verlockt wird, dem Vergehen beizupflichten[47].

Da Erasmus von der *Mehrdimensionalität* des Schriftwortes überzeugt ist, kann er diesen Weg der Erklärung gehen. Die Nützlichkeit einer allegorischen Erklärung mißt sich an dem „*fructus pietatis*", den sie zu bewirken imstande ist. Unter Berücksichtigung dieses Gesichtspunkts steht Erasmus in der Ratio (1523) der *Zahlenallegorese* äußerst reserviert gegenüber[48]. 1531 in der Auslegung von Psalm 34 (33) meint Erasmus, den nicht tadeln zu dürfen, der die Erzählung der von Mose in der Wüste erhöhten ehernen Schlange als historisches Ereignis ansieht, doch fragt er, welchen Nutzen (fructus) das habe, wenn man darin nicht ein Bild des gekreuzigten Christus erblicke, dem sich zuzuwenden allein Sündenvergebung erwirke[49]. Er zitiert *Ambrosius,* der von der Typologese zur moralischen Anwendung als einer Festtagsfreude des Herrentags übergehen will, die dem Geist Zerstreuung bringen soll[50]. D. h. eng verbunden mit dem Motiv der Nützlichkeit, die sich in der Tropologese realisiert, ist der Gesichtspunkt, den Höhrer bzw. Leser zu ergötzen. „Es gibt Leute, die auch die Geschichte des Neuen Testaments allegorisch deuten, was ich durchaus lebhaft begrüße, da es manchmal notwendig ist, sehr häufig anmutig und elegant, wenn man die Angelegenheit nur sachkundig betreibt"[51]. Neben die Notwendigkeit tritt unter dem Aspekt der Nützlichkeit das *spielerische Element*. Während Erasmus 1519 das Spielen in der allegorischen Auslegung der Heiligen Schrift verwirft[52], steht er dieser Spielart 1523 doch nachsichtiger gegenüber[53], wobei er allerdings darauf

---

[47] „Altero modo pie receditur, quum Historico sensui tamquam basi substratae suus habetur honos, sed huic ad majorem auditorum fructum inducitur sensus mysticus. Veluti qui non negat Evam serpentis alloquio corruptam in criminis societatem vocasse maritum suum, sed huic fundamento addit Allegoriam sive Tropologiam: Satanam fallacibus promissis sollicitare inferiores hominis affectus, ut a Dei praeceptis recedat, ab affectibus autem carnis etiam rationem pertrahi in assensum criminis" (Ecclesiastes, LB V 1043 E).
[48] Holb. 280,14 ff.
[49] „Qui legit serpentem aeneum sublatum in stipitem, et a serpentium morsu liberatos, qui in illum intenderent oculos, non peccat si credit historiae. Sed quid fructus? Si credit hoc naturae vi factum, nihil est fructus. Si virtute Dei, aliquid est fructus, sed non liberatur a peccatis, nisi qui in Christum crucifixum intendit oculos" (En. in ps. XXXIII, LB V 373 E). 1523 in seiner Johannes-Paraphrase hatte Erasmus schärfer geurteilt und das Verständnis nach dem Literalsinn dem fleischlichen Verständnis des Gesetzes gleichgesetzt (Paraphr. in Joh 3,15, LB VII 522 B).
[50] Ratio (1523), Holb. 280,33–281,9; vgl. Ambrosius, Expositionis in Lucam Lib. VIII, MSL 15, 1883 B/C.
[51] „Sunt, qui novi quoque testamenti historiam ad allegoriam trahunt, quod ego sane vehementer approbo, cum aliquoties sit necessarium, saepissime festivum et elegans, si quis modo scite rem tractet" (Ratio, 1519, Holb. 278,18–21).
[52] „... tamen in rebus sacris neque ludendum est, ..." (Ratio, 1519, Holb. 280,1 f.).
[53] „Quod si quis sibi permittit in his ludere nonnunquam, huic plus erit veniae in

bedacht ist, einem zügellosen Ausufern zu wehren. Eine solche freiere Art des Allegorisierens soll nur zum Zwecke seelsorgerlicher Bemühungen betrieben werden[54] und das mit der Einschränkung, jede Maßlosigkeit zu meiden[55]. Auf keinen Fall darf der Inhalt der Schrift gebeugt bzw. verdreht und so der Schrift Gewalt angetan werden[56]. Von den Grenzen der Allegorese soll aber noch gesondert gehandelt werden.

Es könnte den Anschein haben, als seien diese Ausführungen zu einer zwar maßvollen, aber doch freieren und der Erbauung dienenden Allegorese Randbemerkungen, die nicht in eine übergreifende Konzeption eingebunden sind. Sieht man indes genauer zu, so macht man die gegenteilige Entdeckung. Das hat jedoch seinen Grund darin, daß für Erasmus *Form* und *Inhalt, res* und *verbum,* Schönheit und Wahrheit in enger Relation zueinander stehen. Da die *Ästhetik* der Wahrheit dient, ist es für Erasmus nicht unerheblich, in welches Gewand die Schriftauslegung gekleidet ist. Die variatio erfordert, daß das Wahre als Schönes nach außen hin im Ausdruck erscheint. Daher geht Erasmus nach dem pädagogischen Prinzip vor, daß das Wahre angenehm, erfreulich sein und der Natur des Lesers leicht eingehen muß. So bekennt er in der Ratio: „Es gibt aber noch viele andere Wort- und Satzfiguren, die zur Gestaltung, Erhabenheit und zum Gefallen der Rede beitragen. Ohne sie kann zwar der Sinn der Heiligen Schrift bestehen, dennoch bewirken sie, daß sie uns angenehmer und wirkungsvoller eingehen, sowie mit mehr Erfolg behandelt und tradiert werden"[57]. Es ist der pädagogische Grundsatz *„per lusum discere",* der hier zum Vorschein kommt. Nicht daß die ästhetisch wohlgelungene Form in der Art einer angenehmen, gefälligen Allegorie an sich schon den intendierten Sinn in irgendeiner Weise verkörperte – finitum non capax infiniti –, doch kann die gefällige Form das Streben nach Schönheit und Wahrheit anregen. Die allegorische Einkleidung ergötzt und ergreift den Zuhörer[58], die trockene ethische Ermahnung dagegen schläfert ihn ein[59], während eine allegorisch interpretierte Geschichte viel an Anmut beisteuert[60]. Hier kommt der Allegorie eine direkt positive und unmittelbar unterstützende Funktion zu.

Andererseits kennt Erasmus aber auch eine Wirkweise der Allegorie durch die Verkehrung hindurch. Da die Allegorie eben nicht nur einen

---

exhortando, in consolando, in reprehendo quam in asserenda veritate" (Ratio, 1523, Holb. 280,30–33).

[54] S. vorherige Anmerkung.
[55] Ratio (1519), Holb. 278,22; ebd. (1523) 280, 28.
[56] Ratio (1519), Holb. 279,9; 280,2; 281,8.
[57] Ratio (1519/1520), Holb. 271,33–272,3. Den ganzen Zusammenhang erläutert sehr gut HOFFMANN, passim, bes. S. 93 ff.
[58] Ratio (1520), Holb. 261,14f., 21 ff.
[59] Ebd. 261, 31 ff.
[60] Ebd. 261, 26 ff.

enthüllenden, vielmehr vornehmlich einen verhüllenden Charakter hat, muß sich Erasmus der Frage stellen, warum sich Gott in der Heiligen Schrift dieses Systems einer Verschlüsselung bedient, wo es doch gerade sein Ziel sein müßte, das Verständnis seiner Worte möglichst zu erleichtern. Im Zusammenhang der Erörterung der Gleichnisauslegung hat sich Erasmus diese Frage selbst vorgelegt und eine vierfache Antwort darauf zu geben versucht[61]. Aus diesem Katalog sei der Gesichtspunkt des *Anreizes durch Verhüllung* noch einmal besonders hervorgehoben. Erasmus kommt auf diesen Punkt verschiedentlich zu sprechen. 1523 expliziert er diese Theorie in der Fortführung des Gedankens von 1519 noch etwas eingehender. An Stellen, wo der Literalsinn offensichtlich falsch, lächerlich und absurd erscheint, ist dies auf die heilsame Absicht der göttlichen Weisheit zurückzuführen, „die Vorsorge getragen hat, daß wir nicht annehmen sollten, es verberge sich da kein geheimer Sinn, wo im geschichtlichen Zusammenhang nichts Anstoß errege. Aus diesem Grunde unterbricht sie den Lauf der Erzählung durch gewisse holprige Pfützen, Abgründe und ähnliche Hindernisse, indem sie manches beimischt, was weder geschehen konnte, noch kann oder, wenn es geschah, absurd geschah, damit sich der Geist durch solche Anstößigkeit der gewöhnlichen Verständnisweise versage, auf geheimeren Pfaden wandle und endlich dorthin gelange, wo sich die Schätze eines tiefgründigeren Verständnisses auftun. Und das geschieht nicht nur bei den Erzählungen, sondern auch bei den Propheten und Gesetzen"[62].

Mit dieser Theorie macht Erasmus aus der Not ihm absurd erscheinender Schriftaussagen die Tugend einer notwendigen Allegorese, die allerdings von Gott schon intendiert ist. Im Grunde weisen die Absurditäten auf die Mehrdimensionalität der gesamten Schrift hin. Natürlich kann Erasmus im Blick auf diese Lösung des Problems keine Originalität für sich beanspruchen, denn bei *Augustin*[63] und schon bei *Origenes*[64] konnte er diese Gedanken nachlesen. In der Kombination beider Argumente offenbart sich jedoch ein gewisser Widerspruch. Wo die Allegorie als Illustration eines Gedankens aufgefaßt wird, setzt Erasmus das Modell der Analogie voraus. Die Anmut der Form und die Gesetze stilistischer Schönheit stehen in Beziehung zu der von Christus in unübertroffener Weise dargestellten Wahrheit. Wo sich hingegen die Wahrheit in der Allegorie verhüllt und die Schönheit des Kerns erst unter der häßlichen Schale aufgespürt werden muß, orientiert sich Erasmus an der Dichoto-

---

[61] Ratio (1519), Holb. 259,33 ff.; vgl. auch Paraphr. in Matth 13,3, LB VII 77 B. Zitiert und behandelt im Kap. „Die Gleichnisauslegung", s. Kap. 8, Anm. 11.
[62] Ratio (1523), Holb. 274,30–275,3; ebd. 275, 29 ff.; ähnlich Ecclesiastes, LB V 1047 B/C.
[63] De doctr. chr. II, 6, CSEL 80, 35.
[64] De principiis IV, 2,9, GCS 5, S. 308–310.

mie von Fleisch und Geist, Schein und Sein. Darin kommt augenfällig ein Wesenszug zum Ausdruck, der die Theologie des Erasmus schon in ihrem Ansatz bestimmt. Es ist die Diastase zwischen res und verbum, Materie und Geist, Idee und Verwirklichung, die er in einer höheren Einheit – immer wieder vergeblich – aufzuheben sucht. Das Allegorische muß als ein für das Wort wesenhaftes Charakteristikum verstanden werden. Jede Aussage ist nur Chiffre einer Idee, die Form steht in einem heterogenen Verhältnis zum Inhalt. Von daher muß die Allegorie als Ausdruck der Tatsache aufgefaßt werden, daß die Form mit dem Inhalt nicht identifiziert werden kann. Und doch versagt es sich Erasmus, von hier aus, den Weg der Spiritualisierung zu beschreiten und die Form bzw. das äußere Wort gegenüber Inhalt und Idee abzuwerten. Zwar ist die Form relativ zum Inhalt, doch als Form des Inhalts ist sie wesentlich und notwendig. Weil Erasmus dieses Spannungsverhältnis aufrechtzuerhalten sucht, setzt er sich dem Eindruck aus, inkonsequent, schillernd, vieldeutig, ja bisweilen widersprüchlich zu sein.

Man muß sich hier allerdings vor Fehlschlüssen hüten. Für Erasmus ist nicht die Wahrheit relativ, vielmehr jede Form, in der sie ausgesprochen wird. Aber gerade die Wahrheit bedarf der Form, sei diese auch noch so inadäquat, um Gestalt annehmen zu können. Auf das Wort bezogen heißt das, daß die Sprache, das Wort lediglich die Funktion des Bildes, der Metapher, des Symbols beanspruchen kann, weil sie auszusagen versucht, was nur angedeutet werden kann. Da im Grunde schon jedes Wort an sich allegorisch ist, können die Allegorien im eigentlichen Sinn diesen Charakter nur noch unterstreichen und die Funktion haben, von sich selbst und ihrer äußeren Form weg auf das eigentlich Intendierte zu verweisen. Mißbrauch ist es, diese Funktion zu verkennen und die Form für den Inhalt zu nehmen. Der Unglaube macht sich eines solchen Mißbrauchs schuldig, weil er nicht fähig ist, das enthaltene Geheimnis zu ergründen. So eignet der allegorischen Redeweise ein Doppelaspekt. Was dem gläubig Suchenden und Foschenden zum Anreiz wird, bis in die Tiefe der Wahrheit vorzustoßen, verkehrt sich dem Ungläubigen zur Verschlüsselung, zum unergründlichen Geheimnis. Auf Zeit kann die Allegorie diese Funktion auch für die Kleingläubigen haben, aber eben nur so lange, wie ihr schwacher Glaube die volle Wahrheit noch nicht fassen kann. Ist er erst erstarkt, dann haftet die Wahrheit um so besser, weil sie in eingängigen Bildern dem Geist des Menschen eingeprägt worden ist[65]. Hier wird aber auch deutlich, daß Erasmus in der allegori-

---

[65] „Sic haud scio quo consilio visum est aeternae sapientiae adumbratis simulacris et insinuare se piis mentibus et profanis, ut ita dicam, imponere" (Ratio, 1520, Holb. 264,13ff.). Man merkt, wie Erasmus vor einer als prädestinatianisch mißzuverstehenden Aussage zurückscheut. Von einem vorübergehenden pädagogischen Täuschen spricht Erasmus 1519: „Christus aliquoties fallit suos ad tempus allegoriarum aenigmatibus, quo post

schen Interpretation nicht eine nach objektiven Regeln anzuwendende wissenschaftliche Methode sieht. Vielmehr ist die mehr oder weniger *gläubige Disposition* des Interpreten von eminenter Bedeutung für das rechte Verständnis der Schrift. Auf dieses wichtige Moment ist später noch zurückzukommen.

6.3 Die Grenzen der Allegorese

Nach dieser Übersicht über die Funktionen, die Erasmus der Allegorie zumißt, stellt sich die Frage, was nach seiner Ansicht sie zu leisten nicht imstande ist. In der Fassung der Ratio von 1523 findet sich hierzu ein Hinweis, der nicht übersehen werden sollte. Er steht in jenem Passus, in dem Erasmus vor den Gefahren einer unkontrollierten, überbordenden Allegorese warnt. Erasmus meint, falls sich schon jemand erlaube, die Allegorese spielerisch zu betreiben, dann werde man ihm das bereitwilliger nachsehen, wenn er es eher zur Ermunterung, Tröstung und Zurechtweisung tue als zur Affirmierung der Wahrheit[66]. Das Problem, um das es hier geht, kommt schon in der Auseinandersetzung mit Eduard Lee um eine Anmerkung zu Acta 19,18 in den Annotationes zur Sprache[67]. Die Tradition sah nämlich in den Perikopen der Aussätzigenheilungen (Mt 8,4; Mk 1,44; Lk 5,14 u. Lk 17,14) das Gebot, sich den Priestern zu zeigen, als ein dictum probans an für das Beichtinstitut, bzw. besonders für den Beichtzwang. Dem hält Erasmus den sensus historicus entgegen, indem er argumentiert, es sei Jesus mit diesem Gebot um die Konstatierung des Heilungswunders gegangen[68]. Wenn man aber die Perikope schon allegorisch deuten wolle, dann sei die Lepra nach den Vätern und besonders nach Augustin nicht generell auf die Sünde, sondern auf die

---

altius inhaereat, quod volebat intelligi" (Ratio, Holb. 263,30ff.). Ähnlich Paraphr. in Lc 18,34: „... et interpretabantur in his Jesu sermonibus subesse tropum aliquem, cujusmodi Dominus peculiariter uti consuevit, fallens his nonnunquam non modo populum, verum etiam ipsos Apostolos... Hujusmodi blandiebantur affectui suo, et sermonem quidem audiebant, sed tanquam in somnis, vim autem sermonis penitus non intelligebant, et hoc pro temporis ratione, permittente Domino, ut paulatim assuescerent ei, quod erat futurum amarissimum, nec ante tempus a praeceptore suo diffugerent, cujus colloquio multis de rebus adhuc erant eruditi" (LB VII 424F–425A/B). Hinzu kommt das Motiv, die göttliche Wahrheit vor der Profanierung zu schützen. „Nec hoc temere factum est, decuit hoc Divinam sapientiam, ut a profanis oculis celaret mysteria, tantum irridenda, et piis daretur aditus ad recondita" (Ecclesiastes, LB V 870A); vgl. ebd. 1047B und zum gesamten Zusammenhang Ratio (1519), Holb. 259,33ff.

[66] „Quod si quis sibi permittit in his ludere nonnunquam, huic plus erit veniae in exhortando, in consolando, in reprehendo, quam in asserenda veritate" (Holb. 280,30–33).

[67] Die Anmerkung zur Stelle LB VI 507F–508D/E. Die Entgegnung auf Lees Einwand in Responsio ad annotationes Ed. Lei in Erasmum novas, LB IX 255ff.

[68] „Nec obscurum est quo consilio Christus jusserit eos adire Sacerdotes, nimirum ut confirmaret apud omnes miraculi fidem" (ebd. 257B).

spezielle Sünde der Häresie zu beziehen. Erasmus zieht das Fazit: „Wenn jemand diese Perikope zur Allegorie verdreht, tut er es einmal gewaltsam, entgegen dem Beispiel der Väter, zum anderen hat die Allegorie nicht genug Gewicht, um ein kirchliches Sakrament zu bestätigen"[69]. In einer solch wichtigen Angelegenheit hat die figürliche Auslegung nicht genug Beweiskraft[70]. 15 Jahre später, im *Ecclesiastes,* hat Erasmus seine Ansicht mit ausdrücklicher Berufung auf *Augustin* wiederholt und damit bestärkt, daß er der *Allegorie* einen *minderen Stellenwert* zurechnet, und sie jedenfalls nicht als Fundament für die Ausbildung der Dogmen christlichen Glaubens gelten lassen will. Die Bedeutung der Allegorie für die Theologie ist damit offenkundig begrenzt. Im Bereich der Homiletik und Poimenik, im Ermuntern, Trösten und Zurechtweisen hat sie ihren Platz und erweist sich hier als außerordentlich fruchtbringend[71]. Eine derartig ausgerichtete Abzweckung läßt eine starke Tendenz zur *Tropologese* vermuten. Diesem Aspekt wird später noch nachzugehen sein.

Es konnte schon darauf hingewiesen werden, daß Erasmus an der seiner Meinung nach allzu ausufernden Allegorese des *Origenes* Kritik übt. Er sieht die Gefahr, daß man durch eine *unangemessene Allegorese* dem Text Gewalt antun und ihm eigene, erdichtete Ammenmärchen unterschieben kann. Wenn *Hieronymus* dies an Origenes tadelt, ist er durchaus im Recht, nur daß er selbst in seinem apologetischen Bemühen keineswegs von diesem Fehler freigesprochen werden kann[72]. In der Auseinandersetzung mit Gegnern des christlichen Glaubens und Häretikern soll man sich möglichst nahe an den Text halten, die Allegorese hat hier offenbar keine Beweiskraft[73]. Überdies wird die Allegorie in die Grenzen des Kontextes der Lehre Christi verwiesen. Der Interpret der Schrift soll ein „*Vollhörer*" des Evangeliums sein und nicht einzelne Schriftaussagen isoliert voneinander behandeln[74]. „In diesen Dingen ist auch die

---

[69] „Quod si quis hoc ad allegoriam torqueat, primum violenter, hoc est, praeter Veterum exemplum faciet, deinde non sat habet allegoria ponderis ad probandum Ecclesiae sacramentum (ebd.).

[70] „At ego nego figuram in re tanti momenti satis habere ponderis, praesertim cum Veteres, et in his Augustinus, lepram interpretentur haeresim, non quodvis animi vitium" (ebd. 257 D).

[71] Ecclesiastes, LB V 1045 E; Ratio (1523), Holb. 280,30–33; zitiert oben Anm. 66. Fast gleichlautend im Ecclesiastes: „Plurimum valent [sc. allegoriae] ad excitandum languentes, ad consolandum animo dejectos, ad confirmandum vacillantes, ad oblectandum fastidiosos" (LB V 1046 F).

[72] „Impingit hoc Hieronymus Origeni, quod aliquoties vim faciat scripturis, opinor, ut nos prorsus abducat a littera plerumque sterili. Quin potius nemo fermo veterum non alicubi torquet, quoties cum adversario dimicant, atque ipse etiam Hieronymus quod uno in loco propemodum fatetur. In his igitur cautius observandum, num qua vis facta sit verbis sacris,..." (Ratio, 1519, Holb. 287,27 ff.).

[73] Ebd. 287, 35 ff.

[74] „Audi sermonem divinum, sed totum audi" (Ratio, 1520, Holb. 286,6 ff.).

Regel einzuhalten, daß der Sinn, den wir aus dunklen Stellen erheben, sowohl mit jenem Kreis der Lehre Christi als auch mit seinem Leben übereinstimmt..."[75].

Damit hat Erasmus ein *schriftinternes Kriterium* für die Schriftauslegung gefunden. Auch seine Konzentration aller theologischen Reflexion auf die Schrift, aus der der Theologe in erster Linie zu schöpfen hat, darf nicht nur als ein reines Formalprinzip verstanden werden. Wie für Luther so ist auch für Erasmus die Reduktion der Offenbarungsquellen auf die Heilige Schrift selbst ein hermeneutisches Prinzip. Es geht ihm keineswegs nur um die quantitative Eingrenzung des Normativen, sondern gerade eben auch um eine Qualifikation in diesem Prozeß. Die Heilige *Schrift legt sich selbst aus*. Schon in der Methodus von 1516 spricht Erasmus diesen Grundsatz aus, den er mit fast denselben Worten in der Fassung der Ratio von 1519 wiederholt[76]. Wie Luther so sucht auch Erasmus mit der These von der sich selbst auslegenden Schrift – bei aller Unterschiedenheit im einzelnen –, die Autonomie der Schrift als Offenbarungsquelle vor den heteronomen Einflüssen der Interpretation abzuschirmen. Da Erasmus hier die Allegorese miteinbezieht, soll ihr dadurch die Möglichkeit genommen werden, sachfremder *Eisegese* zu dienen. Ob dies Erasmus gelungen ist, mag für den Augenblick dahinstehen. Bedeutsam aber bleibt, daß er das Problem erkennt und den Versuch unternimmt, die Allegorese an ein der Schrift inhärentes Kriterium zu binden.

Erasmus sieht wie Luther das *Kriterium* für eine allegorische Auslegung in *Christus,* der für beide die unumstrittene Mitte der sich selbst auf diese Mitte hin auslegenden Schrift ist[77]. Der *Skopus Christus* wird zum Deutungsmaßstab, ohne den ein sachgerechtes Verständnis der Heiligen Schrift und eine angemessene Allegorese nicht möglich sind. Daß diese formale Übereinstimmung Luthers mit Erasmus eine differente Beurteilung dessen beinhaltet, was inhaltlich unter Christus zu verstehen ist, wird nicht weiter überraschen. Doch mit der Aufnahme dieses Kriteriums hat sich Erasmus instandgesetzt, einer unterschiedslosen Allegorisiererei entgegenzutreten, und das nicht mit Hilfe von Regeln irgendeiner

---

[75] „In his haec quoque servanda regula, ut sensus, quem ex obscuris verbis elicimus, respondeat ad orbem illum doctrinae Christianae, respondeat ad illius vitam, denique respondeat ad aequitatem naturalem" (Ratio, 1519, Holb. 286,1–4); vgl. Methodus, Holb. 157,9ff. Die Parallelisierung des orbis doctrinae mit der aequitas naturalis führt in Probleme der Ontologie und Christologie, vgl. oben Kap. 4, Anm. 43.

[76] „Quandoquidem haec non Origeni tantum, sed et Augustino optima ratio est interpretandi divinas litteras, si locum obscurum ex aliorum locorum collatione reddamus illustrem et mysticam scripturam mystica item scriptura exponat" (Methodus, Holb. 159,14–18; vgl. Ratio, 1519, Holb. 292,1–4).

[77] Aus der Vielzahl der Stellen sei hier nur auf Ratio (1519, 1520), Holb. 204,10ff. u. 26ff. verwiesen.

formalen Methodik, sondern durch einen am Inhalt der *Christusverkündigung* ausgerichteten Skopus.

Was vom Alten Testament gilt, hat seine Gültigkeit auch für das Neue. Erasmus weiß das Alte Testament nicht anders zum Sprechen zu bringen als durch eine allegorische Auslegung, die auf Christus oder die Sitten abzielt. Eine solche Allegorisierung hat maßvoll und in geeigneten Einzelfällen zu geschehen[78]. Überhaupt meldet Erasmus immer wieder die Warnung vor dem Mißbrauch der Allegorie an, der seiner Ansicht nach hauptsächlich in einer am Skokpus nicht orientierten Überstrapazierung dieser Auslegungsweise besteht[79].

Allerdings ist auch der Allegorie eine letzte Grenze gesetzt. Mag sie auch noch so notwendig und nützlich sein, mag sie recht angewandt und sachgerecht an den Skopus Christus gebunden werden, alles das garantiert noch keineswegs die Aufhellung einer jeden Schriftstelle, denn Gott hat sich in der Schrift gewisse Geheimnisse vorbehalten, deren der Mensch vielleicht um so teilhaftiger wird, je weniger er in sie einzudringen versucht, und umgekehrt[80]. Das Wort der Schrift hat u. U. eine Tiefendimension, die selbst die geistlichste Interpretation nicht zu durchleuchten vermag[81]. Damit ist noch einmal unmißverständlich klargestellt, daß die Auslegung der Heiligen Schrift letztlich nicht durch eine noch so perfekte Methode oder eine noch so erfindungsreiche Allegorese zu bewerkstelligen ist. Da die Schrift göttlichen Ursprungs ist, kann in letzter Konsequenz nur Gott selbst die Tür zu ihrem Verständnis auftun. Nach dem Grundsatz similia similibus erschließt sich der *geistliche Sinn* der Schrift nur dem *geistlichen Menschen*[82].

---

[78] „... etiamsi non negem plurimam ex illis utilitatem capi, si quis adhibitis allegoriis vel ad Christum in illis adumbratum vel ad mores accommodet, atque si id non immodice, sed carptim fiat" (Ratio, 1519, Holb. 293,33–294,3).

[79] In der mediocritas liegt die zu übende Tugend; vgl. Ratio, Holb. 280,27 ff. Maßhalten ist das Gebot; vgl. ebd. 284, 26; 287, 35; 294, 2; 287, 9 f.; 287, 19 ff.

[80] „Quod datur videre, pronus exosculare; quod non datur, tamen opertum quicquid est adora simplici fide proculque venerare, absit impia curiositas. Quaedam mysteria vel ob hoc ipsum videre mereberis, quod temetipsum ab illorum conspectu reverenter submoveris" (Ratio, 1519, Holb. 180,3 ff.; vgl. den Kontext, bes. von 179, 35 an); ähnlich Methodus, Holb. 151,13 ff. Der Gedanke taucht schon im Enchiridion (Holb. 72,11 ff.) auf. Zu erinnern ist in diesem Zusammenhang an die Stelle aus der Diatribe: „Sunt enim in divinis Litteris adyta quaedam, in qua Deus noluit nos altius penetrare, et si penetrare conemur, quo fuerimus altius ingressi, hoc magis ac magis caligamus, quo vel sic agnosceremus et divinae sapientiae majestatem impervestigabilem, et humanae mentis imbecillitatem" (De libero arbitrio diatribe, LB IX 1216 C).

[81] „Sunt, quae parum pium sit investigare. Sunt, quae citra salutis dispendium possunt nesciri. Sunt, de quibus eruditius sit ambigere et cum Academicis ἐπέχειν quam pronuntiare" (Methodus, Holb. 161,32–35); vgl. Ratio (1519), Holb. 297,22–24.

[82] So sehr prägnant im Ecclesiastes: „Haec contra sub contemtibili specie, celant Divinam sapientiam, ut quo altius penetres, hoc magis ac magis obstupescas, si quis modo ad spiritualem Scripturam secum adfert oculos spirituales" (LB V 870 A).

6.4 Die Disposition des Verstehenden

Sowohl in der Methodus als auch in der Ratio fordert Erasmus beim Menschen Voraussetzungen für das rechte Verstehen der Schrift. Es genügt eben nicht, die Kenntnis der biblischen Sprachen und die Fertigkeit, Interpretationsmethoden zu handhaben. Der Interpret muß der himmlischen Philosophie einen Geist entgegenbringen, der ihrer würdig ist, nicht nur frei von allem Schmutz des Lasters, sondern auch ruhig und unberührt von allem Aufruhr der Regierenden, damit in ihm das Bild jener ewigen Wahrheit besser aufleuchten kann[83]. Um Gottes Wort zu verstehen, muß der Mensch sich ihm angleichen, um dann diesem göttlichen Wort angeglichen und ihm gleichförmig zu werden. In Anspielung auf Moses vor dem brennenden Dornbusch (Ex 3,5) fragt Erasmus: „Was bedeuten die von der Last der Sandalen befreiten Füße anderes als den Geist, der durch keine irdischen und auf Vergängliches ausgerichteten Begierden belastet ist?"[84] Herz und Sinn sollen zubereitet, von Einfältigkeit und Demut erfüllt sein, während Stolz und Hochmut, Ruhmsucht, Starrsinn und Leichtfertigkeit zu verbannen sind[85]. Die *Haltung des Interpreten* hat der Reinheit seines Erkenntnisgegenstandes zu entsprechen, wenn er in seine tieferen Dimensionen vorstoßen will. „Erhaben ist der Palast jener Königin, wenn du in die Gemächer eindringst, doch nur durch eine sehr niedrige Tür führt der Zugang. Du mußt dich bücken, wenn du eingelassen werden willst"[86]. In der Sache findet sich derselbe Gedanke schon im Enchiridion, wenn Erasmus fordert, die Auslegung der Heiligen Schrift nicht mit „ungewaschenen Händen", d. h. nur mit der größten Reinheit des Geistes zu betreiben[87]. Alles deutet auf eine rechte *geistlich-ethische Disposition* als Voraussetzung für die rechte Auslegung. Dieser entspricht die Gegenbewegung: „abeunt studia in mores"[88]. Das Wort der Schrift hat die Tendenz, den Menschen umzufor-

---

[83] Ratio (1519/1520), Holb. 178,19 ff. Vgl. dazu den fast gleichlautenden Passus aus der Methodus, Holb. 150,23 ff.
[84] Ratio (1520), Holb. 179,12 ff.
[85] Ebd. 179, 19 ff. [86] Ebd. 179, 27–29.
[87] „Sed interim etiam atque etiam memineris non oportere nisi lotis manibus, hoc est summa animi puritate tractari divinas litteras, ..." (Enchiridion, Holb. 33,13–15). Im Adagium „Illotis manibus" (15,15, LB II 354 C ff.) sieht Erasmus eine doppelte Intention angelegt. Das Sprichwort kann meinen, daß unehrerbietig oder unvorbereitet an eine Sache herangegangen wird. In den Adagia bezieht sich Erasmus auf letzteres und besonders auf den Mangel an Sprachkenntnissen, mit dem sich die Theologen an die Schrifterklärung wagen.
[88] „Has igitur toto pectore sitiamus omnes, has amplectamur, in his iugiter versemur, has exosculemur, his demum immoriamur, in has transformemur, quandoquidem abeunt studia in mores" (Paraclesis, Holb. 148,29–32). „Neque enim perinde ciborum qualitas transit in corporis habitum ut lectio in animum ac mores" (Methodus, Holb. 161,10 ff.); vgl. auch Ratio (1519), Holb. 296,33 f.

men. Darum kann Erasmus den Menschen dazu aufrufen, sich in das verwandeln zu lassen, was er lernt. Die geistliche Speise entfaltet ihre Wirksamkeit erst, wenn sie die Affekte durchdringt[89].

Es liegt das Modell eines Zirkelschlusses vor: der Affekt wird als Bedingung im Menschen vorausgesetzt, andererseits entspringt dem Wort die ihm im Geist innewohnende Kraft des Affizierens. Das Eindringen in die Tiefe des Textes, in seinen affectus muß mit dem affici des göttlichen affectus, der aus der Tiefe des Textes hervorgeht, koordiniert sein. „Beide Kräfte müssen gleichzeitig wirken, und diese Zusammenarbeit findet um so schneller und intensiver statt, je mehr sich die Bemühung des Menschen dem Ziehen Gottes angleicht"[90]. Es ist jene Bewegung *a littera ad mysterium*, die Erasmus schon im Enchiridion beschrieben hat. „Der Herr wird sich dem nähern, der sich ihm naht. Wenn du dich nach Kräften aus deiner Finsternis und Lärm der Sinne zu erheben suchst, wird jener dir zuvorkommend entgegeneilen aus seinem unzugänglichen Licht und aus jener unerdenklichen Stille, in der nicht nur aller Aufruhr der Sinne, sondern auch die Bilder aller erkennbaren Dinge verstummen"[91]. Erasmus kennt eine Tiefendimension des Textes, in die sich der Mensch nur noch durch den göttlichen Geist hineinziehen lassen kann, in der alle menschlichen Bemühungen aufhören und einmünden in die schlichte Anbetung des göttlichen Geheimnisses[92]. „Du sollst aber keinesfalls am sterilen Buchstaben hängenbleiben, sondern zu den verborgeneren Geheimnissen hineilen und das eifrige Bemühen durch häufige Gebete unterstützen, bis dir jener das Buch mit den sieben Siegeln öffnet, der den Schlüssel Davids hat, der zuschließt, und niemand kann auftun die Geheimnisse des Vaters, die niemand kennt als nur der Sohn und wem sie der Sohn offenbaren will"[93]. Das Ziel alles Strebens ist erreicht, wenn der Mensch durch die Versenkung in die Schrift aufgeht in der Einheit mit Gott. Wenn irgendwo *mystische Ansätze* ihren Platz in der Erasmischen Theologie haben, dann dort, wo die Hermeneutik zu ihrem Ziel kommt

---

[89] „Hic primus et unicus tibi sit scopus, hoc votum, hoc unum age, ut muteris, ut rapiaris, ut affleris, ut transformeris in ea, quae discis. Animi cibus est ita demum utilis, non si in memoria ceu stomacho subsidat, sed si in ipsos affectus et in ipsa mentis viscera traiciatur" (Ratio, 1519, Holb. 180,22–26); vgl. Enchiridion, Holb. 33,13ff.

[90] HOFFMANN, S. 199.

[91] Holb. 88,29–33; 33,19ff.; s. auch Methodus, ebd. 151, 17ff.; Ratio (1519), ebd. 180, 22ff.

[92] „In his solis litteris et quod non assequor, tamen adoro" (Paraclesis, Holb. 147,20f.).

[93] „Te vero,..., omnino nolim in sterili littera lentum esse, sed ad reconditiora mysteria festinare et improbum conatum industriae crebris precibus adiuvare, donec aperiat tibi librum septem signaculis obsignatum is, qui habet clavem David, qui claudit, et nemo aperit arcana patris, quae nemo novit nisi filius et cui voluerit filius revelare" (Enchiridion, Holb. 35,16–22).

und alle Allegorie endet, weil das Einssein mit Gott und seinem Geist alle Bilder erübrigt[94].

Allegorese erschöpft sich nicht in der Schriftinterpretation, aufgrund eines denkerischen und rationalen Vermögens, in die Schrift einzudringen. Der Interpret hat seine ganze Person, nicht nur seinen Verstand in das Geschäft der Auslegung miteinzubringen. Einige Aussagen legen es sehr nahe, daß Erasmus dabei an eine *ethische Disposition* denkt. Mag diese Vorstellung auch im Vordergrund stehen, die Notwendigkeit einer *spirituellen Prädisposition* ist von Erasmus deutlich gesehen worden. Dies mag bei einem Mann überraschen, dem sonst häufig kühle Distanziertheit, zuweilen frostige Reserviertheit und der wissenschaftliche Hochmut eines Humanisten nachgesagt worden ist. Und doch hat Erasmus ein Leben lang an dieser Überzeugung festgehalten. Noch im Ecclesiastes schreibt er: „Wie niemand über ein Kunstwerk urteilen kann außer dem Künstler, so kann niemand über die geistliche Schrift wahrhaft urteilen, er sei denn geistlich"[95]. Nach dem Erasmischen Axiom *„similia similibus"* verbunden mit seinem Glauben an die Inspiriertheit der Schrift ist Auslegung letztlich kein Problem einer hermeneutischen Methode, durch die die Offenbarung Christi in der Schrift applizierbar wird, sondern die Frage an den Interpreten, inwieweit er sich dem ihm aus der Schrift ergehenden Ruf zu öffnen bereit ist. Daß Erasmus damit ein Grundanliegen der Theologie gesehen, gewahrt und die Frage danach wachgehalten hat, straft manch herbe Kritik an seiner angeblich wenig tief gegründeten Theologie Lügen. Erasmus weiß etwas von der Unverfügbarkeit des Wortes Gottes. So erfährt das Wissen um die Grenzen auch der allegorischen Auslegungsmethode seine Ausdehnung in dem Bewußtsein des Offenbarungscharakters der Schrift. Wenn die allegorische Auslegung als die angemessenste auch weit in die Tiefendimension eines Textes hineinführen kann, so findet sie dort ihre Grenze, wo sie allein von einem rationalen Verstehenwollen diktiert ist und dem göttlichen Wirken im Mysterium der Schrift keinen Raum mehr gibt. Erasmus rechnet sowohl mit der Inspiriertheit der Schrift wie auch mit der Spiritualität des Interpreten[96].

---

[94] HOFFMANN nimmt die gleiche Standortbestimmung der Erasmischen Mystik vor. „Wir finden den Sitz der Erasmischen Mystik in seiner Hermeneutik, auf der höchsten, daher tiefsten Stufe der Schriftauslegung, wo der göttliche Affekt des Geistes zu Hause ist, der den Leser anzieht und schließlich mit sich in der Liebe verbindet. Diese unio mystica schlägt sich darauf in der Moral nieder" (HOFFMANN, S. 184f. Anm. 133; vgl. auch zum Gesamtzusammenhang ebd. S. 77, 84).

[95] „Prophetiam autem dicit, non futurorum praesensionem, sed peritiam erudiendi sensum mysticum, qui latet et quasi defossus est in Scripturis Divinis. Huic muneri nemo potest vere idoneus esse, qui vacat Spiritu Christi. Ut enim de artificio nemo judicat nisi artifex, ita de spirituali Scriptura nemo vere pronuntiat, nisi spiritualis" (Ecclesiastes, LB V 825 D/E; vgl. auch ebd. 870 A).

[96] Zum Problem vgl. auch AUER, S. 146ff. u. PAYNE, Hermeneutics, S. 43.

6.5 Schriftauslegung als Allegorese

„Ich glaube", schreibt Erasmus in der Paraclesis (1516), „daß jene reine und wahre Philosophie Christi nicht anderswoher erfolgreicher geschöpft werden kann als aus den *Evangelienbüchern* und den *Briefen der Apostel*. In ihnen wird man, wenn man fromm philosophiert, mehr betend als argumentierend, eher auf Änderung des Lebens als auf Bewappnung bedacht, mit Sicherheit finden, daß es nichts gibt, was dem Glück des Menschen oder irgendeiner Lebensaufgabe dient, das nicht in diesen Schriften überliefert, behandelt und beschlossen wäre"[97]. Als Zentrum des theologischen Bemühens des Erasmus muß die Herausarbeitung der *philosophia Christi* gesehen werden, die nicht anders, als aus den Heiligen Schriften zu erheben ist. Diese Philosophie deckt sich mit der Mitte der Schrift, die sich in Christus selbst realisiert und materialisiert. Die *Chiffre Christus* steht dabei für das, was er gelehrt und dargestellt hat, für seine *Lehre* und sein *Verhalten*[98]. Das Problem aber besteht für Erasmus darin, den Weg anzugeben, auf dem man zu Christus bzw. zu seiner Philosophie gelangen kann, um sie zu apperzipieren. Wenn Erasmus im Eingang der Paraclesis vom „Christianae philosophiae studium"[99] und am Anfang der Ratio, die er mit vollem Titel „Lehre oder Verfahren, auf kurzem Weg zur wahren Theologie zu gelangen"[100] nennt, vom „theologiae studium" spricht[101], so meint er in der Sache dasselbe. Den Weg beschreibt er mit dem Verbum philosophari, das Ziel als die philosophia Christi. In der Paraclesis wird das Philosophieren als ein frommes charakterisiert, ein Geschäft, das mehr meditativ im Gebet als argumentativ betrieben wird und mehr ethisch als apologetisch ausgerichtet ist[102].

Damit wird natürlich schlagartig deutlich, daß sich Erasmus mit dem Terminus „philosophia" zwar eines konventionellen Begriffs bedient, dies aber gerade mit der Absicht tut, sich von seinem herkömmlichen Verständnis abzusetzen. Was die christliche Philosophie auch mit der heidnischen gemein haben mag, sie ist eben als philosophia Christi eine *neue Philosophie*, die der üblichen Philosophie als eine andersgeartete gegenübertritt[103]. „Diese Art von Philosophie hat ihren Sitz eher in den

---

[97] Paraclesis, Holb. 146,6–12.   [98] Ebd. 146, 2.
[99] Holb. 139,8f.
[100] „Ratio seu Methodus compendio perveniendi ad veram theologiam" (Holb. 175); zum Titel und seiner Veränderung in den einzelnen Ausgaben vgl. Vander HAEGHEN, 1re Série, S. 167f. und HOLBORN XVff.
[101] Holb. 177,15.
[102] S. o. S. 110.
[103] So etwa der Sache nach Ratio (1519), Holb. 194,27ff. Phillips meint, belegen zu können, daß Erasmus in der Zeit um 1515 zuerst den für ihn charakteristischen Begriff „philosophia Christi" benutzt (S. 38).

Affekten als in Syllogismen, sie ist mehr Leben als Diskussion, eher göttlicher Hauch als Bildung, eher Lebensverwandlung als Vernunft"[104]. Damit dürfte zunächst hinreichend erläutert sein, was Erasmus unter der *pietas* versteht, mit der das wahre Philosophieren einhergeht. Dieses Philosophieren richtet sich auf die Heilige Schrift, u. zw. hat es angesichts der Vielfältigkeit und Verschiedenartigkeit des Geschehens bzw. der Aussagen die allem zugrundeliegende Mitte in der Tiefendimension des göttlichen Geheimnisses zu ergründen. Wenn es auch den Anschein haben könnte, die varietas in der Schrift hebe den sachlichen Konsensus der Philosophie Christi auf, dann ist es Aufgabe dieser Art des Philosophierens, die Widersprüche oder Varianten als scheinbare zu entlarven und die inhaltlich-innere Übereinstimmung zu erweisen. „In dieserart Vielfältigkeiten wird man philosophieren und mit frommer Wißbegier das Geheimnis des göttlichen Ratschlusses erforschen müssen"[105]. So war schon in der Methodus angeklungen, daß der Leser der Heiligen Schrift den ganzen Lebenslauf Christi in seiner Vielfältigkeit betrachten und philosophierend durchforschen soll, um in den einzelnen Geschehnissen Anweisungen für die Frömmigkeit zu finden[106]. Gleichfalls wird in der Ratio aufgezeigt, daß die Worte und Geschehnisse in den heiligen Büchern tropologisch zu interpretieren sind, und daß dies durch die philosophierende Vertiefung in die einzelnen Stellen geschieht[107]. Den Versuch der Deutung von Gleichnissen oder Allegorien kann Erasmus ebenfalls mit dem Verbum philosophari umschreiben[108]. Philosophari heißt aber auch, die Schrift auf ihren Skopus, die Liebe hin zu durchforschen und auszulegen[109]. Mit „*philosophieren*" bezeichnet Erasmus den Vorgang der *Vertiefung in die Schrift* und ihre spirituelle, d. h. auf den Skopus der göttlichen Intention ausgerichtete Auslegung „a littera ad

---

[104] „Hoc philosophiae genus in affectibus situm verius quam in syllogismis vita magis est quam disputatio, afflatus potius quam eruditio, transformatio magis quam ratio" (Paraclesis, Holb. 144,35–145,1); vgl. Methodus, Holb. 154,17; Ratio (1519), Holb. 297,8f.; Paraclesis, Holb. 143,3ff.

[105] „In huiusmodi varietatibus conveniet philosophari et pia curiositate divini consilii scrutari mysterium" (Ratio, 1519, Holb. 213,26ff.).

[106] Holb. 157,22–24.

[107] „Ad hunc modum conveniet in singulis mysticorum voluminum locis philosophari, praesertim in euangeliis, . . ." (Ratio, 1519, Holb. 259,28f.).

[108] „De Scotidarum argutissimis subtilitatibus paucorum est disserere, in his promptum est quibuslibet philosophari. Vides exorientem solem, exhilaris, quid voluptatis sensurus, si cordis oculis exoriatur sol ille iustitiae" (Ratio, 1519, Holb. 283,9–12); vgl. aber auch den Kontext.

[109] „Atque inibi Paulus ostendens, quousque sit adhibendum arcanae scripturae scrutinium et ad quem scopum dirigenda theologiae cognitio: Finis, inquit, praecepti est caritas de corde puro et conscientia bona et fide non ficta. Hactenus igitur philisophandum in sacris litteris, quatenus industria nostra conducit ad ea, quae Paulus commemoravit" (Ratio, 1520, Holb. 300,32–301,3).

mysterium"[110], sei es nun, daß Einzelaussagen auf die Mitte der Schrift bezogen werden, sei es, daß mit Hilfe der Tropologese der Bezug zur Gegenwart hergestellt wird, oder sei es, daß Gleichnisse und Bilder bzw. vermeintliche Allegorien gedeutet werden. Philosophari meint das Allegorisieren in seinem eigenen umfassenden Verständnis des Phänomens[111].

Man wird sich jedoch angesichts der voraufgegangenen Ausführungen in Erinnerung rufen müssen, daß Erasmus bei aller Neigung zu einer geistlichen Auslegung der Schrift mittels des sensus spiritualis als Allegorese dem sensus litteralis oder historicus ein besonderes Gewicht beimißt. Der sensus mysticus gründet sich auf den sensus litteralis wie auf ein Fundament[112], allerdings unter der Voraussetzung, daß letzterer nicht absurd und ohne allegorische Erklärung sinnlos ist. Eine sinnvolle Schriftstelle darf durch eine allegorische Deutung wohl vertieft, aber nicht ausgehöhlt werden, sonst würde sie nicht als Fundament dienen. Später, im Ecclesiastes, wird Erasmus diese Aussage expressis verbis machen[113]. Bei allem Eintreten für die allegorische Auslegungsmethode kontrolliert Erasmus die Allegorese von zwei Seiten und versucht, sie so in Grenzen zu halten; einmal muß sie dem *Wortsinn* entsprechen, und zum anderen muß sie sich am Kontext der sachlichen Mitte der Schrift, an der *Philosophie Christi* – oder abgekürzt – an Christus selbst orientieren. Daß Erasmus so sehr am wörtlichen Sinn als Grundlage aller weiteren Bemühungen um eine fruchtbare Auslegung einer Textstelle festhält, mag bei ihm als Philologen nicht verwundern. Andernfalls hätte er sein eigenes Konzept der Erneuerung der Christenheit durch die Rückführung auf die Quellen in ihrer ursprünglichen, unverdorbenen Gestalt pervertiert. Welches Korrektiv hätte der gereinigte und in seiner Urgestalt wiederhergestellte Text der Heiligen Schrift darstellen können, wenn einer allegorischen Willkür erlaubt worden wäre, die restaurierte Urgestalt wieder zu überlagern und den Text nicht aus sich selbst heraus, sondern als Echo des Interpreten sprechen zu lassen?

Und doch hat Erasmus diese Position nicht konsequent durchgehalten. Obwohl Grenzen gezogen werden, bleibt andererseits auch wieder ein gewisser Spielraum für die Allegorese erhalten. Zum Zwecke der sittlichen Zurüstung und geistlichen Erbauung darf sich der Ausleger die

---

[110] Die Formulierung aus dem Enchiridion, Holb. 88,26.
[111] Ähnlich HOFFMANN, S. 77, Anm. 20 u. S. 85, Anm. 58. Wenn HOFFMANN allerdings das philosophari als die Deutung des Textes von der Ordnung her verstehen will (s. S. 77, Anm. 20 u. S. 142, Anm. 328), dann greift er nur einen Aspekt des Phänomens heraus. Keinesfalls kann aber unter der philosophia Christi im Grunde die allegorische Deutung der Schrift verstanden werden, denn sie ist allenfalls ihr Ergebnis (vgl. ebd. S. 85, Anm. 58).
[112] Vgl. oben Anm. 23.
[113] Ecclesiastes, LB V 1027 D.

mehr spielerische Freiheit einer vom Wortsinn sich entfernenden Interpretation nehmen. Voraussetzung allerdings für jedes Abweichen dieser Art ist, daß sich die Auslegung im Kontext der Wahrheit hält, d. h. sich an der Mitte der Schrift orientiert[114]. Diese Position hat Erasmus zeit seines Lebens vertreten. Noch im Ecclesastes (1535) wiederholt er sie. Es ist ein geringeres Vergehen, wenn man vom wörtlichen Verständnis abweicht, vorausgesetzt die Auslegung ist gleich fromm und wird durch andere Schriftstellen abgedeckt. Allerdings, so fügt er hier doch nun hinzu, halte er den Literalsinn für den besten und im Falle mehrerer Auslegungsmöglichkeiten ziehe er nicht die aktuellste, sondern die wörtliche vor[115].

6.6 Die allegorische Deutung der evangelischen Geschichte

Wer mit den Gedanken aus den Einleitungsschriften die Lektüre der Paraphrasen aufnimmt, tut dies in der Erwartung einer reichen Allegorese, ist doch Erasmus der Meinung, daß die meisten Schriftstellen wörtlich und geistlich zu interpretieren sind[116]. Umso erstaunter muß man konstatieren, daß Erasmus auf weiten Strecken seiner selbstgewählten Aufgabe, nur zu *paraphrasieren,* durchaus gerecht wird. Natürlich fließen eigene Gedanken ein, werden biblische Aussagen in ein Erasmisches Licht gerückt, zuweilen allein schon durch die charakteristische Diktion, insgesamt gesehen ist es aber das Bemühen des Erasmus, dem Duktus des evangelischen Berichtes zu folgen. Die Geschehnisse werden mit eigenen Worten nacherzählt, es wird verdeutlicht, harmonisiert, verglichen, erklärt, motiviert, psychologisiert und theologisiert, aber doch alles auf der Basis und in starker *Affinität zum Literalsinn*. Dies mag auch nach der Prüfung der Einleitungsschriften nicht sonderlich verwundern. Was allerdings schon bei oberflächlicher Durchsicht der Evangelien-Paraphrasen auffällt, ist die Vorliebe des Erasmus für die *Tropologese.* D. h. einerseits ist die evangelische Geschichte um ihrer selbst willen nacherzählenswert, zum anderen hat sie aber auch einen für ihre eigene oder die Zeit des späteren Lesers lehrhaften Charakter, der das Interesse an ihr wachhält. Historia docet, die Geschichte will vornehmlich lehren und nicht über Hinter- und Tiefgründiges aufklären.

Um gleich ein Ergebnis unserer Untersuchung vorwegzunehmen: Mit

---

[114] Ratio (1523), Holb. 280,30–33, s. oben Anm. 66; vgl. auch Concio in ps. IV (1525), LB V 274D.
[115] „Minus quidem peccatur, quum aberrantes a germano Scripturae sensu, quiddam adferimus quod aeque pium sit, et aliis Scripturae locis continetur. Optimum tamen est, si fieri possit, nusquam a vera Scripturarum intelligentia deflectere. Ita, quum ejusdem loci variae feruntur interpretationes, non ea arripienda est, quae maxime facit ad praesens argumentum, sed ea quam judicaris esse germanam" (Ecclesiastes, LB V 1028C).
[116] „Et plerumque fit, ut uterque sensus constet" (Ratio, 1523, Holb. 275,6f.).

dem Fortschreiten der Paraphrasierung des Evangelienstoffs wächst die Neigung zu Allegorese und Tropologese. So offenkundig dieses Phänomen ist, so schwierig ist die Frage nach Grund und Ursache einer solchen Entwicklung zu beantworten. Während die Paraphrase zum Matthäus-Evangelium, die am Anfang des Paraphraseons zu den Evangelien steht, mit allegorischer und tropologischer Deutung sehr sparsam umzugehen weiß, ist die letzte der Paraphrasen, die zum Markusevangelium, von ausgedehnten tropologisch durchsetzten Allegoresen gekennzeichnet.

Abgesehen von der Perikope des Einzugs Jesu in Jerusalem legt Erasmus in der Matthäus-Paraphrase nur wenige Aussagen allegorisch aus. So werden die Gaben der Magier Gold, Weihrauch und Myrrhe (Mt 2,11) mit der Tradition auf die Trinität gedeutet und gleichzeitig christologisch verstanden als Ausdruck der Inkarnation, des Opfertodes und der königlichen Herrschaft Christi, eine Interpretation, die wiederum in der Auslegungstradition fest verankert ist[117]. Auch das Geschehen um die Berufung des Jüngerpaares Petrus und Andreas entbehrt nicht einer hintergründigen Bedeutung: die in der Jugend der Berufenen begründete größere Aufnahmebereitschaft der neuen Lehre, die sich in der brüderlichen Zusammenarbeit offenbarende Eintracht, die in dem auf Erwerb des Existenzminimums angelegte Reinheit und der apostolische Beruf, Menschen zu gewinnen, wie er in der Ausübung des Fischerhandwerks vorabgebildet ist[118].

Als Hinweise auf die heilsgeschichtliche Wende, die das Ende der jüdischen Gesetzesreligion und das Hervorbrechen des Evangeliums bringt, versteht Erasmus, daß Jesus den Tempel verläßt (Mt 24,1)[119] und bei seinem Tod der Vorhang im Tempel zerreißt (Mt 27,51). Das Beben der Erde und Gespaltenwerden der Felsen (ebd.) ist auf die unbesiegbare Hartherzigkeit der Juden zu beziehen[120]. Typologisch sucht Erasmus die Johannestaufe zu deuten, ein Verständnis, das nicht zuletzt durch Mt 3,11: „Ich taufe euch mit Wasser zur Buße ... Er wird euch mit heiligem Geist und Feuer taufen" gefördert wird. Im Ereignis der Johannestaufe zeichnet sich schon die wahre Taufe als die Waschung ab, die vom Schmutz der Seele befreit. Sie ist Typus der christlichen Taufe und bereitet so auf diese vor[121]. In der gleichen Dimension wird auch der

---

[117] „... triplici rerum genere novum sacrificium offerentes, iamque veluti per aenigma Trinitatem illam ineffabilem profitentes, Patris, Filii, et Spiritus Sancti, simulque in uno homine, mortalitatem, sacerdotium et regnum agnoscentes. Siquidem Aurum Regi convenit, Thus Sacerdoti Mhyrra morituro. Natus est mortalis, sacrificavit in cruce, vicit resurgens, regnat in coelis" (Paraphr. in Mt 2,11, LB VII 10 E). Vgl. Gregor d. Gr., Homiliarum in Evangelia Lib I, MSL 76, 1112.
[118] Paraphr. in Mt 4,18, LB VII 21 E.
[119] LB VII 124 C.
[120] LB VII 142 D.
[121] „Ad hanc vocem, in typum mox abolendarum animi sordium, plurimi tingebantur in

Opfertod Christi am Kreuz gesehen als der das alttestamentliche Pascha überhöhende Antitypus[122]. Wie Ereignisse, so können auch Namen über sich selbst hinausweisen. Indem Erasmus das Jeremia-Wort von der Klage Rahels (Mt 2,18 bzw. Jer 31,15) bis in die Genesis zurückverfolgt (Gen 35,18), findet er im Namen des Rahelsohnes Ben-Oni – d. h. Sohn meines Schmerzes – einen weiteren Hinweis auf das Geschehen des herodianischen Kindermordes[123]. Ebenso verbirgt sich hinter den Namen Nazareth und Bethlehem ein geheimer Sinn, den die Allegorese erheben kann. Nazareth, das im Hebräischen mit נִיצָה = Blüte in Verbindungen zu bringen ist, weist auf jene reine „Blüte" hin, die von Maria empfangen wurde, Bethlehem – בֵּית לֶחֶם = „Brothaus" – auf den Ursprung des Lebensbrotes Christus[124]. In der Matthäus-Paraphrase stößt man nur auf einige wenige und dann noch recht spärliche Ansätze zu einer allegorischen oder typologischen Deutung der Schrift. Es ist auffällig, daß Allegorien, die sich in der Lukas-Paraphrase finden und in der Markus-Paraphrase noch ausgebaut werden, in der Matthäus-Paraphrase fehlen, so z. B. die allegorische Deutung des Hauses des Petrus auf die Kirche[125]. Während z. B. die Perikope von der Stillung des Sturms (Mt 8,23–27) in der Matthäus-Paraphrase nur als Beispielerzählung angesehen wird, die die gefahrvollen Konsequenzen der Jüngerschaft vorführt und aufzeigt, woher in einem solchen Fall Hilfe zu erbitten ist[126], werden sowohl in der Lukas-, wie auch in der Markus-Paraphrase Einzelzüge ausgedeutet. Lukas: der schlechte Wind ist der Ehrgeiz, der gefährliche Sturm sind Jähzorn und Haß, die schrecklichen Wellen sind die bösen Lüste usw.[127]. Markus: die Nacht ist das den Menschen bedrohende Unheil, das Schiff ist die Kirche, wenn in ihr die Bischöfe schlafen, schläft Jesus usf.[128].

---

flumine Iordanis..." (Paraphr. in Mt 3,5, LB VII 13 F); vgl. auch Paraphr. in Joh 1,26, LB VII 508 C: „sic baptismus meus, qui tantum aqua constat non abluit sordes mentium, sed imagine quadam veri baptismi praeparat rudes,...".

[122] „Caeterum haec erat imago Jesu Christi, totum orbem a peccati tyrannide suo sacrosancto sanguine redemturi, qui solus omnium a peccatorum maculis erat immunis" (Paraphr. in Mt 26,1, LB VII 131 B/C).

[123] Paraphr. in Mt 2,17 f., LB VII 11 E/F.

[124] „Neque vocabulum ipsum mysterio vacat. Nazareth Hebraeis a flore nomen habet, quod hic e virgine conceptus sit purissimus ille flosculus, omnis virginitatis consecrator; quemadmodum Bethlehem domum panis sonat Hebraeis, ubi proditus est ille panis coelestis, quem qui ederit, vivet in aeternum" (Paraphr. in Mt 2,22, LB VII 12 C/D).

[125] Paraphr. in Mt 8,14, LB VII 49 E/F; vgl. damit die Lukas-Paraphrase zur Perikope Lk 4,38–41, LB VII 332 E/F und die Markus-Paraphrase zu Mk 1,29–34, bes. LB VII 166 E.

[126] Paraphr. in Mt 8,24.27, LB VII 51 A u. C.

[127] Paraphr. in Lk 8,25, LB VII 363 D.

[128] Paraphr. in Mk 4,35–41, vgl. bes. LB VII 191 D/E u. 192 C ff. Ein instruktives Beispiel ist auch die Gefangennahme Johannes des Täufers. Was in der Mt-Paraphr. (LB VII 20 C ff.) nur paraphrasiert wird, wird in der Lk-, bzw. Mk-Paraphrase allegorisiert (LB VII 324 A u. ebd. 163 C).

Die Matthäus-Paraphrase kennt eine etwas extensiver durchgeführte Allegorese in der Perikope vom *Einzug in Jerusalem,* die allerdings hier so knapp angelegt ist, daß sie in der Lukas-, bzw. Markus-Paraphrase durchaus noch eine Steigerung erfahren kann. Jesu Kommen nach Jerusalem wird mit Hilfe der Allegorese in die heilsgeschichtliche Dimension transponiert, ein Unternehmen, das in seinem Ziel durchaus gerechtfertigt ist, da die Perikope selbst die Erfüllung der alttestamentlichen Verheißung in besonderer Weise herausstellen will. Doch nicht über die Erfüllung des Sacharja-Wortes durch das Geschehen des Einzugs reflektiert Erasmus, – sie erscheint ihm selbstverständlich und keiner weiteren Ausdeutung bedürftig –, vielmehr bekommt für ihn die Geschichte in ihren Einzelzügen eine heilsgeschichtliche Transparenz. In der Eselin erkennt er die Juden, im Füllen die Heiden. Die Eselin ist angebunden, d. h. angebunden an den Gesetzesbuchstaben. Daß beide Tiere ohne Sattelzeug und Reiter sind, heißt, daß sie die evangelischen Tugenden noch nicht kennen, bzw. für das Füllen, daß es den schlechten Begierden dient. Beide werden auf Geheiß des Herrn losgelöst. Die ihnen von den Jüngern aufgelegten Kleider symbolisieren die apostolischen, evangelischen Tugenden, und indem sich Jesus auf das Füllen setzt, hört es auf, den alten Lastern zu dienen, und wird gereinigt[129]. Jesu Kommen bedeutet die große Wende: das Heil wendet sich von den Juden zu den Heiden, und diese wenden sich von den Lastern der evangelischen Tugend zu.

In der Johannes-Paraphrase (Joh 12,12–19) hält sich Erasmus eng an die gegenüber den Synoptikern geraffte Erzählung[130]. Jerusalem und sein Tempel tragen das Bild der Kirche. Jesu Einzug in Jerusalem bildet sein Kommen zur Kirche vorab. Daß Jesus einen Esel zum Reittier wählt, offenbart seine Ablehnung allen Ruhmes dieser Welt. Mit den Palmzweigen bezeugt ihm das Volk von Jerusalem die Siegerehre, „denn die Palme war Kranz und Zeichen der Sieger, immergrün, hochgewachsen, schwer zu besteigen, aber mit süßester Frucht, ausgestattet mit der natürlichen Kraft, sich gegen eine aufgelegte Last zu erheben"[131]. Hier ist ein beziehungsreiches Bild gemalt, die Verbindungslinien werden aber nicht ausgezogen.

Die Lukas-Paraphrase nimmt die Deutung aus Matthäus auf. Nachdem Erasmus in knappen Worten die Perikope (Lk 19,28–40) nacherzählt hat, schließt er an Vers 40 eine über gut eineinhalb Spalten der Leidener Ausgabe laufende Auslegung mit stark allegorischem Charakter an[132].

---

[129] Paraphr. in Mt 21,4ff., LB VII 111 B ff.
[130] Paraphr. in Joh 12,12–20, LB VII 596 A–597 A.
[131] „Nam haec arbor victorum erat corona ac triumphalis, perpetuo virens, procera, et adscensu difficilis, sed fructu suavissimo, genuina quadam naturae vi insurgens adversus onus impositum" (Paraphr. in Joh 12,12.13, ebd. 596 B).
[132] LB VII 434 A–435 D.

"Es liegt der Erzählung dieser Ereignisse nicht wenig Geheimnisvolles zugrunde"[133], so leitet er seine Auslegung ein. Wiederum verkörpern Eselin und Füllen Juden und Heiden, die jüdische Synagoge unter dem Joch des fleischlichen Gesetzes, die Heiden der Philosophie und dem Daemonenkult verfallen. Die beiden Jünger, die Jesus sendet, sind der Judenapostel Petrus und der Heidenapostel Paulus. Ihr Loslösen geschieht durch Sündenvergebung. Wenn die Tiere den Herrn tragen, so ist damit die bereitwillige Übernahme des sanften Jochs der evangelischen Lehre gemeint, bis sie in die heilige und himmlische Stadt gelangen. Während die Weltfürsten Kriegspferde lieben, liebt Jesus solche Esel, die sanft ihren sanften Herrn tragen und den Reiter nicht abwerfen. Die stolzen Fürsten, die hochfahrenden Philosophen, die aufgeblasenen Pharisäer lachen darüber und schätzen sich glücklich, vom wildesten Reiter, dem Teufel besessen zu sein. Die heilsgeschichtliche Differenz überspielend generalisiert Erasmus die Aussagen. Nach der Meinung der Welt erscheinen dem Geschlecht der Esel zugehörig die Ungebildeten, die Einfältigen, die Lauteren, doch haben sie als Lenker den Herrn, der sie nicht irren läßt, der sich nicht nur herabläßt, auf ihrem Rücken zu reiten, sondern auch in ihren Herzen zu wohnen, die er durch seinen Geist lenkt"[134].

Wenn jetzt Erasmus die Aufmerksamkeit auf das Einziehen als solches und den Weg lenkt, dann meint er damit den Weg der Frömmigkeit, den der Christ zu beschreiten hat. Die Kleider der Apostel, den Tieren aufgelegt, sind die Lehre und die Beispiele eines frommen Lebens, die Kleider auf dem Weg zeigen, daß der Weg der Frömmigkeit durch das Vorbild erleichtert wird. Man schreitet über grünende Palmzweige, die die immer blühende und grünende Erinnerung an die Märtyrer, Jungfrauen und Bekenner bezeichnen[135]. Eine Bedeutung kommt auch der Tatsache zu, daß Jesus vom Ölberg hinab durch die Ebene geht, um dann wieder zum Zion hinaufzusteigen. Hätte der Berg nicht Öl, das das Licht des Glaubens speist, gäbe es keinen Abstieg vom Vertrauen der Juden auf das Gesetz und der Heiden auf die Philosophie. Bethphage und Bethanien werden als domus Buccae und domus oboedientiae auf Sündenbekenntnis und Evangeliumsgehorsam gedeutet. Der Gang über die mit Palmzweigen bestreute Ebene weist wiederum auf die guten Exempel. Der

---

[133] „Subest autem in hac rerum gestarum historia non parum mysterii" (Paraphr. in Lk 19,40, LB VII 434 B); vgl. auch Jesus, „qui quod semel fecit juxta carnem, nunquam non facit juxta spiritualem sensum" (ebd. 434 F).
[134] „Juxta mundum asinini generis videntur idiotae, simplices, nescii fraudis, sed habent rectorem Dominum, qui non sinit illos aberrare, qui non solum dignatur insidere dorsis illorum, verum etiam inhabitare pectora, quae suo Spiritu moderatur" (Paraphr. in Lk 19,40, LB VII 434 E/F).
[135] Ebd. 434 F–435 A.

Aufstieg zum Zion erhält seine rechte Beleuchtung vom Namen selbst, der soviel wie „Gipfel" bedeutet und den Gipfel meint, von dem aus alles betrachtet wird, was die Welt für erhaben hält; denn der Geist, der dem Himmel nahe ist, versenkt sich in die ewigen Dinge, die jeden menschlichen Sinn überragen[136].

Wir kommen zur Markus-Paraphrase. Im Verlaufe der Interpretation des Einzugs (Mk 11,1–11) ermahnt Erasmus den Leser, nicht nur den Worten, sondern auch den Taten Jesu Aufmerksamkeit zu schenken, da alles eine tiefere Bedeutung hat, besonders aber die heiligeren Geheimnisse zunehmen, je näher Jesus dem Kreuze kommt[137]. Eselin und Füllen stehen wiederum für die vom Gesetz und den Propheten bedrückte Synagoge wie für die Heiden. Daß die Jünger nach dem Füllen geschickt werden, ist Bild der Heidenberufung durch die Apostel. Ausgedeutet wird der Zug, daß das Füllen draußen angebunden ist und einige Leute die Jünger nach der Berechtigung ihres Tuns fragen. Die Heiden haben eben kein Zuhause, sondern stehen am Scheideweg, allen möglichen Lastern als Herren ausgesetzt. Die Apostel legen dem Füllen ihre Mäntel, die heilsame Lehre, auf; die Menschen breiten ihre Kleider, die Vorbilder evangelischer Frömmigkeit, auf den Weg. Die Palmzweige symbolisieren auch hier die Jungfrauen und Märtyrer[138]. Daraufhin wird der Leser aufgefordert, den schlichten Einzug des demütigen Jesus mit dem Triumphzug eines hochfahrenden, waffenstrotzenden Hohenpriesters zu vergleichen. Hier der Gottessohn, Herr und König der Welt, Priester in Ewigkeit, dort der Pontifex eines einzigen Tempels mit dem Amt für ein Jahr, das er von einem gottlosen König durch Simonie erworben hat, hier der barhäuptige Jesus, dort die gold- und edelsteingeschmückte Tiara usw., hier ein gewöhnliches Eselsfüllen, dort Maulesel mit Zaumzeug aus Leinen und Gold, stolzen und teuren Pferden . . .[139]. Wenn es sich dabei auch nicht um eine Allegorese stricte dictu handelt, so veranschaulicht diese Passage doch das erzählerische Talent des Erasmus in seiner Fertigkeit, sich ins Detail zu versenken und eine Perikope im Blick auf die eigene Gegenwart durchsichtig zu machen. Denn dieser Vergleich des demütigen Jesus mit dem hochfahrenden Hohenpriester entbehrt natürlich nicht einer wohldosierten Brisanz, da der Leser mit Leichtigkeit die Anspielungen auf den *römischen Pontifex* und besonders den prachtentfaltenden und kriegerischen *Julius II.* heraushören konnte[140]. Jesu Einzug in

---

[136] Ebd. 435 C u. D.

[137] „Id quum in omnibus ab illo gestis vestigandum sit, tamen quo propius accessit ad diem mortis, qua nostrae salutis negotium praecipue peragendum erat, hoc sacratioribus mysteriis plena sunt omnia" (Paraphr. in Mc 11,7, LB VII 242 E/F).

[138] Ebd. 242 F–243 C.   [139] Ebd. (Mc 11,8–10), 243 C–244 B.

[140] BAINTON (The Paraphrases, S. 75) findet sprachliche Anklänge an den Dialog „Julius Exclusus".

den Tempel symbolisiert sein Kommen zu seiner Kirche, sein Tempelrundgang seine Fürsorge für diese seine Kirche, die er aus lebendigen Steinen erbaut[141].

Wie dieses Beispiel gezeigt hat, ist ein Fortschreiten in der allegorischen Ausdeutung der Evangelien im Verlaufe seiner Evangelienparaphrasierung von Januar 1522 bis Dezember 1523, von der Matthäus-Paraphrase über die zu Johannes und Lukas bis hin zur Markus-Paraphrase bei Erasmus ganz klar zu konstatieren. In einer Synopse wäre dieses Phänomen an vielen weiteren Beispielen nachzuweisen. In der Vorrede zur Johannes-Paraphrase (Januar 1523) bekennt Erasmus ausdrücklich, sich der Allegorie sparsam und nicht mehr, als ihm geboten erschien, bedient zu haben, da er gewisse Väter sähe, die sich in dieser Auslegungskunst bis hin zum Aberglauben gefielen[142]. Eine Prüfung der Paraphrase ergibt, daß sich die Aussage der Vorrede in Übereinstimmung mit dem tatsächlichen Sachverhalt in der Paraphrase befindet. Von beiden Paraphrasen, der zu Matthäus wie auch der zu Johannes muß man sagen, daß für sie die allegorische Auslegung keinesfalls charakteristisch ist. Vor einer veränderten Situation stehen wir mit der Lukas-Paraphrase, und erst recht wird die Auslegung des Markusevangeliums durch die Allegorese gekennzeichnet[143]. Zwischen der Vorrede zur Johannes-Paraphrase (5. 1. 1523) und der Fertigstellung der Paraphrase zum Lukasevangelium (23. 8. 1523) liegen gerade acht Monate. Man wird sich fragen müssen, wie Erasmus zu dieser Umorientierung und zu dem verstärkten Einsatz der Allegorese in der Erklärung des Lukas- und Markusevangeliums kommt.

6.7 Die Allegorese im Dienst der Ekklesiologie

Wenn sich auch insgesamt gesehen bei der Paraphrasierung der Evangelien durch Erasmus die Allegorese nicht in den Vordergrund spielt, so ist die Gewichtung innerhalb der relativ geringen Zahl allegorischer Auslegungen doch sehr instruktiv. Abgesehen von einer Reihe singulärer Metaphern werden von Erasmus die weitaus meisten Hinweise, die er in der evangelischen Geschichte findet, als auf die *Kirche* bezogen verstanden. Dies mag verwundern, da die Reflexion über die Kirche in den früheren Schriften des Erasmus, angefangen beim Enchiridion und besonders im Blick auf die Einleitungsschriften, nicht im Mittelpunkt seines Interesses gestanden hat. Weder die Gotteslehre, noch die Christo-

---

[141] Ebd. Mc 11,11, ebd. 244B–C.
[142] „Allegorias, in quibus video veterum quosdam ad superstitionem vsque fuisse diligentes, parcius, nec vltra quam satis esse judicabam attigi" (Vorrede zur Joh-Paraphrase, Ep. 1333,398–400, Allen V, S. 172).
[143] TRACY (S. 217) sieht den Umschwung erst mit der Markus-Paraphrase gegeben.

logie, Pneumatologie, Anthropologie, Eschatologie oder ein anderer Aspekt der Theologie wird durch die *allegorische Deutung* in den Paraphrasen so ins Zentrum gerückt wie die *Ekklesiologie,* und dies offenbar deswegen auch auf dem Weg der Allegorese, weil die Evangelien sonst wenig Ansatzpunkte für die Entwicklung ekklesiologischer Gedanken bieten.

Naturgemäß trägt der Jersualemer Tempel das Bild des neuen, von Jesus zu errichtenden Tempels, nämlich der Kirche[144]. Die Tempelreinigung belegt nicht die Sorge Jesu um die Integrität des jüdischen Tempels, sondern drückt seine Sorge um die Reinheit der Kirche aus, die im Tempel vorabgebildet ist[145]. Daß die Proselyten zum Tempel ziehen (Joh 12,20), ist Typus der kommenden Heidenkirche[146]. Jesus im Tempel (Mk 11,27), das heißt: Heil in der Kirche[147]. Die *christologische Ausrichtung* des Kirchenverständnisses offenbart sich hier ebenso wie in der Auslegung der Perikope von der Heilung des Gichtbrüchigen (Mk 2,1–12). Während Kapernaum die Welt spiegelt, erkennt Erasmus in dem Haus, in dem Jesus lehrt und heilt, die Kirche. „Seliges Haus, in das Jesus eintritt und von dem er niemals weicht: Das ist die Kirche"[148]. Die von draußen andrängenden Katechumenen hungern nach der Gerechtigkeit des Himmelreiches. Doch Jesus schließt niemanden aus, der ihn hören will, denn seine vornehmliche Aufgabe in der Kirche ist die Wortverkündigung[149], denn wo immer Jesus sitzend lehrt, sagt die Lukas-Paraphrase zur selben Stelle, da ist Kirche[150]. Die gleiche Assoziation löst das Bild des vom Schiff her lehrenden Christus aus. Das Schiff meint die Kirche, in der Christus lehrt[151]. Es ist ein traditioneller allegorischer Topos, in der Erwähnung des Hauses eine Anspielung auf die Kirche zu sehen. Das

---

[144] „Nec huic festo deerat Jesus, innovator Legis, ac novi Templi, quod est ecclesia architectus" (Paraphr. in Joh 10,22, LB VII 584D).

[145] „Quumque esset ingressus Templum, rursus imaginem exhibuit, quae moneret, quae puritas deceat Ecclesiam Euangelicam, . . ." (Paraphr. in Mc 11,15, LB VII 245B); „Hoc facto longe aliud significabat Jesus, nec enim illum tantopere commovebat Templum illud mercimoniis boum, ovium, hircorum, et columbarum profanatum, sed ostendere voluit, avaritiam et quaestum fore capitalem pestem Ecclesiae suae, quam Templum illud cujus religio mox erat abolenda, figurabat" (Paraphr. in Mt 21,13, LB VII 112B); vgl. auch Paraphr. in Mc 11,11, LB VII 244C u. Paraphr. in Lc 19,46, LB VII 436D.

[146] Paraphr. in Joh 12,19, LB VII 597A.

[147] „Jesus in Templo, salus est in Ecclesia" (Paraphr. in Mc 11,27, LB VII 246F–247A). Nicht nur der Tempel, auch die Stadt Jerusalem kann als Bild des geistlichen Jerusalem, nämlich der Kirche, angesehen werden (LB VII 596C u. 306D/E).

[148] „Beata domus, in quam immigravit, Jesus, et a qua nunquam recedit: Ea est Ecclesia" (Paraphr. in Mc 2,2, LB VII 169E).

[149] Ebd. 169E/F.

[150] „Ibi quum in domo quadam privata sedens doceret (siquidem ubicunque sedens docet Christus, illic est Ecclesia) . . ." (Paraphr. in Lc 5,17, LB VII 339B).

[151] Paraphr. in Mc 3,12, LB VII 182A/B; auch Paraphr. in Lc 5,3, LB VII 334D.

Die Allegorese im Dienst der Ekklesiologie 111

Haus des Petrus, die Herberge des Barmherzigen Samariters, das Vaterhaus des Verlorenen Sohnes, das Haus des Zachäus, das Haus, in dem Jesus mit den Seinen das Abendmahl feiert, das Haus als Ort der Heilung des Gichtbrüchigen, das Haus Simons, des Aussätzigen, das Haus der Emmausjünger, überhaupt jedes Haus, in dem Jesus sich aufhält, hat ekklesiologische Bedeutung. So heißt es vom Haus des Zachäus: „O glückseliges Haus der Kirche, das durch seine Bereitschaft den Stifter allen Heils, Jesus, zu sich ruft"[152]. In der Kirche der wahrhaft Heiligen herrscht Freude wie im Vaterhaus des Verlorenen Sohnes[153], dort werden Sünden getilgt, wie in der Herberge (Gleichnis vom Barmherzigen Samariter) die Wunden geheilt werden[154].

Den Zugang zur Kirche eröffnen die heilige Lehre und die Taufe, so liest es Erasmus aus der Tatsache heraus, daß die Jünger auf der Suche nach dem Abendmahlssaal an einen Wasserträger gewiesen werden (Lk 22,10), denn hier ist in tieferer Bedeutung das lebendige Wasser der evangelischen Predigt und das Taufwasser gemeint. Wenn der Hausherr keinen Namen hat, so kommt darin zum Ausdruck, daß Christi Kirche überall ist[155]. Die Größe des Obergemachs deutet auf die weltweite Kirche hin, die Oberlage darauf, daß sich die Gäste des himmlischen Mahls hoch über alles Irdische erheben müssen[156]. Von der Beschaffenheit der Glieder der Kirche spricht auch die eingehende Allegorese der Perikope von der Heilung der Schwiegermutter des Petrus (Mk 1,29–39) in der Markus-Paraphrase, während die Paraphrase der Stelle bei Lukas das Haus des Petrus in einer lapidaren Feststellung mit der Kirche parallelisiert[157]. In die Kirche gehören nicht die geistlich Trägen, sondern die, die von evangelischer Lebenskraft überschäumen. Trotzdem liegt hier zuweilen die Schwiegermutter des Petrus krank darnieder, das ist die Synagoge. Zur Synagoge zählt, wer den frostigen Buchstaben mit dem Wein des evangelischen Geistes vertauscht. Doch auch die Furchtsamen, die dem Buchstaben und den Zeremonien Verfallenen, die dem Erstrebenswerten vorziehen, was zu meiden ist, sollen in der Kirche zur evangelischen Freiheit befreit werden[158].

Darüberhinaus können aber auch Ereignisse und Personen als Abschat-

---

[152] Paraphr. in Lc 19,6, LB VII 429 B/C.
[153] Ebd. Lc 15,25, LB VII 409 E.
[154] Ebd. Lc 10,37, LB VII 378 C.
[155] „Illud interim considera, mi Theophile: Ignotus hospes est, qui praebet coenaculum, et aquae bajulus dux est ad hanc domum, in qua Christus celebrat pascha. Per baptismum enim et sacram doctrinam ingressus est in Ecclesiam; purgat aqua viva sermonis Euangelici, purgat et aqua sacramenti. Pater familias non habet nomen, quoniam ubique Christi est Ecclesia" (ebd. Lc 22,12, LB VII 450 B/C).
[156] Ebd. Lc 22,13, LB VII 450 C.
[157] Ebd. Lc 4,41, LB VII 332 E/F.
[158] Paraphr. in Mc 1,31, LB VII 166 A/B/C.

tungen der Kirche und ihres Wesens verstanden werden. Ein schönes Beispiel findet sich in der Auslegung der Perikope von der Heilung der verdorrten Hand (Mk 3,1–6). In ihr treten sich, wie häufig bei Erasmus, Synagoge und Kirche gegenüber. Die Krankheit der verdorrten Hand wird auf die Hartherzigkeit der Glieder der Synagoge gedeutet. Indem Jesus den Kranken heilt, zeichnet er das Bild seiner Kirche, die in der Kraft seines Geistes die Kranken in ihren Bannkreis zieht und sie von ihren Gebrechen heilt[159]. Auch die Geschichte vom Zwölfjährigen Jesus im Tempel hat ihren tieferen Sinn darin, daß sie offenbart, wo die wahre Kirche ist, in der der himmlische Jesus weilt. Nicht wo es um weltliche und menschliche Dinge geht, ist die Kirche Jesu Christi, sondern dort, wo immer ein Herz unter Verachtung des Fleischlichen nach der Ruhe des Geistes strebt[160]. Ekklesiologische Transparenz hat in der Auslegungsgeschichte auch die Sturmstillung (Mk 4,35–41). Zwei Details dieser Geschichte werfen, recht verstanden, ein Schlaglicht auf die Kirche. Da das Schiff eine Metapher der Kirche ist, bedeutet Jesu Anwesenheit in dem Schiff seine Präsenz in der Kirche. Aus Vers 36 entnimmt Erasmus, daß außer dem Schiff Jesu und seiner Jünger noch andere Schiffe den See befahren. „*Ein* Schiff ist es, in dem Jesus leiblich fährt, doch dieses hat mehrere Begleitschiffe. Es gibt *eine* katholische Kirche, andererseits gibt es viele Kirchen. In allen ist Christus gleichermaßen, und wenn alle dem gleichen Haupt anhängen, dann ist die Kirche *eine*"[161]. Mögen die Wellen auch noch so toben, wenn sie Christus folgen, wird kein Schiff sinken, sondern alle werden wohlbehalten den Hafen erreichen[162]. Hier durchbricht die Sache das Bild. Das andere ins Ekklesiologische ausgezogene Detail ist der Umstand, daß Jesus im Schiff schläft. Der Kirche droht höchste Gefahr, sooft Jesus in uns schläft, d. h. wenn die Pastoren und Bischöfe aus Weltverfallenheit ihre eigentliche Aufgabe verabsäumen, als Hirten die Herde mit der evangelischen Lehre zu nähren und zu weiden[163].

Zweimal findet auch die Teilnahme Jesu am Gastmahl in der Markus-Paraphrase Anwendung auf die Kirche (Mk 14,3–9 u. 2,13–17). Das gemeinsame Mahl im Hause Simons, des Aussätzigen, drückt die ein-

---

[159] Paraphr. in Mc 3,6, LB VII 180 E–181 B.

[160] „Verum ubicunque pectus est, neglectis his quae sunt carnis et sanguinis, anhelans ad felicem illam tranquillitatem animi, quam hic per fidem Euangelicam praestat Dei benignitas, in coelesti Hierosolyma perficit, ibi Hierusalem est, ibi Templum est, quo delectatur Jesus" (Paraphr. in Lc 2,47, LB VII 306 D/E).

[161] „Una est navis, in qua Christus juxta corpus vehitur, sed haec plures habet comites. Una est ecclesia catholica, rursus multae sunt Ecclesiae. In omnibus aeque Christus est, et omnes adhaerentes eidem capiti, una est Ecclesia" (Paraphr. in Mc 4,40, LB VII 192 E/F).

[162] Ebd. 192 F.

[163] Ebd. 192 C–E.

trächtige und vertraute Gemeinschaft der Kirche aus, die Christus durch sein Blut gereinigt und durch seinen Tod vom Sündentod erweckt hat[164]. Darum verschwendet die Kirche weltweit das Salböl der Ehre an ihren geliebten Bräutigam, denn der Duft erfüllt das ganze Haus[165]. In der Johannes-Parallele (Joh 12,1–8) wird die salbende Maria als typus ecclesiae vorgestellt, deren Funktion es ist, dem Herrn göttliche Ehren zu erweisen[166]. Das Gastmahl im Hause des Levi (Mk 2,13–17) zeichnet durch die große Anzahl der Geladenen ein Bild der Kirche aus den Heiden[167]. Das gleiche Motiv des Gastmals ist offenbar variabel deutbar.

Den Gedanken der Sammlung der Kirche aus den Heiden sieht Erasmus gern in den Texten vorgezeichnet, in denen Jesus Heiden begegnet. Simon von Cyrene[168] wie auch die Syrophönizierin[169] sind hier zu nennen. Das gleiche Motiv klingt auch im 21. Kapitel des Johannesevangeliums an, wenn bei dem erfolgreichen Fischzug das Netz trotz der großen Menge der Fische nicht reißt (Joh 21,11), denn darin liegt das Wunder der Kirche, daß sie bei aller irdischen Armseligkeit Universalität erlangt[170]. Dabei ist die *Kirche* meist als Gegenbild zur *Synagoge* vorgestellt[171], wie etwa in der Perikope von dem Scherflein der Witwe (Mk 12,41–44). Da Erasmus in der Witwe die Kirche erkennt, führt er unter die vielen Reichen, die viel in den Opferstock einlegen, im Bild einer fingierten stolzen Matrone die Synagoge als Gegenspielerin ein. Die Synagoge brüstet sich ihrer Gerechtigkeit, ihrer guten Werke, ihres Mannes Mose, ihrer Söhne, der Propheten, des Tempels, des Gesetzes Gottes und der Patriarchen. Wie armselig steht dagegen die Witwe Kirche da, die sich auf nichts dergleichen berufen kann und deren Bräutigam sie mit der Himmelfahrt verlassen zu haben scheint. Und doch kann sie auch noch das Letzte herschenken, weil sie vom Reichtum ihres Bräutigams im Überfluß lebt. Erasmus fährt fort: „Willst du die freigebige Synagoge sehen?

---

[164] „Agnoscis in eadem domo concors et amicum sodalitium Ecclesiae, quam Christus immundam suo purgavit sanguine, quam mortuam ob peccata, sua morte vivificavit" (Paraphr. in Mc 14,3, LB VII 258 B).
[165] Ebd. 258 C. Erasmus denkt hier offenbar an Joh 12,3, obwohl er dort diesen Zug nicht weiter ausdeutet.
[166] „... Ecclesiae typum gerens, quae spretum a synagoga Dominum, divinis honoribus amplecteretur" (Paraphr. in Joh 12,3, LB VII 595 A/B).
[167] „Decebat autem amplum esse convivium, quod Ecclesiae ex gentibus colligendae gerebat imaginem" (Paraphr. in Mc 2,16, LB VII 175 D).
[168] Paraphr. in Lc 23,26, LB VII 461 B.
[169] Paraphr. in Mc 7,26, LB VII 213 A.
[170] „Res adumbrabat humilem Ecclesiam, et juxta mundum imbecillem et angustam, tamen omnes orbis nationes complexuram, praeside et auspice Domino Jesu" (Paraphr. in Joh 21,11, LB VII 646 F; vgl. ebd. 646 D). In der Auslegung von Lk 5,6 wird das Netz als die praedicatio Euangelica gedeutet (LB VII 335 A).
[171] So z. B. LB VII 595 B, 429 B, 450 C, 166 A/B, 246 C, 258 E u. ö.

So höre das Gebet des Pharisäers: Ich danke dir Gott, daß ich nicht bin wie die anderen. Nun sieh, wie viel er für sich reserviert: Ich faste zweimal in der Woche und gebe den Zehnten von meiner ganzen Habe den Armen. Dagegen betrachte das Bild der Witwe. Er schlägt sich an die Brust, wagt die Augen nicht zum Himmel zu erheben und ruft nur: Gott, sei mir Sünder gnädig! Solange sich die Synagoge ihrer Gerechtigkeit rühmt, hat sie nicht die ihre, noch die Gottes; solange die Kirche allem Gerechtigkeitsrühmen absagt und ihre eigene Ungerechtigkeit anerkennt, wird sie reich durch die Gerechtigkeit ihres Bräutigams"[172]. Auf dem Hintergrund der auf ihre Gerechtigkeit und den Schatz ihrer guten Werke vertrauenden Synagoge hebt sich die Erscheinung der Kirche ab, die sich nicht auf sich selbst und ihr eigenes Tun, sondern ganz auf Gott und sein gnädiges Handeln verläßt. In der Auslegung der Hochzeit zu Kana (Joh 2,1–11) wird die Synagoge durch das Wasser des törichten und schwachen mosaischen Gesetzesbuchstabens charakterisiert, dem der Wein des evangelischen Geistes kontrastiert wird, der die Kirche bestimmt, seit Christus sich mit ihr als seiner Braut verbunden hat. Typus der Synagoge ist die Mutter Jesu, die zwar an den Wein erinnert, ihn aber nicht beschaffen kann[173]. Typus der Kirche ist Petrus, und zwar durch die Schlichtheit und Glut seines immerwährenden Glaubens an Jesus[174]. In einem in die ekklesiologische Dimension übertragenen Sinne wird von Erasmus auch die Perikope von Maria und Martha (Lk 10,38–42) interpretiert. Maria und Martha repräsentieren zwei verschiedene Lebensweisen oder Frömmigkeitsübungen in ihrem Dienst am Leibe Christi, der die Kirche ist. In der Geschichte veranschaulichen Maria und Martha den paulinischen Gedanken von den verschiedenen Gnadengaben des Geistes in der Kirche[175].

Unter den auf die Kirche bezogenen Allegoresen nimmt die Auslegung der Geschichte von der Auferweckung des Jünglings von Nain (Lk 7,11–17) durch ihre Ausführlichkeit im Detail einen herausragenden Platz ein[176]. Wiederum wird in der Witwe die Kirche vorgestellt, der die Synagoge kontrastiert. Gleich der Behandlung der Perikope vom Scherflein der Witwe (Mk 12,41–44) leitet Erasmus seine Interpretation durch einen Hinweis auf Jesaja 54,1 ein: „Frohlocke, du Unfruchtbare, die du

---

[172] Paraphr. in Mc 12,44, LB VII 252C–253B.
[173] Paraphr. in Joh 2,11, LB VII 516C/D. Ebenso prägt sich in Zacharias die Synagoge aus, die nach Art der Juden Zeichen fordert (Paraphr. in Lc 1,18, LB VII 287C).
[174] „Hic Simon Petrus, simplicis et ardentis fidei semper in Jesum, totius Ecclesiae personam gerens,...," (Paraphr. in Joh 6,69, LB VII 552C).
[175] „Par erat utrique pietas in Dominum, sed diversa vitae ratio, diversa pietatis functio, quemadmodum in uno corpore sunt usus membrorum varii, et in corpore Jesu, quod est Ecclesia, varia sunt dona Spiritus" (Paraphr. in Lc 10,39, LB VII 378E/F).
[176] Paraphr. in Lc 7,11–17, LB VII 352C–354D.
[177] Lc 7,15, ebd. 353A; vgl. Paraphr. in Mc 12,44, LB VII 252E/F.

nicht gebierst, jauchze, die du nicht schwanger gehst, denn mehr Söhne hat die Einsame als die, die einen Mann hat"[177]. Während sich die Synagoge ihres Mannes Mose und der unzähligen Kinder Abrahams rühmt, scheint die Kirche, der Witwe gleich, von ihrem Mann und Bräutigam verlassen. Doch diese Witwe zeugt täglich Söhne, allerdings nicht Söhne dieser Welt, sondern Söhne des Lichts, nicht zum Tode, sondern zur Unsterblichkeit bestimmt. Sie liebt ihre Söhne und zieht sie zu perfekten Männern heran. Wenn aber einer eines Tages stirbt, klagt sie untröstlich. Der Tod bedeutet den Sündentod, der verstorbene Jüngling den sündenrückfälligen, ungefestigten Christen. Die Kirche beweint diesen einen Rückfälligen mehr, als die Synagoge sich freut über neunundneunzig Gerechte. Die vier Sargträger sind die weltlichen Lüste, die den Verstorbenen zum Grab ewiger Verzweiflung tragen. Auch die erwähnten Stadttore haben ihren tieferen Sinn, spielen sie doch auf die Tore der Kirche an, durch die sie die Sünder hinauswirft, um die anderen vor dem Leichengestank zu bewahren, durch die sie aber auch die Heimkehrer aufnimmt. Wie die Träger nicht stillstehen, bis sie ans Grab kommen, so führt auch der Weg des Sünders immer weiter dem Abgrund zu. Die Mutter Kirche und die Menge frommer Menschen beweinen den Tod des Sünders, den sie doch viel lieber lebendig sähen. Dennoch begleiten sie ihn mit Tränen und Wehklagen, d. h. mit der Liebe, die kaum aufhört. Wo die Menschen nichts tun können, da eilt Jesus den Tränen seiner Kirche zu Hilfe. Nicht der in Sünden erstorbene Mensch kann die Wende herbeiführen, sondern das stellvertretende Eintreten der Kirche. Daß Jesus die Träger zum Stehen bringt, heißt, daß der erste Schritt zur Reinheit im Stillstehen auf dem Weg zum Abgrund getan wird. Doch das geschieht nicht ohne die Berührung durch Jesu Hand. „Es bittet, es beschwört, es ermahnt, es tadelt die Kirche die Sünder, daß sie umkehren und von ihren Lastern lassen. Doch das ist alles vergeblich, wenn nicht Jesus mit göttlicher Kraft den erstorbenen Geist des Sünders anrührt. Jesus nämlich ist das Leben aller, auch der Toten. Gute Hoffnung auf Rückkehr des Lebens ist es, wenn Jesus sich entschließt, den Sarg zu berühren, doch die Lebenskraft kehrt nicht wieder, wenn Jesus den Verstorbenen nicht anspricht"[178]. Am Beispiel der Auferweckung des Lazarus, der schon vier Tage im Grabe gelegen hatte, wird nun verdeutlicht, daß kein Sünder so bejammernswert sein kann, daß die Liebe der Kirche an seinem Heil zweifeln müßte. Allerdings: Jesus muß zu ihm reden; denn was er redet, ist Geist und Leben. Daß der erweckte Jüngling wieder redet, besagt, daß er seine

---

[178] „Orat quidem, obsecrat, hortatur, objurgat Ecclesia peccantes, ut resipiscant, ut conquiescant a vitiis suis. Sed haec omnia frustra, nisi Jesus arcana virtute contingeret animum peccatoris mortuum. Jesus enim vita est omnium, etiam mortuorum. Bona spes est rediturae vitae, quum Jesus dignatur loculum contingere, sed nondum redit vitae vigor, nisi mortuo loquatur Dominus" (Paraphr. in Lc 7,15, LB VII 354 A).

Sünden bekennt[179]. Das Furchtmotiv, das die Außergewöhnlichkeit des Wunders betont, wird von Erasmus zunächst nicht aufgegriffen. Vielmehr psychologisiert er die Situation und spricht von der Freude der Mutter Kirche über die Rückgewinnung des verlorenen Sohnes, bevor er die Furcht erwähnt, die er auf den exemplarischen Ausschluß der unheilbar Bösen von der Kirche bezieht[180].

Es ist dies ein schönes Beispiel Erasmischer Allegorese, allerdings eine der wenigen, so detailliert durchgeführten allegorischen Deutungen, und sie findet sich nicht erst in der letzten Evangelien-Paraphrasierung durch Erasmus, nämlich der des Markusevangeliums, sondern in der Lukas-Paraphrase. Typisch ist dabei, daß Erasmus die Geschichte des Erweckungswunders durchaus erzählt, doch an ihm selbst kein Interesse zeigt, sondern das Geschehen mit Hilfe der Allegorese *spiritualisiert*. Nicht daß er die historische Zuverlässigkeit des Berichteten in Zweifel ziehen wollte. Ausdrücklich merkt er an: „So wenigstens hat sich die Sache dem historischen Geschehen nach ereignet", aber „nicht ohne Bedeutung für die geistliche Lehre"[181]. Alles *äußere Geschehen* ist von einer gewissen, mehr oder minder starken *Transparenz*. Da die Krankheit des Körpers auf die Seele hinweist, signifiziert des Jünglings Krankheit zum Tode den Fall einer besonders schwerwiegenden Sünde. Von diesem Gedanken aus erschließt sich Erasmus den tieferen Sinn des Erweckungswunders. Für Erasmus kündet diese Perikope nicht so sehr vom Hereinbrechen des Reiches Gottes und seines Sieges auch über den Tod – jedenfalls stellt er diesen Skopus nicht heraus –, als vielmehr von der Macht der Sünde und ihrer Vergebung, die die Kirche üben soll.

In diesen Allegoresen wird so mit wenigen, aber kräftigen Strichen ein Bild der Kirche entworfen, in der der evangelische Geist den jüdischen Buchstaben abgelöst hat. Jesus ist ihr Zentrum in Wort und Lehre. Die *Wortverkündigung* obliegt den Pastoren als vornehmste Aufgabe. Rein wird diese Kirche durch die Sündenvergebung, die die frohe Gemeinschaft der wahrhaft Heiligen konstituiert. Durch die Taufe findet man Zugang zu dieser Gemeinschaft, in der verschiedene Geistesgaben zusammenwirken. Unter Verzicht der Berufung auf die eigenen guten Werke sich ganz auf Gott zu verlassen und allein seine Ehre zu suchen, das heißt Glaube. Die Einladung zu dieser Gemeinschaft der Kirche ergeht weltweit, Juden und Heiden sind zu ihr gerufen. An dieser Erasmischen Bestimmung der notae ecclesiae erkennt man gleich ihre charakteristische Ausrichtung. Kirche sieht er nicht vornehmlich als hierarchische, recht-

---

[179] Vgl. ebd. 354 A–C.
[180] Lc 7,16, ebd. 354 C/D.
[181] „Atque ita quidem res juxta historiam gesta est, non sine significatone doctrinae spiritualis" (Lc 7,15, ebd. 352F).

lich verfaßte, sakramental unterfangene Institution. *Kirche* ist die um Jesus durch sein Wort und seine Lehre versammelte *Gemeinschaft der Glaubenden,* die das Fleisch eines sterilen Gesetzes- und Buchstabenglaubens hinter sich lassend ihr Bemühen auf das Geistige richten. Selbstverständlich ist damit nicht alles gesagt, was Erasmus zur Ekklesiologie zu sagen hat, nicht einmal alles, was die Paraphrasen dazu festzustellen haben. Nur dies ist hier schon zu konstatieren, daß sich die auf dem Weg der Allegorese gewonnenen Aussagen über die Kirche ganz und gar im Rahmen des Erasmischen Kirchenbildes halten, d. h. man muß Erasmus von dem Verdacht freisprechen, er mißbrauche die Allegorese als Mittel zur Stützung ekklesiologischer Aussagen, die er sonst nicht auf die Schrift gründen zu können glaube. Die allegorische Deutung dient ihm dazu, allgemeine und zentrale neutestamentliche Gedanken auf die Kirche zu übertragen. Verkündigung des Evangeliums durch das Wort Christi, christologische Konzentration, das Leben der Gemeinde aus der Sündenvergebung und brüderlicher Liebe wie ihre Erbauung durch die Geistwerdung des einzelnen Christen sind die Generalthemen, die sich auch in der Art, wie Erasmus sie traktiert, im consensus scripturarum halten. Nur einmal, in der Interpretation der Sturmstillung bei Markus wird ein dogmatisches Problem in die Perikope eingetragen, das so weder in ihr selbst, noch sonst im Horizont des Neuen Testaments liegt, wenn Erasmus nämlich die Frage der *una sancta ecclesia* und der *Pluralität* der verschiedenen *Konfessionen* anzusprechen und zu lösen versucht. Auch in anderen Zusammenhängen geschieht das höchst selten. Erasmus wahrt bei der Durchführung der Schriftinterpretation in den Paraphrasen die von ihm selbst in den Einleitungsschriften gezogenen Grenzen allegorischer Auslegung. In keinem Fall setzt er die Allegorese ein, um vermeintlich anstößige Stellen oder Absurditäten zu überspielen, bzw. sonstwie unergiebigen Schriftaussagen doch noch einen Sinn abzugewinnen, oder um Widersprüchlichkeiten zu glätten. Es ist auch nicht etwa die Lust zu fabulieren, die ihn in die Allegorese drängt. Vielmehr sieht er in der allegorischen Interpretation ein Mittel, generelle und ganz zentrale Schriftaussagen auch dort herauszustellen, wo sie nicht gerade literaliter angesprochen und verbaliter ausgesprochen worden sind. Es geht ihm darum, die auf diese Weise in den Vordergrund gerückten Gedanken für die Kirche der eigenen Gegenwart fruchtbar zu machen.

6.8 Das Wort in Gesetz und Evangelium als Ziel der Allegorese

Nächst dem ekklesiologischen Bereich stößt Erasmus auf dem Wege der Allegorese in das Gedankenfeld der Lehre als *Verkündigung* des Wortes bzw. des *Evangeliums* vor. Ganz im Vordergrund steht die Tatsache, daß die Erwähnung des Brotes mit dem Wort oder der evangelischen Lehre assoziiert wird. Voran geht das in den Evangelien sechsmal (mit Varianten) tradierte Speisungswunder, denn schon die Evangelien selbst deuten an, daß diese Geschichte über sich selbst hinausweist. Nicht allein das Johannesevangelium erkennt ihr eine Transparenz zu, indem es den Blick von der partiellen Gabe zum Geber lenkt, sondern auch Markus sieht in dem einmaligen Ereignis ein sich wiederholendes Gesamtgeschehen[182]. Für Erasmus spiegelt sich in der Sättigung des Leibes die *Speisung der Seele*. Schon in der Matthäus-Paraphrase macht Erasmus deutlich, daß Jesus auch den Leib speist, obwohl er doch gekommen war, die Seelen zu nähren, um den nachfolgenden Verkündigern des göttlichen Wortes, der evangelischen Lehre, ein Beispiel zu geben[183]. Mit dem Brot ist das Wort Gottes gemeint, mit dem Austeilen das Verkündigen, und aus der Geste, daß Jesus mit dem Blick zum Himmel betet und die Apostel das Brot aus seiner Hand empfangen, ist zu schließen, daß auch das Wort der Verkündigung Gottes Gabe ist. Diese Auslegung in der Form einer *tropologischen Allegorese* bestimmt die Mattäus- wie auch die Johannes-Paraphrase. In der Kommentierung des Mahles des Auferstandenen mit seinen Jüngern am See von Tiberias (Joh 21) hat Erasmus denselben Skopus herausgestellt: „Also schritt Jesus zum Mahl, teilte ihnen auf seine Art das Brot, das er mit seinen Händen gebrochen hatte, wie auch den Fisch aus, und lehrte die Seinen, die er zu Hirten der Kirche ausersehen hatte, durch diese Tat, daß sie die evangelische Herde mit der heiligen, aber nur von ihm selbst empfangenen Lehre nähren sollten"[184]. Obwohl die Paraphrasen der Spcisungsperikope bei Lukas und Markus intensiver allegorisieren, finden sich doch auch hier die gleichen Elemente. Zu Lukas erklärt Erasmus: „In diesem Geschehen liegt auch das Bild einer geheimeren Lehre verborgen"[185] und hebt dann wieder auf den sermo Euangelicus und seinen Geschenkcharakter ab[186]. Allerdings kommt hier nun auch das *Abendmahl* in den Blick[187], ganz im Gegensatz zur Geschichte der Emmausjünger, in der das Brot ausschließlich auf den sermo Euangelicus und das Brotbrechen auf das Öffnen der Schrift bezogen wird[188]. Ebenso

---

[182] STOCK, S. 137.
[183] „Quo facto Jesus tum demum futurus convivator, et corpora quoque pascens, qui pascendis animis venerat, ..." (Paraphr. in Mt 14,19, LB VII 85 A) und: „... velut aenigmate quodam admonens, quales oporteret esse doctores, qui pascunt sermone Dei simplicium animos" (ebd. 85 B). Die Apostel verteilen, was sie von Christus empfangen haben, nämlich die schlichte und evangelische Lehre (ebd. 85 C).
[184] Paraphr. in Joh 21,13, LB VII 647 A/B.
[185] „In his quoque latet doctrinae secretioris imago" (Paraphr. in Lc 9,17, LB VII 369 B).
[186] Ebd. 369 B–E.   [187] Ebd. 369 D.
[188] „Non agnoscunt nisi ipso porrigente panem sermonis Euangelici... In via fregerat, ac porrexerat illum panem mystice, quum illis aperiret Scripturas. Et quod illic fecerat juxta spiritum, post corporali signo renovavit" (Paraphr. in Lc 24,31, LB VII 485 E).

heißt es in der Markus-Paraphrase: „Durch dieses Wunder hat Jesus auch seinen Aposteln ein Modell der Speisung der Menge mit dem evangelischen Wort gegeben"[189], und Erasmus versäumt auch hier nicht, den Prediger vor jeder Art von Arroganz und Anmaßung zu warnen. Die Parallelerzählung der Speisung der Viertausend bei Markus (Mk 8,1–10) wird gleichfalls auf die Verkündigung des Wortes Jesu durch den Prediger im Gottesdienst gedeutet, verbunden mit dem Hinweis auf die Mittlerrolle des Predigers[190]. Hier mag als Besonderheit gewertet werden, daß Erasmus den vere panis Euangelicus mit den evangelischen Schriften, d. h. den Evangelien, im Gegensatz zu den alttestamentlichen Schriften identifiziert[191], dem ein wenig Fisch, nämlich die apostolischen Briefe hinzugefügt werden dürfen[192].

Vom Wort als *Gesetz und Evangelium* redet nach Erasmus auch das Weinwunder von Kana (Joh 2,1–11). Grundlage ist ihm die von heutigen Exegeten ebenfalls sehr bevorzugte *christologische Deutung*, daß sich im Zeichen des Weinwunders Christus selbst offenbare. „Gleichsam durch ein gewisses Zeichen deutete Jesus an, was er darauf in Angriff nahm"[193]. Jesu Sendung wird darin gesehen, daß er den törichten und schwachen Buchstaben des mosaischen Gesetzes in den Wein des evangelischen Geistes verwandelt[194]. „Diejenigen, die dem Evangelium nicht geglaubt haben, trinken noch immer das Wasser des mosaischen Gesetzes, die Christus geglaubt haben, entbrennen selig durch den Wein der geistigen Lehre zur Liebe des himmlischen Lebens und werden belebt"[195]. Daß *Origenes* Wasser und Wein ebenfalls auf die Schrift bezieht, sei hier nur angemerkt[196]. Für Erasmus legt sich diese Auslegung auch deshalb nahe, weil er das Bildwort vom neuen Wein, den man nicht in alte Schläuche gießt (Mk 2,21; Mt 9,16f. u. Lk 5,36–38), durchweg auf Jesu neue und himmlische Lehre bezieht[197].

---

[189] „Hoc miraculo Jesus et Apostolis suis formam praescripsit, pabulo sermonis Euangelici pascendi militudinem..." (Paraphr. in Mc 6,44, LB VII 207C); vgl. den Kontext ebd. 207C-E.

[190] Paraphr. in Mc 8,5ff., LB VII 216Cff.; bes. 216D/E u. 217C/D.

[191] Ebd. 216C/D.   [192] Ebd. 217B/C.

[193] „Deinde veluti typo quodam nobis adumbravit Jesus, quod tum aggrediebatur" (Paraphr. in Joh 2,11, LB VII 516C). Zur Auslegung von Joh 2,1–11 bei den Vätern und heute: SMITMANS, bes. S. 39ff. u. 217ff.

[194] Paraphr. in Joh 2,11, LB VII 516C.

[195] „Qui non crediderunt Euangelio, adhuc bibunt aquam Legis Mosaicae, qui crediderunt Christo, spiritualis doctrinae musto feliciter ad vitae coelestis amorem incalescunt, ac vegetantur" (ebd. 516C/D). So interpretiert auch W. BAUER, S. 46: „Christus setzt an die Stelle des kraft- und geschmacklosen Zeremoniewesens der Juden den Feuer- und Kraftgeist des Evangeliums, der alles an Fülle und Güte übertrifft".

[196] Joh-Komm., GCS 5, 294,30–295,1.

[197] Paraphr. in Mt 9.15–17, LB VII 55C-E (passim); Paraphr. in Lc 5,39, LB VII 343D–344A; Paraphr. in Mc 2,21, LB VII 177D-F.

Verständlicherweise steht der Tempel für die alte, jüdische, pharisäische Religion. Jesus im Tempel (Joh 7,37) das heißt, daß nun der Bahnbrecher einer neuen Religion der alten gegenübertritt[198]. Wenn Jesus Mt 24,1 den Tempel verläßt, zeigt er damit gleichsam bildhaft an, daß der Tempelkult und alle jüdische Gesetzesreligion abzutun ist[199]. Das Zerreißen des Tempelvorhangs beim Tode Jesu meint daher, daß die Schatten des mosaischen Gesetzes dem Licht des Evangeliums weichen[200].

Ebenso kann Erasmus in der Gestalt Johannes des Täufers einen Hinweis auf das mosaische Gesetz erblicken, denn Johannes ist sein Typus. Wenn es Joh 1,35 heißt, daß Johannes dastand, dann liegt bei diesem Stehen die tiefere Bedeutung darin, daß das Gesetz zum Stehen kommt, wo Jesus auftritt[201]. Die Lukas-Paraphrase gibt diesem Gedanken besonders Raum, wenn sie Zacharias und Johannes zu Typen des alttestamentlichen Gesetzes macht[202] und zu Beginn der öffentlichen Wirksamkeit Jesu (4,14) noch einmal an 3,20 erinnert, daß Johannes im Kerker ist, als Jesus auftritt, denn das Gesetz, dessen Typus Johannes trägt, ist an die Kette gelegt, während sich die evangelische Freiheit hervordrängt. Dem schattenhaften und aufgrund seines abbildhaften Charakters obskuren Gesetz gebührt der Kerker[203]. Die gleiche Deutung läßt Erasmus in der Markus-Paraphrase zu Mk 1,14 wiederaufleben. Der Gefangennahme des Johannes kommt eine geheimnisvolle Bedeutung zu. „Was bedeutet der im Kerker eingeschlossene Johannes? Daß das mosaische Gesetz bei Aufgang allerklarsten evangelischen Lichtes in den Schatten zu stellen ist. Was bedeutet der gefesselte Johannes? Daß zu binden ist, was am Gesetz fleischlich war, und durch die evangelische Gnade die Freiheit freizusetzen ist. Was bedeutet der enthauptete Johannes? Natürlich, daß das wahre Haupt der Kirche, die aus allen Völkern der Erde gesammelt werden muß, schon da ist"[204].

Gleichfalls weist der verstummende Zacharias (Lk 1,22) auf das baldige

---

[198] Paraphr. in Joh 7,37, LB VII 560 A–B.

[199] „Vt autem Jesus et imagine quadam repraesentaret Templum et omnem Judaicae Legis religionem brevi abolendam, egressus e Templo coepit abire" (Paraphr. in Mt 24,1, LB VII 124 C).

[200] „Indicans Mosaicae Legis umbras posthac evanituras ad coruscantem Euangelii Lucem" (Paraphr. in Mt 27,51, LB VII 142 D); ähnlich Paraphr. in Lc 23,45, LB VII 464 A und Paraphr. in Mc 15,38, LB VII 269 C, wo Erasmus besonders das Ende des Opferkults angezeigt sieht.

[201] Paraphr. in Joh 1,36, LB VII 510 E/F.

[202] Paraphr. in Lc 1,5, LB VII 283 C.

[203] „Tempus enim erat, ut adstricta Lege, cujus typum gerebat Joannes, proferret sese libertas Euangelica. Umbrosae et aenigmatis obscurae Legi convenit carcer" (Paraphr. in Lc 4,14, LB VII 324 A).

[204] Paraphr. in Mc 1,14, LB VII 163 C.

Erschlaffen des Gesetzes hin[205] und der Zacharias, der seine Sprache wiederfindet, auf das Gesetz, das nun erst wahrhaft zu sprechen beginnt, nachdem es die Gnade des Evangeliums mit Bildern und stummen Elementen bis dahin nur angedeutet hatte[206]. „Wenn die jüdische Zunge nicht geschwiegen hat, die Predigerin fleischlicher Übungen und Anwältin menschlicher Gerechtigkeit, kann die evangelische Zunge nicht reden, die Gnade predigt, Glaube und Liebe, nicht Gesetzeswerke, die dem Menschen das Lob der Gerechtigkeit nicht zuschreibt aufgrund seiner Taten, sondern Gottes Gerechtigkeit predigt aufgrund der umsonst verliehenen Reinheit, die aus dem Glauben kommt"[207]. Auch darin steht Zacharias für die Synagoge, daß er nicht glaubt und darum ein Zeichen fordert[208].

In allen diesen Fällen wird das Bild des Zacharias wie auch des Johannes negativ besetzt, obwohl doch gerade mit der Ankündigung, der Geburt und dem Wirken Johannes des Täufers die Heilszeit des Evangeliums heraufzieht. Die Erklärung zu Lk 16,16 weist Johannes die Funktion der Grenzziehung zwischen Gesetz und Propheten auf der einen Seite und dem Evangelium auf der anderen zu, sieht ihn aber doch mehr im Bereich des Evangeliums wirksam, da mit ihm nicht nur die Buß-, sondern auch die Reichspredigt beginnt[209]. Diese in der Einordnung der Gestalt des Johannes zu beobachtende Unentschiedenheit bestätigt die Markus-Paraphrase. Nachdem Erasmus die Perikope von der Enthauptung des Johannes paraphrasiert hat, hängt er, wie so häufig in der Markus-Paraphrase eine Deutung mit dem Hinweis an, daß diesem Geschehen eine tiefere Bedeutung zukomme. Obwohl Johannes den Typus des Gesetzes darstellte, ist er dennoch als Vorläufer des Evangeliums mit einem evangelischen Lohn, nämlich mit einem ruhmvollen, wenn auch vom Tode des Herrn unterschiedlichen Tod ausgezeichnet worden. Während er heimlich enthauptet wurde, nachdem er schon eine Zeitlang gebunden im Gefängnis gelegen hatte, wurde Christus öffentlich ans Kreuz erhöht. In der Dunkelheit des Gefängnisses spiegeln sich die Schatten und Bilder des Gesetzes. Sie müssen dem heraufziehenden Licht weichen wie die fleischlichen Zeremonien der geistlichen Freiheit. Die Furcht muß gebunden

---

[205] Paraphr. in Lc 1,22, LB VII 288 B.
[206] Ebd. Lc 1,63, LB VII 294 F–295 A.
[207] „Nisi siluerit Judaica lingua, carnalium observationum praedicatrix, et humanae justitiae vindicatrix, non potest loqui lingua Euangelica, quae gratiam praedicat, quae fidem, quae caritatem, non Legis opera, quae non homini justitiae laudem vindicat e suis factis, sed Dei justitiam praedicat ex innocentia gratis collata per fidem" (ebd. Lc 1,64, LB VII 295 A).
[208] Ebd. Lc 1,18.20, LB VII 287 C. u. F.
[209] Paraphr. in Lc 16,16, LB VII 413 E–414 A. Zur Problematik der Stelle in der Sicht neuerer Exegese ist zu vergleichen CONZELMANN, S. 16f.

werden, damit sich Glaube und evangelische Liebe ausbreiten können. Daß Johannes enthauptet wurde, will sagen, daß die Kirche kein Haupt außer Christus allein anerkennen kann. Schließlich mußte das mit Joahnnes gewissermaßen getötete und zu Ehren erhobene Gesetz Jesus, dem Herrn, als dem Prediger der geistlichen Philosophie weichen[210]. Gehört das Leben des Täufers auch auf die Seite des Gesetzes, durch seinen Tod tritt er ein ins Reich des Evangeliums, das er mit seiner Gestalt vorabgebildet hat. Interessant ist diese Stelle aber auch insofern, als hier wieder deutlich wird, wie sehr Erasmus unter Wahrung seiner Grundtendenz in der Markus-Paraphrase allegorisierend bis in kleinste Datails geht.

In anderem Zusammenhang wurde schon erwähnt, daß Erasmus in den Kleidern, die die Jünger beim Einzug Jesu in Jerusalem den Tieren auflegen, die heilige Lehre und die Beispiele eines frommen Lebens angesprochen sieht[211]. Es sind manchmal die so unbedeutend erscheinenden Nebenzüge, die für Erasmus mehr *be-deuten*. Der ältere Bruder des Verlorenen Sohnes arbeitet auf dem Acker des mosaischen Gesetzes im Schweiß der schwer lastenden Vorschriften und in der Ausübung der drückenden Gesetzeswerke[212]. Eine besondere Aussage mißt Erasmus dem Vers 6 von Joh 8 zu: „Da bückte sich Jesus nieder und schrieb mit dem Finger auf die Erde". Da im Niederbücken ein Aufruf zur demütigen Selbsterkenntnis liegt, schreibt Jesus das Gesetz auf die Erde, das einen jeden im Bewußtsein eigenen Unvermögens bescheiden macht und barmherzig gegen den Nächsten. Solches Gesetz kontrastiert dem Gesetz auf den Tafeln, das durch falsche Gerechtigkeit Hochmut züchtet[213]. Die Angabe, daß das Tempelweihfest im Winter stattfindet, bezieht Erasmus ebenfalls auf das Gesetz. Winter, das ist die Zeit derer, die sich im Bemühen um das frostige Gesetz und nicht um die evangelische Liebe verzehren[214]. Uncharakteristisch ist, daß Erasmus die Zeitangabe hinterfragt – so sieht z. B. auch Bultmann das nahe Ende angedeutet: „die Jahreszeit bildet die Offenbarungszeit ab"[215] – charakteristisch ist aber, daß die Vorstellung der Kälte unmittelbar die Assoziation des Gesetzes wachruft[216]. Unter dem Bild des unfruchtbaren Feigenbaums versteht Erasmus eine auf frommem Schein aufgebaute und darum verfälschte

---

[210] „Quanquam in his rebus latet aliquid reconditioris sensus Joannes tametsi Legis typum gerebat, tamen ut Euangelii praecursor Euangelico praemio donatus est, nimirum gloriosa morte, sed tamen diversa a morte Domini" (Paraphr. in Mc 6,29, LB VII 205 C/D; vgl. den Gesamtzusammenhang C–E).
[211] Paraphr. in Lc 19,40, LB VII 434F–435A u. Paraphr. in Mc 11,7.8, LB VII 243B–C.
[212] Paraphr. in Lc 15,25, LB VII 409E.
[213] Paraphr. in Joh 8,6, LB VII 564B/C.
[214] Ebd. Joh 10,22, LB VII 584D/E.
[215] Bultmann, Das Evangelium des Johannes, S. 274.
[216] Vgl. Enchiridion, Holb. 73,13f. Daß Erasmus den Winter allerdings auch anders interpretieren kann, zeigt z. B. die Ratio (Holb. 283,21 ff.).

Religion[217]. Bei dieser Deutung könnte das Wortspiel ficus – fucus eine Rolle gespielt haben. Für die durch Heucheln verfälschte Religion steht auch Judas, der Jesus mit einem Kuß verrät[218]. Jesus selbst aber ist in seiner Verklärung Bild des Evangeliums. Nachdem die Wolke Mose und Elia hinweggenommen hat, finden die Jünger nur noch Jesus. Diese Szene spricht aus sich, denn wo das Licht der evangelischen Wahrheit hervortritt, weichen die Schatten und geheimnisvollen Bilder[219].

So rückt die Allegorese das Gegenüber von Gesetz und Evangelium, den Gegensatz von *falscher Religion* als Gerechtigkeit aus *Gesetzeswerken* und der *evangelischen* Wahrheit als *Demut aus Glauben* noch weiter in das Zentrum Erasmischer Theologie. Besonders herausgestellt wird der *Wortcharakter* der evangelischen Wahrheit und neuen Lehre. Die Funktion der Allegorese besteht auch hier wiederum nicht darin, Ungereimtheiten oder Widersprüche aus dem Wege zu räumen, sondern durch das Aufdecken tieferer Zusammenhänge über das wörtliche Verständnis hinaus die zentralen Aussagen der evangelischen Botschaft durch ständig wiederkehrende Verweise einzuprägen und zu vertiefen.

6.9 Die analogia spiritualis

Einen großen Umfang nimmt bei der Auslegung der Schrift durch Erasmus der Versuch ein, die Evangelienberichte *spirituell zu überhöhen*. Um diese Tendenz zu erläutern, soll zunächst als besonders prägnantes Beispiel die Perikope von der Heilung des Taubstummen (Mk 7,31–37) herangezogen werden. Die hier gemeinte Art der Auslegung gründet sich auf die Erkenntnis, die Erasmus im Verlauf der Interpretation dieser Perikope folgendermaßen beschreibt: „Wie das meiste, was Jesus spricht, gleichnishaft ist, so ist nicht selten gleichnishaft, was er tut"[220]. Man versteht den Sinn der Geschichte erst recht, wenn man bedenkt, daß wahrhaft taub ist, wem die geeigneten Ohren fehlen, Gottes Wort zu hören, und wahrhaft stumm ist, wer nicht die Zunge hat, seine eigene Sündhaftigkeit und Gottes Erbarmen zu bekennen[221]. Daß der Taubstumme zu Jesus geführt werden muß und der begleitenden Bittsteller bedarf, hat ekklesiale Bedeutung, denn die Gläubigen führen den Katechumenen Christus zu und bitten für ihn. Wenn Jesus dem Taubstummen die Hand auflegt, so mag man daraus sehen, daß alles menschliche Bemühen ohne Jesu Unterstützung vergeblich ist[222]. Jesus nimmt den

---
[217] Paraphr. in Mc 11,13, LB VII 245 A; vgl. Paraphr. in Lc 19,4, LB VII 428 B.
[218] Paraphr. in Mc 14,43.45, LB VII 262 D u. 263 A.
[219] Paraphr. in Lc 9,35, LB VII 371 B.
[220] „Siquidem ut plerumque parabola est, quod loquitur Jesus; ita non raro parabola est, quod facit" (Paraphr. in Mc 7,32, LB VII 214 C).
[221] Ebd. 214 A.   [222] Ebd. 214 B–C.

Taubstummen zur Seite, das heißt, gerettet kann nur werden, wen Jesus dem Tumult dieser Welt entnimmt. Die Finger, die Jesus in die Ohren legt, sind der Geist Gottes, mit dem er den menschlichen Geist anrührt, der Speichel, mit dem er die Zunge berührt, ist die göttliche Weisheit, die die Zunge unseres Geistes streift[223]. Äußerlich betrachtet gibt es viel glänzendere Wunder, geistlich gesehen liegt jedoch die höchste Seligkeit darin, daß der Mensch das Wort des Evangeliums hört und daß er ausspricht, was er aufgenommen hat und glaubt[224]. Ohne eine Zeile Erasmischer Evangelienauslegung gelesen zu haben, wird man aufgrund dieser Interpretation eines Heilungswunders erwarten dürfen, daß Erasmus andere Heilungen gleichfalls nach demselben Schema auslegt: Krankheit gleich Sünde, Heilung des Körpers gleich Heilung der Seele. Das Thema klingt schon in der Auslegung des Sammelberichts der ersten Heilungen Jesu bei Matthäus (Mt 4,23–25) an. „Wenig bedeutete es für denjenigen, die Krankheiten des Körpers zu heilen, der die Krankheiten der Seele heilte"[225]. Bei der Heilung des Aussätzigen (Mk 1,40–45 par.) geht es nach der Paraphrase zu Lukas eigentlich um die animi lepra[226]. Das Heilungswunder hat seinen Sinn darin einzuschärfen, daß es keine noch so schwere Sünde geben kann, die nicht vergeben werden könnte, sagt die Lukas-Paraphrase[227]. In der Markus-Paraphrase dagegen stellt Jesus durch die Heilung bildlich augenfällig dar, was er zuvor durch die Predigt an den Seelen seiner Hörer getan hatte[228]. Nach der Matthäus-Paraphrase wiederum will dieselbe Geschichte diejenigen, die an der seelischen Lepra leiden, belehren, woher und durch welchen Glauben sie Heilung erbitten können[229]. Dieser synoptische Auslegungsvergleich ist ein instruktives Beispiel dafür, wie Erasmus bei gleichbleibender spiritualisierender Grundtendenz derselben Geschichte je eine andere Ausrichtung geben kann.

Die Dämonenbesessenheit ist ein Hinweis auf noch ekelhaftere Übel des Geistes[230], auf die ruchlosen Begierden wie Ehrgeiz, Habsucht, Neid,

---

[223] Paraphr. in Mc 7,33, LB VII 214 C–D.

[224] „Omnia Jesu miracula, nostra erant beneficia. Quae si juxta speciem rerum corporalium expendas, erant multo splendiora, quam hoc quo ex surdo fecit audientem, ex muto loquentem. Sed juxta sensum spiritualem summa felicitas in hoc est, ut homo auribus audiat sermonem Euangelicum, et quod didicit creditque, loquatur" (Paraphr. in Mc 7,37, LB VII 215 F). Erasmus betont ausdrücklich, daß es sich um ein bildhaftes Geschehen handelt (ebd. Mc 7,34, 214 E).

[225] „Parum erat illi tollere morbos corporum, qui tollebat morbos animorum" (Paraphr. in Mt 4,24, LB VII 22 D/E).

[226] Paraphr. in Lc 5,12, LB VII 337 A.

[227] Lc 5,12.13, LB VII 336 F u. 337 C/D.

[228] Paraphr. in Mc 1,40, LB VII 167 C/D.

[229] Paraphr. in Mt 8,2, LB VII 48 A.

[230] Paraphr. in Lc 4,33, LB VII 330 B/C u. ebd. in Lc 4,32, 330 A; ähnlich wird die

Haß und Lust[231]. In der Krankheit des Gelähmten (Mk 2,1–12) hat man das Bild eines von irdischen Begierden verweichlichten und aufgelösten Geistes vor sich mit dem Beweis, daß er nicht imstande ist, sich zu Frömmigkeitsübungen zu erheben, sondern in der Bindung an niedrige und schmutzige Sorgen nichts Hohes und Himmlisches denkt[232]. Da Blindheit die Blindheit des Herzens meint, heißt Heilung von der Blindheit, rechtes Urteilsvermögen erlangen und alles klar erkennen. Glücklich, wen Christus mit Augen des Herzens erleuchtet hat, ihm erscheint äußerst gering, was der Welt als sehr groß gilt, ihm erscheint häßlich, was die Welt für herrlich hält, er hält für das Höchste, was die Welt für nichts erachtet[233]. Im blinden Bettler Bartimäus spiegelt sich das Menschengeschlecht, das blind war, weil es die Wahrheit nicht kannte, und bettelte aus Mangel an allen Tugenden[234]. Doch nicht nur die Krankheit, sondern auch der Tod als ihre Folge hat die gleiche Bedeutung, wie es Erasmus in der Auslegung der Auferweckung der Tochter des Jairus (Lk 8,40–56 u. Mk 5,21–43) zu erkennen gibt. „Das tote Mädchen bezeichnet den Menschen, der durch Schwäche in Schuld gefallen ist"[235]. In dem Mädchen wird die durch die Sünde tote Seele zum Leben der Reinheit zurückgerufen[236].

Natürlich werden nicht nur Krankheit und Tod in diesem spiritualisierten Sinn verstanden, auch andere Umstände, Dinge und Ereignisse zeichnen sich durch ihre spiritualisierende Transparenz aus. Eine eigenartige Auslegung erfährt in dieser Hinsicht die Perikope von Martha und Maria (Lk 10,38–42). Während es in dieser Geschichte um die Haltung der beiden Schwestern und die Kritik Jesu am Einspruch der Martha geht, überdenkt Erasmus meditierend die Frage nach der Speise Jesu. Die wahre Speise Jesu wird ihm nicht von Martha bereitet, sondern von Maria, denn Jesus lebt davon, daß Menschen seine Worte in das Innerste ihrer Seele aufnehmen[237]. Die Salbung in Bethanien (Mk 14,3–9) ist

---

Besessenheit als pestis animorum (LB VII 52 C) und magnum peccatum (LB VII 364 B) bezeichnet.
[231] Paraphr. in Mc 1,26, LB VII 165 C.
[232] Paraphr. in Mc 2,3, LB VII 170 A; auch ebd. in Mc 2,12, 174 A–B; vgl. dazu Paraphr. in Lc 5,17, LB VII 339 C.
[233] Paraphr. in Mc 8,25, LB VII 220 C.
[234] Paraphr. in Mc 10,46, LB VII 240 B.
[235] „Puella enim mortua, designat hominem per imbecillitatem collapsum in culpam" (Paraphr. in Lc 8,56, LB VII 366 E).
[236] „Nihil opus tali turba, ubi peccato mortuus animus ad innocentiae vitam est revocandus" (Paraphr. in Mc 5,40, LB VII 198 C). Hier ist vielleicht anzumerken, daß die Matthäus-Paraphrase diese Deutung noch nicht vornimmt (Paraphr. in Mt 9,18 ff.; LB VII 55 E ff.).
[237] „Grata est mihi tua pietas, quae mihi meisque pro tempore parat ab his, qui sermones meos trajiciunt in viscere animarum suarum, ut salvi fiant. Hic est enim cibus, qui me unice pascit, hic est potus, qui me unice reficit" (Paraphr. in Lc 10,42, LB VII 379 C).

„juxta spiritum" zu verstehen als das Opfer der Selbsthingabe der Kirche an Jesus, „denn an weltlichen Genüssen hat sich Jesus nie erfreut"[238]. Auch die Geschichte von der Stillung des Seesturmes (Mk 4,35–41 par.) weist über sich selbst hinaus auf die Winde der bösen Begierden[239]. Nach der Auslegung zu Matthäus (Mt 8,23–27) hat die Perikope darin ihre Intention, bildhaft zu lehren, daß wir, sooft die Stürme der Anfechtungen oder Verfolgungen gegen uns wüten, von niemand anders Hilfe erbitten sollen als von Jesus. Aller Aufruhr wird in Ruhe verwandelt, wenn nur jener in uns wacht[240]. „Der böse Wind ist die Eitelkeit, der gefährliche Sturm sind Zorn und Haß, die schrecklichen Wellen sind die bösen Begierden, die das Schiff unserer Seele vernichten, doch der Herr muß geweckt werden, damit er diesen Bewegungen befiehlt, und dann wird das Unwetter weichen"[241].

In dieselbe Dimension wird die Geschichte von Jesu Meerwandel gerückt, wenn sie in der Weise überhöht wird, daß sich in diesem Seesturm der Weltensturm spiegelt[242], denn Jesus will hier lehren, wieviel Gefahr, wieviel Dunkelheit und Unwetter dieser Welt uns droht, sooft wir von Jesus getrennt werden[243]. Auch heute macht die Exegese auf den alttestamentlichen Hintergrund dieser Aussagen aufmerksam. Sturm und Wasser bezeichnen die Anfechtungen des Glaubenden (Ps 69,2f. 15f.; 18,16f.), der Kampf Gottes mit den feindlichen Mächten aus der Schöpfungsgeschichte scheint anzuklingen[244]. Das griechische Äquivalent für das „Bedrohen" des Windes erkennt die Exegese als terminus technicus der Dämonenbeschwörung, so daß der Sturm als böser Dämon vorgestellt gesehen wird[245]. Ähnlich verhält es sich mit der Nacht, denn rein religionsphänomenologisch betrachtet gilt sie als die Zeit der unheimlichen und mystischen Götter[246]. Erasmus sieht in der Nacht das

---

[238] „Tali unguento juxta spiritum amat perfundi Jesus, qui mundi delitiis nunquam est delectatus" (Paraphr. in Mc 14,3, LB VII 258); vgl. den Kontext.

[239] Paraphr. in Mc 4,40, LB VII 193. In Vers 37 bezieht Erasmus den Wind auf viele und schwere Unruhen, die entstehen werden (ebd. 191 E).

[240] „Hac autem imagine nos docuit optimus Dominus Jesus, ut quoties in nos saevierint tentationum, aut persecutionum procellae, non aliunde petamus auxilium quam ab ipso. Tumultus omnis vertetur in tranquillitatem, si modo ille in nobis vigilaverit" (Paraphr. in Mt 8,27, LB VII 51 C).

[241] Paraphr. in Lc 8,25, LB VII 363 D.

[242] „... significans nullam, quamlibet atrocem mundi tempestatem formidandam esse his, quibus adest Dominus Jesus" (Paraphr. in Joh 6,20, LB VII 544 E).

[243] „... simulque docere quantum periculi sit nobis, quantae tenebrae, quanta tempestas immineat hujus mundi, quoties a Jesu sejungimur" (Joh 6,17, ebd. 544 B/C); Paraphr. in Mt 14,24, LB VII 85 F; Paraphr. in Mc 6,48, LB VII 208 B.

[244] SCHWEIZER, Das Evangelium nach Markus, S. 61.

[245] DOERNE, S. 40.

[246] Van der LEEUW, S. 440.

Unwetter des Unglücks[247], Nacht ist, wenn jene Sonne, das Licht der Welt, Jesus, nicht da ist[248]. Die kleine Episode des nackt fliehenden Jünglings (Mk 14,52) regt Erasmus zu einer tieferen Betrachtung an: „Wer so geistlich flieht, flieht selig. Denn was ist dieser Körper anders als ein Kleid der Seele? Sooft Satan seine Hand ausstreckt nach der Seele, laß das Leinengewand fahren und flieh!"[249] Daß Jesus auf einen Berg steigt, ist nicht einfach eine Ortsangabe, sondern eine Aussage mit tieferer Bedeutung. Schon im Alten Testament wird der Berg gern als der besondere Offenbarungsort Gottes verstanden (z. B. Ex 19,20; 1.Reg 19,8 u. ö.). Der Berg ist der Ort der Verachtung der Welt, der Nähe Gottes und der Unsterblichkeit. Jesus auf dem Berg heißt: Jesus sublimis[250]. Am Kreuz hängt Jesus zwischen Himmel und Erde. So nackt und unbelastet bereit, so über den Niederungen schwebend (sublimis) muß sein, wer mit dem Feind des menschlichen Heils kämpfen will[251]. Darum hat die Verklärung Jesu auf einem Berg statt, weil Offenbarung nur geschieht fernab vom Besorgen niedriger Dinge[252]. Ebenso findet sich der Garten Gethsemane, wie Erasmus meint, nicht von ungefähr im Tal am Fuße des Ölbergs, denn „niemand kann zum Kreuz Jesu hinaufsteigen, der nicht vorher in dieses Tal hinabgestiegen ist, der sich nicht zu Boden geworfen und aller Stützen menschlicher Überheblichkeit entsagt hat"[253].

Der Sinn dieses Abschnitts kann nicht sein, hier noch weitere Beispiele zu versammeln, an denen es in der Erasmischen Auslegung der Evangelien wahrhaft nicht mangelt. Die Grenzen zwischen einem Bildwort, einer Metapher, der Auslegung einer bestimmten Aussage im übertragenen oder speziell im allegorischen Sinn mögen im Einzelfall fließend sein. Erasmus hat keine präzisen Distinktionen vorgenommen. Seinem Grundansatz gemäß ist jede Erscheinung der sichtbaren Welt von der intelligiblen Welt unterfangen und auf sie hin zu befragen. Dieser Zusammenhang muß aufgedeckt werden. Es kann daher nicht verwundern, wenn Erasmus Erscheinungen, Ereignisse und Aussagen auf eine hinter ihnen liegende, tiefere, eigentliche Sinnebene hin zu interpretieren und sie damit auf eine andere, *geistig-geistliche Ebene* zu transponieren sucht. Im Vergleich mit der Allegorie im strikten Sinn geht die Auslegung nach der *analogia spiritualis* von einem engen Entsprechungsverhältnis des Textes

---

[247] Paraphr. in Mc 4,35, LB VII 191 E.
[248] Paraphr. in Mc 6,47, LB VII 208 A; Paraphr. in Joh 6,19, LB VII 544 D.
[249] „Qui juxta spiritum sic fugit, feliciter fugit. Quid enim est aliud hoc corpus, quam animi vestimentum? Quoties Satanas manum injecit animae, neglige sindonem, et effuge" (Paraphr. in Mc 14,52, LB VII 263 E).
[250] Paraphr. in Mc 3,13, LB VII 182 D.
[251] Paraphr. in Mc 14,24, LB 268 C/D.
[252] Paraphr. in Mc 9,2, LB VII 224 A/B.
[253] Paraphr. in Mc 14,32, LB VII 261 C/D.

zum sensus spiritualis aus, das die Interpretation sehr *nahe beim Text* hält, sie eben nur auf der spirituellen Ebene in einer *neuen Dimension* wiederholt. Heilung des Leibes meint eigentlich Heilung der Seele oder des Geistes. Generell wird dadurch die Textaussage zwar überhöht, aber nicht in Frage gestellt. Das Wunder wird nicht geleugnet oder bestritten, vielmehr hat es als einmaliges historisches Faktum darin seine Funktion, daß es eine immerwährende Wahrheit in aller Anschaulichkeit zum Ausdruck bringt. Nicht in der Allegorese im engeren und eigentlichen Sinn ist das Herzstück Erasmischer Schriftauslegung zu sehen, sondern gerade in diesem Transponieren der Aussagen in die Dimension des sensus spiritualis. Hat man sich diese Zusammenhänge klar gemacht, dann leuchtet unmittelbar ein, warum Erasmus sich dem Johannesevangelium so verwandt gefühlt hat.

Dieses hier entworfene Bild bedarf allerdings einer gewissen Korrektur. Es finden sich Texte bei Erasmus, in denen er die Spiritualisierung in einer Weise betreibt, die den sensus litteralis praktisch annulliert. Spiritualisierung als Mittel der Entradikalisierung. Diese Art der Auslegung läßt sich am Beispiel der Gefangennahme Jesu (Mk 14,43–52) sehr anschaulich exemplifizieren. Während Markus (14,47) ganz schlicht vom Einsatz des Schwertes durch einen Sympathisanten berichtet, wissen Matthäus (26,52 ff.) und Lukas (22,51) etwas von der Reserve Jesu gegenüber dieser Tat. Andererseits aber hat nach Lukas (22,35–38) Jesus die Mitnahme von zwei Schwertern gebilligt. Um hier einen gewissen Widerspruch in der Haltung Jesu zu beseitigen und zugleich der Legitimation des Schwertgebrauchs die Grundlage zu entziehen, führt Erasmus das Gespräch über die Hinlänglichkeit von zwei Schwertern aus Lukas (22,35–38) in die Matthäus-Paraphrase ein, indem er den Jüngern ein Mißverständnis anlastet. Die Jünger hatten vom Abendmahl Schwerter mitgenommen, weil sie glaubten, Jesus spreche von einem eisernen Schwert, während er doch in Wahrheit an das geistliche Schwert gedacht hatte[254]. Gleichfalls spricht die Lukas-Paraphrase davon, daß Jesus an den geistlichen Kampf gegen Welt und Satan gedacht habe, der einzig und allein mit dem Schwert der himmlischen Lehre geführt werde[255].

Schwierigkeiten bereitet Erasmus auch Mt 10,34: „Meinet nicht, daß ich gekommen sei, Frieden auf die Erde zu bringen. Ich bin nicht gekommen, Frieden zu bringen, sondern das Schwert." Da diese Aussage seinem Verständnis von der Aufgabe Jesu zu widersprechen scheint, sucht Erasmus eine harmonisierende Interpretation. Die Entzweiung, die Jesus nur mittelbar herbeiführt, entzündet sich an seiner evangelischen Lehre,

---

[254] Paraphr. in Mt 26,51, LB VII 136 D–E.
[255] Paraphr. in Lc 22,38, LB VII 454 A–C. In der Markus-Paraphrase (Mc 14,48) vom Schwert der evangelischen Predigt, die ins Innere der Herzen dringt (LB VII 263 B/C).

die die Entfernung aller menschlichen Affekte fordert. „Gesegnetes Schwert, das alle schädlichen Begierden aus dem Herzen schneidet"[256]. Erasmus versteht das Schwert nicht figurative als Bild der Entzweiung wie etwa Lukas (12,51) oder als Ausdruck der die Gemeinde bedrohenden Verfolgung, sondern er transponiert die Aussage auf eine für ihn charakteristische Weise in den anthropologischen Bereich und macht das Schwert zu einem gladius spiritualis.

Gerade auch zur Verdeutlichung seiner Stellung zum Problem von *Besitz* und *Reichtum* wendet Erasmus dieses Prinzip an. Es geht hier letztlich nicht um die Frage des äußeren Besitzes, sondern um die innere Einstellung zum Besitz, denn arm oder reich entscheidet sich nicht so sehr am konkreten Besitz, als vielmehr an den Affekten[257]. Jesus verurteilt nicht den Reichtum, sondern die Hingabe und Liebe zu, bzw. die Sorge um den Reichtum[258]. In der Forderung der Entmannung um des Himmelreichs willen geht es Jesus nicht um die Amputation des leiblichen Gliedes, sondern um die Besiegung der geschlechtlichen Leidenschaft[259]. Nicht das Fasten als Enthaltsamkeit von Speise macht Gott wohlgefällig, vielmehr der reine Affekt eines Geistes, der sich freut, allein Gott zu gefallen[260]. Wenn Jesus am Grabe des Lazarus weint, dann drückt sich darin nicht der ganz menschliche Schmerz über den Verlust eines Freundes aus. Jesu Weinen ist Zeichen seiner Betrübnis über die Sünden der Menschen, die dem Untergang geweiht sind, und über den Unglauben der Juden.

Der Grund für die Anwendung dieses Interpretationsmodells liegt im Ansatz Erasmischen Wirklichkeitsverständnisses. Da die sichtbare Welt nur Schatten, Abbild oder Gleichnis der wahren Welt Gottes ist, muß die Interpretation, will sie sich der Wahrheit nähern, die *Schein-Sein-Relation* aufzudecken suchen. Eigentliches und wahrhaftiges Verstehen realisiert sich in diesem Brückenschlag. So sehr Erasmus einerseits Realist zu bleiben und die Dinge der sichtbaren äußeren Welt nicht aufzuheben oder zu verflüchtigen sucht, so wenig kann er doch auch seinen Hang zur *Spiritualisierung* und *Internalisierung* leugnen. Die Gefahr des Mißverständnisses der Erasmischen Position besteht in der Annahme, es handelte sich hier um zwei divergierende Linien, die Erasmus ohne Erfolg

---

[256] „Felix gladius, qui noxias cupiditates omnes ab animo recidit" (Paraphr. in Mt 10,34, LB VII 63 F); vgl. Paraphr. in Lc 12,51, LB VII 394 B/C.

[257] „Quamquam paupertas, et opulentia, non tam in possessionibus est sita, quam in affectibus" (Paraphr. in Mt 19,16, LB VII 104F).

[258] „... intelligens Jesum damnare non divitias, sed affectum et amorem, curasque divitiarum, ..." (Mt 19,22, ebd. 105 D).

[259] „... non amputato corporis membro, sed ob amorem Euangelii, devicto affectu rei uxoriae" (Mt 19,12, ebd. 104 B).

[260] „Nec enim jejunium Deo commendat abstinentia cibi, sed affectus purus animi, soli Deo placere gestientis" (Mt 6,16, ebd. 38 B).

beieinanderzuhalten versucht hat. Geht man allerdings den Gedankengängen des Erasmus sorgfältig nach, dann kann man sehr schnell entdecken, wie beide Argumentationsstränge genuin aufeinander bezogen sind und so in einem fruchtbaren Spannungsverhältnis zueinander stehen. Für Erasmus ruhen die Dinge der äußerlich sichtbaren Welt nicht in sich, sondern ihre äußere Erscheinung steht in einem heterogenen Verhältnis zu den Dingen der geistigen Welt. Das bedeutet jedoch nicht, daß die sichtbaren Dinge wertlos sind, denn das Geistige muß sich vergegenständlichen, um faßbar zu werden. Andererseits ist aber vor der Identifikation der beiden Seinsweisen, des Körperlichen und des Geistigen, zu warnen, denn sie würde außer acht lassen, daß in jeder Form von Vergegenständlichung und Konkretisierung der Geist die Materie transzendiert. Man muß sich davor hüten, den Geist mit seinen jeweiligen Erscheinungsformen gleichsetzen zu wollen.

Was so grundsätzlich gilt, darf natürlich bei der Auslegung der evangelischen Geschichte nicht unberücksichtigt bleiben. Die *Inkarnation* steht im Dienste der Vergegenständlichung als *Akkommodation* an das menschliche Fassungsvermögen. Doch die Menschheit Christi, wie sie sich in seinen Worten, Taten und allen Ereignissen äußert, kann nicht mehr sein als die Erscheinungsform, die Gott annehmen mußte, um den Menschen begreifbar zu werden. Wer mehr in ihr sieht, verfälscht Gottes Absicht. Der Mensch Jesus, sein Reden und Tun, alle Geschehnisse können – recht verstanden – das Geistige, die göttliche Wahrheit wohl vermitteln, nicht aber unmittelbar enthalten. Sie haben Verweischarakter und lassen den geistigen Hintergrund durchscheinen, indem sie sich selbst *transzendieren*. Von diesen Voraussetzungen her liest Erasmus die evangelische Geschichte und sucht, sie auf ihren geistig-geistlich-göttlichen Gehalt hin zu interpretieren. Der Trend, das Körperliche, Sichtbare, die Materie, die raumzeitlichen Ereignisse zu transzendieren, hat allerdings häufig eine *Entradikalisierung* zur Folge. Etwa an der Einstellung zum Besitz ist diese Konsequenz sehr deutlich abzulesen. Das Sorgen um den irdischen Besitz verweist auf den himmlischen Besitz, dem alle Gedanken zuzuwenden sind. Jesu Warnung vor irdischem Reichtum ist letztlich eine Warnung, den Schein nicht für das Sein zu halten und die Dinge der sensiblen Welt nicht zu verabsolutieren. Reichtum als solcher wird nicht verworfen – er kann sogar eine Gottesgabe sein –, sondern seine Verabsolutierung, die ihm seinen Verweischarakter auf den Reichtum in Gott raubt. Die Frage nach Armut oder Besitz tritt als sekundär hinter der Frage nach der Einstellung des Menschen zu den Dingen der Welt in seinem Verhältnis zu Gott zurück. Das Problem als solches ist entradikalisiert[261].

---

[261] Dazu besonders: Paraphr. in Mt 6,20f., LB VII 39 A; Mt 19,16, ebd. 104 F; Paraphr. in Mc 10,22, LB VII 235 C; Paraphr. in Lc 12,13–21, LB VII 390 B–E passim.

7. Die tropologische Auslegung

7.1 Sensus historicus und sensus tropologicus

Es gibt keine Schriftstelle, die nicht tropologisch interpretiert werden könnte. Das, so meint Erasmus, kann man in gleicher Weise von der Allegorie und der Anagogie nicht sagen[1]. Zu dieser Feststellung versteht sich Erasmus 1535 im Ecclesiastes. Für dies Urteil liefert er auch die Begründung. Der *sensus tropologicus,* der auf die sittliche Lebensgestaltung des einzelnen Menschen und sein Handeln abzielt, steht dem untersten, d. h. dem *historischen Sinn* am nächsten, denn die Geschichte selbst weist beiläufig darauf hin, was dem sittlich guten Handeln dient[2]. Der tropologische Sinn ist eng an die Historie gebunden. Es ist wie bei einem Gemälde, nicht alle teilen das gleiche Urteil darüber, aber alle erkennen gleichermaßen, was dargestellt ist. Weil der sensus tropologicus so nahe bei dem sensus historicus liegt, ist er so klar und leicht zu verstehen. Im Gegensatz zum *sensus allegoricus* ist der sensus tropologicus weit weniger willkürlich, da er nicht so stark wie jener vom Einfallsreichtum des Exegeten abhängt. Weil sie dem Menschen Beispiele der Frommen vor Augen hält, deren Taten uns die Schriften so angelegentlich zur Nachahmung empfehlen, ist die Tropologie ebenso angenehm wie nützlich. In diesem Zusammenhang werden *Origenes* und *Chrysostomus* als die beiden Väter genannt, die sich am umsichtigsten und erfolgreichsten der Tropologie bedienen.

Während aber Origenes noch tiefer liegende Sinnschichten erschließt, beschränkt sich Chrysostomus fast ausschließlich auf die Tropologese[3]. Das Fazit im Ecclesiastes heißt: Nicht jede Schriftstelle hat eine allegorische Bedeutung, aber jedes Schriftwort kann tropologisch interpretiert werden. Und: da der sensus tropologicus in so enger Beziehung zum

---

[1] „Tropologia nusquam non est locus, ut interim his vocibus abutamur docendi gratia. Caeterum Allegoria et Anagoge non pari felicitate in quibuslibet Scripturae libris inducitur... Neque enim mysticum sensum habent omnia, et sunt quae per Allegoriam aut Anagogen tractata frigent" (Ecclesiastes, LB V 1050 A–B).

[2] „Hic autem sensus [sc. tropologicus] infimo proximus est, in ipsa obiter Historia indicans quae ad bonos mores conferunt" (ebd. 1035 A).

[3] Ebd. 1036 D–F.

historischen Sinn steht, ist er unverhältnismäßig viel weniger der Willkür des Exegeten unterworfen und ausgeliefert. Schließlich zeichnet sich die Tropologie durch besondere Klarheit und durch ihren positiven Einfluß aus, den sie auf das Leben der Christen ausübt. Soweit der Problemstand von 1535.

Im Hyperaspistes betont Erasmus 1526 gegenüber *Luther,* daß ihm wie dem Wittenberger gekünstelte Tropen, die den sensus historicus beseitigen, besonders mißfallen. „Wenn du aber die Tropologien aus den Heiligen Büchern verbannst, geht der gute Teil der Heiligen Schrift, ihre angenehme und nützliche Seite, zugrunde"[4]. Auch in der Psalmenauslegung betont Erasmus immer wieder die hohe Bedeutung der moralischen Auslegung, so z. B. zu Psalm 4 (1525). Gegenüber der allegorischen liegt ihm an der tropologischen Interpretation um so viel mehr, als sie sich auf die alltägliche Gestaltung des Lebens eines jeden einzelnen bezieht[5]. In die Zeit der Entstehung der Paraphrasen zu den Evangelien reicht die Feststellung aus der Erklärung des Psalms 2 (1522) zurück, daß es kaum eine Schriftstelle gebe, die nicht tropologisch ausgelegt werden könnte[6]. Alles in allem ist sich Erasmus über zwanzig Jahre hin selbst treu geblieben, wenn er immer wieder den Vorrang der Tropologie vor der Allegorie herausgestellt hat.

7.2 Die tropologische Evangelien-Auslegung

Bei der Behandlung der Erasmischen Schriftauslegung ist der allegorischen Interpretation erheblich mehr Aufmerksamkeit geschenkt worden als der *Tropologese,* obwohl in der praktizierten Schriftauslegung, wie sie Erasmus z. B. in den Paraphrasen vornimmt, die tropologische Deutung quantitativ weitaus im Vordergrund steht. Zu erklären ist diese Erscheinung wohl nur durch den Umstand, daß die Forschung bisher hauptsächlich von den mehr theoretischen Schriften zur Schriftauslegung, von den Einleitungsschriften zur Ausgabe des Neuen Testament z. B. und dem Ecclesiastes[7], ausgegangen ist, während sie die Erasmische Schriftauslegung im Vollzug wenig zur Kenntnis genommen hat. Dabei drängt sich jedem Leser der Paraphrasen unmittelbar der Eindruck auf, wie entschei-

---

[4] „Nec mihi placet affectati tropi, praesertim qui subvertunt sensum historicum; verum si tropologias excludas a sacris Libris, perit bona pars et jucunditatis et utilitatis arcanae Scripturae" (Hyperaspistes, LB X 1310 A).

[5] In psalmum quartum concio, LB V 261 A–B.

[6] „Nam, nullus est fere Scripturae locus, qui non possit ad tropologiam accommodari" (Commentarius in psalmum secundum, LB V 201 D). Schon 1515 meint Erasmus im Blick auf seine Auslegung von Psalm 1, daß diesem Psalm die Tropologie am angemessensten sei (Enarratio primi psalmi, LB V 174 A/B).

[7] Dabei enthält gerade diese Schrift – wie oben gezeigt – deutlich Hinweise auf die Bedeutung der Tropologie.

dend die Auslegung der Evangelien von der Tropologese getragen ist. Mit an Stereotypie grenzender Häufigkeit laufen die Schilderungen von Ereignissen, Verhaltensweisen und Worten – meist ist Jesus der agierende – in ein *„docens"* aus, das sozusagen den Wendepunkt markiert, an dem der Bericht in Verhaltens- und Handlungsanweisungen umschlägt.

Darüber kann sich nur wundern, wer die Bedeutung des *Christus doctor* für die Erasmische Christologie übersehen hat. In den Annotationes kann Erasmus sogar mit einer gewissen Überspitzung die Inkarnation darauf abgestellt sehen, daß sie den Christus doctor in den Stand setzt, den Seinen seine Philosophie zu bringen[8]. In dieser Sicht ist Christus, was er lehrt[9], und was er lehrt, setzt er selbst in die Tat um[10]. „Die Lehre Christi ist die in Worte gefaßte Form des Tuns Christi. Und umgekehrt, die Worte Christi sind nichts anderes als Erläuterung seiner Taten"[11]. *Christus doctor et exemplum* heißt die Formel des Erasmus. Bezeichnend ist jener Satz aus dem Enchiridion: „Unser Vorbild ist Christus, in dem allein alle Urteile und Regeln für ein seliges Leben vorhanden sind"[12]. Diesem christologischen Ansatz korrespondiert eine *Anthropologie,* die auf die Hinaufbildung des Menschen vom Fleisch zum Geist angelegt ist, auf einen Prozeß, der sich in der Verwirklichung der Existenz zu bewähren hat. Als ethische Ideen rüsten die *rationes* den Menschen zum Kampf mit dem Fleisch aus und, indem sie die Grundlage für die Hinaufbildung darstellen, werden sie zum Anlaß für die zunehmend selbstverständliche Gewohnheit des rechten Handelns[13]. Auf den biblischen Text bezogen heißt das „transit lectio in animum ac mores"[14]. Weil Christus für uns nur über die Schrift zugänglich ist, führt die Begegnung mit ihm über das Wort der Schrift. In die Schrift sich hineinziehen zu lassen, heißt, *Christus gleichförmig* zu werden[15]. Das vornehmliche Ziel des Auslegers muß es daher sein, sich ergreifen zu lassen, um in das hinein verwandelt zu werden, was er liest[16]. Diese Intention ist dem Berichteten schon beige-

---

[8] „Hic aperit coelestis ille Doctor arcanam illam suam philosophiam, quam ut traderet suis, e coelo descenderat in terras" (Annot. in Lc 6,20, LB VI 254F). Aus der Fülle der hier möglicherweise anzuziehenden Stellen sei nur noch auf die Matthäus-Paraphrase zu Mt 1,1 verwiesen (LB VII 1 D).

[9] Enchiridion, Holb. 63,11 f.

[10] „Solos absolute praestitit, quicquid unquam docuit" (Paraclesis, Holb. 141,2 f.).

[11] HOFFMANN, S. 99; vgl. ebd. S. 98 ff.; ebenso PAYNE, Sacraments, S. 66 ff.

[12] „Exemplum nostrum Christus est, in quo uno omnes insunt beate vivendi rationes" (Enchiridion, Holb. 91,13 f.). In der Übersetzung sollte der vielschichtige Begriffsumfang der ratio wenigstens angedeutet werden. Dazu auch HOFFMANN, S. 180 ff.

[13] Enchiridion, Holb. 89,17 ff.

[14] Methodus, Holb. 161,10 ff.; Ratio, ebd. 296, 33 f.

[15] Schluß der Paraclesis, Holb. 148,29–149,12; ebd. 146, 6 ff.

[16] „Hic primus et unicus tibi sit scopus, hoc votum, hoc unum age, ut muteris, ut rapiaris, ut affleris, ut transformeris in ea quae discis" (Methodus, Holb. 151,17–19).

geben, denn „alles, was der Herr auf Erden getan hat, hat er in der Absicht getan, daß wir auf dem Wege der Betrachtung daraus schöpfen, was zu einem frommen Leben führt"[17]. Zum Proömium des Lukasevangeliums legt Erasmus dem Evangelisten die Feststellung in den Mund, es sei nicht seine Absicht gewesen, die Ereignisse lückenlos zu berichten, sondern lediglich das, was nach seiner Meinung für die evangelische Frömmigkeit und die Frucht des ewigen Lebens von Bedeutung ist[18]. Das heißt aber: in den Augen des Erasmus ist das Lukasevangelium unter tropologischer Abzweckung geschrieben.

Konnte es nach den Ausführungen des Ecclesiastes und der Psalmenauslegung noch so scheinen, als begründeten formale Erwägungen der Nähe zum Literalsinn und der Praxisbezogenheit den Vorrang der Tropologie, so fördert eine eingehendere Untersuchung das eigentliche Fundament der Bevorzugung der Tropologese durch Easmus zutage. Begründet ist dieser Primat im Ansatz der Erasmischen Theologie, denn Christologie und Anthroplogie verlangen geradezu nach einer prominenten Stellung des sensus tropologicus im Auslegungsgeschehen.

7.3 Der ekklesiologische Aspekt tropologischer Auslegung

Erwartungsgemäß hat die Tropologese eine stark individuell-seelsorgerliche Ausrichtung. Sie will den einzelnen trösten, mahnen, belehren und für ein christliches Leben zurüsten. Daher wird z. B. die Tatsache, daß Jesus betet, in die Aufforderung an jeden Christen umgemünzt, es dem Herrn gleichzutun und auch zu beten[19]. So läßt Jesus die Jünger im Garten Gethsemane in Anfechtung fallen, um zu zeigen, wie schwach die menschliche Natur ist und wie man sich in solcher Bedrängnis ganz der göttlichen Hilfe überlassen muß[20]. Beispiele dieser mehr individuellen Tropologese sind in den Paraphrasen nicht selten, sie werden jedoch an

---

[17] „Quandoquidem quicquid gessit in terris Dominus, in hoc gessit, ut in his philosophantes, nobis decerperemus, quod ad pie vivendum conducit" (Paraphr. in Mc 2,12, LB VII 172 B).

[18] „Neque enim nos sic teximus historiae seriem, ut nihil omnino praetermittamus eorum quae gesta sunt, sed ea duntaxat referimus, quae cognovimus ad Euangelicam pietatem et aeternae vitae fructum pertinere" (Paraphr. in Lc 1,1, LB VII 281 E). Schon 1519 empfiehlt Erasmus, besonders die Evangelien unter dem tropologischen Gesichtspunkt zu interpretieren (Ratio, Holb. 259,28–31).

[19] „Ac tertio precatus est eodem sermone, quo nos doceret pertinaciter ac vehementer orandum, quoties imminet procella tentationis" (Paraphr. in Mt 26,44, LB VII 136 A).

[20] „Quo factis ipsis doceret eos, quanta sit imbecillitas humanae naturae" (Mt 26,32, ebd. 135 A) und: „ut quos in monte spectatores adhibuerat suae majestatis, nunc testes haberet extremae imbecillitatis humanae; simulque doceret, ut quoties ingruit hujusmodi malorum tempestas atrocior quam ut humanae vires ferre possint, prorsus diffisi nobis, totos nos divino praesidio committamus" (Mt 26,36, ebd. 135 C).

Zahl von einer *Tropologese kollektiver Prägung* übertroffen. Als Adressaten dieser tropologischen Auslegung werden die Jünger[21], die Häupter der evangelischen Religion[22], die Prediger des Evangeliums[23], die evangelischen Doktoren[24], die Evangelisten[25], die Bischöfe und Pastoren[26], die Priester und Theologen[27] genannt. Wie schon bei der Allegorese ein Übergewicht der Bezugnahme auf die Kirche beobachtet werden konnte, so treten auch hier die *kirchlichen Funktionsträger* in den Vordergrund. Unter ihnen ragen aber wiederum die *Prediger* hervor, und die Aufgabe der Verkündigung nimmt einen bereiten Raum ein. Bezeichnend ist die Paraphrase zu Mk 3,20. Nachdem Jesus die zwölf Apostel auf dem Berg berufen hat, steigt er wieder hinab und betritt ein Haus, wo ihn die Menge bedrängt. Erasmus interpretiert so: daß Jesus die Apostel auf dem Berg beruft, soll uns lehren, daß wir keine niedrigen oder privaten Affekte bei der Auswahl der Verkündiger des Evangeliums zu Rate ziehen sollen[28]. Die Menge ist nicht auf die Höhe gefolgt, darum müssen die Doktoren sich von der Höhe der Erhabenheit zur Niedrigkeit der Schwachen herablassen. Wo das geschieht, drängt das Volk mit Macht herzu. Nichts kann den evangelischen Doktoren lieber sein, als daß das lernbegierige Volk den Priestern Mühe macht, daß die Riesenmenge der Katechumenen die Kirchtore belagert, daß der gemeinen Menge die Basiliken zu klein sind, wenn die Bischöfe predigen. Es geht um die Zurüstung derjenigen, die die Aufgabe übernehmen, das himmlische Evangelium lauter zu predigen[29].

Dabei fällt auf, mit welch unterschiedlichen Titeln Erasmus die Verkündiger des Evangeliums belegt. Verkündigung ist Aufgabe der Priester, Bischöfe und Doktoren, d. h. in der Nachfolge des *Christus doctor* üben die Lehrer ihr Lehramt als *Verkündigungsamt* aus[30]. Das Problem des Verkündigers liegt in der Spannung zwischen seinem göttlichen Auftrag und der in der Akkommodation sich realisierenden Sendung zu den

---

[21] Paraphr. in Lc 5,13, LB VII 337 D.
[22] religionis Euangelicae proceres (Paraphr. in Joh 2,15, LB VII 517 D).
[23] Euangelii praeco (Joh 4,6, ebd. 526 C); vgl. Euangelicae Philosophiae praedicator (Joh 8,1, ebd. 563 B).
[24] Euangelici doctores (Joh 4,8, ebd. 526 D).
[25] Paraphr. in Joh 21,3, ebd. 646 B.
[26] Paraphr. in Lc 4,40, LB VII 331 F; vgl. Lc 1,8, ebd. 299 B; Lc 23,34, ebd. 462 F.
[27] Paraphr. in Lc 20,48, ebd. 436 F.
[28] Vgl. auch Paraphr. in Lc 23,34, LB VII 462 F: „Pendebat autem nudus in cruce Jesus, ne quid haberet hujus mundi qui coeleste peragebat sacrificium, ipsa re docens, quam oporteat Episcopos Euangelicos affectus habere puros ab omnium rerum terrenarum cupiditate".
[29] Paraphr. in Mc 3,20, LB VII 183 B–D.
[30] Erasmus bedient sich hier derselben Diktion wie die reformatorischen Bekenntnisschriften, etwa Confessio Augustana, Artikel VII, demgemäß die Lehre genuin im Wort der Predigt geschieht. Vgl. für Erasmus z. B. Paraphr. in Lc 4,13, LB 323 C–E.

Menschen, eine Spannung, die er in seiner Existenz konzentriert durchzuhalten hat, weil er die Brücke von der Erhabenheit der göttlichen Lehre zur Niedrigkeit der schwachen Menschen schlagen muß. Die Notwendigkeit dieses Vermittlungsprozesses sieht Erasmus überall dort angedeutet, wo Jesus mit seinen Jüngern einen Berg hinauf- oder hinabsteigt[31]. Daß Jesus nach der Verklärung den Berg wieder hinuntersteigt, muß der evangelische Lehrer als Fingerzeig ansehen, sich dem Fassungsvermögen der Schwachen zu akkomodieren[32]. Überhaupt spielt der Gedanke der *rechten Orientierung des Predigers* eine prominente Rolle in den Paraphrasen. Wenn Jesus ein Schiff besteigt, um aus ihm, ein wenig vom Ufer entfernt, zu predigen, dann reflektiert Erasmus dies als Anweisung für den Prediger, so zur Menge auf Distanz zu gehen, daß er von ihr zwar nicht vereinnahmt werden, seiner Verkündigungsaufgabe aber doch nachkommen kann[33]. Sinn des Rückzugs aus der Öffentlichkeit sind Meditation und Gebet zur Zurüstung für die weitere Verkündigungsarbeit[34]. Nach Erasmus soll sich der Lehrer häufig von der Masse zurückziehen, nicht zum eigenen Vergnügen, sondern zum Studium der Schrift, zum Gebet, zur Danksagung, zur Kontemplation und Reinigung des Geistes[35].

Am Beispiel der erfolgreich von Jesus bestandenen Versuchung wird deutlich, wie gut Gebet und Fasten den Prediger für seine Aufgabe vorbereiten[36]. Übernimmt Erasmus hier das traditionell christliche Denkmodell von der *vita activa* im Gegenüber und in ihrer Relation zur *vita contemplativa,* so verrät seine unverkennbare Geringschätzung der Volksmenge den von antiker Philosophie beeinflußten humanistischen Gelehrten. Mit diesem negativen Urteil schlägt ein Stück ureigenster Lebenseinstellung in seiner Auslegung des Evangeliums durch. Die Prediger sollen sich in jeder Hinsicht durch Anspruchslosigkeit auszeichnen. So reitet Jesus nicht, noch läßt er sich fahren, sondern geht beispielhaft,

---

[31] So etwa Paraphr. in Mc 3,13, LB VII 182 C.
[32] Paraphr. in Mc 9,9, LB VII 225 A. Vgl. Paraphr. in Mc 4,1, ebd. 186 C; vgl. Ratio (1519): „Ita convenit episcopum aut horum vicarios omnibus sese accommodare" (Holb. 254,28 f.).
[33] „Disce, doctor Euangelice, quid sibi velit haec imago. Sic fuge promiscuam ac tumultuosam turbam, ut tamen ab officio docendi ne cesses" (Paraphr. in Mc 4,1, ebd. 186 C).
[34] „Non datus est secessus ad voluptatibus laxandum animum, sed ad secreta precatione vegetandum renovandumque spiritus vigorem mox recursuris laboribus" (Paraphr. in Mc 6,31, LB VII 205 F–206 A); ebenso Ratio (1519), Holb. 256,23–25, wo Erasmus dieselbe Stelle ähnlich interpretiert: „Boni pastoris esse nonnumquam se in altissimum otium abdere ac secedere, quo liberius precibus ac sanctae lectioni vacet, ut iis rebus redintegratus vegetior redeat ad episcopi munia".
[35] Paraphr. in Lc 5,16, LB VII 339 A/B.
[36] Paraphr. in Lc 4,13, ebd. 324 C.

alle Strapazen auf sich nehmend, zu Fuß[37]. Daß Judas aus Habsucht das Geld veruntreut (Joh 12,6), geschieht den Predigern zur Warnung, denn Geldgier macht zur Verkündigung untüchtig[38]. Mit der Tempelaustreibung lehrt Jesus, „welche Pest das schändliche Streben nach Gewinn ist, und wie sich vor dieser Krankheit hüten müssen, die sich die Häupter der evangelischen Religion nennen"[39], während sie doch eigentlich die Herde weiden sollten[40]. Im Speisungswunder beschreibt Jesus diese Hirtenaufgabe als die Versorgung mit dem Wort Gottes[41]. Jesus selbst ist dabei das beste Vorbild eines guten Hirten[42]. In der Fürsorge für die Herde muß jeder Nachfolger von der Liebe zu Jesus erfüllt sein[43]. Neben der Verkündigung legt Erasmus besonderes Gewicht auf die *Seelsorge*. Selbst die Hirten bei der Geburt Christi auf dem Feld von Bethlehem haben mit ihrem nächtlichen Wachen die Funktion, uns daran zu erinnern, wie sich die Bischöfe in der Sorge um das ihnen anvertraute Volk zu verhalten haben[44]. Erasmus wird nicht müde, die Pastoren zur Vergebungsbereitschaft, zur Milde und Leutseligkeit gegenüber den Sündern aufzurufen. Für eine solche Haltung ist Jesu gesamtes Verhalten beispielhaft z. B. darin, wie er der Samariterin begegnet (Joh 4)[45]. Durch die Krankenheilungen demonstriert Jesus, mit welch großer Milde seine Nachfolger reuige Sünder aufnehmen sollen[46], mit der Aussätzigenheilung, daß sie keinen Menschen verabscheuen dürfen, wie schwer und abscheulich er auch gesündigt haben mag, wenn er nur seine Sünde erkennt und gläubig Heilung durch die Güte Christi sucht. Wenn sich Jesus als der Reine nicht vor der Berührung gescheut hat, dann dürfen es seine Jünger erst recht nicht tun. Schließlich teilt sich nur die Reinheit und zwar dem Unreinen

---

[37] Paraphr. in Joh 4.6, LB VII 526 C.
[38] Paraphr. in Joh 12,6, ebd. 595 C/D; vgl. auch Ratio (1520), Holb. 259,25–27 u. ebd. 257, 13 ff.
[39] „Jesus jam tum ipso facto docens, quanta pestis Ecclesiae sit, turpe lucri studium, et quantum ab hoc morbe abesse oporteat eos, qui se religionis Euangelicae proceres profitentur" (Joh 2,15, ebd. 517 C/D); vgl. auch Paraphr. in Lc 20,36, LB VII 436 D.
[40] Vgl. ebd.
[41] „Jesus igitur ut ipso facto doceret illos, quo pacto deberent cibo sermonis Euangelici, ..., pascere multitudinem ..." (Paraphr. in Lc 9,10, LB VII 368 B); vgl. Paraphr. in Mt 14,19, LB VII 85 B–C; Paraphr. in Mc 6,44, LB VII 207 C.
[42] Paraphr. in Joh 21,13, LB VII 647 A/B u. Joh 21,17, ebd. 648 A–B.
[43] Paraphr. in Joh 21,15, ebd. 647 D u. Joh 21,17, ebd. 648 B.
[44] Paraphr. in Lc 2,8, LB VII 299 B.
[45] Paraphr. in Joh 4,8, LB VII 526 D.
[46] „Atque interim exemplum paratur Episcopis ac pastoribus in Christi locum succendentibus, quanta cum mansuetudine recipere debeant peccatores, a vitiis suis resipiscere cupientes" (Paraphr. in Lc 4,40, LB VII 331 F; vgl. auch 331 E); ähnlich Paraphr. in Mc 2,17, LB VII 176 D u. Mc 2,18, ebd. 176 E.

mit, nicht umgekehrt[47]. Das Kinderevangelium (Lk 18,15–17) lehrt, daß die Pastoren auch die Geringen und Schwachen nicht verachten sollen[48]. Indem Jesus die Kinder umarmt, lehrt er die Bischöfe, „die Unwissenden und Unerfahrenen" oder die noch so Geringen und von der Welt Verachteten ja nicht zu verwerfen, sondern mit allen Mitteln zu hegen, bis sie zum Besseren hin fortschreiten[49]. Zwar muß die Sünde bekämpft werden, aber unter Schonung des sündigen Menschen[50]. Ein solch nachsichtiges Verhalten verdienen die bußfertigen Sünder. Sünder, die in Unbußfertigkeit verharren, sind der evangelischen Predigt nicht würdig. Das zeigt Jesu Schweigen vor Herodes[51]. Der evangelische Lehrer darf den Schwachen keinen Anlaß zum Anstoß geben, Johannes, der Täufer, ist für Erasmus ein Vorbild in der Untadeligkeit seines Verhaltens, der sich der Johannestaufe unterwerfende Christus ist es in seiner Unschuld, Sanftmut und Wohltätigkeit, die er allen widerfahren läßt[52]. Aus der Art der Auseinandersetzung Jesu mit den Juden (Joh 8,59) können die Prediger lernen, daß sie, wenn es die Zeit erfordert, die evangelische Wahrheit mutig verkündigen, andererseits aber den Wahnsinn der Bösen nicht nutzlos provozieren sollen[53]. Prediger sein, heißt, von Gott begnadet sein. In der Speisungsgeschichte teilen die Apostel nur aus, was sie vom Herrn empfangen haben[54], und wenn sie ohne ihren Herrn keinen Fischzug tun, dann zeigt sich darin, daß alle Arbeit des Evangelisten vergeblich ist, wenn der Herr sie nicht fördert[55]. Aus der Notiz, daß Jesus mit seinen Eltern von Jerusalem nach Nazareth zurückkehrte und ihnen untertan war, bevor er seine Wirksamkeit aufnahm, liest Erasmus die Vorbedingungen für das Predigtamt heraus. Der Prediger soll sein Amt nicht leichtfertig und zur Unzeit anstreben. Er muß sich durch ein entsprechendes Alter, unbescholtenes Verhalten, durch heilige Lehre und göttliche Berufung die Vollmacht zum Lehramt erworben haben[56].

Mit dem Fortschritt der Evangelienbearbeitung häufen sich die amts-

---

[47] Paraphr. in Lc 5,13, LB VII 337 C–E; vgl. auch Ratio (1519), Holb. 258,13 ff. u. ebd. 257, 26 ff.
[48] Paraphr. in Lc 18,16, ebd. 423 A.
[49] Paraphr. in Mc 10,16, LB VII 234 C.
[50] Paraphr. in Mc 9,25, ebd. 227 D.
[51] Paraphr. in Lc 23,9, LB VII 459 E/F.
[52] Paraphr. in Mc 1,9, LB VII 160 F–161 A.
[53] Paraphr. in Joh 8,59, LB VII 574 C.
[54] Paraphr. in Mc 6,44, LB VII C/D.
[55] „Simul velut aenigmate significaretur inanem esse operam Euangelistae, nisi Christus hominis conatum bene fortunet" (Paraphr. in Joh 21,3, LB VII 646 B). Die Wunder, die die Jünger durch die Kraft Gottes vollbringen, deuten darauf hin, daß sie auch das Wort der Verkündigung empfangen haben (Paraphr. in Lc 9,10, LB VII 368 B).
[56] Paraphr. in Lc 2,52, LB VII 308 C. In der Ratio (1519), Holb. 257,8–10 wird die Perikope vom Zwölfjährigen Jesus im Tempel darauf gedeutet, daß die Anlage zu einem herausragenden Hirten schon im Knaben aufleuchten kann.

spezifischen Bezüge. Man kann durch die Art der Paraphrasierung fast den Eindruck gewinnen, die Evangelien seien vornehmlich für die Amtsträger verfaßt. Inhaltlich kann man beinahe als bedeutungsvoller ansehen, worüber Erasmus sich ausschweigt, als das, wovon er spricht. Es fällt kein Wort von der Sakramentsverwaltung, kein Wort von der Jurisdiktion. Hierarchie, Weihe, Sakramentalität oder Zölibat sind für ihn keine Themen. Bei aller Unterschiedlichkeit der Titel (Priester, Lehrer, Prediger, Evangelist usw.) besteht die Hauptaufgabe des kirchlichen Amtes in *Verkündigung und Seelsorge*. Der Prediger verkündigt nicht sein eigenes, sondern Wort Gottes, das die Menschen speist. In allem muß sich der Verkündiger des Evangeliums den Menschen akkommodieren, besonders den Schwachen. Das seelsorgerliche Amt konzentriert sich auf die *Sündenvergebung,* die die Prediger allen reuigen Sündern zu gewähren haben. Jede Strafe kann nur die eine Intention der Besserung des Sünders haben[57]. Wichtiger als alle sonstigen Voraussetzungen für die Übernahme des Predigtamtes ist die Integrität des Predigers, was seinen Lebenswandel, seine geistliche Haltung und sittliche Reinheit angeht, denn er hat seinem Herrn nachzufolgen als doctor et exemplum.

Wie wir gesehen haben, sind die Gedanken nicht neu, die Erasmus hier in den Paraphrasen vorträgt. In den Fassungen der Ratio ab 1519 liest man Gleichlautendes und Ähnliches. Im Widmungsschreiben an Paul Volz von 1518 findet sich die Beobachtung, daß die Christenheit falschen Meinungen nachhänge, offenbar doch, weil die Pastoren und Doktoren ihrer Aufgabe nicht mehr nachkommen[58]. Nach dem in diesem Schreiben gezeichneten Bild der drei Kreise, kommt den Nachfolgern Christi im *kirchlichen Amt* die größte Bedeutung zu, weil sie Christus am nächsten stehen und die vornehmste Aufgabe haben, alle Menschen zu Christus zu rufen[59]. Den gleichen Gedanken äußert Erasmus, wie bekannt, in der Ratio von 1519 bzw. 1522[60]. Es ist daher wohl nicht von ungefähr, daß die Anfänge der Spätschrift des Erasmus „Ecclesiastae sive de ratione concionandi" (1535) in eben diese Zeit zurückreichen. Im März des Jahres 1519 bittet Johannes Borsalus[61] Erasmus, nun auch eine Anweisung für den evangelischen Prediger zu schreiben, nachdem er für den miles und den princeps Christianus sowie den Studienbetrieb Schriften verfaßt habe[62]. 1522 wiederholt er diese Bitte[63]. Erasmus scheint ihr damals

---

[57] Auch der Bann ist ein Instrument, Menschen zu retten und nicht zu verderben (vgl. Paraphr. in Mt 18,18, LB VII 100 B/C u. D).
[58] Ad Paulum Volzium, Holb. 7,22 ff.
[59] Ebd. 9,27 ff.
[60] Ratio (1519), Holb. 202,1 ff.
[61] Zu Johannes Borsalus Ep. 291 intr., Allen I, S. 557.
[62] Ep. 932,16 ff., Allen III, S. 515; s. des Erasmus Antwort Ep. 952,3, Allen III, S. 555.
[63] Ep. 1321,10–12, Allen V, S. 140.

schon entsprochen zu haben, indem er die Arbeit an einem Buch über das Predigen aufnahm, denn im Januar 1523 nimmt er sich die Arbeit vor[64] und scheint auch wirklich in sie eingestiegen zu sein[65]. Vollenden konnte er sie dann allerdings erst gegen Ende seines Lebens. Den langen Weg dieses Werkes hat Erasmus auch im Vorwort beschrieben und gestanden, daß er schon früh begonnen habe, sich Notizen zu machen[66]. Wenn Erasmus also schon 1523 mit der Vorbereitung einer Schrift über das Predigen so sehr beschäftigt war, daß er eine Materialsammlung herstellte, dann stoßen wir hier mit an Sicherheit grenzender Wahrscheinlichkeit auf den Grund vermehrter Tropologese in den Paraphrasen, die Anweisungen für das *Predigtamt* zu geben sucht. Die Wiederkehr vieler Gedanken aus den Paraphrasen im Ecclesiastes wird dann nicht verwundern. Gestützt wird diese Annahme noch durch die Beobachtung, daß die auf die Prediger gerichtete Tropologese besonders stark in den drei im Jahre 1523 oder kurz davor entstandenen Paraphrasen hervortritt, während die um etwa ein Jahr früher publizierte Matthäus-Paraphrase in dieser Hinsicht weit weniger auffällig ist.

7.4 Beate vivendi rationes

Die Fülle tropologischer Auslegungen in allen Evangelien-Paraphrasen kann hier nur angedeutet, nicht aber erschöpfend behandelt werden. Neben bestimmten Konstanten, die sich deutlich herauskristallisieren, bietet Erasmus auch eine Reihe extravaganter, aber nichtsdestoweniger für ihn typischer Interpretationen. Dabei fällt auf, daß er Parallelerzählungen oder Wiederholungen einmal gleichartig, dann aber auch wieder ganz unterschiedlich behandeln kann. So wird das Schweigegebot Jesu von Erasmus dahingehend aktualisiert, daß uns Jesus damit ermahnen will, den Ruhm eher zu fliehen, als danach zu streben, obwohl er das rechte Tun automatisch begleitet[67]. Wie er das Schweigegebot in der Perikope von der Heilung zweier Blinder (Mt 9,30) versteht, so interpretiert er es auch in der Perikope von der Heilung des Aussätzigen (Lk 5,14)[68], in der von der Auferweckung der Tochter des Jairus (Mk 5,43 u. Lk 8,56)[69], in der Verklärungsgeschichte (Lk 9,36)[70] und in der Heilungs-

---

[64] Ep. 1332,34–39, Allen V, S. 162.
[65] Allen I, S. 34, 19f.
[66] „... coepi obiter in chartis quaedam annotare, velut usui futura..." (Ecclesiastes, LB V 767/768).
[67] „Hic Jesus nos admonere volens per imaginem, ut tametsi gloria suapte sponte comitatur recte factum, tamen a nobis fugiendam esse potius, quam affectandam,..." (Paraphr. in Mt 9,30, LB VII 57D).
[68] Paraphr. in Lc 5,14, LB VII 338B.
[69] Paraphr. in Mc 5,43, LB VII 199B u. Paraphr. in Lc 8,56, LB VII 366D.
[70] Paraphr. in Lc 9,36, ebd. 371C.

geschichte eines Blinden (Mk 8,26)[71]. Anders geht Erasmus vor im Fall der Heilung des (bzw. der) gerasenischen Besessenen (Mk 5,1–20 par.). Nach Matthäus will Jesus lehren, daß keine Krankheit der Seele so heftig ist, daß man am Heil verzweifeln müßte, wenn man nur zu Jesus gelangen kann[72]. In der Lukas-Paraphrase zur Parallelerzählung blickt Erasmus nicht so sehr auf die Wundertat Jesu wie auf ihre Folgen. Wenn der Geheilte die Großtat Jesu unter seinen heidnischen Volksgenossen verkündigt, dann will uns Jesus damit lehren, auch den Gottlosesten die Gnade des Evangeliums anzubieten, sie ihnen aber nicht aufzudrängen, sondern nur einen Funken wahrer Frömmigkeit zurückzulassen, der dann vielleicht einmal zünden kann[73]. Wiederum anders bei Markus (Mk 5,1–20), bei dem die Geschichte unter heilsgeschichtlichem Aspekt gesehen wird. Daß Jesus auf heidnischem Gebiet wirkt, hat eine Vorbedeutung für den Lauf des Evangeliums. Die barbarische Wildheit wird gemäßigt werden, und die Heiden werden sich unter das sanfte Joch des Herrn beugen[74]. Es entspricht allerdings der massierten Anwendung tropologischer Exegese im Markusevangelium, daß Erasmus sich mit dieser einen Auslegung nicht begnügt. In der Heilung des Besessenen auf Kosten der Schweine liegt der Hinweis, allen andersgearteten Schaden, wie groß er auch sei, geringzuachten, wenn es um das Heil auch nur eines einzigen Menschen geht[75]. Indem Jesus wieder umkehrt und ans Ufer zurückgeht, lehrt er, daß man die Rosen der evangelischen Predigt nicht den Säuen vorwerfen darf[76]. Schließlich leitet Erasmus aus Vers 20 ab, daß sich auch der größte Sünder an Jesus wenden und nach der Befreiung von seinen Sünden die an ihm geschehene Barmherzigkeit verkünden soll[77]. Diese Beispiele mögen verdeutlichen, was es für Erasmus heißt, aus der Sinnfülle der Schrift zu schöpfen. Andererseits stellt er aber doch auch durch diese Art einer *vielgestaltigen Tropologese* seine eigene These von der besonderen Nähe des sensus tropologicus zum sensus historicus in Frage. Bei drei oder sogar vier möglichen Deutungen ist das Problem aufgeworfen, welche von ihnen die angemessenste ist. Obwohl sich Erasmus dieser Frage, wie der Ecclesiastes zeigt, durchaus bewußt ist, mißt er ihr in der praktischen Auslegung keine weitere Bedeutung zu, sondern sucht

---

[71] Parapr. in Mc 8,26, LB VII 220D. Zu Mk 7,36 erklärt Erasmus, daß Jesus Schweigen geboten habe, weil eine göttliche Kraft besser für sich selber spricht, als es durch menschliche Bekanntgabe geschehen kann (LB VII 215C; vgl. auch ebd. 220E).
[72] „Nos tamen hac imagine docuit, nullam esse pestem animorum tam saevam, ut sit desperanda salus, si contingat ad Jesum accedere" (Paraphr. in Mt 8,34, LB VII 52C).
[73] Paraphr. in Lc 8,39, LB VII 365A.
[74] Paraphr. in Mc 5,1, LB VII 193B.
[75] Paraphr. in Mc 5,13, ebd. 194D.
[76] Paraphr. in Mc 5,18, ebd. 195A.
[77] Paraphr. in Mc 5,20, ebd. 195C–D. Es findet sich hier auch ein Anklang an die Auslegung in der Markus-Paraphrase (s. Mc 5,6, ebd. 193F).

auf den verschiedensten Wegen die Schrift in allen ihren Aussagen für die Gegenwart fruchtbar zu machen.

Was schon bei der Allegorese beobachtet werden konnte, wiederholt sich auch hier im Bereich der Tropologese. Kleine Details der Erzählung dürfen nicht als unbedeutend angesehen werden, sondern wollen den Leser zu Wichtigerem anweisen. Jesu Verlassen des Tempels ist eine Aufforderung, aus dem jüdischen Tempel herauszutreten, d. h. das Vertrauen auf die fleischlichen Werke fahren zu lassen[78]. Der Ortswechsel und Jesu Gang ins Gebiet von Tyrus (Mk 7,24) bezeichnen seine Ablehnung des jüdischen Kultus[79], seine baldige Rückkehr nach Judäa, wieviel geneigter er den Seinen ist[80].

Ob es nun ausdrücklich von Erasmus vermerkt wird oder nicht, Jesu ganzes *Verhalten* ist nur eine Paraphrasierung seiner *Lehre,* und insofern muß es Gegenstand des frommen Philosophierens sein. Als die Charakteristika des Jesusbildes erkennt Erasmus *modestia, mansuetudo, lenitas* und *tolerantia,* ein Bild, das sich mit dem in der Ratio gezeichneten orbis et consensus totius Christi fabulae inhaltlich deckt[81]. Das ganze Leben Jesu wird von dieser Haltung bestimmt. Schon die Darstellung Jesu im Tempel und die damit verbundene Unterwerfung unter das Gesetz kennzeichnet seine Bescheidenheit, die allem menschlichen Hochmut entgegensteht[82]. Erst im Tode nimmt Jesus seine Würde für sich in Anspruch, um zu lehren, daß niemand seine Würde in diesem Leben beanspruchen soll[83]. In der Taufe durch Johannes[84], in der Art, wie Jesus sich gefangennehmen läßt[85], wie er mit der Samariterin spricht[86], wie er auf die Beschimpfungen der Juden reagiert[87], wie er ihre Unterstellungen zurückweist[88], wie er seinen Jüngern die Füße wäscht[89] und wie er schließlich widerstandslos, alle Schmähungen ertragend, ans Kreuz geht[90], gibt er ein Beispiel rechter evangelischer Frömmigkeit. Eine eigenwillig anmu-

---

[78] Paraphr. in Mc 13,1, LB VII 253 B.
[79] Paraphr. in Mc 7,24, ebd. 212 E.
[80] Paraphr. in Mt 15,29, LB VII 90 B.
[81] Ratio (1519), Holb. 209,1 ff.; vgl. oben Kap. 5.2.
[82] Paraphr. in Lc 2,22, LB VII 301 B/C.
[83] Paraphr. in Mc 15,45, LB VII 270 A.
[84] „Modestiae exemplum" (Paraphr. in Mt 3,14, LB VII 17 B); vgl. Paraphr. in Mc 1,9, LB VII 161 A.
[85] „Mansuetudinis exemplar" (Mt 26,50, ebd. 136 C).
[86] „Mansuetudinis exemplum" (Paraphr. in Joh 4,8, LB VII 526 D).
[87] „Lenitatis exemplum" (Joh 7,21, ebd. 556 E).
[88] „Mansuetudinis ac modestiae exemplum" (Joh 7,16, ebd. 555 C).
[89] „Exemplum absolutae modestiae" (Joh 13,5, ebd. 602 D).
[90] „Quorum nihil non mansuetissime passus est Jesus, ut absolotum exemplum tolerantiae suis exhiberet" (Paraphr. in Mt 26,67, LB VII 138 A). Jesus lehrt lenitas und tolerantia (Paraphr. in Joh 19,3, LB VII 636 B); vgl. auch „absolutum lenitatis exemplum" (Paraphr. in Mc 14,20, LB VII 260 B); ähnlich Mc 14,45, ebd. 262 F/263 A).

tende Erklärung erfährt der Umstand, daß Jesus sich bückt und mit dem Finger auf die Erde schreibt (Joh 8,6.8). Damit will Jesus zeigen: man soll allen Hochmut fahren lassen, in sich gehen und sich im Bewußtsein der eigenen Schwäche dem Nächsten gegenüber milde und barmherzig verhalten[91].

Zur evangelischen Milde und Sanftmut gehört es auch, sich nicht immer mit den ruchlosen Gegnern zu streiten, sondern ihnen mit Taten zu antworten. Manchmal muß man ihrer Wut auch einfach weichen[92]. Die Frage des Modus der Auseinandersetzung mit den Gegnern scheint Erasmus in besonderer Weise zu interessieren. Hier liegt einer der Punkte, wo Erasmus ein ganz persönliches Problem, mit dem er sich zeit seines Lebens herumschlagen mußte, in die Auslegung miteinbringt. Aufmerksam beobachtet er in allen Evangelien Jesu Verhalten gegenüber seinen Gegnern. Zwar muß man zuweilen für die Wahrheit mit Worten mutig einstehen, wie es Jesus vor dem Hohenpriester beweist (Joh 18,20ff.), doch, so fügt Erasmus gleich hinzu, dies hat zu geschehen ohne Scheltwort[93]. Zwar sollen die Prediger die evangelische Wahrheit eifrig und mutig verkündigen, aber nicht so, daß sie die Wut der Menschen provozieren[94]. Um der Bösen willen muß man ihnen weichen, damit ihnen die Gelegenheit genommen wird, sich in ihre Bosheit hineinzusteigern[95]. Für die eigene Person kann es nur vorteilhaft sein, sich zuweilen zurückzuziehen, um der Gefahr der Ruhmsucht zu entgehen. In dieser Weise tropologisiert Erasmus die Stellen, an denen die Evangelisten vom Rückzug Jesu in die Einsamkeit oder davon berichten, daß er sich von der Volksmenge absetzt. Daß Jesus nach Galiläa entweicht, als er von der Gefangennahme des Johannes hört (Mt 4,12), beinhaltet für Erasmus die Warnung, nicht mutwillig die Gefahr zu suchen, wenn man ihr ausweichen kann, ihr jedoch tapfer ins Auge zu sehen, wenn man in sie hineingerät[96]. Hier spiegelt sich unverkennbar der Charakter des Erasmus, der von sich bekannte, nicht zum Märtyrer zu taugen[97].

In die tropologische Deutung mischt sich auch viel an Lebenserfahrung und *Weisheit,* die Erasmus in den evangelischen Berichten findet, bzw. in sie hineinliest. Aus der Handlungsweise des Pilatus, der dem Drängen der Juden nachgibt, mag man lernen, daß der Bekenner der evangelischen

---

[91] Paraphr. in Joh 8,6, LB VII 564 B/C.
[92] Paraphr. in Joh 10,21, LB VII 584 D.
[93] „Haec quum dixisset Jesus, docens interim pro veritate nonnunquam fortiter quidem, sed absque convitio respondendum esse" (Paraphr. in Joh 18,22, ebd. 632 E).
[94] Paraphr. in Joh 8,59, ebd. 574 C.
[95] Vgl. z. B. Joh 7,28, ebd. 558 B.
[96] Paraphr. in Mt 4,12, LB VII 20 E/F.
[97] Ep. 1167,435 f., Allen IV, S. 410.

Wahrheit sich nicht auf die Welt verlassen sollte[98]. Wenn Jesus sich zunächst wie ein Jünger des Johannes gegeben hat, dann soll das ein Hinweis sein, daß niemand ein rechter Lehrer sein kann, der nicht vorher ein folgsamer Schüler gewesen ist[99]. Ein besonders schönes Lehrstück ist die Perikope vom Zwölfjährigen Jesus im Tempel (Lk 2,41–52). Der Tempel wird für Erasmus zum Forum einer humanistischen Disputation. Obwohl der Knabe unübertreffliche Weisheit lehrt, die zu studieren sich betagte Doktoren nicht zu schämen brauchen, tut er es mit Bescheidenheit, ohne Hochmut, Arroganz und Selbstgefälligkeit, also ohne die Schwächen besonders intelligenter Knaben. Wenn er fragt, gibt er sich als Lernender, wenn er antwortet, tut er es bescheiden und klug. Die Doktoren und die übrigen Zeugen dieser Disputation wundern sich aber nicht nur über die unerhörte Weisheit des Knaben, sondern gerade auch über seine Verhaltenheit im Gesichtsausdruck, in seiner Gestik und Wortwahl[100]. Ohne Zweifel werfen wir hier einen Blick in eine Rhetorenschule. Auch den Gehorsam Jesu seinen Eltern gegenüber nimmt Erasmus zum Anlaß eines Monitums: „Erröten sollen die Knaben und Jünglinge, die die Mahnungen ihrer Eltern zur Tugend in den Wind schlagen ... Erröten sollen alle, die gegen ihre Bischöfe rebellieren, die ihre geistlichen Väter sind, da Jesus sich als der größere dem Willen der Geringeren gebeugt hat, ..."[101]. Schließlich können die frommen Eltern Jesu, die schon den Knaben mit nach Jerusalem in den Tempel nahmen, uns allen ein Beispiel geben, daß man die Kinder von der Wiege an vor allen schlechten Einflüssen bewahren und mit dem Streben nach Frömmigkeit vertraut machen soll[102]. An diesen Stellen spricht in der Rolle des Evangelienauslegers mehr der humanistische Erzieher und Verfasser der Institutio principis christiani. Doch auch diese Anweisung und Mahnungen leitet er aus seinem Christusbild ab, das durch caritas, simplicitas, patientia und puritas charakterisiert ist.

7.5 Lehre und Leben

Lehre und Leben Christi bilden eine vollkommene Einheit, dies ist der Leitsatz zum Verständnis allen evangelischen Geschehens. Christi Lehre ist schon so in sein Leben und Verhalten eingegangen, wie sich die philosophia Christi im Leben des Christen noch erst realisieren soll[103].

---

[98] Paraphr. in Mc 15,16, LB VII 267 E/F.
[99] Paraphr. in Mc 1,14, ebd. 163 A/B.
[100] Paraphr. in Lc 2,47, LB VII 306 B–C.
[101] Paraphr. in Lc 2,51, ebd. 308 A/B.
[102] Paraphr. in Lc 2,41, ebd. 305 C/D.
[103] Vgl. das Motiv „abeunt studia in mores" (Paraclesis, Holb. 148,31 f.) und „transit lectio in animum et mores" (Methodus, Holb. 161,6–16).

„Lebenskreis und Zirkel der Lehre koinzidieren. Christi Leben ist Niederschlag seiner Lehre"[104]. So zutreffend diese Feststellung ist, so dringend bedarf sie einer näheren Klärung. Wenn es auch richtig ist, daß die Lehre Christi als die in Worte gefaßte Form seines Tuns verstanden werden muß, und die Worte Christi nichts anderes als die Erläuterungen seiner Taten sind, dann bleibt zu fragen, ob beide Weisen des Wirkens Christi von gleicher Wertigkeit sind. HOFFMANN hat mit Berufung auf eine Stelle aus der Ratio gemeint, urteilen zu dürfen, daß Erasmus das Wort der Tat nachordne[105]. Diese These hält aber einer Überprüfung an der von Erasmus geübten Evangelienauslegung nicht stand. Ganz ohne Zweifel stehen für Erasmus in seiner Schriftauslegung jene Partien der Evangelien im Vordergrund, in denen der Redestoff dominiert, und das nicht von ungefähr, denn Erasmus sieht in Jesus vornehmlich den *Lehrer* der himmlischen Philosophie. Die Funktion des Heilandes, der die Menschen von ihren Krankheiten befreit, ist unbedeutend im Vergleich zu seiner Aufgabe als Seelenarzt[106]. Folglich kommentiert Erasmus Jesu Reisepredigt in Galiläa (Mt 4,23–25) darin korrekt, daß Jesus seine Hauptaufgabe in der Mitteilung der himmlischen Philosophie gesehen habe[107], und bereitet so die große Rede der nun unmittelbar folgenden *Bergpredigt* vor.

Auch die Heilung des Aussätzigen (Mt 8,1–4), die auf die Bergpredigt folgt, hat keinen anderen Sinn, als die Augenzeugen dieser Heilungstat durch dieselbe zum Glauben an Jesu Lehre zu führen[108]. Da sich das Leben Jesu vornehmlich in seinen Taten expliziert, kommt den Wundern Jesu in diesem Zusammenhang eine besondere Bedeutung zu. Wundertaten sind Wohltaten. Jesu Wunder lindern das menschliche Elend, sie sollen wohltun und helfen, nicht aber der nichtigen Schaustellung oder dem Gewinnstreben dienen[109]. Wie die Speisung der Viertausend (Mt 15,32–39) so haben die Wundertaten ihren Sinn und Zweck darin, Jesu Lehre zu beglaubigen[110]. Außerdem kommt den Heilungswundern auch

---

[104] HOFFMANN, S. 98f.
[105] Ebd. S. 99. Vgl. Ratio (1519), Holb. 230,5f.: „Quamquam nulla doctrina efficatior quam ipsius vita". Der Sinn dieser Aussage besteht nicht in einer Alternativsetzung Lehre oder Leben, sondern darin, daß die Identität von Lehre und Leben Christi vollkommen und darum sein beispielhaftes Leben so wirksam ist.
[106] Paraphr. in Mt 4,24, LB VII 22 D/E.
[107] Ebd. Mt 4,25, ebd. 22 E/F.
[108] ebd. Mt 8,4, ebd. 48 E.
[109] „Miracula, quae facio sublevant miserias hominum, neminem laedunt, nec adhibentur ad inanem ostentationem, aut quaestum, sed ad beneficentiam et opitulationem" (ebd. Mt 12,33, ebd. 74 A/B). Ein Wunder wie die Verfluchung des Feigenbaums übergeht Erasmus einfach (ebd. Mt 21,18ff., ebd. 112F–113A).
[110] Ebd. Mt 15,38, ebd. 91 A; vgl. ebd. Mt 13,41, ebd. 75 E: „... tot miraculis testificor non esse vanam doctrinam...".

noch ein quasi psychologisches Moment zu. Sie wollen nicht nur die Wahrheit und Verläßlichkeit der Lehre bestätigen, sie wollen auch um Vertrauen, um Zutrauen zu dem Heilenden und seiner Botschaft werben; denn der durch Wohltat wachgerufenen Liebe entspringt ein Vertrauensverhältnis, das in der Anerkennung einer übergeordneten Autorität gipfelt[111]. Das Wort wird glaubwürdiger, wenn es von Taten begleitet und unterstrichen wird[112]. Daher steht auch Jesu programmatische Predigt auf dem Berge selbstverständlich nicht am Anfang seiner Wirksamkeit, da die Menschen eine so unerwartete Rede nicht ertragen hätten, wäre seine Autorität nicht durch Zeichen gestützt worden[113]. Erst durch sein vorbereitendes Wunderwirken hat Jesus seiner unglaubhaften Botschaft Glauben verschafft[114]. Darüberhinaus tragen die Heilungswunder Gleichnischarakter und üben gegenüber der Lehre eine Dienstfunktion aus, indem sie auf das wesentlichere Heilsgeschehen als Heilungsgeschehen der Seele verweisen; denn dadurch, daß Jesus die Krankheiten der Menschen heilt, vollzieht er gleichnishaft dasselbe, was er zur Heilung dieser Seelenkrankheiten durch die Lehre an ihnen tut[115]. Hier kommt die analogia spiritualis ins Spiel. Die Wunderheilung im Bereich des Körperlichen bereitet für die Aufnahme geistlicher Güter vor[116] oder erinnert an die Notwendigkeit der Heilung der Seele[117]. Insofern tragen die *Heilungswunder kerygmatischen Chratker,* als sie generell auf den weisen wollen, der mit der Heilung körperlicher Krankheiten seine Fähigkeit unter Beweis stellt, auch die Krankheiten der Seele mit seiner wahrhaftigen Lehre kurieren zu können[118].

Doch das ist nun gerade das Überraschende, daß das Wort allein zuweilen ohnmächtig ist und einer solchen Hilfestellung durch das Wunder bedarf[119]. Der Grund dafür ist in der Geistferne des Menschen, in seiner ungläubigen Verstricktheit in den Negativbereich der Kreatürlichkeit, in seiner crassitudo zu suchen. Das ungeschlachte Volk bewundert die Wunder[120], die Juden können außer über die Wunder nicht zum

---

[111] Ebd. Mt 8,1, ebd. 47F.
[112] Paraphr. in Joh 7,34, LB VII 559E.
[113] Paraphr. in Mt 5,3, LB VII 23D/E.
[114] „... primum id explicat Jesus, paradoxa docens, sed verissima, et ideo miraculis praestruxit fidem sermoni incredibili" (ebd. Mt 5,2, ebd. 23C u. sequ.).
[115] Ebd. Mt 8,1, ebd. 47E/F.
[116] Ebd. 9, 34, ebd. 57F–58A.
[117] Paraphr. in Lc 4,40, LB VII 331E.
[118] „... ac miraculis declarare potentiam suam aggreditur, quam oratione nondum poterat persuadere" (Paraphr. in Joh 9,1, LB VII 574E); vgl. auch bes. Paraphr. in Mc 1,40, LB VII 167C–F.
[119] S. vorige Anm. Paraphr. in Joh 9,1.
[120] Paraphr. in Lc 5,15, LB VII 338E.

Glauben kommen[121] und die Synagoge fragt nach Zeichen und Wundern[122]. Gerade das im Glauben schwache und noch nicht fortgeschrittene Volk hat eine solche Hilfestellung durch Wunder nötig[123]. Wunder geschehen um der Schwachen willen[124]. „Die vornehmliche Kraft der Gnade des Evangeliums liegt im Inneren, aber dennoch werden euch mit Rücksicht auf die Ungläubigen und Schwachen auch Zeichen zur Hand sein, wo der Fortgang des Evangeliums ein Wunder braucht"[125].

Lehre und Leben Christi in seinem Verhalten und Wirken legen einander aus, aber doch so, daß das Wort der Tat übergeordnet bleibt und das Wunderwirken in den Dienst der Lehre tritt. Die Taten und Wunder Jesu, sein Eingehen in Zeit und Geschichte sind als Funktion seiner Akkommodation zu verstehen. Wo Gott auf dem Weg der Inverbation nicht zum Ziel kommt, muß er dem menschlichen Fassungsvermögen noch weiter entgegenkommen. Umgekehrt haben die Wunder und Taten nur *Verweischarakter* und sollen die im Glauben Schwachen stufenweise zu Höherem hinaufführen. Dies macht Erasmus im Anschluß an die Speisung der Fünftausend in der kongenialen Aufnahme der johanneischen Intention deutlich. Das Wunder wird völlig mißverstanden, wenn die Menschen bei dem raumzeitlich wunderhaften Geschehen stehenbleiben[126]. Im Streben nach dem Höheren sind diese Anfangsgründe zu verlassen[127]. Wenn Erasmus mit Christus auf die Schwachheit der Menschen blickt, dann gibt es für sie kein wirksameres Mittel der Veranschaulichung und der Überführung als das der Tat und des Wunders[128]. Von seiner Offenbarungsqualität her beurteilt, muß natürlich der nudus sermo allen Taten und Wundern vorgeordnet werden[129], weil er in höherem Maße der intelligiblen Welt angehört.

Man wird nicht umhinkönnen zuzugeben, daß Erasmus mit seiner Sicht der in den Evangelien berichteten Ereignisse, die er auf eine hinter ihnen liegende Sinnschicht befragt, die Geschehnisse praktisch nivelliert. Natürlich bezweifelt Erasmus nicht die Echtheit der Wunder, nur im Detail interessieren sie ihn weniger, weil sein Interesse sich auf die in ihnen gemeinte Sache konzentriert. Ist das Grundmotiv der Wunder die eschatologische Manifestation, die Kundgabe des Einbruchs der Heils-

---

[121] Ebd. Lc 4,44, ebd. 333 F.
[122] Ebd. Lc 1,18, ebd. 287 C.
[123] Paraphr. in Mc 1,39, LB VII 167 C.
[124] Ebd. Mc 16,18, ebd. 272 B.
[125] Ebd. Mc 16,17, ebd. 272 A.
[126] Paraphr. in Joh 6,26, LB VII 545 D–E.
[127] Ebd.
[128] „Nullum est certius argumentum, quam ex factis" ebd. Joh 10,25, ebd. 585 A); vgl. auch Paraphr. in Mt 11,4, LB VII 66 C.
[129] Paraphr. in Joh 4,48, LB VII 532 E/F.

zeit, geschehen in ihnen die Werke des Messias und nehmen sie generell die Herrlichkeit des Auferstandenen vorweg, so finden sich diese Gedanken bei Erasmus, wenn überhaupt, dann doch sehr andeutungsweise und rudimentär. Nichts kennzeichnet sein Verständnis besser, als sein Kommentar zur Berufung des Levi, der auf das schlichte Wort hin aus einem Zöllner zum Jünger Jesu wird, denn das ist das bedeutendere Wunder[130]. Ebenso äußert sich Erasmus zu Mk 1,21–28: „Es ist aber ein größeres Wunder, aus einem ehrgeizigen Menschen einen bescheidenen zu machen, aus einem ungestümen einen toleranten, aus einem Wüstling einen keuschen und aus einem Räuber einen freigebigen, als den Körper eines Menschen von einem unreinen Geist zu befreien. Doch letzteres bewundern die Menschen mehr, nicht weil es bewundernswerter ist, sondern weil es mit den körperlichen Augen gesehen werden kann"[131]. Die analogia spiritualis ordnet das Menschenherzen verwandelnde Wort allem anderen Geschehen vor. Bei seiner Interpretation läßt sich Erasmus ständig von dem Grundsatz leiten, daß das Äußere von innen her oder nach innen erkannt werden muß.

7.6 Allegorese und Tropologese in ihrer ekklesiologischen Relevanz

Die beiden vorhergehenden Kapitel haben auf die Bedeutung aufmerksam machen können, die die allegorische wie auch die tropologische Auslegung für das Leben der *Kirche* haben, weil es Erasmus hauptsächlich mit diesen beiden Interpretationsmodi unternimmt, die Evangelien in Richtung auf die Kirche seiner Gegenwart auszulegen, ohne dies allerdings immer expressis verbis auszusprechen. Im Anschluß an unsere Beobachtung, daß Allegorese und Tropologese im Verlaufe der Lukas-, besonders aber in der Markus-Paraphrase expandieren, war die Frage nach der Ursache dieser Entwicklung offengeblieben. Man hätte vermuten können, daß sich Erasmus für die Auslegung dieses in seiner Reihe letzten Evangeliums einer besonderen Vorlage, eines *Väter-Kommentars* etwa, bedient hätte. Doch diese Annahme scheidet schon deswegen aus, weil Erasmus bereits bei der Annotierung des Neuen Testaments bemerkt hatte, daß er keinen authentischen Kommentar der Kirchenväter zu Markus kenne[132]. Schließlich wäre es auch unwahrscheinlich, daß Erasmus sich bei seiner breiten Kenntnis der Kirchenväter-Auslegungen von einem einzelnen Kommentar so sehr hätte beeinflussen lassen. Ein praktischer Grund könnte größere Wahrscheinlichkeit für sich gehabt

---

[130] Paraphr. in Lc 5,28, LB VII 341 C; vgl. auch Ecclesiastes, LB V 828 C–D.
[131] Paraphr. in Mc 1,27, LB VII 165 D.
[132] Vorwort zu den Annotationes in Marcum, LB VII 151/152 D.

haben. In der Überarbeitung seines Werkverzeichnisses von 1524 geht Erasmus auch auf die Entstehung der Paraphrasen ein. Nach Matthäus und Johannes habe er sich des Lukas angenommen, zumal dieser Evangelist reiches Sondergut zu bieten habe. Dem Markus aber habe er sich zuletzt zugewandt, um keine Lücke zu lassen, die irgendjemanden einladen könnte, sich hier hineinzudrängen und die Einheit des Werkes zu stören. Man gewinnt fast den Eindruck, Erasmus habe das Markusevangelium nur ungern und halbherzig paraphrasiert, vielleicht, weil er nun gezwungen war, denselben Stoff teils zum viertenmal auszulegen. Der Verdacht liegt nahe, Erasmus sei zur Allegorese übergegangen, um nicht immer dasselbe sagen zu müssen, sondern seine Leser mit etwas Abwechslung erfreuen zu können.

Dieses Moment mag eine Rolle gespielt haben, allein ausschlaggebend war es jedoch sicher nicht. Dafür spricht die Beobachtung, daß Erasmus das lukanische Sondergut von der Tendenz zur Allegorisierung nicht ausnimmt, obwohl er es doch zum erstenmal paraphrasiert. Doch vielleicht lassen sich weniger formale, als vielmehr sachliche Gründe ausfindig machen. Kontrolliert man die Korrespondenz des Erasmus im Jahr 1523, so ist eine zunehmende Besorgnis über das Anwachsen und die – wie er es sieht – tumultuarischen Auswüchse des *„Lutheranismus"* zu registrieren. Zur Zeit der Beendigung der Johannes-Paraphrase im Januar 1523 äußert sich Erasmus dem Basler Bischof *Christoph von Utenheim* gegenüber zwar lobend über *Luthers* Buch *„Von den vierzehn Trostgründen"* von 1519, fügt aber hinzu, es sei geschrieben worden zu einer Zeit, als die Sache noch nicht in Raserei ausgeartet war. Erasmus bedauert, daß Luther durch die Ermahnungen seiner Freunde nicht so gemäßigt werden konnte, wie er durch den Haß anderer gereizt worden ist[133]. Gerade eine mäßigende Haltung möchte er selbst einnehmen und für Ausgleich und Frieden sorgen. Seine Beunruhigung über den Verlauf der Dinge nimmt in diesem Jahr 1523 sichtlich zu. Von Freunden, wie Bischof *Cuthbert Tunstall* von London, wird Erasmus gedrängt, gegen Luther zu schreiben[134]. Als er gerade die Lukas-Paraphrase fertiggestellt hat, erwähnt er in einem Brief an *Heinrich VIII.* vom 4. September 1523 seine Absicht, etwas gegen die neuen Dogmen zu schreiben. In der zweiten Hälfte des Jahres 1523 sehen wir Erasmus im Ringen um die unvermeidbar gewordene Auseinandersetzung mit Luther und der Reformation und letztlich im Ringen um die Einheit der Kirche. Erasmus fühlte, daß sein eigenes Reformprogramm dadurch einer schweren Belastungsprobe ausgesetzt sein würde, und ahnte vielleicht auch schon die Gefahr seines Scheiterns. Im Juni schreibt er an *Albrecht von Mainz,* der beste Weg die Einheit der

---

[133] Ep. 1332,56–61, Allen V, S. 163.
[134] Vgl. Ep. 1367, bes. 51 ff., ebd. S. 292.

Kirche zu erhalten, sei die reine und unverfälschte Predigt des Evangeliums durch die Prediger. Sie sollten auch zur Mäßigung mahnen. Um Differenzen zu vermeiden, soll der Kanon der Glaubenssätze, die unbedingt von allen anzunehmen sind, möglichst eng gefaßt werden. Alles übrige soll man dem Urteil des einzelnen überlassen[135].

In dieser Situation legt Erasmus das Lukasevangelium aus und macht sich an die Praphrasierung des Markus. Jetzt ist es sein Bestreben, über den sich verhärtenden Divergenzen seinen Blick auf einen möglichen *Konvergenzpunkt* zu richten. Er muß sich selbst in der Rolle der Prediger fühlen, die zum Frieden mahnen und sich auf den Kern des Evangeliums beschränken sollen. So greift Erasmus verstärkt zum Mittel der Allegorese, um die Botschaft des Evangeliums in ihrer Relevanz für die Gegenwart hervorzuheben. Auf dem Weg der Allegorese und Tropologese eröffnet sich ihm die ekklesiologische Dimension. So sieht er sich imstande, die Evangelien im Blick auf die Kirche, auf ihre *Fundamentalien* auszulegen. Nur das Wesentliche soll zur Sprache gebracht werden, worüber man sich über alle Differenzen hinweg verständigen kann. Daher ist es auch wohl nicht von ungefähr, daß er in der Markus-Paraphrase die einzige, dogmatisch stärker befrachtete allegorische Deutung vorträgt, die Auslegung der Sturmstillung (Mk 4,35–41), in der er sich zum Problem der una sancta ecclesia im Verhältnis zu den vielen Kirchen äußert, in denen allen Christus gleichermaßen anwesend ist[136]. Obwohl bei Erasmus die Abneigung gegenüber der Allegorese mit den Jahren deutlich zunimmt, ist in der Evangelienparaphrasierung eine gegenläufige Bewegung zu verzeichnen. Das muß kein Widerspruch sein, wenn man bedenkt, daß sich seine Ablehnung hauptsächlich auf den Mißbrauch der Allegorese bezieht. Recht verstanden spricht dort, wo Erasmus in der Lukas-, besonders aber in der Markus-Paraphrase allegorisiert, der *Prediger* Erasmus, der durch Ermahnung zur Mäßigung und Rückführung auf das Wesentliche den Frieden und die Einheit der Kirche zu wahren sucht[137].

---

[135] Ep. 1365,98ff., ebd. S. 288.
[136] Vgl. oben S. 112f.
[137] Insofern stimme ich mit TRACY (S. 218) überein und glaube die von RABIL (S. 102f., Anm. 7) zu Recht vermißte Begründung geliefert zu haben. Die Tatsache, daß die Markus-Paraphrase weit mehr als die anderen Evangelien-Paraphrasen allegorisiert, ist schlechterdings nicht zu bestreiten.

8. Die Erasmische Gleichnisauslegung

8.1 Das Gleichnis als Sonderfall

Es ist oben darzustellen versucht worden, wie sich die Allegorese der Grundstruktur des Erasmischen Denkens einfügt, bzw. ein Teil ihrer selbst ist, welche Funktion Erasmus der allegorischen Auslegung beimißt, in welchem Ausmaß und zu welchem Zweck er sie geübt hat. Da sich die vorliegende Untersuchung selbst Grenzen gesetzt hat und z. B. die Überprüfung der Psalmenauslegung nicht in Betracht gezogen hat, muß sie sich eines abschließenden Urteils enthalten, um nicht in den Fehler so vieler Erasmus-Interpreten zu verfallen und die schon gefällten Pauschalurteile um ein weiteres zu vermehren. Auf die schmale Basis des Ebelingschen Urteils von 1942, in dem Erasmus als Befürworter einer konsequenten Allegorese charakterisiert wird, ist schon hingewiesen worden[1]. 1959 scheint sich EBELING etwas zurückhaltender zu äußern, wenn er meint, Erasmus habe in seiner *theologischen Deutung* zur *origenistischen Allegorese* geneigt[2]. Doch alle bisher abgegebenen Urteile kranken daran, daß sie nicht an der von Erasmus in praxi geübten Auslegung überprüft worden sind. Aufs Ganze der Interpretation des Evangelienstoffes gesehen tritt die Allegorese hinter die Tropologese zurück und stellt keineswegs das beherrschende Moment der Evangelienauslegung dar. Nirgends wird das so deutlich wie in der Behandlung der Gleichnisse durch Erasmus.

In seiner bahnbrechenden Monographie „*Die Gleichnisreden Jesu*" hat kein Geringerer als ADOLF JÜLICHER Erasmus als den Morgenstern begrüßt, der auf dem Gebiet der Gleichnisauslegung heraufzieht. Allegorisiert Erasmus auch noch, meint JÜLICHER, so weiß er doch immer den Hauptgedanken herauszuarbeiten, ganz im Gegensatz z. B. zu *Faber Stapulensis,* dessen Erklärung in der Allegorese geradezu zu ertrinken droht[3]. Wenn eine Gattung der Evangelienüberlieferung den Ausleger zum Allegorisieren geradezu herausfordert, dann dürfte das der *Gleichnisstoff* sein,

---

[1] EBELING, Ev. Evangelienauslegung, S. 139. EBELING hat seine Meinung auch im Nachdruck von 1969 in keiner Weise korrigiert.
[2] EBELING, Artikel „Hermeneutik" in: RGG³, Bd. III, Sp. 251.
[3] JÜLICHER I, S. 254f.

weil einige der uns von den Evangelisten überlieferten Gleichnisse entweder von diesen selbst allegorisiert worden oder – bereits von der Urkirche allegorisiert – tradiert worden sind[4]. Gegen Erasmus ist der Vorwurf erhoben worden, er habe nicht scharf genug unterschieden zwischen einer sogenannten *biblischen Allegorie,* dem in der Heiligen Schrift gebrauchten Bildwort, und der *Allegorese,* die den nicht bildhaften Aussagen der Bibel einen zusätzlichen, allegorischen Sinn unterschiebt[5]. Ganz abgesehen davon, daß es problematisch ist, von der biblischen Allegorie als von einem Bildwort zu reden, war sich Erasmus der Unterscheidung von biblischer Allegorie und eigener Allegorese durchaus bewußt. So ist schon in der Fassung der Ratio von 1519 zu lesen: „Manche verwerfen jegliche Allegorie als eine willkürliche und einem Traumgespinst gleichkommende Angelegenheit. Ihre Meinung kann ich ganz und gar nicht teilen, weil ich sehe, daß ohne sie der Sinn sehr häufig absurd, verderblich, nichtig, seicht und spröde wäre, und weil es feststeht, daß sich Christus der Allegorien bedient hat und Paulus einige Stellen des Alten Testaments allegorisch interpretiert. Allerdings muß ich aufs heftigste den läppischen Allegorismus gewisser Leute tadeln, die selbst erfinden, was sie durch Allegorie erklären"[6]. Dies gilt Erasmus besonders für die Gleichnisse. „Wer alle Züge der Parabel abergläubisch allegorisch deuten wollte, käme meistens zu faden Erklärungen"[7]. „Es gibt Fälle, in denen es hinreicht, den Skopus einer Parabel zu berühren, selbst in den Fällen, in denen die Allegorie nicht zu vermeiden ist"[8]. Am sichersten ist es, beim Erforschen der Allegorien den Quellen zu folgen, „von denen uns nicht wenige der Herr selbst erschlossen hat, einige auch Paulus"[9]. „Es reicht aus, das allegorisch zu deuten, was sich in den heiligen Schriften findet,

---

[4] Vgl. dazu besonders JEREMIAS, S. 55–76, bes. die Seiten 55f. und 75f. Die Urkirche deutet mehrere Gleichnisse auf ihre Situation um. „Eines der Hilfsmittel, deren sie sich bei der Umdeutung bediente, war die allegorische Deutung" (S. 55f.). „Als Motiv für die allegorische Deutung steht, neben der Freude am Gewinnen eines Tiefsinnes, die Paränese völlig im Vordergrund" (S. 76).

[5] MÜLLER, S. 243.

[6] „Sunt, qui fastidiant omnes allegorias tamquam rem arbitrariam somniique simillimam. A quibus ut vehementer dissentio, cum videam absque his plerosque sensus absurdos esse aut perniciosos aut futtiles, leves ac frigidos, cumque constet Christum allegoriis usum et Paulum aliquot veteris instrumenti locos per allegoriam interpretari, ita non possum non improbare quorundam ineptum allegorismum, qui fingunt ipsi, quod explicent allegoria" (Ratio, 1519, Holb. 282, 3–10).

[7] „Proinde qui student omnes parabolae partes superstitiose ad allegoriam accommodare, plerumque deveniunt ad frigida quaedam commentiuncula" (ebd. 1523, 281,35–282,2).

[8] „Est, ubi summam parabolae satis sit attigisse, etiam in iis, in quibus allegoria vitari non potest, ..." (ebd. 1519, 281,9ff.).

[9] „Tutissimum autem fuerit in pervestigandis allegoriis sequi fontes, quos nobis non paucos ipse dominus aperuit, nonnullos et Paulus" (ebd. 1523, 280,28ff.).

wenn es die Sache nur insofern erfordert, daß wir selbst nichts hinzuzudichten brauchen"[10].

Zieht man Bilanz, dann steht Erasmus der Allegorese, besonders im Bereich der Gleichnisauslegung, äußerst reserviert gegenüber. Wenn er auch noch nicht in der Lage ist, eine literarische Stilkunde vorzulegen, so hat er doch insofern das Wesen der *Parabel* erfaßt, als er bemerkt, daß sie sich im Grunde einer allegorischen Deutung widersetzt. Parabel und Gleichnis sind eine Sonderform der Rede Jesu, die den Schlüssel zu ihrem Verständnis in sich trägt und nicht auf eine hinter ihr liegende Sinnschicht befragt werden muß. Die Gleichnisse in den Evangelien partizipieren natürlich am Symbolcharakter aller Worte und Dinge schlechthin, aber doch wiederum so, daß die Verweisfunktion in einem Skopus gebündelt ist. Diese Einsicht dürfte ihm der Umgang und die Beschäftigung mit der antiken Literatur und Rhetorik eingetragen haben. Bedenkt man, daß Erasmus am Beginn einer sich erst ganz allmählich entwickelnden kritischen Bibelwissenschaft steht und ihm somit Einblick in die Literar- und Formgeschichte noch fehlen, dann wird man sein Gespür für die Form des Gleichnisses und sein Verständnis angemessen zu würdigen wissen. Soweit hat z. T. auch die Erasmus-Forschung die Stellung des Erasmus nach den Einleitungsschriften zum Neuen Testament zur Kenntnis genommen und unter unterschiedlicher Akzentsetzung gewertet. Die Frage ist aber bisher noch offen geblieben, ob sich Erasmus in der Praxis seiner eigenen Schriftauslegung selbst an das von ihm formulierte Programm gehalten hat.

8.2 Der Sinn der Gleichnisrede

Warum hat Christus in Gleichnissen geredet, wo er doch fast seine ganze Verkündigung in diese Form gekleidet hat? Warum ist die Schrift voll von Redewendungen, Allegorien, Gleichnissen und Parabeln? In der Ratio gibt Erasmus eine vierfache Antwort. Christus mag sich um der Juden willen der prophetischen Sprache *akkommodiert* haben; vielleicht hat er die Verhüllung als Taktik des *Anreizes* gewählt; vielleicht hat er aber auch eine Art *Arkandisziplin* üben und seine Geheimnisse vor den Gottlosen verbergen wollen; und was die Gleichnisse angeht, so hat er alltägliche Beispiele herangezogen, denen naturgemäß eine besondere *Überzeugungskraft* innewohnt[11]. Einen solchen Viererkatalog bietet auch

---

[10] „Satis est ea, quae reperiuntur in sacris litteris, ad allegoriam accommodare, si res ita postulet, ut ipsi nihil affingamus" (ebd. 1519, 282,14–16).

[11] „Nam tropis et allegoriis ac similibus seu parabolis fere opertus est et obliquus, nonnumquam usque ad aenigmatis obscuritatem, sive id Christo visum est, quo prophetarum sermonem, cur Judaeorum aures assueverant, referret, sive hac difficultate segnitiem nostram exercere voluit, ut postea gratior esset fructus non sine negotio quaesitus, sive hoc

die Matthäus-Paraphrase zu Mt 13,3. Jesus hat sich der Redeweise der Propheten angeglichen, hat alltägliche, allbekannte Beispiele, die jedermann leicht eingehen, gewählt; er hat seine Worte durch den Anreiz der Verschlüsselung besser und dauerhafter einprägen wollen. Während diese drei Punkte in etwa den in der Ratio genannen entsprechen, findet der Gedanke einer Arkanisierung hier keine Aufnahme. Stattdessen führt Erasmus die Überlegung ein, Jesus habe sich der Gleichnisse bedient, weil er auf diese Weise indirekt und damit das Gewissen schonender mahnen konnte[12]. Wie schon in der Ratio werden in den Paraphrasen immer wieder *Anschaulichkeit* und *Einprägsamkeit* als die bestimmenden Elemente des Gleichnisses genannt[13]. Lc 8,4 kommentiert Erasmus mit der Begründung, Jesus habe vieles in Gleichnisse gehüllt, um einen Lernanreiz zu geben, um aber auch zu bewirken, daß sich tiefer einpräge, was er bildhaft eingekleidet habe[14]. Diese Aussagen sind bei Erasmus alle auf dem Hintergrund seiner Anthropologie zu sehen. Das Gleichnis stimuliert nicht nur den Intellekt, sondern auch die Affekte und prägt sich so besser ein[15]. Generell gesprochen sieht Erasmus in der Tatsache, daß Jesus in Gleichnissen redet, eine positive Funktion. Jesus will sich Gebildeten wie Ungebildeten verständlich machen und seine Hörer durch die verfremdende Redeweise zu besserer Aufmerksamkeit und intensiverem

---

consilio mysteria profanis et impiis operta celataque esse voluit, at sic, ut interim piis scrutatoribus non intercluderetur assequendi spes, sive genus hoc dictionis potissimum placuit, quod ut ad persuadendum cum primis efficax est, ita doctis pariter et indoctis expositum et familiare maximeque secundum naturam, praesertim si similitudines ducantur ab iis rebus, quae vulgo notissimae sunt, ..." (Ratio, 1519, Holb. 259,33–260,9). Zum hier aufgeführten zweiten Argument ist zu vergleichen: „Christus aliquoties fallit suos ad tempus allegoriarum aenigmatibus, quo post altius inhaeret, quod volebat intelligi" (ebd. 1519, 263,30 ff.); zum dritten Argument: „Sic haud scio quo consilio visum est aeternitatis sapientiae adumbratis simulacris et insinuare se piis mentibus et profanis, ut ita dicam, imponere" (ebd. 1520,264,13 ff.).

[12] „Quoniam autem in ea multitudine non erat eadem mens omnibus, multa proposuit eis per similitudinum involucra; sive quod hoc orationis genus familiare est Prophetis; sive quod accommodatissimum est ad docendum, et ad flectendos animos populi, quod collatio sumta a rebus, omnium etiam idiotarum sensibus notissimis, statim permoveat unum quemlibet; sive quod hac illecebra, et jucundius irrepunt in animos hominum quae dicuntur, et haerent tenacius; sive quod haec admonitio nullum traducens, sed tacite per imaginem taxans cujusque conscientiam, minus offendere solet" (Paraphr. in Mt 13,3, LB VII 77 B).

[13] „Quemadmodum autem Christus sermonem propheticum expressit ita Paulus ceterique apostoli Christi sermonem referunt parabolis rem oculis subicientes ac saepe repetitam infigentes animis" (Ratio, 1520, Holb. 262,12 ff.).

[14] „... multa illi loquens per involucra similitudinum, quo magis excitaret in illis discendi studium, et altius insideret animo quod aenigmate fuisset infixum" (Paraphr. in Lc 8,4, LB VII 361 A/B). Ähnlich ebd. 415 A, 418 D, 421 D; auch in der Mt-Paraphase, z. B. LB VII 82 A u. ö.

[15] „Neque vero tantum ad docendum ac persuadendum efficax est parabola, verum etiam ad commovendos affectus, ad delectandum, ad perspicuitatem, ad eandem sententiam, ne possit elabi, penitus infigendam animo" (Ratio, 1519, Holb. 260,10 ff.).

Bedenken anleiten. Gerade die Markus-Paraphrase gibt diesem Gedanken besonderen Ausdruck.

Jesus bedient sich der Form der Gleichnisrede, um sich den Ungebildeten anzupassen; denn Vergleiche mit allen bekannten Dingen sind die einfachste und für die Ungebildeten die angemessenste Lehrweise[16]. Das ungebildete und rohe Volk muß durch die verhüllende Art der Gleichnisse belehrt werden, da es die offene, unverhüllte Rede noch nicht fassen kann[17]. Damit kommentiert Erasmus Mk 4,33 ff., eine Stelle, die zur noch zu behandelnden *Verstockungstheorie* des Markus in offensichtlichem Widerspruch steht. Für Erasmus zielen die Gleichnisse auf das Verstehen ab, ohne daß es an irgendwelche Voraussetzungen der Bildung oder Frömmigkeit gebunden wäre. Der Mensch als solcher in seiner unverstellten, alltäglichen Welt soll dort angesprochen werden, wo er steht. An sein Verstehen soll appelliert werden. Das alles macht aber das Gleichnis noch nicht zum Gleichnis. Gleichnis wird es erst dadurch, daß es in der Sprache alltäglicher Bilder und Vorgänge auf eine ganz andere und gar nicht alltägliche Wirklichkeit deuten will. „Diesen allgemein bekannten Dingen gibt er (sc. Jesus) ein neues Gesicht, indem er sie mit seiner Philosophie in Verbindung setzt"[18]. Gleichnisse bedeuten etwas, sie weisen auf etwas hin. Jesus erzählt das Säemanns-Gleichnis, ohne die Verhüllung zu lüften; er überläßt den Zuhörern die Entschlüsselung und den Sinnbezug zur intendierten Sache[19]; „denn die evangelischen Gleichnisse bergen unter einer gewöhnlichen und lächerlichen Hülle die himmlische Weisheit"[20]. Hier wird auf die Gleichnisse bezogen, was anderenorts von der Heiligen Schrift in ihrer Gesamtheit behauptet wird[21]. Die Gleichnisse haben einen geheimen Sinn (arcanus sensus);[22] denn Jesus sagt oder tut

---

[16] „Primum doctrina rudibus animis attemperanda est, donec profecerint... Proponebat eis parabolas, hoc est, rerum omnium notissimarum similitudines. Est enim hoc simplicissimum docendi genus, ac rudibus maxime accommodum" (Paraphr. in Mc 4,2, LB VII 186D).

[17] „His atque id genus aliis multis parabolis Dominus Jesus rudi crassoque populo proponebat imaginem futuri successus Euangelici, sermonem suum ad illorum captum attemperans" (Paraphr. in Mc 4,33, LB VII 191 B/C).

[18] „Atque haec vulgata mire novat, ad suam philosophiam accommodans" (Ratio, 1519, Holb. 283,8f.).

[19] „Haec locutus Jesus tum quidem non explicuit involucrum aenigmatis, sed suo cuique animo reliquit conjectandum" (Paraphr. in Mt 13,8, LB VII 77 E; vgl. auch Paraphr. in Mc 4,13, ebd. 186F).

[20] „Sub vili enim ac ridiculo tectorio celant sapientiam coelestem" (Paraphr. in Mc 4,3, LB VII 186F).

[21] Vgl. z. B.: „Quod minutum, sermonis est humilitas sub verbis paene sordidis ingentia mysteria claudentis.... Quod rigidulum est atque subasperum, mysterium littera obtectum exprimit" (Enchiridion, Holb. 30,35ff. u. 31,3f.); „Maxime vero scripturae divinae, quae fere silenis illis Alcibiadeis similes sub tectorio sordido ac paene ridiculo merum numen claudunt" (ebd. 70,17ff.).

[22] Paraphr. in Mc 4,34, LB VII 191 D; Mc 4,14, ebd. 187F.

nichts, was nicht die Bedeutung irgendeiner verborgenen Sache hätte[23]. Diese Aussagen belegen sehr deutlich, wie sehr sich für Erasmus das Gleichnisproblem in den Gesamtzusammenhang seiner *Ontologie* und *Erkenntnistheorie* einordnet. Von daher ist es auch allzu verständlich, daß er sich nicht auf die von den Evangelisten angebotene Parabel- und Verstockungstheorie einläßt.

Da Erasmus die dogmatische Voraussetzung einer *Verstockung* des Menschen durch Gott im Sinne einer *necessitas consequentis* nicht teilt[24], kann er sich der Parabeltheorie der Evangelisten nicht anschließen, als ob Jesus seine Gleichnisse öffentlich in voller Absicht als Rätselreden vorgetragen, die Aufklärung aber nur im Jüngerkreise gegeben hätte. Im Gegenteil: Jesus verbreitet seine himmlische Lehre nach Maßgabe des Verstehensvermögens und der Herzenseinfalt[25]. Wenn Jesus in Gleichnissen redet, so tut sich darin eine Weise seiner Akkommodation kund[26]. „Denjenigen, die die offenbarsten Offenbarungen nicht erkennen wollen, verhülle ich meine Rede, um sie so zum Eifer des Lernens und Forschens zu provozieren"[27], läßt Erasmus Jesus sagen, ja Jesus will durch seine verhüllende Rede denen keinen Anlaß geben, die ihn fälschlich anklagen wollen[28]. Weil das Volk für die Wahrheit seines Todes, seiner Auferstehung und den Antritt seiner Weltherrschaft noch nicht aufgeschlossen war, faßte er diese Wahrheit in Gleichnisform, da sie sich so dem Geist tiefer einwurzelt und später nach Eintritt der vorbezeichneten Ereignisse besser erinnert werden kann[29]. JÜLICHERS Urteil trifft zu:

---

[23] „Et quomodo reliquas parabolas omnes conjectabitis, quum nihil dicam aut faciam, quod non occultioris alicujus rei significationem habeat?" (Paraphr. in Mc 4,13, ebd.).

[24] Die necessitas consequentis geht aus von Gott als der causa efficiens. Das Ereignis tritt mit absoluter Notwendigkeit ein, weil Gott es so will. Bei der necessitas consequentiae ist der Mensch die causa efficiens. Dem freien Willen des Menschen wird Raum gelassen. Das Ereignis tritt auch hier mit Notwendigkeit ein, allerdings mit einer bedingten, da Gott es vorausgesehen hat. Vgl. zur Erörterung dieses scholastischen Theologumenons Ep. 1420 (von Ludwig Ber, Febr. 1524), Allen V, S. 401f.

[25] „Nos gratis offerimus aliqua rudimenta coelestis Philosophiae, nimirum pro capacitate simplicitateque animorum, veluti semina quaedam jacientis" (Paraphr. in Mt 13,12, LB VII 78A).

[26] Vgl. folgende Anmerkung.

[27] „Propterea quales illi adferunt animos ad audiendum, tales illis propono sermones: Illi quae sunt manifestissima nolunt intelligere, ego tenebris involvo sermonem, ut vel sic provocem ad discendi vestigandique studium" (ebd. 77F); s. auch folgende Anmerkung.

[28] „... quo simul et animos illorum obscuritate sermonis, ad discendi studium excitaret, nec ansam tamen daret occasionem venantibus calumniandi" (ebd. 80C, zu Mt 13,34); vgl. auch Paraphr. in Lc 8,4, LB VII 361 A.

[29] „Etenim si dixisset, se brevi a Judaeis occidendum, sed mox revicturum, gloriamque suam per universum orbem sparsurum, sic ut qui tum omnium infimus videbatur, intelligeretur totius mundi princeps: ut nulli mortalium quantumvis sublimi, quies aut tutum receptaculum esset futurum, nisi sub ipsius ramos confugeret: nemo sermonem neque tulisset, neque credidisset. Et tamen expediebat illos haec veluti per somnium meminisse, ut

„Von einem Verstockungszweck redet Erasmus nirgends, zu Mt 13,3 führt er lauter Zwecke freundlichster Art an"[30]. Dies trifft aber, wie wir gesehen haben, nicht nur für diesen einen Vers zu. Durchgängig tilgt Erasmus die Finalität der Verstockung. Scholastisch gesprochen tritt die Verstockung mit Notwendigkeit ein, doch ist diese Notwendigkeit eine bedingte. Nicht *Gottes Wille* darf als die *causa efficiens* angesehen werden, sondern, da der freie Wille des Menschen als Ursache zu gelten hat, liegt hier eine *necessitas consequentiae* vor.

Erasmus sieht im Säemannsgleichnis als solchem dieses Problem angeschnitten und beantwortet. Der Skopus liegt darin, daß Jesus mit diesem Gleichnis erklären will, wie es dazu kommt, daß trotz des großen Predigtzulaufs die Verkündigung Jesu nicht in allen Furcht bringt. Das Gleichnis erteilt eine eindeutige Antwort: Nicht der Prediger oder seine Predigt sind die Ursache dieses Mißerfolges, sondern das Fehlverhalten der Hörer[31]. Die Untauglichkeit der Menge besteht nach Erasmus offenbar darin, daß sie den Symbolcharakter der Gleichnisse nicht erkennt und aus Oberflächlichkeit, Trägheit und Eigensucht im Vordergündigen steckenbleibt. Weil es solchen Menschen an Glauben mangelt, haben sie ungeeignete Augen und Ohren, denn es fehlt ihnen ein wacher Sinn für die Eigentlichkeit und Wahrheit[32]. Die Jünger dagegen sind in ihrer Einfachheit begierig, der Wahrheit auf den Grund zu kommen, ihr Geist ist durch niedere Affekte wie die Eigensucht nicht getrübt[33]. Den so in ihrer Einfachheit begierig nach dem tieferen Sinn, der Eigentlichkeit und Wahrheit Forschenden wird die Einsicht zuteil, sei es auch in einer speziellen Belehrung durch Jesus, um sie daran zu gewöhnen, nach dem verborgenen Sinn zu suchen[34].

Was auf den ersten Blick nach einer Arkandisziplin aussieht, erweist sich bei näherem Zusehen in einer differenzierteren Funktion. Jesus stellt sich in den Gegensatz zu den Fürsten dieser Welt, die nur einen kleinen

---

post ex ipsa re agnoscerent, quid sibi voluissent parabolae" (Parapr. in Mc 4,34, LB VII 191 C/D). „Haec loquutus Dominus, quoniam sciebat non ab omnibus intelligi quod dixerat, volens tamen eos in posterum meminisse parabolae, quae pertineret ad salutem, ..." (Paraphr. in Lc 8,8, LB VII 361 D).

[30] JÜLICHER I, S. 254.

[31] „Primum autem omnium parabolam proposuit, subindicans multos quidem undique confluere ad praedicationem Euangelii, sed tamen non in omnibus gigni fructum; id accidere non docentis culpa, sed audentium vitio" (Paraphr. in Mt 13,4, LB VII 77 C).

[32] „Qui habet aures idoneas ad audiendum Euangelicam sapientiam, audiat haec quae dixi. Non enim poscunt crassum aut oscitantem auditorem ... Sunt qui similes statuis habent aures, sed non audiunt, auriti ad Pharisaicas constitutiunculas, surdi ad doctrinam verae pietatis" (Paraphr. in Lk 8,8, LB VII 361 D).

[33] Paraphr. in Mt 13,18, LB VII 78D u. Paraphr. in Mc 4,2, LB VII 186 E.

[34] „Exponam hanc, ut assuescatis et ipsi in caeteris scrutari retrusioris sensus arcanum" (Mc 4,14, ebd. 187 F).

Kreis von Vertrauten in ihre Geheimnisse einweihen und sie vor der Masse des Volkes verbergen. Dagegen läßt Jesus alles gleichnishaft geschehen, um das Geheimnis des Reiches Gottes nicht zu profanieren[35]. Auf diese Weise werden eben nur diejenigen ausgeschlossen, die sich selbst ausschließen. Diesen Sinn hatte auch schon die Stelle in der Ratio hervorgekehrt, wenn davon die Rede war, daß Jesus seine Mysterien vor Profanen und Gottlosen verhüllt und verborgen haben wollte, allerdings so, daß den inzwischen fromm Forschenden die Hoffnung auf ein Verstehen nicht genommen würde[36]. Unwürdig ist, wer sich durch sein Fehlverhalten als unwürdig erweist. Den Gedanken einer Finalität der Verstockung kann Erasmus nicht nachvollziehen, er kann die Verstockung der Menschen nur jeweils als die Folge ihres Unglaubens konstatieren.

Man wird sicher nicht sagen können, daß sich alle skizzierten Aussagen nahtlos ineinanderfügen. Andererseits ist aber auch JÜLICHERS Urteil nicht aufrechtzuerhalten, Erasmus habe eine einheitliche Anschauung von Wesen, Bedeutung und Zweck der Parabel nicht besessen[37]. Dies trifft zu im literarkritischen oder gar formgeschichtlichen Sinn. Von seiner theologischen Konzeption her gesehen muß man Erasmus fraglos ein hohes Maß an *systematischer Konsistenz* bescheinigen. Erasmus läßt sich auch hier von seinem Grundgedanken leiten, daß alle Wirklichkeit Symbolcharakter trägt, vornehmlich auch das Wort und damit die Heilige Schrift. Jedes Wort der Schrift ist in seiner Vordergründigkeit als Hülse auf seinen wahren Kern hin zu untersuchen. Insofern stellt die Gleichnisform nur einen Sonderfall dar. Obwohl sich Jesus in der Redeform des Gleichnisses dem Menchen und seiner Erfahrungswelt am meisten akkommodiert, gewinnt der Mensch auch hier keinen anderen Zugang zur Wahrheit als über die Brücke eines geistlichen Verstehens. Die Gleichnisse der Evangelien sind dialektisch strukturiert, einfach und doch tiefgründig, töricht und doch voll Weisheit, dunkel und doch klar. Dies sind nicht etwa „echt erasmische Wendungen", die wiederum verdunkeln, was Erasmus andernorts schon an guten Einsichten gewonnen hatte, wie JÜLICHER meint[38]. Vielmehr ist in diesen Wendungen der Ansatz *biblischer Hermeneutik* des Erasmus aufgehoben und bewahrt. Erasmus trägt damit der Tatsache Rechnung, daß sich das in den Gleichnissen aufbewahrte Geheimnis vom Reich Gottes nur dem Glauben offenbart, wie intensiv auch alle Erklärungsbemühungen sein mögen. Wer nicht als Voraussetzung die Offenheit des bereitwilligen Aufnehmens mitbringt, hört das Gleichnis nur als eine vielleicht interessante Geschichte[39]; er hört aus ihm

---

[35] Paraphr. in Mc 4,11, ebd. 187C–D.
[36] Ratio (1519), Holb. 260,3 ff., s. o.
[37] JÜLICHER I, S. 254. [38] Ebd.
[39] „Fabula est, non parabola, nisi quis attentus audiat" (Paraphr. in Mc 4,3, LB VII 186E).

nichts heraus. Man könnte fast sagen, je weiter sich die göttliche Weisheit den menschlichen Bedingungen akkommodiert, desto größer ist die Gefahr, verkannt zu werden. Die Gleichnisse drohen in ihrer Schlichtheit als Geschichte oder Fabeln falsch eingeschätzt zu werden. Alle Bemühungen Jesu scheitern an der falschen Einstellung seiner Hörer[40].

Anstelle der indirekten Redeweise in Gleichnissen, die unter pädagogischen Aspekten geschieht, kann sich Jesus aber auch einer direkteren Form der Rede bedienen, wie etwa im 25. Kapitel des Matthäus-Evangeliums, in dem auf die beiden Gleichnisse von den zehn Jungfrauen und den anvertrauten Talenten die Rede über die Scheidung der Guten und Bösen im Endgericht folgt. Nach Erasmus hat Jesus in dieser Erzählung das gleiche vorgetragen wie in den beiden vorangegangenen Gleichnissen, nur eben „viel klarer"[41]. Man wird mit JÜLICHER[42] nicht verstehen, warum Jesus dann noch in Gleichnissen redet, wenn man diese Äußerung des Erasmus nicht in den Gesamtzusammenhang seiner Verstehenslehre einordnet. Da nach einem Erasmischen Grundgesetz Gleiches nur von Gleichem erfaßt werden kann[43], stellt sich Jesus in seiner Redeweise jeweils auf das Aufnahme- bzw. Fassungvermögen seiner Hörer ein. Die Rede in Gleichnisform ist Funktion seiner Akkommodation, Anpassung an das noch mangelnde geistliche Verständnis, das die Menschen seiner Verkündigung noch entgegenbringen. Die klarere, d. h. direktere Redeweise jedoch wendet sich an die Fortgeschritteneren und muß gerade bei den „Anfängern" auf Unverständnis, ja Mißverständnis stoßen[44].

Nicht irgendwelche literarischen Erkenntnisse bezüglich der Gattung Gleichnis eröffnen den Weg zum Verständnis der Gleichnisse Jesu, so wichtig auch die Beachtung der Tropen und ihrer Arteigenheiten sein mag. Für Erasmus ist die *Gleichnisauslegung* eingebettet in den übergreifenden Zusammenhang der Schriftinterpretation überhaupt, die nur als *dogmatisches Problem* angemessen zu lösen ist. Wenn man so will, steht das Verständnis der Gleichnisse und ihre Auslegung unter einer dogmatischen Prämisse, jedoch nicht so, daß sie nicht selbst zu Wort kommen. Dies wird die Einzelanalyse nachzuweisen haben.

---

[40] Vgl. oben Paraphr. in Mt 13,4, LB VII 77C.
[41] „Huiusmodi parabolis Dominus Jesus discipulos suos, et praemiorum magnitudine, et suppliciorum metu exstimulavit ad studium Euangelicae pietatis,... Sed idem multo dilucidius fecit extrema narratione..." (Paraphr. in Mt 25,31, LB VII 129D).
[42] JÜLICHER I, S. 254.
[43] Die Hauptbelegstellen aus dem Enchiridion: „Similia similibus afficiuntur" (Holb. 86,2); vgl. ebd. 42,3 ff. u. 68,36.
[44] Vgl. oben S. 175 besonders Paraphr. in Mc 4,34, LB VII 191C.

8.3 Die Allegorese der Gleichnisse Lk 10,25–37 und Lk 15,11–32

Mustert man die Gleichnisauslegung des Erasmus durch, so findet man, abgesehen von einigen wenigen allegorischen Ausdeutungen von Einzelzügen, eigentlich nur zwei Gleichnisse aus dem *lukanischen Sondergut* Lk 10,25–37 (Barmherziger Samariter) und Lk 15, 11–32 (Verlorener Sohn), die er allegorisierend behandelt. Dabei ist wohl zu beachten, wie Erasmus vorgeht. Für Lk 10,25–37 gibt er zunächst einmal den Skopus an: Jesus will vor Augen stellen und lehren, Gottes Gebot der Nächstenliebe sei nicht zu beschränken auf die engen Grenzen der Verwandtschaft oder der Volksgemeinschaft, sondern weiter auf alle Menschen auszudehnen[45]. Nachdem Erasmus dieses klar als Skopus umrissen hat, erzählt er die Geschichte nach, indem er sie spezifisch akzentuiert und ihr eine *antiklerikal-antijüdische Spitze* aufsetzt. Der Priester und der Levit wären schon „amtshalber" zur Erfüllung des Gottesgebots verpflichtet gewesen, zumal der Hilfsbedürftige ein Volksgenosse war. Sie empfanden aber nicht einmal Erbarmen, ganz im Gegensatz zu dem Samariter, dessen Erbarmen sich sofort in die helfende Tat umsetzte[46].

Das Verhalten des Priesters und des Leviten geben Jesus, wie Erasmus meint, Anlaß, das jüdische Zeremonialwesen, jüdische Hartherzigkeit und Arroganz zu tadeln. Die Juden halten sich auf ihren Tempel- und Opferkult, auf ihren Schriftbesitz und ihre Schriftauslegung und -befolgung etwas zugute[47]. Gott aber, sieht nicht auf diese äußerlichen Werke, sondern fragt nach der verborgenen Herzensfrömmigkeit[48]. An ihr aber fehlt es gerade den Juden, denn sie sind selbstsüchtig, und wenn sie sich überhaupt anderer annehmen, dann sicher nur ihrer Volksgenossen[49]. Hier nun lenkt Erasmus zum Skopus zurück. Die jüdische Religion kennt Grenzen, die evangelische Frömmigkeit, die Liebe, ist grenzenlos, sie erstreckt sich auf alle Menschen[50]. So sehr es fraglich bleiben muß, ob die Beispielerzählung ursprünglich eine antikultische Tendenz gehabt hat –

---

[45] „Jesus itaque sciens animum hominis, respondet hujusmodi similitudine, rem totam mystica quadam imagine depingens ac ponens ob oculos, docensque, Dei praeceptum de diligendo proximo non esse circumscribendum artis finibus cognationis ac gentis, sed latius ad omnes homines esse proferendum, quum saepenumero fiat, ut qui genere proximus est, alienior sit affectu, quam hostis" (Paraphr. in Lc 10,30, LB VII 377 A).

[46] Paraphr. in Lc 10,31.32.33, LB VII 377 B f.

[47] Paraphr. in Lc 10,37, ebd. 377 E.

[48] „... quum Deus nihil moretur istiusmodi cultum, sed occulto sincerae puraeque mentis affectu magis delectetur" (ebd. 377 E/F).

[49] Ebd. 377 F.

[50] „Sacerdos et Levita genere proximus erat vulnerato, sed Samaritanus genere hostis, caritate proximus erat. Judaica religio gentem discernit, Euangelica pietas nescit hujusmodi discrimina, gestiens omnibus benefacere, nullo personae delectu" (ebd.).

vielleicht werden Priester und Levit hier nur als bevorzugter Stand genannt[51] –, Erasmus jedenfalls hört sie selbstverständlich sofort heraus und ordnet sie dem von ihm erhobenen Skopus ein. Die der Herzensfrömmigkeit entspringende grenzenlose Liebe tritt natürlich in den Gegensatz zu einer von äußerlicher Gesetzesfrömmigkeit geprägten Volksreligion. Nun erst, nachdem die Erzählung paraphrasiert und der Skopus bestimmt ist, wird sie auch noch *christologisch interpretiert* und damit *allegorisiert*. Gestalt gewonnen hat die grenzenlose Liebe in Jesus Christus als dem wahren Samariter. In dem Überfallenen ist die gesamte Menschheit wiederzuerkennen, die durch die Bosheit des Räubers Satan der Kleider ihrer Unschuld beraubt und durch jede Art von Fehlern verwundet ist. Während der stolze Priester und der Levit vorübergehen, nimmt sich der Samariter Jesus der Menschheit an. In den Aposteln und ihren Nachfolgern hat dieser Samariter seine Wirte, denen er himmlischen Lohn verspricht, wenn sie für die Heilung des Kranken aus dem Überfluß der Liebe mehr aufwenden, als geboten war. Durch diese seine Wirte heilt er auch heute das durch die Sünden verwundete Menschengeschlecht in der Herberge seiner Kirche[52].

Nach dieser recht ausführlichen Allegorese lenkt Erasmus zur Einleitung mit dem Doppelgebot der Liebe zurück. Gerade in ihrer Haltung gegenüber Christus haben die Juden dieses Doppelgebot verletzt. Gott in Christus haben sie nicht geglaubt, dem Menschen in ihm haben sie den Tod gebracht. In der Liebe zu Christus und seinen Gliedern wird das Doppelgebot der Liebe erfüllt.

Die allegorisierend-christologische Auslegung dieser Perikope gehörte zum geistigen Allgemeingut kirchlicher Auslegung, wie man sich leicht anhand der von EBELING[53] in einer Anlage zusammengestellten Texte informieren kann. Angesichts der reichhaltigen und motivreichen Deutungstradition des Textes wird aber auch deutlich, wie sparsam Erasmus im Umgang mit dem ihm vorgegebenen allegorischen Material verfährt. Nur zum zeitgenössischen Vergleich: *Luther* allegorisiert über Erasmus hinaus im wesentlichen noch Priester und Levit, Öl und Wein, das Lasttier und die beiden Denare[54]. Ist für Luther die Beispielerzählung ein Bild der gesamten Heilsgeschichte, so konzentriert sich für Erasmus alles auf das Heilswerk Christi, das in seiner Liebe zur Nachfolge ruft.

Entscheidend aber ist für das Verständnis des Erasmus, daß die allegorisierend-christologische Auslegung nicht die einzige und vornehmliche ist. Sie klappt sozusagen erst nach, nachdem der Skopus bereits herausgestellt worden ist. Die Geschichte ist aus sich selbst heraus verständlich,

---

[51] So jedenfalls STRACK-BILLERBECK II, S. 182.
[52] Paraphr. in Lc 10,37, LB VII 378 A ff.
[53] S. 496 ff.   [54] Ebd. S. 76 f.

deswegen erzählt Erasmus sie auch kommentierend nach. Allerdings verfährt er nicht so differenzierend, daß er zwischen einem Gleichnis und dieser Beispielerzählung unterschiede[55]. Dies wird besonders zu Vers 38 deutlich, wo er den Anschluß an die folgende Perikope „Martha und Maria" so arrangiert, daß er dem Gleichnis hier die Begebenheit dort gegenüberstellt, beide von derselben Intention getragen.

Während die Beispielerzählung einerseits so für sich selbst spricht, hat sie für Erasmus doch auch eine Transparenz, die sich dem tiefer Blickenden offenbart und in eine andere Dimension hineinführt. Sie ist beispielhaft, aber nicht so sehr in dem Sinn von Vers 37: „Geh auch du hin, tue desgleichen!", als vielmehr darin, daß Jesus in diesem Beispiel von sich selbst und seinem Heilswerk redet. Wie für die nachösterliche Gemeinde bestimmte Gestalten und Ereignisse des Alten Testaments im Lichte der Christusoffenbarung eine neue Deutung erfahren, so erscheint hier dem christlichen Ausleger der Samariter als *Typus* des das Heil der Welt wirkenden Christus[56]. Das Besondere dieser Betrachtungsweise aber ist es, daß sie nicht einfach auf die Erhebung eines tieferen Sinns aus ist, sondern die Geschichte – in diesem Fall eine erzählte[57] – in ein Entsprechungsverhältnis zur *Christusoffenbarung* hineinstellt. Damit verliert die Beispielerzählung nicht an Bedeutung oder wird gar überflüssig. Sie steht in sich selbst, muß betrachtet und auf ihren Skopus hin zugespitzt werden. Darüberhinaus aber hat sie teil an dem übergreifenden Zusammenhang der Selbstoffenbarung Christi in der Schrift, denn Christus ist das Zentrum der Schrift und alle Aussagen sind recht verstanden, wenn sie auf ihn bezogen werden[58]. Dabei ist das Moment der Steigerung von besonderer Wichtigkeit für die *typologische Deutung*. Was der Samariter als Typus Christi tut, kann nur als schwacher Hinweis auf die Heilstat Christi verstanden werden. Was hier an einem Individuum geschieht, widerfährt dort der ganzen Menschheit, während der Samariter nur körperliche Gebrechen heilt, bringt Christus das Heil der Welt usf. So erweist sich die vermeintliche Allegorese bei näherem Zusehen als *Typologese*. Ihr ist der Wortsinn des Textes nicht wie der eigentlichen Allegorese gleichgültig, im Gegenteil, sie nimmt ihn vielmehr zur Grundlage[59].

---

[55] Wenn Gleichnis, Parabel und Beispielerzählung manches gemein haben, so unterscheiden sie sich doch grundsätzlich darin, daß die Parabelerzählung eine Entsprechung (analogia) zur Sache, die Beispielerzählung einen Musterfall (exemplum) bringt (vgl. LINNEMANN, S. 14). Hier Paraphr. in Lc 10,38, LB VII 378 D/E.

[56] Paraphr. in Lc 10,37, ebd. 378 A ff.

[57] Zur Beispielerzählung s. oben Anm. 55.

[58] Dies Thema klingt im Werk des Erasmus wiederholt an, besonders dort, wo es ihm um die Sinneinheit der Schrift, der doctrina christiana und des Lehrens und Lebens Christi selbst geht. Das Alte wie das Neue Testament ergehen sich in Typen und Hinweisen auf diese gemeinsame Mitte Christus. (Vgl. z. B. Ratio, 1519, Holb. 211,1 ff.).

[59] Zur Typologie und ihren Konstituanten ist besonders zu vergleichen GOPPELT, S. 18 f.

Wie Erasmus den Samariter typologisch deutet, so verfährt er auch in Lk 15 mit der Gestalt des Hirten und des Vaters, in dem einen sieht er den Typus Jesu[60], im anderen den Gottes[61]. Gerade aber Lk 15,11–32, die Parabel[62] vom Verlorenen Sohn – oder besser gesagt – von der Liebe des Vaters wird von Erasmus über mehr als vier Spalten in der Leidener Ausgabe paraphrasiert und damit außergewöhnlich intensiv behandelt. Man erinnert sich an jene ironische Äußerung des Erasmus in der Ratio von 1519, in der er einen ungenannten Pariser Theologen kritisiert. Von ihm hatte Erasmus gehört, daß er die Erklärung des Gleichnisses vom Verlorenen Sohn auf vierzig Tage ausdehnte, indem er sich den Weg des Fortziehenden und Heimkehrenden ausmalte, wie er sich im Gasthaus an Zungenpastete labte, an einer Wassermühle vorbeizog, bald Würfel spielte, bald sich in einer Kneipe herumtrieb, bald dieses und bald jenes tat. Das nennt Erasmus, die Worte der Propheten und Evangelien zu Ammenmärchen zu verdrehen[63]. Diese Bemerkung macht Erasmus im Zusammenhang seiner Erörterung von richtiger und falscher Allegorese, in der der vorgenannte Pariser Theologe natürlich als abschreckendes Beispiel für eine jenseits jeder vertretbaren Grenze gehandhabte Allegorese fungiert. Demgegenüber tritt Erasmus für eine an der Heiligen Schrift selbst orientierte und nicht über sie hinausgehende Allegorese ein, falls die Sache es so erfordert[64]. Was er darunter versteht, dürfte an seiner praktischen Gleichnisauslegung abzulesen sein.

Am Anfang der Erasmischen Auslegungsgeschichte dieser Parabel steht die Bestimmung des Skopus in der Ratio. Im Zusammenhang der Begründung und Rechtfertigung der Gleichnisrede Jesu erläutert Erasmus am Beispiel von Lk 15, 11–32 die bessere Einprägsamkeit eines Gedankens durch eine Parabelerzählung; denn in dieser von Jesus erzählten Geschichte gehe es um nichts anderes als um die bereitwillige Annahme des reuigen Sünders durch Gott[65]. Anders in der Paraphrase. Dort

---

Im Blick auf das Enchiridion hat schon KOHLS bei Erasmus die Allegorese als eine typologische charakterisiert (KOHLS, Theologie I, S. 134ff.).

[60] „Haec imago peculiariter quidem designabat Dominum Jesum, qui solus est ille pastor summe bonus" (Paraphr. in Lc 15,7, LB VII 405 C); vgl. auch ebd. 406 A/B.

[61] „Divortium facit cum benignissimo Patre Deo" (ebd. 406 E); vgl. auch ebd. 408 E, 409 A, 409 E.

[62] Das Gleichnis unterscheidet sich von der Parabel dadurch, daß es sich auf Allgemeingültiges beruft, während sich die Parabel auf ein einmaliges Vorkommnis bezieht. Das Gleichnis geht vom Konsens aus, die Parabel wirbt um Zustimmung.

[63] JÜLICHER I, S. 93; LINNEMANN, S. 13f.; Ratio (1519), Holb. 282,16ff.

[64] „Satis est ea, quae reperiuntur in sacris litteris, ad allegoriam accommodare, si res ita postulet, ut ipsi nihil affingamus" (Ratio, 1519, Holb. 282,14ff.).

[65] „Haec, inquam, acrius feriunt animum, quam si quis citra parabolam dicat deum libenter recipere peccatorem, modo ex animo paeniteat superioris vitae, nec exprobrari peccatum ei, qui ipse vehementer oderit sua commissa" (Ratio, 1519, Holb. 260,27ff.; vgl. dazu auch ab Z. 10).

bestimmt Erasmus für alle drei Gleichnisse von Lukas 15 als gemeinsamen Skopus die Mahnung Jesu an die Seinen, dem reuigen Sünder mit größter Nachsicht zu begegnen, d. h. der Skopus wird *tropologisiert*[66]. Dabei zeigt sich Erasmus weniger interessiert an der vox ipsissima Jesu, an der Parabel als Antwort Jesu auf den Vorwurf der Schriftgelehrten und Pharisäer, daß er Tischgemeinschaft mit den Zöllnern und Sündern habe. Vielmehr liegt seiner Meinung nach die Bedeutung der Parabel darin, daß Jesus mit ihr allen Christen Anleitung zu rechtem Verhalten geben wollte, besonders aber denen, die der Kirche vorstehen. „Wie sich dieser gleichnishafte Vater verhält, indem er den Sohn aufnimmt, so sollen sich die Hirten und Bischöfe dem Sünder gegenüber verhalten, der Buße tut"[67].

Mit dieser Interpretation kreuzt sich eine andere, die die Parabel in den *heilsgeschichtlichen Rahmen* spannt. Bei der *Doppelgipfeligkeit*[68] legt sich für den zweiten Gipfel der Schluß nahe, daß mit dem älteren Bruder eine Anspielung auf die Pharisäer intendiert ist[69]. Schon in der Methodus hatte Erasmus vorgeschlagen, die ganze Parabel auf das Volk der Juden und die Heiden anzuwenden, denn „es gibt Dinge, die eigentlich nur für die Jünger und ihre Zeiten, dann aber auch welche, die universal gelten"[70]. Beides trifft seiner Ansicht nach für diese Parabel zu. So kann sie gleichermaßen das Verbleiben Israels außerhalb der Kirche erklären wie auch die pharisäisch-jüdischen Menschen und ihr Verhalten innerhalb der Kirche tadeln. Damit hat Erasmus einer *pluriformen Auslegung* das Tor geöffnet. Nun ist JÜLICHER hier besonders hart mit Erasmus ins Gericht gegangen, indem er die Auslegung des Erasmus mit der Parabel Jesu kontrastiert: „Wer . . . einen Eindruck von der edlen Einfalt der Parabeln

---

[66] „Jesus autem ut hunc fastum inclementem penitus eximeret ex animis suorum, tres parabolas proposuit, diversis argumentis eodem adhortantes: nimirum ad summam clementiam erga peccatorem resipiscentem, qui non solum repellendus non est, quum redit ad mentem meliorem, verum etiam modis omnibus invitandus est, ut resipiscat" (Paraphr. in Lc 15,3, LB VII 404F); vgl. auch: „His tribus parabolis Dominus Jesus adhortatus est suos ad clementiam et facilitatem in recipiendis peccatoribus" (Paraphr. in Lc 15,32, ebd. 410E).

[67] „Qualem autem se praebuit pater hic parabolicus in recipiendo filio, tales se praebere debent Pastores et Episcopi erga peccatorem resipiscentem" (Paraphr. in Lc 15,24, LB VII 409D/E).

[68] Zur Doppelgipfeligkeit des Gleichnisses und der Betonung des zweiten Gipfels vgl. JEREMIAS, S. 115f.

[69] LINNEMANN meint, in dem jüngeren, dem Verlorenen Sohn, eine Anspielung auf die Zöllner, die sich in den Dienst der Heiden gestellt haben, erkennen zu können (S. 82), in der Gestalt des älteren Sohnes eine Verknüpfung mit den Pharisäern (S. 86); vgl. JEREMIAS, S. 115f.

[70] „Quin tota parabola potest ad Iudaeorum populum et gentes applicari. Sunt, quae ad discipulos et illa tempora proprie pertineant, sunt, quae ad universos, quaedam dantur illorum temporum affectibus, nonnulla ceu per ironiam ridentur" (Methodus, Holb. 157,35–158,3).

Jesu gewinnen möchte, dem könnte unser Humanist die besten Dienste leisten; man braucht nur Lc 15,11–32 und die 300 Zeilen hintereinander zu lesen, in denen der große Erasmus jenen Abschnitt paraphrasiert, so wird man nicht mehr zweifeln, wer von beiden der Meister ist"[71]. Ungerechter kann eine Kritik kaum sein, denn sie zieht nicht ins Kalkül, daß es dem Ausleger gerade darauf ankommen muß, den Skopus zu entfalten.

Das Bemerkenswerte dieser Paraphrase zeigt sich darin, daß sie ihr Genus verlassen hat. Die Paraphrase gerät in die Breite und nimmt Predigtstil an. Rein formal ist das schon daran zu erkennen, daß Erasmus die Auslegung einer Reihe von Versen mit einer oder mehreren Fragen einleitet. „Was sollte der Jüngling tun?[72] Was stößt ihm zu?[73] Was noch mehr?[74] Was tut inzwischen der Vater?[75] Ja, an zwei Stellen verläßt er die Anonymität einer nur nachzeichnenden Paraphrase und bringt sich selbst als Ausleger in direkter Anrede oder Frage an den Leser mit ins Spiel[76]. Überhaupt lockert Erasmus seine Auslegung homiletisch auf. Das Selbstgespräch des Sohnes in der Fremde: „Wie viele Tagelöhner meines Vaters haben Überfluß . . .?", ergänzt Erasmus durch eine Fragenreihe: „Von wo bin ich elender Mensch wohin gekommen? Aus dem Vaterland ins Exil, aus dem reichen Vaterhaus in eine Hungergegend, aus der Freiheit in die Knechtschaft, von dem so liebevollen Vater hin zu einem grausamen Herrn, von der Würde des Sohnes der Familie in die allerscheußlichste Situation, von der Gemeinschaft des Bruders und der Knechte zu den Schweinen"[77]. Das „Ich will mich aufmachen und zu meinem Vater gehen" wird breit entfaltet, indem der Sohn eine tiefe Gewissensprüfung anstellt, in sich geht, bereut und auf die Güte des Vaters vertraut, dem er sich nun doch selbst anvertrauen will[78]. Hier schlägt streckenweise das sehr stark *erbauliche Element* in der Auslegung durch, mit dem die Allegorese Hand in Hand geht. Wer recht zusieht, dem geht hinter dem vordergründigen Geschehen die tiefere Bedeutung auf. Die Träber der Schweine sind ein Hinweis auf alle eitle Lust dieser Welt, die für kurze Zeit die Seele beschwichtigt, sie aber nicht sättigt oder gar nährt[79]. Die tropologische Deutung der Träber als niedere Affekte in

---

[71] JÜLICHER I, S. 255.
[72] Paraphr. in Lc 15,13, LB VII 406 E.
[73] Paraphr. in Lc 15,14, ebd. 407 A.
[74] Paraphr. in Lc 15,16, ebd. 407 C.
[75] Paraphr. in Lc 15,22, ebd. 408 F.
[76] Ebd. 408 E, 410 B u. C.
[77] „Unde quo veni miser? Ex patria exsilium, ex opulenta domo in regionem famis, a libertate in servitutem, ab amantissimo patre ad crudelissimum dominum, a dignitate filii familias ad foedissimam conditionem, a consortio fratris et famulorum ad porcos" (ebd. 407 E). [78] Ebd. 407–408 C.
[79] „Omnis inanis mundi voluptas ad breve tempus deliniens, nec satians, nec saginans animum, porcorum siliquae sunt" (ebd. 407 C).

der Methodus wie Ratio wird von Erasmus hier nur wiederholt[80]. Werden dagegen die Tagelöhner auf die Juden bezogen, dann ist damit die *heilsgeschichtliche Dimension* eröffnet, wieüberhaupt die von Erasmus angewandte allegorische Interpretation in diesem Gleichnis dem Verständnis des Inhalts in heilsgeschichtlicher Perspektive dient. So kann man im Bild des Vaterhauses die Kirche der wahrhaft Heiligen erkennen, im Acker, auf dem der ältere Sohn arbeitet, das mosaische Gesetz, in der Freude den evangelischen Geist[81]. Ja, Erasmus geht so weit, in dem zu Ehren des heimgekehrten Sohnes geschlachteten Kalb einen Hinweis auf Christi Opfertod für die ganze Welt zu sehen[82]. Doch im ganzen drängen sich solche allegorischen Züge nicht in den Vordergrund, kreisen alle Gedanken im wesentlichen um die beiden Pole Liebe und Glaube.

Die Geschichte des Verlorenen Sohnes ist schlechthin die Geschichte des Menschen in seinem Verhältnis zu Gott. Von dem überaus gütigen Gott und Vater scheidet sich, wer sich der Welt zuwendet[83]. Gleich zu Beginn zeigt sich, wie Erasmus das Gleichnis ins Grundsätzliche vertieft, indem er auf Gottes Selbstoffenbarung vor den Juden und Heiden und ihre Ablehnung gleichsam in Anlehnung an Rm 1 u. 2, hinweist[84]. Das Geschehen zwischen Vater und Sohn kann er zum Ausgangspunkt einer allgemeinen theologischen Erörterung von Buße und Gnade, d. h. der *Rechtfertigungslehre,* nehmen. Der Sohn spiegelt das Bild des von schwersten Übeln umkehrenden Menschen, der Vater das der göttlichen Milde[85]. Man merkt, wie gelegen es Erasmus kommt, unter Umgehung der gängigen theologischen Termini der Auseinandersetzung über die Rechtfertigung vom Gang der Erzählung des Gleichnisses und ihrer Psychologie her, das Problem der Rechtfertigung aufgreifen und darstellen zu können. Als Vermittlungsbegriff dient ihm hier die *memoria,* die Erinnerung im doppelten Sinn der Bedeutung, aktiv wie reflexiv. Gottes Wohltat (beneficium) liegt darin, daß er sich dem Sohn in Erinnerung bringt, daß der Sohn diese Erinnerung nicht abweist, sich erinnern läßt bzw. sich erinnert, das wird ihm als Verdienst angerechnet (merito imputatur)[86].

---

[80] Methodus, Holb. 157,32–35 und Ratio (1519), Holb. 284,14–17.

[81] „... tota domus patris, hoc est, omnis Ecclesia vere sanctorum, ..." (Paraphr. in Lc 15,25, LB VII 409 E). „Dum enim haec geruntur, filius major domi non erat, sed versabatur in agro Legis Mosaicae... Affixus enim insipidae literae Legis, non noverat quantum habeat gaudiorum Euangelicus spiritus" (ebd. 409 E/F; vgl. auch noch ebd. 409 F).

[82] „... invidentes quod ipsis abstinentibus a convivio, gentium Ecclesia cum inenarrabili gaudio spiritus, comedit vitulum illum eximium, quem Pater pro salute totius orbis mactari jussit?" (Paraphr. in Lc 15,30, ebd. 410 D).

[83] „Divortium facit cum benignissimo Patre Deo, qui se facit advenam mundi" (Paraphr. in Lc 15,13, ebd. 406 E).   [84] Ebd. 406 F.

[85] „Habes imaginem hominis ab extremis malis resipiscentis. Nunc mihi divinae clementiae intuere" (Paraphr. in Lc 15,20, ebd. 408 C/D).

[86] „Nec est reditus, nisi pater semet in memoriam ingerat filio ad extrema deducto.

So wird die Auslegung durch einen kleinen *Traktat über die Rechtfertigungslehre* angereichert. Eingebettet werden diese Ausführungen natürlich wiederum in den Rahmen der Erasmischen Ontologie und Anthropologie. Gleich eingangs gibt Erasmus den Aspekt an, unter dem er sich anschickt, das Gleichnis auszulegen. Der Auszug des Sohnes liegt wahrhaft nicht auf der Ebene einer räumlichen Trennung, sondern in der Entfremdung der Affekte[87]. Zu Vers 24: „Denn dieser mein Sohn war tot und ist wieder lebendig geworden", lautet die Erklärung: „Die Sünde ist der Tod der Seele und zum Tode eilt, wer den Urheber des Lebens verläßt. Das tut aber, wer die Dinge dieser Welt liebt"[88]. Der Hunger nach den unerreichbaren Trähern der Schweine ist Erasmus Ausdruck nicht der fatalen Lage des Sohnes in der Fremde, sondern des Menschen allgemein, der letztlich vom Hunger nach Wahrheit und göttlicher Gnade getrieben, doch häufig der nichtigen Lust dieser Welt verfällt[89]. Womit das Gleichnis nur die äußerste Notlage kennzeichnen will, das füllt Erasmus inhaltlich dahingehend, daß er diese Not des Menschen als Entfremdung der Affekte von ihrem göttlichen Ursprung und ihre Hinwendung zu den Dingen dieser Welt beschreibt. Das Wiedererwachen vom Sündentod geschieht im „resipiscere"[90], im Wieder-zur-Vernunft-Kommen, in der rechten Ausrichtung des Menschen auf Gott.

Wäre das Gleichnis bis einschließlich Vers 24 erzählt, könnte es als grundsätzliche Aussage über die unendliche Liebe des Vaters genommen werden. Die folgenden Verse aber konkretisieren die Situation und spitzen das Geschehen auf die Zuhörer Jesu zu. Da Vers 29 deutlich auf die Haltung der Pharisäer anspielt: „Siehe so viele Jahre diene ich dir und habe nie ein Gebot von dir übertreten", hält es auch moderne Exegese für möglich, daß der Pharisäer mit dem älteren Bruder verknüpft werden kann, wie es die Auslegungstradition schon von altersher getan hat. Auch Erasmus macht sich diese Sicht zueigen, indem für ihn die Gesetzespharisäer, die Christus widerstreben, weil er mit den Zöllnern und Sündern ißt, im Lichte dieses gegen seinen Vater murrenden älteren Sohnes erscheinen[91]. Jedoch auf dem Wege der heilgeschichtlichen Deutung ist das

---

Suggestio patris est beneficium, sed quod suggestionem salutarem non negligit filius, hoc illi pro merito imputatur" (Paraphr. in Lc 15,24, ebd. 409 D).

[87] „Non est ista locorum sejunctio, sed affectuum" (Paraphr. in Lc 15,13, ebd. 406 E).

[88] „Peccatum enim animae mors est. Et ad mortem properat, quisquis auctorem vitae deserit. Deserit autem, quisquis amat ea, quae sunt hujus mundi" (Paraphr. in Lc 15,24, ebd. 409 C).

[89] „Tanta erat fames veritatis et gratiae divinae... Antea juvenis mente captus erat, dementatus hujus mundi praestigiis, fugiens ea, quae sola fuerant expetenda, expetens ea, quae sola fuerant fugienda" (Paraphr. in Lc 15,16.17, ebd. 407 C u. D).

[90] „Reviviscit autem, qui resipiscit" (Paraphr. in Lc 15,24, ebd. 409 C).

[91] „An non videris tibi videre filium hunc majorem indignantem ingredi, et haec mur-

Gleichnis für die Gegenwart nur fruchtbar zu machen, wenn die Frontstellung der Juden und Pharisäer gegen die urchristliche Gemeinde als in der christlichen Kirche selbst fortlebend sichtbar gemacht werden kann. Das Vaterhaus ist nämlich die ganze Versammlung (Kirche) der wahrhaft Heiligen, in der, weil in ihr der evangelische Geist der Freude herrscht, die Haltung törichten Buchstabenglaubens und einer veralteten Gesetzestreue keinen Raum mehr haben[92]. Verworfen wird die als „jüdisch" bezeichnete Gerechtigkeit aufgrund der Gesetzesbefolgung durch den einzigen Weg, der zur evangelischen Gnade führt, und das ist allein der Glaube[93]. Die Anklänge an die *reformatorische Rechtfertigungslehre* sind unüberhörbar. Was sich ursprünglich auf die Auseinandersetzung Jesu mit dem Judentum bezog, ist zum innerkirchlichen Problem geworden. Die Pastoren und Bischöfe sollen sich den gütigen Vater zum Vorbild nehmen [94], der den reuigen Sünder nicht nach dem Maßstab der Gesetzesbefolgung, sondern dem der wahren Buße und des Vertrauens auf die Vatergüte annimmt[95]. Als Typus veräußerlicher Frömmigkeit erscheint der „Judaeus", weil er den Vorschriften des Gesetzes nicht aus frommer Neigung, sondern aus Rücksicht auf zeitliche Vor- oder Nachteile gehorcht[96]. So kann Erasmus auch hier wieder seinen favorisierten Standpunkt einer *internalisierten Frömmigkeit* als Forderung für seine Zeit einbringen.

Man kann die Auslegung dieses Gleichnisses als ein illustratives Beispiel für die Erasmische Evangelieninterpretation nehmen. Erasmus legt die Schrift in Paraphrasen aus, weil er die Schrift aus sich selbst heraus sprechen lassen will. Doch darüber hinaus liegt ihm auch daran, dem Leser Inhalt und Sinn des Textes nahezubringen. Wo Erasmus, wie hier, eine Sache besonders wichtig erscheint, gerät er predigtartig in die Breite. Dadurch verschieben sich manchmal die Gewichte des Textes, so daß

---

murantem adversus patrem, quum Legis Pharisaeos obtrectantes Christo, quod cum publicanis et peccatoribus cibum capiat?" (Paraphr. in Lc 15,30, ebd. 410C)."

[92] Vgl. oben 409E–F.

[93] „Destomachantes quod gentes ab idolatria venientes, absque Legis onere per solam fidem admittantur ad gratiam Euangelicam, ..." (Paraphr. in Lc 15,30, ebd. 410C/D). „Porro Judaeus, qui sibi videbatur esse justus, sibi placens ex observatione Legis, gravius peccat invidendo fratri, quam ille peccaverat aberrando" (Paraphr. in Lc 15,32, ebd. 410F).

[94] Vgl. Paraphr. in Lc 15,24, ebd. 409D/E.

[95] „Siquidem hic primus ad salutem gradus, reminisci unde decideris, et agnoscere quo degeneraris" (Paraphr. in Lc 15,17, ebd. 407D); „Hac igitur concepta fiducia, surgit juvenis. Hic est, ut dixi, primus ad salutem gradus, erigi" (Parphr. in Lc 15,20, ebd. 408C; vgl. auch den Kontext); zu vergleichen in diesem Zusammenhang ist auch: „... Dei bonitatem intellige, qui multo clementior est erga peccantem hominem, si modo vere et ex animo resipiscat" (Paraphr. in Lc 15,21, ebd. 408E).

[96] „Mercenarii sunt plerique Judaei, qui praecepta legis utcunque servant, non ex affectu pietatis, sed ob metu aut praemium rerum temporalium" (Paraphr. in Lc 15,17, ebd. 407E/F).

Nebenaussagen zuweilen einen größeren Stellenwert erhalten. Kleine Betrachtungen werden eingestreut, so wenn Erasmus angesichts der Verschwendungssucht des jüngeren Sohnes eine Definition dessen gibt, was er unter Luxus versteht[97], oder wenn er die Vergebungsbereitschaft des Vaters gegenüber dem jüngeren Sohn u. a. auch damit motiviert, daß man die Jugend wegen ihrer Unerfahrenheit und Unbedachtsamkeit eher etwas nachzusehen bereit ist[98]. Ein Sprichwort wird eingestreut: „Schlechte Gespräche verderben gute Sitten"[99]. Einzelzüge werden allegorisiert, vornehmlich um das Gleichnis heilsgeschichtlich deuten und ihm einen Gegenwartsbezug geben zu können. Schließlich werden auch im Vorübergehen Aussagen zur Gottes-, Buß- und Rechtfertigungslehre gemacht, ohne aber den Skopus des Gleichnisses aus den Augen zu verlieren, der auf die „bonitas patris"[100], die „caritas paterna"[101], die „clementia et facilitas in recipiendis peccatoribus"[102] abzielt. Allerdings versteht Erasmus das Gleichnis nicht ausschließlich retrospektiv, im Rückschluß auf Gott (mit Gott verhält es sich so wie mit diesem Vater), sondern auch beispielhaft in die Gegenwart weisend. „Wie sich dieser Vater gleichnishaft (parabolicus) verhielt, indem er den Sohn aufnahm, so sollen sich auch die Pastoren und Bischöfe gegenüber dem bußfertigen Sünder verhalten"[103]. Da in der parabola das Gleichnishafte und das Beispielhafte ineinandergreifen, ergibt sich für Erasmus folgerichtig die Notwendigkeit der tropologischen Interpretation.

Ein ausgezeichnetes Beispiel für die Erasmische Gleichnisauslegung ist Lk 15,11–32 deswegen, weil Erasmus in seiner Paraphrase des Gleichnisses die Vielschichtigkeit der Auslegungsmöglichkeiten, wie er sie heranzog, Revue passieren läßt. Das Bemerkenswerte der Erasmischen Auslegung ist nicht darin zu sehen, daß er hier und da einen Einzelzug allegorisiert. Interessant ist zu beobachten, wie Erasmus die sparsam angewandte Allegorese in den Dienst der übergeordneten Gesichtspunkte seiner Auslegung der *tropologischen, heilsgeschichtlichen* und *gegenwartsbezogenen* Ausrichtung und Einordnung stellt. Grundlegend dafür, wie Erasmus das Gleichnis versteht, ist die Vorgabe seines ontologischen Ansatzes mit dem folgerichtigen Trend zur *Spiritualisierung*. Der Rahmen, in den hinein die ganze Auslegung gespannt ist, wird eingangs gleich angegeben:

---

[97] „Luxus enim est, quicquid extra necessitatem, carnis cupiditatibus impenditur" (Paraphr. in Lc 15,14, ebd. 407 A).
[98] „Solet enim adolescentiae comes esse rerum imperitia et incogitantia. Et idcirco huic aetati libentius ignoscimus" (Paraphr. in Lc 15,32, ebd. 410 F).
[99] „Corrumpunt mores bonos colloquia prava" (Paraphr. in Lc 15,13, ebd. 406 E).
[100] Paraphr. in Lc 15,19, ebd. 408 C.
[101] Paraphr. in Lc 15,14, ebd. 409 D.
[102] Paraphr. in Lc 15,32, ebd. 410 E.
[103] Zitiert oben Anm. 94.

der Auszug des Sohnes ist im Grunde die Abwendung der Affekte von Gott in ihrer Hinwendung zur Welt[104], während das Heil in der Umkehr dieses Prozesses, in der Rückorientierung der Affekte auf Gott hin liegt. So verstanden entsprach wohl kaum ein Gleichnis mehr der Geistesart des Erasmus als das vom Verlorenen Sohn[105].

8.4 Die allegorische Deutung der übrigen Gleichnisse

Was die Paraphrasierung des übrigen Gleichnisstoffes angeht, so hält sich Erasmus mit der Allegorese sehr zurück. Wenn er im Gleichnis von den Arbeitern im Weinberg (Mt 20,1–16) die verschiedenen Tageszeiten als die Folge der Zeitalter bzw. der Lebensalter deutet, dann stellt er es ebenfalls in den heilsgeschichtlichen Zusammenhang. Die Juden zur Zeit des Abraham, Mose und David haben den Zeitgenossen Jesu sowie den Heiden nichts voraus. Allen läßt Jesus in derselben Weise den Denar des ewigen Lebens zuteil werden[106]. Erasmus versteht vom Logion des Verses 16 her (die Ersten und die Letzten) die Aussage temporal, obwohl die Zuordnung des Logions sekundär ist, und der Mangel der Letztberufenen darin besteht, daß sie keine Leistung aufzuweisen haben, die sie zu vollem Lohnempfang berechtigte[107]. Will das Gleichnis die überaus große Güte Gottes herausstellen, die den Unterschied ignoriert, den das Gesetz zwischen den Gerechten und den Sündern aufrichtet, so verwischt Erasmus mit seiner durch die Allegorie ermöglichten Deutung diesen Skopus. Gott, von Natur aus gnädig, beruft alle Sterblichen zur wahren Frömmigkeit. Wer auf den Ruf hört und sich in der Frömmigkeit übt, der empfängt als Lohn das ewige Leben[108]. Die Radikalität der Aussage ist nivelliert. Ebenso liest Erasmus die Parabelerzählung vom großen Abendmahl (Mt 22,2–14; par. Lk 14,15–24) als Allegorie. Matthäus folgend findet er in ihr die Geschichte Gottes mit seinem Volk bis in die Gegenwart der christlichen Kirche hinein dargestellt[109].

Durchgängig allegorisch deutet Erasmus auch das Gleichnis von der selbstwachsenden Saat (Mk 4,26–29). Während bei Markus in diesem

---

[104] Vgl. Paraphr. in Lc 15,13, ebd. 406 E, s. o. Anm. 83.

[105] So urteilt BAINTON, Erasmus, S. 141.

[106] „Neque enim minus habent qui vocati sunt tempore Christi, quam qui tempore Abrahae aut Mosi, aut David. Neque minus habent, qui senes trahuntur ad cultum Euangelii, quam qui pueri aut juvenes. Omnibus idem datur denarius aeternitatis vitae" (Paraphr. in Mt 20,1, LB VII 107 B/C).

[107] Vgl. LINNEMANN, S. 91 ff. und JEREMIAS, S. 121.

[108] „... quod Deus natura beneficus in omnes, variis modis et variis aetatibus, non cessat invitare mortales omnes ad cultum verae pietatis. In qua qui se gnaviter exercuerint, iis praemium esse vitam aeternam, a qua nemo secluditur, qui modo vocatus audiat" (Paraphr. in Mt 20,15, LB VII 108 A/B).

[109] Ebd. 115 f.

Kontrastgleichnis der Ton auf der überraschenden Wende liegt, daß der unscheinbare Beginn ohne weiteren Eingriff zu einem so spektakulären Ereignis wie der Ernte führt, während für Markus also das Gleichnis vom überraschenden Hereinbrechen des Gottesreiches spricht, vernimmt Erasmus aus ihm die prophetische Schau des Fortgangs der christlichen Verkündigung in der Welt. Denn mit dem Säemann ist vornehmlich Jesus, sind aber auch die Apostel und ihre Nachfolger gemeint[110]. Nichts kennzeichnet eindrücklicher den Stimmungs- und Bedeutungswandel, der sich von Markus zu Erasmus vollzogen hat, als daß der humanistische Interpret in der Sichel eine Allegorie des Todes erblickt[111]. Damit ist an die Stelle des in Bälde hereinbrechenden Gottesreiches das Ableben des einzelnen getreten. So wird das Gleichnis des der Ernte entgegenwachsenden Getreides atomisiert und individualisiert. Unter dem Bild der Saat verbirgt sich der noch unfertige Katechumene, unter der Pflanze der Neugetaufte, der dann mit seinem Heranwachsen Ähren evangelischer Frömmigkeit hervorbringt[112]. Schließlich führt Erasmus auch noch die im Gleichnis gar nicht genannte Scheune an, die ihm das himmlische Leben bedeutet[113].

In alldem zeigt sich, von welch untergeordneter Bedeutung die Allegorese für die Gleichnisauslegung ist. Nicht auf dem Weg über eine im übrigen recht sparsam angewandte Allegorese gewinnt der Interpret neue, vom Literalsinn abweichende und diesen vertiefende Einsichten. Vielmehr sucht er mit ihrer Hilfe Punkte seiner Argumentationsebene zu unterstreichen, die im übrigen auch ohne die Allegorese erreicht bzw. angestrebt wird. Wie gezeigt werden konnte, wählt Erasmus für die Gleichnisinterpretation vorzugsweise den heilsgeschichtlichen Horizont, weil er sich mit ihm die Möglichkeit verschafft, die Gleichnisse durch die Prolongation über die Zeit Jesu hinaus und in den Bereich der Kirche hinein für die eigene Gegenwart sprechen zu lassen.

8.5 Die tropologische Deutung

Den anderen Weg, die Gleichnisse fruchtbar zu machen, geht Erasmus, indem er sie tropologisch auslegt. Ein besonders sprechendes Beispiel

---

[110] „Haec parabola, quamquam peculiariter pertinet ad Jesum Euangelii regni principem, provectorem, et consummatorem, tamen attingit et Apostolos et Apostolorum successores, quibus hoc unum vult esse studio, ut quam latissime disseminetur Euangelicus sermo" (Paraphr. in Mc 4,29, LB VII 190 D/E).

[111] „Falx autem mors est" (ebd. 191 A).

[112] „Id semen in singulis, etiam Christianis, suam habet herbam, suam spicam, suam messem. Catechumeni rudis est seges, nuper per baptismum in Christum renati, herba est. ... Ubi jam excelsiores facti adoleverint Euangelicae pietatis profectu, spicas habent" (ebd. 190 F).   [113] „Horreum est vita coelestis" (ebd. 191 A).

gibt er uns in der Paraphrasierung des Gleichnisses vom Verlorenen Schaf (Mt 18,12–14; Lk 15,4–7)[114]. Während Matthäus den Vergleichspunkt darin sieht, das Verirrte nicht verlorengehen zu lassen, zielt das Gleichnis für Lukas auf die Freude des Wiederfindens[115]. Erasmus aber ignoriert diesen lukanischen Skopus, denn für ihn geht es wie in der Matthäus-Fassung um das Suchen des Verlorengegangenen[116], und das in zweifacher Weise, da das Gleichnis sowohl in einem besonderen, wie auch allgemeinen Bezug zu sehen ist. In dem Sonderfall weist es auf den Herrn Jesus hin und gibt damit Aufschluß über das, was er ist, getan hat und noch tut, generaliter meint es aber auch die Apostel wie ihre Nachfolger und was sie tun sollen[117]. Legen es die Schlußverse (Mt 18,14 u. Lk 15,7) auch nahe, den Hirten mit Gott bzw. Jesus zu identifizieren[118], so legt doch nur Matthäus das Gleichnis aus als Anweisung Jesu für die christliche Gemeinde, sich der in Sünde verirrten Gemeindeglieder anzunehmen[119]. Wie wichtig ihm dieser Zug offenbar ist, zeigt Erasmus damit, daß er ihn auch in die lukanische Fassung einträgt. Im Verständnis des Erasmus hat das Gleichnis *exemplarischen Charakter* für diejenigen, die der *Kirche* vorstehen.

Ähnlich verhält es sich mit dem Gleichnis von dem nachts um Hilfe gebetenen Freund (Lk 11,5–8), nur mit dem Unterschied, daß Lukas es selbst schon seinem Gebetskatechismus eingeordnet und als Mahnung zu anhaltendem Gebet verstanden hat[120]. Die Intention des Evangelisten aufnehmen kann Erasmus bei der Parabel vom Schalksknecht (Mt 18,23–35), da er sie als Aufruf zu einem Gott entsprechenden Verhalten erzählt.

---

[114] Paraphr. in Mt 18,12–14, LB VII 99 D–E u. Paraphr. in Lc 15,3–7, LB VII 404 F–406 A/B.

[115] Vgl. LINNEMANN, S. 74.

[116] Zu Matthäus: „Caeterum nobis hoc esse studio debet, ne quem perire sinamus e pusillis et infirmis, qui sic errant ut sint sanabiles, ovibus similiores quam lupis" (Paraphr. in Mt 18,12, LB VII 99 D).
Die drei Gleichnisse vom Verlorenen von Lukas 15 stellt Erasmus unter denselben Skopus: „nimirum ad summam clementiam erga peccatorem resipiscentem, qui non solum repellendus non est, quum redit ad mentem meliorem, verum etiam modis omnibus invitandus est, ut resipiscat" (Paraphr. in Lc 15,3, LB VII 404 F).

[117] „Haec imago peculiariter quidem designabat Dominum Jesum, qui solus est ille pastor summe bonus . . . Pertinet autem parabola generaliter ad Apostolos, et Apostolorum successores Episcopos" (Paraphr. in Lc 15,7, ebd. 405 C–E). Auch hier führt Erasmus den Gedankengang wiederum über die heilsgeschichtliche Perspektive Juden-Heiden in die Gegenwart der Kirche.

[118] JEREMIAS, S. 28, 117f.

[119] Ebd. S. 28f.; vgl. LINNEMANN, S. 74.

[120] Vgl. JEREMIAS, S. 136f. Erasmus sieht die gleiche Intention wirksam: „Caeterum quo magis excitaret suos ad instantiam orandi, et impetrandi fiduciam adderet, adjecit huiusmodi parabolam" (Paraphr. in Lc 11,5, LB VII 381 A).

In seinem Tun handelt Gott beispielhaft; denn er sucht so jede Rachsucht aus dem Herzen eines Christen zu verbannen[121].

8.6 Die Krisisgleichnisse

Eine andere Gruppe bilden die eschatologischen Gleichnisse, die vom drohenden Einbruch der Gottesherrschaft künden. In der Bearbeitung dieser Krisisgleichnisse durch Erasmus ist ein Charakteristikum Erasmischer Auslegung sehr plastisch zum Ausdruck gebracht. Es liegt am Genus der Paraphrasierung, wenn Erasmus den biblischen Text entlanggeht, ihn umschreibt, erläutert, verständlich macht und aktualisiert, immer in größter Nähe zu seinem Inhalt. Und doch kann es dem aufmerksamen Leser nicht verborgen bleiben, wo Erasmus sich einerseits nur pflichtschuldigst und notgedrungenermaßen auf den Text einläßt, aber auch, wo er sich in seiner Paraphrase als Ausleger voll engagiert, weil die Gedanken des Textes in seinen eigenen Gedanken ihr Echo finden. Diese Art der Auslegung wird besonders deutlich in den *eschatologischen Gleichnissen*. Zwar unterschlägt Erasmus nicht gerade den Tag des Herrn, aber sein baldiges Kommen, die drohende Nähe, sein überraschendes Eintreffen bewegen ihn nicht. Das wird nirgends so eindrücklich wie in der Einleitung zum Gleichnis von den Zehn Jungfrauen (Mt 25,1–13), das nach Erasmus zum Ausdruck bringen will, daß man in diesem Leben weder ruhen noch schlafen, sondern in beständiger Frömmigkeitsübung und im Dienst am Nächsten das Reisegeld für das künftige Leben bereiten soll[122]; denn „Wachen" das heißt, sich eine Wegzehrung an guten Werken zu bereiten, solange es noch Zeit ist[123]. Ebenso betont Erasmus an anderer Stelle, daß Jesus in den drei Gleichnissen von Mt 25 nichts anderes wollte, als seine Jünger zum Streben nach evangelischer Frömmigkeit und zum Nächstendienst anzuhalten[124]. Der Ton liegt nicht auf dem *Bereitsein,* sondern auf dem *Sich-Bereiten.* Die Möglichkeit der unverhofften Ankunft des Jüngsten Tages ist weniger anvisiert als vielmehr die ganze Lebensspanne, bei der niemand weiß, wieviel Zeit sie ihm zumessen wird. So gebietet allein schon die Klugheit das *„memento mori"*[125].

---

[121] „Penitus eximens ex animo Christiano omnem ulciscendi libidinem" (Paraphr. in Mt 18,22 f., LB VII 101 D/E vgl. auch Mt 18,33–35, ebd. 102 C.
[122] „Atque ut penitus infigeret animis suorum Jesus, non esse cessandum aut dormitandum in hac vita sed assiduo cultu pietatis, et officiis in proximum, parandum viaticum in vitam futuram; ..." (Paraphr. in Mt 25,1, LB VII 127 E/F).
[123] „Vos igitur ad exemplum prudentium virginum, servi fidelis, ac providi patrisfamilias, vigilate, et in tempore vobis parate bonorum operum commeatum, ..." (Paraphr. in Mt 25,13, ebd. 128 C); vgl. auch Paraphr. in Mt 25,14, ebd.
[124] Paraphr. in Mt 25,31, LB VII 129 D.
[125] Paraphr. in Mt 24,43 f., ebd. 127 C.

Das Gleichnis vom Reichen Kornbauern (Lk 12,16–21), das von der heutigen Exegese als eschatologisches angesehen wird[126], kann von Erasmus als solches nicht erkannt werden, da er von der (sekundären[127]) Deutung in Vers 21 ausgeht, obwohl der Vers 31 verdeutlicht, daß auch dieses Gleichnis unter dem Vorzeichen der kommenden Gottesherrschaft gesprochen ist[128]. Von der Auslegung des Verses 31: „Trachtet nur nach seiner Herrschaft, so wird euch solches alles zufallen", durch Erasmus wird auch gleich verständlich, daß er die eschatologische Ausrichtung überhaupt nicht wahrnehmen kann, weil er unter der *Gottesherrschaft* die *Verkündigung des Evangeliums* versteht[129]. Erasmus hört aus dem Gleichnis die uralte Weisheit heraus: „Rasch geht der Tod den Menschen an"[130] und zieht daraus die Konsequenz, nicht auf irdischen Reichtum zu bauen, sondern Reichtum bei Gott zu suchen. Ihm wird der reiche Kornbauer zum Exempel für einen Menschen, der diesen Reichtum bei Gott nicht hat[131]. Und hier überschreitet Erasmus die dem Gleichnis beigegebene Deutung von Vers 21, indem er die Frage beantwortet, wie man denn solchen Reichtum bei Gott erlangen kann. Charakteristisch erasmisch ist seine Antwort. Die Torheit des Kornbauern bestand darin, nicht zu erkennen, daß ihm irdischer Reichtum von Gott zugeteilt war, damit er ihn in himmlischen ummünze. Nicht der Reichtum als solcher hat ihm bei Gott im Wege gestanden, sondern, daß er aus mangelnder Erkenntnis der Liebe, egoistisch bestimmt die Not des Nächsten nicht gesehen hat[132]. Als Skopus wäre zu formulieren: angesichts der Ungewißheit und Vergänglichkeit des Lebens verwandle mit Hilfe der Nächstenliebe deinen vergänglich-irdischen Besitz in einen himmlischen.

Nichts anderes will nach Erasmus das Gleichnis vom Ungerechten Haushalter (Lk 16,1–9) zum Ausdruck bringen, da er in Vers 9 den

---

[126] So z. B. BORNKAMM, Jesus, S. 81 u. JEREMIAS, S. 143.

[127] Vgl. BULTMANN, Geschichte, S. 193.

[128] Vgl. BORNKAMM u. JEREMIAS (s. o. Anm. 126).

[129] „Quin potius prima sit vobis cura promovendi regni Dei, cujus vos delegi praecones ac ministros" (Paraphr. in Lc 12,31, LB VII 391 E; vgl. auch den Kontext). Das „quaerite primum regnum Dei" versteht Erasmus als ein Zuwegebringen; denn: „Instaurandum est regnum Dei, hoc est doctrina Euangelica, per quam pertingitur ad coelestem haereditatem, hujus vos praecones et adjutores delegi" (Paraphr. in Mt 6,33, LB VII 41 E).

[130] „Stulte, quum ipsa vita tibi sit incerta, cur recondis in multos annos, quum his quae reponis frui non possis nisi in hac vita, quae nulli vel ad unum diem certa est?" (Paraphr. in Lc 12,30, LB VII 390 D).

[131] „Habes exemplum ac statum hominis, qui sibi recondit opes hujus mundi, ac sibi tantum dives est, nec est dives erga Deum,..." (Paraphr. in Lc 12,21, ebd. 390 E).

[132] „Si caritatem adhibuisset in consilium, quum sic aestuaret animo, dixisset illi: Circumspice quam multis desit, quod tibi superest. Agnosce cui debeas etiam istam anni tui felicitatem. Sortem indulsit Deus, unde colligas usuram operum coelestium. Permuta fluxa bona perennibus, terrena coelestibus, humana divinis. Ita lucro fuerit tua liberalitas" (Paraphr. in Lc 12,18, ebd. 390 B/C).

Skopus sieht: Machet euch Freunde mit dem ungerechten Mammon! Besitz, der zurückgehalten wird, macht den Menschen ungerecht und sorgenverfallen, wird er aber gespendet, so kann er zu einem Instrument evangelischer Gerechtigkeit und im Himmel dem Spender reich vergolten werden[133]. Felix permutatio, wenn Vergängliches in Ewiges umgewandelt wird[134]. Wiederum interpretiert Erasmus die Notsituation, in der der Haushalter handelt, nicht als den Einbruch der eschatologischen Katastrophe, sondern als das Damoklesschwert des über jedem Leben hängenden Todes[135]. Vorbild ist der ungerechte Haushalter nicht in seinem betrügerischen, vielmehr in seinem, wenn auch betrügerischen, so doch klugen Handeln. Die Klugheit aber besteht darin, daß der Mensch Nächstenliebe übt unter Einsatz des weltlichen Reichtums, indem er ihn als gottgegeben und von Gott zu diesem Zweck bestimmt erkennt. In Vers 8 spricht der Dominus Jesus, und hier wie in Vers 1 interpretiert er das kluge Handeln als clementia und beneficentia, als Einsatz weltlichen Reichtums zum Dienst am Nächsten[136]. Im Gegensatz zu dem vorhergehenden Gleichnis vom Verlorenen Sohn, das sich speziell an die Pharisäer wandte, spricht dieses Gleichnis die Jünger an und fordert sie zur Nachahmung auf[137].

8.7 Der Verweischarakter der Gleichnisse

Es zeigt sich auch in der Gleichnisauslegung des Erasmus, daß sie Teil hat an dem mit voranschreitender Paraphrasierung der Evangelien zunehmenden Trend der Allegorisierung und Tropologisierung des Stoffs. Gerade das lukanische Sondergut und wenige Perikopen bei Markus weisen die stärksten Eingriffe auf. Wie aber gezeigt werden konnte, hält sich Erasmus im ganzen bei der Allegorisierung des Gleichnisstoffes sehr zurück. Was er 1523, gerade im Entstehungsjahr der Lukas- wie der Markus-Paraphrase, in einem erweiternden Zusatz in der Ratio als Warnung ausspricht, das hat er selbst beherzigt. Er wußte: Wer alle Züge der Parabel abergläubisch allegorisch deuten wollte, käme meistens zu faden Erklärungen[138]. Mit Aberglaube, superstitio, charakterisiert Erasmus generell jene Haltung, die sich in den Äußerlichkeiten gewisser Fröm-

---

[133] Paraphr. in Lc 16,9, LB VII 412C.
[134] „Felix permutatio est, quum caduca permutantur aeternis" (ebd. 412B).
[135] „Cito aufertur haec dispensatio, quoniam hic omnis vita brevis est, et post hanc vitam non est benemerendi facultas" (Paraphr. in Lc 16,3, LB VII 411C).
[136] „... sed tamen Dominus Jesus ad exemplum beneficientiae laudavit apud discipulos suos oeconomi illius fraudulentum..." (Paraphr. in Lc 16,8, ebd. 411F). „Mox versus ad discipulos suos invitat eos ad uberiorem clementiam,..." (Paraphr. in Lc 16,1, ebd. 411A).
[137] Ebd.
[138] Ratio (1523), Holb. 281,35–282,2.

migkeitsübungen verliert und darüber die christliche Liebe vergißt[139]. Im Zusammenhang der allegorischen Gleichnisauslegung lehnt er demnach jene Übertreibung der allegorischen Methode ab, die als l' art pour l' art für das Leben des Christen unfruchtbar ist. Daher genügt es Erasmus in sehr vielen Fällen auch, allein den Skopus zu erheben[140], den Angelpunkt zur Aktualisierung der Gleichnisse, die so für die Gegenwart und das Leben der Christen fruchtbar gemacht werden können. Mag den Literaten Erasmus seine tiefreichende Kenntnis antiker Literatur und ihrer Gattungen zu einer angemesseneren Erfassung des Wesens und der Intention der Gleichnisse verholfen haben, sein auf die *praktische Frömmigkeit* gerichtetes theologisches Interesse hat diese sicherlich stark befördert.

Da für Erasmus die Dinge der äußerlich-sichtbaren Welt Gleichnischarakter haben, ist das Gleichnis als ein Sonderfall in diesem Seinsgefüge zu begreifen. Wie alle äußere Wirklichkeit hat es, allerdings in gesteigerter Form, Verweischarakter. In besonders plastischer Anlehnung an die Erfahrungswelt des Menschen soll es auf die geistige und göttliche Welt weisen. Insofern ist das Gleichnis Funktion der *Akkommodation Christi* an das menschliche Fassungsvermögen und von daher christologisch unterfangen. Im Grunde hat die gesamte Lehre Christi die Gestalt des Gleichnisses.

Wo Erasmus über den Skopus hinaus allegorisiert, gewinnt er die heilsgeschichtliche Dimension, die es ihm ermöglicht, einen *ekklesiologischen Aspekt* herauszuarbeiten und so das Gleichnis auf die Kirche und im besonderen auf ihre Amtsträger zu beziehen. Damit wird meist die Tropologese gekoppelt. Darin geht Erasmus so weit, daß er zum Beispiel die Parabel vom Verlorenen Sohn nicht im Blick auf Gott und, wie es sich mit ihm verhält, sondern in Abzweckung auf die Pastoren der Kirche und wie sie sich verhalten sollen interpretiert. Dies ist keine auf die Gleichnisauslegung beschränkte Erscheinung, denn wo Erasmus allegorisch deutet, sucht er den Bezug auf die *Kirche,* den er dann gern tropologisiert. Ebenso paßt sich die *Ausblendung der eschatologischen Dimension,* die in der Auslegung der Krisisgleichnisse zu beobachten ist, der sonstigen Behandlung des Evangelienstoffs nahtlos ein. Wenn sich die Gleichnisinterpretation auch im Rahmen seiner allgemeinen Auslegungskonstanten hält, eine Besonderheit darf man darin sehen, daß Erasmus die Gleichnisse weit weniger allegorisiert hat als andere Teile der Evangelien. Seiner Meinung nach waren sie ihrer Struktur nach selbst schon „*allegorisch*" in dem Sinn, daß Aussage und Bedeutung auseinanderfallen. Deshalb genügt es, nach dem in ihnen verborgenen Sinn zu fragen.

---

[139] Ratio (1519/1522), Holb. 239,34–240,17. Dazu auch TRACY, bes. S. 95f.
[140] Ratio (1519), Holb. 281,9f.

9. Die Auslegung von Matthäus 5–7

9.1 Das Kompendium der „dogmata" Christi

Die Interpretation der *Bergpredigt* durch Erasmus verdient insofern eine gesonderte Behandlung, als die Theologie des Erasmus in ihrem Kern mit einer sogenannten „Theologie der Bergpredigt" identifiziert worden ist. Möglicherweise hat Erasmus selbst zu dieser Einschätzung dadurch beigetragen, daß er in seinen Einleitungsschriften zum Neuen Testament die wichtigsten *Lehren Christi* in *Kurzkatalogen* zusammengefaßt und sie in Beziehung zur Bergpredigt gesetzt hat. Der Matthäus-Paraphrase von 1522 geht die Methodus um sechs Jahre voraus, in der Erasmus mit ausdrücklicher Bezugnahme auf die Bergpredigt[1] für den Studienanfänger eine Summe der „dogmata" Christi zusammenstellt[2]. In der Ratio seu methodus von 1519 findet sich die gleiche Zusammenfassung in leicht abgewandelter und erweiterter Form[3]. Aber auch schon die Paraclesis kennt eine solche Summula, in der zusammengezogen wird, was für den wahren Theologen zu wissen notwendig und wichtig ist[4]. Alle drei auf das Wesentliche der Lehren Christi reduzierten *Kompendien* stehen im Zusammenhang der Polemik des Erasmus gegen den herkömmlichen, *scholastischen Schulbetrieb*. Der wahre Theologe soll sich der künstlich gedrechselten Syllogismen[5], der entfernteren profanen Studien[6] und der scholastischen Spitzfindigkeiten[7] entschlagen. Erasmus betont, diese Studien nicht verdammen zu wollen; ihnen soll nur der adäquate Stellenwert zugemessen werden. Wie er es in der Ratio unmißverständlich ausspricht, richtet sich die Spitze seiner Warnungen gegen die *aristotelische Philosophie*. Sie darf sich nicht so in den Vordergrund drängen, daß sie die

---

[1] Methodus, Holb. 157,3f.
[2] Ebd. 156,14–157,8.
[3] Ratio (1519, 1520), ebd. 193,24–195,2.
[4] Paraclesis, ebd. 143,3–16.
[5] Ebd. 143,4.
[6] Methodus, ebd. 155,28–30; vlg. auch ebd. 155,2–4.
[7] „Ubi tandem in his usquam, quod Aristotelem aut Averroem referat? Ubi primarum et secundarum intentionum, ubi applicationum ac restrictionum, ubi formalitatum aut quidditatum aut etiam ecceitatum ulla mentio, quibus nunc differta sunt omnia?" (ebd. 155,12–16); vgl. Ratio (1519), ebd. 191,2–7.

dogmata Christi überspielt und verdrängt. Sie muß in rechter Weise, angemessen und nüchtern betrieben werden, gegen jede Art von Monopolstellung macht Erasmus entschieden Front[8].

In allen drei genannten Schriften stehen diese Äußerungen im Kontext der Reduktion und *Konzentration* der theologischen Arbeit auf die *Schrift*. Schließlich ist es die alle Weisheit dieser Welt übertreffende Weisheit, „die aus diesen wenigen Büchern wie aus den klarsten Quellen geschöpft werden kann, und zwar mit weit geringerer Mühe als aus so vielen stacheligen Wälzern, aus den immensen sich widersprechenden Aristoteles-Kommentaren, um nicht zu reden von dem größeren Gewinn"[9]. Bekanntlich hat Erasmus wiederholt zum Ausdruck gebracht, daß er an der Schrift das Neue dem Alten Testament vorziehe und hier wiederum die Evangelien den apostolischen Briefen. Sieht man genauer zu, so sind es natürlich auch nicht die Evangelien in toto, auf die sich Erasmus bezieht, es handelt sich vielmehr um einen charakteristischen Ausschnitt in einem für ihn charakteristischen Verständnis.

Wenn es Kompendien sind, in denen Erasmus die Verkündigung Jesu zusammengefaßt findet, so haftet ihnen notwendigerweise programmatische Formelhaftigkeit und Kürze an. Schließlich sind es auf das Wesentliche beschränkte Kernsätze als Orientierungshilfe für den Anfänger. Dem Rekruten[10] sollen sie als Leitlinien dienen, „er muß überall sichere Markierungspunkte haben, auf die er das übrige beziehen kann". Methodisch gesehen geht Erasmus hier nicht anders vor, als er es ein wenig später auch tut, wenn er generell anregt, sich für die theologische Arbeit der *Loci-Methode* zu bedienen. Zweihundert oder dreihundert theologische Loci sollten nach seiner Meinung erstellt werden, nach denen die wichtigsten Aussagen des Alten Testaments, der Evangelien und der Briefe der Apostel einzuordnen wären[11]. Für den Novizen, den Rekru-

---

[8] „Non quod damnem ea studia, quae nunc videmus in publicis scholis solemnia, modo vere tractentur neque sola tamen" (Methodus, ebd. 155,23–25). In der Ratio schränkt Erasmus seine konditionale Billigung der aristotelischen Philosophie noch weiter ein. Sie scheint ihm nur annehmbar in Verbindung mit der Grammatik, Rhetorik und der antiken Bildung überhaupt, vgl. ebd. 191,31–192, 2.

[9] „Praesertim cum hoc sapientiae genus tam eximium, ut semel stultam reddiderit universam huius mundi sapientiam, ex paucis hisce libris velut e limpidissimis fontibus haurire liceat longe minore negotio quam ex tot voluminibus spinosis, ex tam immensis iisque inter se pugnantibus interpretum commentariis Aristotelicam doctrinam, ut ne addam quanto maiore cum fructu" (Paraclesis, ebd. 141,21–27).

[10] „Illud magis ad rem pertinuerit, ut tirunculo nostro Christi dogmata tradantur in summam redacta idque potissimum ex euangeliis, mox apostolorum litteris, ut ubique certos habeat scopos, ad quos cetera conferat, . . ." (Methodus, ebd. 156,14–17); vgl. auch Ratio (1519), ebd. 193,24–28.

[11] Methodus, ebd. 158,33–159,9. Daß die Loci-Methode außerdem auch im Gesamtzusammenhang der Erasmischen Theologie von außerordentlicher Bedeutung ist, kann hier nicht weiter erörtert werden. Vgl. KOHLS, Theologie, Bd. I, S. 21 f. u. 222 f.

ten, den Anfänger in der Theologie hält Erasmus ein demgegenüber reduziertes Kompendium zunächst für zureichend. Daraus erhellt, daß aus diesem *Rekruten-Kompendium* nicht zu weitgehende Schlüsse in der Bestimmung der Theologie in ihrer Gesamtheit oder, was Erasmus darunter versteht, gezogen werden dürfen. Im Sinne des Erasmus sollen dem Anfänger in diesen Kompendien nur einige wesentliche Grundlinien als Orientierungshilfen mit auf den Weg gegeben werden, die in sich sicherlich noch viele Ausgestaltungsmöglichkeiten tragen. Schon allein von dieser Beobachtung scheint es gefährlich, Erasmus einseitig auf eine sogenannte *Theologie der Bergpredigt* festlegen zu wollen.

Die drei Kompendien unterscheiden sich voneinander durch eine mit der Zeit zunehmend reichere Ausgestaltung. In der Paraclesis stellt Erasmus die Forderung der Bergpredigt nach Aufgabe der Vergeltung und nach der Feindesliebe mit der Seligpreisung der Sanftmütigen[12] und Trauernden zusammen, umrahmt vom Vorsehungs- und Unsterblichkeitsglauben. Das Gebot der Feindesliebe wird dabei von Erasmus interpretiert als ein Sich-verdient-machen um Menschen, die es nicht verdient haben, als Liebe zu den Bösen, wenn sie nicht gebessert werden können.

Auf denselben Grundakkord, im Detail aber ausführlicher, ist die Summa in der Methodus gestimmt: Christus hat sich auf Erden ein neues Volk geschaffen, das sich den Sicherheiten dieser Welt mißtrauend gänzlich vom Himmel abhängig weiß, auf eine gewisse andere Art reich, klug, vornehm, mächtig und glücklich ist, keinen Neid kennt, kein geschlechtliches Verlangen, das demütig ist, einfältig und rein wie die Kinder, in den Tag hineinlebt wie die Vögel, dem das Leben nichts bedeutet, das ohne Furcht vor Tyrannen, Tod und Teufel ist, das nicht Scheltwort mit Scheltwort vergilt, vielmehr sich um die Bösen verdient zu machen sucht, das die Beziehungen der Glieder untereinander von wechselseitiger Liebe bestimmt sein läßt und so zum Salz und Licht der Welt wird und auf diese Weise für den Jüngsten Tag gerüstet ist. Es ist ganz offenkundig, daß eine Reihe von Motiven nicht der Bergpredigt entnommen sind, so das Wort vom demütigen Dienst (Mt 20,26ff.), von der Einfalt der Kinder (Mt 18,3), vom erstrebenswerten Tod (etwa Phil 1,21), von der Furchtlosigkeit gegenüber den Herrschenden (Lk 12,4f.), vielleicht auch gegenüber dem Satan (Joh 16,11), von der Gemeinschaft des Leibes (1.Kr 12,25–27; Rm 12,5 u.ä.), von der gegenseitigen Liebe (so. z.B. 1.Joh 4,11), vom Gemeingut aller Christen (Acta 2,44) und das Wort von der Wachsamkeit und Bereitschaft angesichts der Wiederkunft Christi (Lk 12,34).

---

[12] Der Satz: „Qui suis exuuntur bonis, qui depelluntur possessionibus, ..." (Paraclesis, Holb. 143,10f.) bezieht sich offenbar auf die Seligpreisung der Sanftmütigen, wie die Interpretation der entsprechenden Stelle (Mt 5,4) in den Paraphrasen (LB VII, 24B–E) erweist.

Eindeutig weisen auf die Bergpredigt die Warnung vor dem Neid, vor dem geschlechtlichen Begehren, vor der Vergeltung, die Einladung zur Sorglosigkeit der Vögel, zur Feindesliebe, ja überhaupt zu einem beispielhaften Leben als Salz und Licht der Welt. In der Ratio verstärkt Erasmus diesen Bezug zu Einzelaussagen der Bergpredigt noch. Hinzugenommen wird die Scheidung, der Eid, das Schatzsammeln, die Ehrsucht, neben die Sorglosigkeit der Vögel wird die der Lilien gestellt, neben das Bild vom Salz und Licht das von der Stadt auf dem Berge. Die Paraphrase zu Mt 5–7 ist verhältnismäßig etwas ausführlicher ausgefallen als zu anderen Abschnitten des Evangeliums, Erasmus unterstreicht auch die Bedeutung dieser Rede als Darstellung der divina Philosophia Christi, nirgends findet sich aber ein Hinweis auf die Exklusivität dieser Predigt für Christi Lehre.

Erasmus schließt das Summarium in der Methodus mit dem Hinweis, daß Christus in der Bergpredigt gelehrt hat, worauf man die Glückseligkeit gründen müsse, während er z. B. im Gleichnis vom Weltgericht (Mt 25,31–46) gezeigt hat, mit welchen Werken die Unsterblichkeit zu gewinnen ist und an anderen Stellen anderes[13]. Das heißt doch, daß sich Erasmus rein formal nicht auf einen Katalog von *„dogmata Christi"* allein aus der Bergpredigt festlegt, sondern daß er sich auf die *Breite des Evangeliums* in den Evangelien, besonders im Johannesevangelium aber auch bei Paulus bezieht, allerdings in charakteristischer Auswahl einzelner Topoi. Daß es sich dabei jedoch nicht um „die einfache undogmatische Moral der Bergpredigt" handeln kann, wie PAUL WERNLE gemeint hat[13a], darf man jetzt schon vermuten.

9.2 Praecepta oder consilia

In seinem bekannten Aufsatz „Erasmus als Exeget" hat SCHLINGENSIEPEN sich auch zu der Frage geäußert, an wen Jesus sich mit der *Bergpredigt* wendet: „An die Apostel, die das Salz der Erde genannt werden, wird ein höherer Anspruch gestellt. Erasmus bezieht die Bergrede in der Hauptsache auf die Jünger. . . . Trotz des Hasses gegen das Mönchtum erfährt die mittelalterliche Anschauung von dem evangelischen Rat keine Korrektur"[14]. WERNLE hat dagegen gemeint, Erasmus beziehe die Bergpredigt ganz pointiert auf die Gesamtheit aller Christen, denn Christus habe alle

---

[13] Methodus, Holb. 157,3–8.
[13a] WERNLE, Renaissance und Reformation, S. 69.
[14] SCHLINGENSIEPEN, Erasmus, S. 42. SCHLINGENSIEPEN stützt seine Behauptung auf ein Zitat aus der Paraphrase zu Mt 5,13 „Ihr seid das Salz der Erde": „Fieri non potest, quin in magna hominum turba reperiantur mediocres, ac vix etiam tolerabiles: at in Apostolis, in Episcopis, in Doctoribus, vividus ille et perfectus Euangelicae caritatis vigor perseveret

Christen, nicht nur die Apostel von der Welt trennen wollen. Und für alle Christen müsse die Vollkommenheit der Bergpredigt das Ziel sein[15]. Dieser Gegensatz der Meinungen spiegelt die Gespaltenheit der Exegese in der Beantwortung der Frage wider, an welchen *Hörerkreis* sich die Bergpredigt wendet, denn natürlich ist klar, daß mit der Antwort auf diese Frage die Entscheidung über die Reichweite ihrer *Verbindlichkeit* fällt. Ist die Bergpredigt als *Jüngerbelehrung* zu verstehen oder als ein *Aufruf an alle Christen?*

Auf den ersten Blick scheint Erasmus die Bergpredigt exklusiv, als nur an die Jünger gerichtet, interpretieren zu wollen. Matthäus folgend zeigt er die Jünger als die, die sich im Abstand zu der Masse des Volkes um ihren Lehrer scharen. Und Jesus richtet seine Augen, wie Erasmus ausdrücklich feststellt, nicht auf die Masse, sondern auf die Jünger, bevor er mit der Verkündigung seiner göttlichen und heilbringenden Philosophie anhebt[16]. Solche Aussagen geben SCHLINGENSIEPEN aber nur scheinbar recht, weil sie, in ihrem Kontext gelesen, in eine ganz andere Richtung zielen. Aufschluß über die Intention des Erasmus bringt die Überleitung von der Bergpredigt zum folgenden Heilungsbericht in Mt 8,1. „Nachdem er diese erhabenen Worte auf dem Berg gesprochen hatte, nicht zu den ersten besten, sondern vornehmlich zu seinen Jüngern und solchen, die durch die Lebhaftigkeit des Geistes jenen folgen konnten, ließ er sich wieder herab zur Schwachheit der gemeinen Masse"[17]. Nicht von einer Exklusivität der Gültigkeit der Bergpredigt allein für die Jünger ist hier die Rede, vielmehr von einer *Exklusivität der Verständnisfähigkeit* auf Seiten der Jünger, die aber sogleich wieder dadurch eingeschränkt ist, daß auch mit jenen gerechnet wird, die geistlich lebendig nicht hinter den Jüngern zurückbleiben. In diesem Zusammenhang ist auch das eingangs gezeichnete Bild signifikativ. Jesus steigt auf den Berg, und seine Jünger scharen sich um ihren Lehrer, aber doch so, daß sie niemanden vom Volk abdrängen, der das brennende Verlangen und die Kraft hat zu folgen[18].

---

oportet" (LB VII, 27 C). Dieser Vers richtet sich aber auch nach dem Verständnis des Matthäus an die Jünger und schließt trotz seines exklusiven Charakters nicht aus, die Bergpredigt als ganze als dem Volk zugesprochen zu verstehen.

[15] WERNLE, Renaissance, S. 15. WERNLE bezieht sich dabei (vgl. ebd. S. 39, Anm. 27) auf folgenden Kommentar des Enchiridion zu Mt 5,39–41: „Respondes: ‚Non mihi ista dixit. Dixit apostolis, dixit perfectis'. Nonne audisti, ut filii patris vestri sitis? Si filius dei non cupis esse, nihil ad te pertinet lex. Quamquam ne bonus quidem est, qui perfectus esse nolit" (Enchiridion, Holb. 103,12–16).

[16] „... divinam ac salutiferam illam suam Philosophiam auspicaturus, vertit oculos non in turbam, sed in Discipulos" (Paraphr. in Mt 5,1, LB VII 23 B).

[17] „Haec igitur sublimia locutus in monte Jesus, non quibuslibet, sed praecipue Discipulis suis, et his qui Spiritus alacritate potuerant illos consequi, rursus demittit sese ad humilitatem promiscuae turbae, ..." (Paraphr. in Mt 8,1, ebd. 47 E).

[18] „Ascendentem secuti sunt Discipuli, quos sibi peculiariter delegerat, sic tamen ut turba

Auch hier hält sich Erasmus eng an seine matthäische Vorlage, indem er Jesus die Bergpredigt nicht ausschließlich an die Jünger halten und ihn niemanden von dem Kreis der Addressaten grundsätzlich ausschließen läßt. In der Paraphrasierung von Mt 7,28 wird das Erstaunen der Volksmenge aufgenommen und so das Volk während der Dauer der ganzen Rede als gegenwärtig gedacht. Einzelne, durch die Lebhaftigkeit und Kraft des Geistes, durch ein starkes Verlangen für die Lehre besonders aufgeschlossen, werden als potentielle Adressaten und Hörer gesehen. Der Menge jedoch bleibt aufgrund der Schwachheit, in der sie noch befangen ist, der Zugang zu den klaren Worten Jesu versagt. Zu ihr muß Jesus wieder hinabsteigen, um sie mit Hilfe von leiblichen Wohltaten zum Bemühen um die himmlischen Dinge anzuregen[19]. In der Beschränkung des Hörerkreises auf die Jünger sieht Erasmus ein historisches Faktum, das für ihn aber keinerlei normative Bedeutung hat. Ganz im Gegenteil: „Diese Worte haben damals wenige Jünger gehört und die Seligkeit erlangt. Alle aber sollen hören, denn zu allen hat er gesprochen, und alle werden glücklich werden"[20].

Die Bergpredigt wird von Erasmus nicht als eine spezielle Jüngerbelehrung angesehen. Sie steht im Zusammenhang seines gesamten Lehrens und seiner Taten. Auf die Zuordnung von Lehre und Leben Christi konnte schon eingegangen werden. Beides ist Ausfluß seiner fortschreitenden *Akkommodation* an den jeweiligen *Empfänglichkeitsgrad* der Menschen. Den geistlich Fortgeschrittenen kann Christus die unverhüllten und klaren Worte seiner Rede zumuten, den Schwachen und Anfängern im Glauben begegnet er mit der gegenständlichen und daher umso eindringlicheren Sprache seiner Taten und Wunder, um ihrem begrenzten Fassungsvermögen entgegenzukommen. Die unterschiedlichen Weisen von Christi Wirken in Wort und Tat sind in seiner *Pädagogik* begründet und haben mit einer Differenzierung seiner Lehre in Verbindlichkeitsgraden für verschiedene Gruppen nichts zu tun. Die Philosophia Christi als Ganzes ist die Norm, an der sich alle auszurichten haben. Im Brief an Paul Volz von 1518 stellt Erasmus fest: „Alle . . . müssen nach Maßgabe ihrer Möglichkeiten zu Christus streben"[21]. Das schließt natürlich nicht aus, daß in bestimmten Fällen eine besondere Gruppe besonders angesprochen werden kann. „Ebenso wenn er sagt: ‚seid vollkommen, wie auch

---

non sit prohibita sequi, si quibus tantum ardoris ac roboris adfuisset" (Paraphr. in Mt 5,1, ebd. 23 A/B).

[19] „... qui corporalibus etiam beneficiis alliciendi erant ad studium rerum coelestium" (Paraphr. in Mt 8,1, ebd. 47 E).

[20] „Haec tum audierunt Discipuli pauci, et beatitudinem sunt amplexi. Audiant omnes, nam omnibus loquutus est, et omnes reddentur felices" (Paraphr. in Mt 5,2, LB VII 23 D).

[21] „Omnibus tamen pro sua cuique portione ad Christum est enitendum" (Ad Paulum Volzium, Holb. 12,1 f.).

euer Vater im Himmel vollkommen ist', zeigt er allen Seinen, wohin sie streben müssen. Freilich muß das besonders von denen geleistet werden, die der Kirche Christi vorstehen"[22]. Die notwendige Differenzierung im einzelnen, die pädagogische Rücksichtnahme nach Maßgabe individueller Möglichkeiten bedeutet keine Auflösung der Allgemeinverbindlichkeit in eine Stufenethik. Nirgends läßt sich auch nur ein Anhaltspunkt für die von SCHLINGENSIEPEN behauptete evangelische Räte-Ethik entdecken[23]. Vielmehr hat Erasmus an der *generellen Verbindlichkeit der philosophia Christi* für alle Christen festgehalten und damit die *mittelalterliche Zweistufenethik* überwunden, die Etablierung besonderer Vollkommenheitsgebote für eine Elite rückgängig gemacht und so die Bergpredigt aus ihrer Engführung als praecepta-consilia-Ethik befreit.

9.3 Predigt als Lehre

Wie immer die einzelnen Traditionsstücke, die Matthäus zur sogen. Bergpredigt zusammengestellt hat, ursprünglich einmal verstanden worden sind, Matthäus komponiert die Bergpredigt als Anweisung für „rechtes Tun und als Gesetz", das – wie das mosaische einst – auf dem Berge gegeben wird[24]. Dieses Verständnis läßt sich an vielen Stellen nachweisen, so z. B. an den Makarismen. Waren sie vielleicht ursprünglich als Proklamationen des kommenden Reiches gemeint, Matthäus funktioniert sie zu ethischen Aussagen um[25]. In seinen Augen werden die Makarismen zu einer „Proklamation der von Gott verfügten Einlaßbedingungen durch den Mund Jesu"[26], zu einem „Katalog der Tugenden, die in den christlichen Gemeinden geübt werden sollen"[27]. In dieselbe Richtung weist auch das matthäische Verständnis von Gerechtigkeit, wenn der Evangelist in ihr eine Bezeichnung für die Frömmigkeit der Jünger sieht, die den Gedanken der Aktivität menschlichen Handelns impliziert[28]. Seiner matthäischen Vorlage kommt Erasmus sehr nahe,

---

[22] „Item cum ait: Estote perfecti, sicut et pater vester caelestis perfectus est, omnibus suis ostendit, quo sit enitendum. Quamquam id maxime praestandum iis, qui praesunt ecclesiae Christi" (Ratio, 1519, Holb. 198,29–32).
[23] Vgl. SCHLINGENSIEPEN, S. 42.
[24] MARXSEN, S. 133.
[25] STRECKER (bes. S. 157) hat diesen Sachverhalt erneut unterstrichen. „Für die matthäische Ethisierung ist (gegen Lukas) die Überlieferung der vorgegebenen ethischen Seligpreisungen (5,7–9) charakteristisch, ferner der Zusatz τῷ πνεύματι, durch den aus dem ursprünglichen Makarismus der Armen ein indirekter Ruf zur Demut wird, ... Von hier aus läßt sich behaupten, daß der Evangelist die Makarismen insgesamt als ethische Aussagen versteht" (ebd. Anm. 6).
[26] WINDISCH, S. 10.
[27] DIBELIUS, S. 120.
[28] STRECKER, S. 156.

wenn er Jesus in der Bergpredigt als den Lehrer der himmlischen[29], der göttlichen und heilbringenden Philosophie[30] vorstellt, der durch seinen Mund noch nicht gehörte Dogmata der evangelischen Lehre verkündet[31]. Man wird an das Summarium aus der Ratio erinnert: *Christus als der himmlische Lehrer* (doctor), der die neuen Dogmata kundtut, die noch keine Philosophenschule überliefert hat[32]. Wie schon diese wenigen Zitate beweisen, können die Bezeichnungen wechseln. Neben doctrina, philosophia und dogma erscheinen im Zusammenhang von Mt 5–7 die Begriffe sapientia[33], lex[34], praecepta[35] und mysteria[36]. Sie alle dienen Erasmus zur Kennzeichnung der Verkündigung Jesu. Nicht in der Rolle des Propheten, des Predigers, des Messias, eines Botschafters des anbrechenden Gottesreiches, sondern in der Rolle des Lehrers läßt Erasmus Jesus auftreten. Dabei ist die Voraussetzung gemacht, daß Jesu Reden und Tun von einer Lehre durchzogen ist, ja letztlich um seiner Lehre willen geschieht.

Nicht das Bild des Gottesknechtes oder Erlösers, der durch sein Tun und seinen Tod Heil wirkt, steht im Vordergrund, auch nicht das Bild des Messias, der das kommende oder anbrechende Gottesreich proklamiert oder heraufführt, sondern der Lehrer, der unter der Voraussetzung einer Verständnismöglichkeit auf eine Verständnisaneignung abzielt. Lehre wendet sich an den Intellekt, sie will über Wahrheit erkenntnistheoretisch und ethisch, *essentiell* und *existentiell* belehren. Sie ist religionsphänomenologisch gesehen die Logisierung, die begriffsmäßige Verarbeitung des heiligen Wortes[37] und trägt somit das Moment der Systematisierung an sich. Unter diesem Gesichtspunkt der Systematisierung hat schon Matthäus den Redenstoff für die Bergpredigt zusammen – und an den Anfang des Wirkens Jesu gestellt, daß dieser Rede im Zusammenhang des ganzen Evangeliums geradezu ein programmatischer Charakter zukommt[38]. Wenn diese Lehre auch Philosophie genannt wird, dann versteht es sich von selbst, daß sie sich nicht unter die Philosophien dieser Welt einreihen läßt und nur im uneigentlichen Sinn so genannt wird, denn sie hat nichts

---

[29] „... ac monte conscenso, jam coelestis Philosophiae doctorem agere coepit, ipsa loci celsitudine declarans, se nihil plebejum aut humile traditurum, sed ardua coelestiaque omnia" (Paraphr. in Mt 5,1, LB VII 23 A).

[30] „... divinam ac salutiferam illam suam Philosophiam auspicaturus, ...; et aperto sacro ore suo, Euangelicae doctrinae nondum audita dogmata coepit depromere" (Paraphr. in Mt 5,1f., ebd. 23 B/C).

[31] Vgl. oben.

[32] „Christum caelestem doctorem novum quendam populum in terris instituisse... Haec sunt auctoris nostri dogmata nova, quae nulla philosophorum familia tradidit" (Ratio, 1519, Holb. 193,28f. u. 194,27ff.).

[33] Paraphr. in Mt 5,12, LB VII 27 B. [34] Ebd. passim.
[35] Ebd. Mt 5,17, ebd. 28 C. [36] Ebd. Mt 7,6, ebd. 43 B.
[37] Van der Leeuw, S. 506. [38] Dibelius, S. 89.

zu tun mit dem goldenen Thron des Jarcas, des legendären Philosophen[39], nichts mit dem Hochmut der Philosophen, noch mit der Arroganz der Pharisäer[40]. Im Gegensatz zu allen philosophischen Lehren, die menschlichen, allzumenschlichen Überlegungen entsprungen sind, hat diese christliche Philosophie ihren Ursprung im Himmel, wie das schon dadurch zum Ausdruck kommt, daß Christus seine Philosophie von der Höhe des Berges verkündet[41]. Es bleibt zu fragen, welche Aufgabe Erasmus dieser Lehre Jesu beimißt.

9.4 Die evangelische Tugend

„Tugend und Laster sind das Generalthema des Exegeten"[42], so lautet das Urteil SCHLINGENSIEPENS, das im Grunde den Vorwurf beinhaltet, daß Erasmus kaum über eine „bloße *Tugendethik* hinauskommt"[43]. Präzisiert wird diese Wertung noch, wenn SCHLINGENSIEPEN urteilt, die Erasmische Auslegung führe nicht über die „eudämonistisch-moralistische Linie"[44] hinaus. Es trifft zu, daß nach Erasmus die Predigt Jesu ihren Ausgang von der beatitudo, der felicitas nimmt[45], doch ist natürlich sofort nach der näheren Bestimmung und der Einbettung einer solchen Aussage in den Gesamtzusammenhang zu fragen. Die Stelle, auf die sich auch SCHLINGENSIEPEN bezieht, findet sich in der Einleitung der Auslegung zur Bergpredigt, in der Erasmus das Anliegen der Rede Jesu zu verdeutlichen sucht. „Glückseligkeit (beatitudo) versprechen alle, die sich als Lehrer der Weisheit ausgeben. Glückseligkeit erstreben alle, welchen Standes oder Herkommens sie auch sind. Doch worin das Glück (felicitas) des Menschen liegt, darüber gibt es unter den Philosophen eine große Kontroverse, im Leben der Sterblichen viel Irrtum. Weil damit der Skopus und das Fundament aller Weisheit gegeben ist, darum setzt Jesus dies zuallererst auseinander"[46]. Das heißt doch, Jesus wird hier mit seiner Lehre nicht in die Reihe der Weisheitslehrer eingeordnet, sondern gerade von ihnen abgehoben. Was die Philosophie gemeinhin versprochen hat, jedoch

---

[39] Z. B. von Hieronymus erwähnt; vgl. Forcellini, Tom. V, p. 775.
[40] „Jesus igitur non ex Jarcae aureo solio, aut supercilioso philosophorum pulpito, aut arroganti Pharisaeorum cathedra, sed ex herbido thoro, divinam ac salutiferam illam suam Philosophiam auspicaturus, ..." (Paraphr. in Mt 5,1, LB VII 23 B).
[41] „... ac monte conscenso, jam coelestis Philosophiae doctorem agere coepit, ipsa loci celsitudine declarans, se nihil plebejum aut humile traditurum, sed ardua coelestiaque omnia..." (ebd. 23 A).
[42] SCHLINGENSIEPEN, S. 36. [43] Ebd. S. 35.
[44] Ebd. S. 44. [45] Ebd. S. 34.
[46] „Beatitudinem expetunt omnes cujuscunque status sunt aut conditionis. Sed quibus in rebus sita sit hominis felicitas, hinc multa inter Philosophos controversia, multus in vita mortalium error. Hic quoniam scopus est, et fundamentum totius sapientiae, primum id explicat Jesus, ..." (Paraphr. in Mt 5,2, LB VII 23 C).

nicht zuwege bringen konnte, das führt nun Jesus mit seiner Lehre herauf: nicht irgendeine, sondern die *eine* und wahre oder auch „*evangelische*"[47] Glückseligkeit. Im Gegensatz zu den Philosophen, die eine falsche Glückseligkeit versprechen[48], ist die von Jesus in Aussicht gestellte Glückseligkeit nicht so am realen Leben orientiert, daß sie im Diesseits zur Erfüllung kommen könnte. Sie zielt vielmehr auf ein jenseitiges Gut, auf das Absolute, auf die Gemeinschaft mit Gott[49]. Glücklich, wem es gegeben ist, nach Auflösung der Finsternis des Geistes Gott, die Quelle aller Freude, zu sehen; denn das ist die höchste Glückseligkeit (felicitas)[50]. Die felicitas ist eine von der *Transzendenz* her begründete Größe, sie innerweltlich konstituieren zu wollen, ist ein Zeichen des Unglaubens[51]. Der Mensch kommt nicht in sich selbst zu sich selbst, sondern findet seine höchste Selbstverwirklichung in und durch Gott. Unverkennbar sind hier die *mystischen Anklänge*.

Die Frage drängt sich auf, wie Erasmus von diesen Voraussetzungen her seine sogenannte „Tugendethik" entwirft. Wird man Erasmus mit dem *Moralismus-Vorwurf* gerecht[52]? Die Bezeichnung der vom Christen geforderten Haltung als Tugend ist bei Erasmus eine gängige. Nur unter Einsatz außerordentlicher Tugenden ist das Himmelreich zu ererben, als deren vornehmste die Feindesliebe gilt[53]. Aber auch im Singular kann von der „wahren"[54], der „evangelischen"[55] Tugend gesprochen werden. Jesus ruft nach einer erhabenen und heroischen Tugend, die nur auf einem Stufenweg zu erreichen ist[56]. Mit dieser Aussage faßt Erasmus die Forderungen der Seligpreisungen zusammen. Das in den Makarismen den Jüngern abverlangte Verhalten wird als iustitia und pietas charakterisiert[57]. Und doch darf diese Beobachtung das spezifisch Erasmische nicht

---

[47] Paraphr. in Mt 5,10, ebd. 26 C.
[48] Paraclesis, Holb. 141,33 ff.
[49] Aus dem Enchiridion wäre zu vergleichen etwa: „... qui summus ad angelorum consortia, ad divinitatis communionem destinati" (Holb. 121,10 f.). In den Annotationes verweist Erasmus auf die Aussage des Chrysostomus, daß die von Christus verkündigte alle weltliche Glückseligkeit übertreffe (LB VI 27 E).
[50] „Quanto beatiores, quibus adempta mentis caligine, datum est intus cernere Deum, totius laetitiae fontem, quem videre summa est felicitas?" (Paraphr. in Mt 5,8, LB VII 25 D).
[51] Paraphr. in Mt 6,32, ebd. 41 B.
[52] Wie ihn etwa SCHLINGENSIEPEN (S. 44) erhebt.
[53] „Instaurandum est regnum Dei, hoc est, doctrina Euangelica, per quam pertingitur ad coelestem haereditatem; huius vos praecones et adiutores delegi; et ostendi quam eximiis virtutibus sit opus ad hoc negotium obeundum, ut inimicos diligatis, ..." (Paraphr. in Mt 6,33, LB VII 41 E).
[54] Paraphr. in Mt 6,1, ebd. 35 D.
[55] Paraphr. in Mt 5,48, ebd. 34 F.
[56] „Hanc sublimem et heroicam virtutem non praestabitis, nisi huc per gradus illos, quos ante proposui, perveneritis" (Paraphr. in Mt 5,12, ebd. 26 F–27 A).
[57] Paraphr. in Mt 5,12, ebd. 27 A.

überdecken, denn das Besondere ist nicht darin zu sehen, daß Erasmus, die Intention des Matthäus aufnehmend, die Seligpreisungen ethisch interpretiert als Gebote für die Jünger des neuen Gottesreiches, sondern darin, daß aller Tugend Anfang in der Ausrichtung der Seele liegt. In der Tugend hat das Wissen die Präferenz vor dem Tun. Erasmus wiederholt hier einen Gedanken, den er schon im Enchiridion ausgesprochen hatte: Tugend ist nichts anderes als das Wissen, was zu fliehen und was anzustreben ist[58]. *Tugend* bedeutet *Geistwerdung des Menschen* in diesem Wissen[59]. Darin verrät sich Erasmus als Erbe des *ethischen Intellektualismus Platons,* daß er die Tugend vor allem dianoetisch auffaßt. Was gemeint ist, kann am Verständnis der Gerechtigkeit, wie er sie in der Ratio exemplifiziert, gezeigt werden. Von Gerechtigkeit spricht man allgemein, wo jemand den Vorschriften des Gesetzes folgt. Bei Gott gibt es aber keine Gerechtigkeit, wenn nicht die Reinheit und Aufrichtigkeit der Seele die Beobachtung des Gesetzes jenem empfiehlt, der auch die innersten Winkel des Herzens kennt"[60]. Wenn man diese Zusammenhänge erkennt, fällt es einem schwerer, das Erasmische „Tugendstreben" und den christlichen Gehorsam einfach als Gegenpole zu begreifen[61]. Schließlich geht es Erasmus bei jedweder Art des tätigen Engagements um die dafür notwendige rechte Einstellung und Ausrichtung der Seele. Diese muß auf Gott als den eigentlichen Urheber zurückgeführt werden[62], denn er ist es ja, der die Seele des Menschen erleuchtet.

9.5 Der neue Mensch

Den Schlüssel zum Verständnis seiner Interpretation der Bergpredigt legt Erasmus gleich in seiner Einleitung bereit, wenn er jene aus dem Enchiridion wohlbekannte Maxime wiederholt, daß alle Sünden des Lebens aus falschen Vorstellungen heraus entstehen. Daher ist vor allem danach zu streben, diese *falsae opiniones* zu beseitigen[63]. Alles, was Jesus in

---

[58] „Huc enim pertinet illud a Socrate non absurde dictum, quamquam ab Aristotele reprehensum, virtutem nihil aliud esse quam scientiam fugiendorum atque expetendorum" (Enchiridion, Holb. 90,2–5).
[59] HOFFMANN hat diesen Gesichtspunkt gut herausgearbeitet (S. 115).
[60] „Iustitia vulgo dicitur, ubi quis legum praescripta servavit. Apud deum iustitia non est, nisi legis observationum animi puritas sinceritasque commendet illi, qui penitus intuetur intimos pectoris recessus" (Ratio, 1520, Holb. 265,8–10).
[61] Vgl. SCHLINGENSIEPEN, S. 40. Wenn Gott der Urheber der Tugend ist und sein Gebot als Tugendforderung ergeht, dann ist der Gehorsam ihre Erfüllung.
[62] „Primum docet vos totos non aliunde pendere quam a Patre coelesti... cui debetis quicquid habetis virtutum" (Paraphr. in Mt 6,13, LB VII 37E); zu vergleichen ist auch das Enchiridion: „Cum his enim hostibus implacabili odio dissidet deus, pax nostra, cum natura sit virtus ipsa virtutumque omnium parens et auctor" (Holb. 38,11–13).
[63] „Ex falsis opinionibus oriuntur omnia peccata vitae. His igitur eximendis ante omnia studendum est" (Paraphr. in Mt 5,1, LB VII 23 D); vgl.: „... itidem Socrates agens cum

der Bergpredigt als seine Philosophie oder Lehre vortragen wird, zielt darauf ab, diese falschen Vorstellungen zu korrigieren und so die Erneuerung des Menschen ins Werk zu setzen. Diesem Programm liegt ein *Menschenbild* zugrunde, daß sich – wenn auch nur in Andeutungen – in der Paraphrase zur Bergpredigt zu erkennen gibt. Gott hat dem menschlichen Körper eine „anima rationalis" eingefügt, die dem Geist der Engel gleicht, so daß der Mensch des Sohnestitels würdig ist[64]. Im Vaterunser wird Gott als der Vater angerufen, der die einmal unglücklich von Adam Gezeugten, dem Himmel wiedergeboren hat[65]. Der Mensch konstituiert sich aus *corpus* und *anima,* wobei er durch die anima mit der himmlischen und göttlichen Welt verbunden ist. Der Sündenfall hat diese Verbindung zwar gestört, aber nicht durchbrochen, denn durch die anima rationalis ist dem Menschen ein Zugang zur göttlichen Welt erhalten geblieben. Die menschliche Natur ist ambivalent, einerseits ist sie bestimmt durch die Rückerinnerung an die ursprüngliche göttliche Ordnung, zum anderen hat sie durch die Verwicklung in den Sündenfall eine Geneigtheit zum Bösen[66]. Hier scheint sich das Schwanken des Erasmus zwischen einer *dichotomischen* und *trichotomischen* Beschreibung des Menschen anzudeuten[67]. Nimmt man die Ausführungen des Erasmus im Enchiridion zuhilfe, dann kann man sein *anthropologisches Grundmodell* klären. Die Seele macht den Menschen zum Menschen, die Seele als Geist zum frommen, die Seele als Fleisch zum gottlosen[68]. Daher sind spiritus und anima (bzw. animus) u. U. auswechselbare Begriffe[69]. Mit der Charakterisierung der anima als einer rationalis beschreibt Erasmus ihr Wesen als Denkvermögen oder Erkenntnisfähigkeit. In der ratio als Vernunft bezieht sich die anima zurück auf das dem menschlichen Geist eingeprägte Bild des göttlichen Geistes[70].

Protagora argumentis evincit tantum in omni virtute momenti scientiam afferre, ut peccata non aliunde proficiscantur quam a falsis opinionibus" (Enchiridion, Holb. 90,9–12).

[64] „... Cum videatis illum vos tanti facere, ut corpori, mira providentia composito, animam indiderit rationalem, et angelis mentibus similem, ut filiorum titulo dignetur" (Paraphr. in Mt 6,31, LB VII 40F–41A).

[65] „Pater noster, qui nos semel infeliciter genitos ex Adam, rursum coelo genuisti" (Paraphr. in Mt 6,9, ebd. 37A/B).

[66] „Vos igitur natura proclives ad malum, ..., tamen hac in parte, non virtute, sed naturae impulsu servatis pietatem,... dabo formam generalem, cuius vis sit omnibus a natura insita" (Paraphr. in Mt 7,11, ebd. 44A–B).

[67] HOFFMANN hat m. E. am einleuchtendsten das Schwanken des Erasmus zwischen einer dichotomischen und einer trichotomischen Anthropologie zu erklären versucht (bes. S. 62ff. u. 91ff.).

[68] Hier ist das Kapitel des Enchiridion „De tribus hominis partibus, spiritu et anima et carne" (Holb. 52,12ff.) zu vergleichen; bes.: „Anima constituit homines, spiritus pios, caro impios..." (ebd. 53,33).

[69] Vgl. dazu HOFFMANN, S. 148, ebenso AUER, S. 226, Anm. 25.

[70] Vgl. ebd. 42,31ff.

Man hat von der *Intellektualisierung* der Erasmischen Theologie gesprochen und hat das getan im Blick auf seinen anthropologischen Ansatz. Funktion und Orientierung der ratio als des Organs, das dem Göttlichen geöffnet ist, sind entscheidend für die Stellung der anima zu der sie immer bedrohenden caro, und damit für die Höherentwicklung des Menschen auf seine Vergöttlichung zu. Wie sehr die anthropologischen Voraussetzungen die Auslegung beeinflussen, läßt sich vielleicht recht eindrücklich am 6. Makarismus zeigen: „selig sind, die reinen Herzens sind, denn sie werden Gott schauen" (Mt 5,8). Erasmus fragt nicht nach der Bedeutung von καρδία, sondern schließt von der Verheißung der Gottesschau, die er natürlich noetisch versteht[71], auf den Sinn des Vordersatzes. Cor, so meint er, sei hier anstelle von oculus gebraucht; denn an anderer Stelle spreche Jesus eben vom einfältigen Auge (Mt 6,22)[72]. Damit wird der Bedeutungsumfang von καρδία merklich eingeengt; denn im Neuen Testament wird καρδία in Aufnahme alttestamentlicher Vorstellungen als der Ursprung aller seelischen und geistigen Kräfte, die Mitte der Existenz des Menschen verstanden[73]. Während der neutestamentliche Text auf das Problem von Schein und Sein aus ist, engt Erasmus seine Bedeutung auf die intellektuelle Fähigkeit des Menschen ein. Der Mensch hat zu Gott nur Zugang, wenn seine mens nicht von Unrat und Sünden getrübt ist[74]. So verwundert es nicht, daß für Erasmus die ganze Bergpredigt den einen Zweck verfolgt, den Menschen durch die seinem Geist, seiner Vernunft, zu vermittelnden rechten Vorstellungen zur Glückseligkeit zu führen.

An zwei Beispielen sollen die Konsequenzen dieser Sicht für die Auslegung noch erläutert werden. Einmal geht es um die Frage des Besitzes. Hat Jesus völlige Armut gefordert und jeglichen *Besitz* verworfen? Für Erasmus ist die Frage falsch gestellt, weil sie nicht tief genug ansetzt. Jedes Fehlverhalten im Bezug auf die Dinge der körperlichen Welt hat seine Ursache in der Einstellung des Menschen zu diesen Dingen. Nicht der Besitz des Geldes als solcher wird abgelehnt, es werden nur seine Gefahren geschildert. Geld fordert zum Diebstahl heraus, Geld reizt zum Egoismus, Geld hält zur Verschwendung an[75]. Besitz ganz allgemein soll

---

[71] Wie die Metapher Licht – Sehen auf Gott angewandt wird, kann z. B. eine Passage aus dem Enchiridion (Holb. 68,2ff.) verdeutlichen.

[72] „... nam oculorum vice posuit cor. Et alias oculum simplicem vocat" (Annotationes in Matth 5,8, LB VI 26F).

[73] Dazu ist zu vergleichen BAUMGÄRTEL (ThWNT Bd. III, S. 610) und BEHM (ebd. S. 614f.); ebenso EICHHOLZ, S. 46f.

[74] „Quod sol est puris oculis, hoc Deus est puris mentibus. Quod pituita aut squamae sunt oculis, hoc peccata sunt animis. Beati igitur quibus cor est ab inquinamentis omnibus purum et illibatum" (Paraphr. in Mt 5,8, LB VII 25D/E).

[75] „... mamona iubet, ut per fas nefasque rapias aliena... mamona iubet, ut tibi vivas... mamona luxum docet" (Paraphr. in Mt 6,24, ebd. 39E).

den natürlichen Bedürfnissen, nicht aber der Verschwendung oder der Krankheit des Geistes dienen[76]. Wenn Matthäus mit diesem Text vom Mammondienst auch vor der Habgier warnen will[77], so gerät Erasmus dieser Abschnitt geradewegs zu einer Reflexion der menschlichen Psychologie. Es gibt zwei Möglichkeiten, entweder wird der menschliche Geist von nichtigen Sorgen zu Boden gehalten oder er mißachtet die niedrigeren und verfallenden Dinge und wird zu den himmlischen emporgerissen[78]. Die Gefahr von Besitz und Geld liegt in der Verführung zur *Perversion* der Maßstäbe *eines wahren Urteils*. Nur wenn das Licht des Geistes nicht durch das Dunkel falscher Vorstellungen und verderblicher Begierden verdorben ist, nur wenn das Auge des Geistes sich auf keinen anderen Blickpunkt richtet als auf den, daß alle Lebensäußerungen Gott gefallen, wird alles zu höchster Seligkeit führen[79]. Die Vernunft, die ratio, wird durch die Begierden verblendet[80]. Indem Erasmus diese *psychologischen Sachverhalte* extensiv erörtert, entfernt er sich weit von seiner biblischen Vorlage und überzieht die Aussage des Matthäus, was sich auch darin äußert, daß er in eine Aufzählung der Begierden wie Lust, Geiz, Torheit, Zorn, Neid, Hass und alle übrigen Verwirrungen des Geistes verfällt[81], die z. T. keinen sachlichen Anhalt am erörterten Sachverhalt des Textes haben.

Der gleiche Sachverhalt läßt sich an der Auslegung von Mt 5,13–16 durch Erasmus aufzeigen. Die Bildworte vom Salz, Licht und der Stadt auf dem Berge, die den Auftrag der Jünger beschreiben, sucht Erasmus von den gleichen anthropologischen Voraussetzungen her zu verstehen. Die Menschen dieser Welt, denen die Jünger begegnen, sind von der Nacht des Irrtums und weltlichen Begierden umgeben[82]. D. h. Erasmus überschreitet gleichsam im Ansatz seiner Erklärung die Aussage des

---

[76] „Ista [sc. divitae] nec anxie, nec immodice paranda sunt vobis: et parata, aut forte obiecta, facile sunt elargienda, si quis egeat, aut certe in hoc dispensanda, ut naturae necessitati subveniatur, non ut luxui, animive morbo serviatur" (Paraphr. in Mt 6,19, ebd. 38 E/F).

[77] Vgl. JEREMIAS, S. 141.

[78] „Istas opes apud Patrem depositas, ipse vobis servabit tuto, nec animus vester sordidis curis depressus, haerebit humi, sed neglectis his humilioribus ac fluxis rebus, ad coelestia rapietur" (Paraphr. in Mt 6,20, LB VII 39 A).

[79] „Si lux animi est vitiata caligine falsarum opinionum malarumque cupiditatum, si mentis oculus non alio dirigit aciem, quam ad verum scopum, quicquid agitur in vita gratum Deo est, nihilque non conducit ad cumulum felicitatis" (Paraphr. in Mt 6,22, ebd. 39 B).

[80] „Si ratio cupiditatibus est excaecata..." (Paraphr. in Mt 6,23, ebd. 39 C).

[81] Vgl. ebd. 39 C/D.

[82] „Vividum et efficax sit oportet, quod totius humani generis vitae, fluxarum rerum cupiditatibus ac stultis opinionibus dilutae, condiendae sufficiat" (Paraphr. in Mt 5,12, ebd. 27 B). „Si vestra doctrina caligabit erroribus, si vestra vita mundanis cupiditatibus erit offuscata, quae res dispellet caliginem multitudinis?" (Paraphr. in Mt 5,14, ebd. 27 F).

Textes, daß die Jünger einen Auftrag für die Welt haben, indem er diesen Auftrag im Blick auf den Zustand der Welt inhaltlich bestimmt. Die Jünger haben die Aufgabe, durch ihre Lehre die Irrtümer aufzuklären und durch ihre beispielhafte Lebensführung die weltlichen Begierden zu verbannen[83]. Deutlich sind hier Gedanken in den auszulegenden Text eingetragen, die sich am Erasmischen Menschenbild orientieren. Die Bildworte vom Licht, vom Auge und Sehen werden Erasmus zu Metaphern der die ratio des animus beeinflussenden intellektuellen Vorgänge. Für sein Verständnis der Konstitution des Menschen hängt alles daran, daß die Vernunft des Menschen in der rechten Weise gesteuert wird.

9.6 Die Erfüllbarkeit der Forderung

Die Verstehensgeschichte von Mt 5–7 ist bewegt von der Frage nach dem Sinn der Bergpredigt, ob ihre Forderungen als erfüllbar gedacht sind oder nur als ein hohes, nie vom Menschen zu erreichendes Ideal vor ihn hingestellt werden. Zwischen diesen beiden extremen Verstehensmöglichkeiten sind natürlich noch viele Zwischenlösungen angesiedelt. Um es gleich vorwegzunehmen: Erasmus denkt die *Forderungen* der Bergpredigt als *erfüllbar*. Das deutet sich schon darin an, daß er die Bergpredigt nicht an einen etwaigen Kreis geistlich Vollkommener gerichtet sein läßt, sondern unterschiedslos an alle Christen. Es konnte schon gezeigt werden, wie sich für ihn die Bedeutung der Welt der äußeren Dinge relativiert, indem er das Kriterium in den Menschen hineinverlegt und von daher nach seiner *Einstellung zu den Dingen* fragt.

Als Philologe schenkt Erasmus aber auch der Sprachgestalt der Schrift seine besondere Aufmerksamkeit. Um die eigentliche Intention vieler Worte der Bergpredigt aufzeigen zu können, muß der Interpret den „sermonis habitus" berücksichtigen, denn was hier bildlich oder gleichnishaft gesagt ist, muß bzw. darf nicht buchstäblich genommen und wörtlich befolgt werden. In diesem Zusammenhang ist es besonders interessant, den Weg zu verfolgen, den Erasmus zu seiner Bergpredigt-Interpretation von den Annotationes über die Einleitungsschriften zum Neuen Testament bis zur Auslegung in den Paraphrasen gegangen ist. So möchte er schon in den Annotationes das Wort vom Jota und Strichlein (Mt 5,18)[84], das vom Backenstreich (Mt 5,39)[85] sowie das Sprichwort von der linken Hand, die nicht weiß, was die rechte tut (Mt 6,3)[86], hyperbolisch verstanden wissen. In der Ratio wird ein weit umfangreicherer Katalog genannt. Hier rechnet er zu den *hyperbolischen Redefigu-*

---
[83] Vgl. vorherige Anmerkung.
[84] Annot. in Mt 5,18, LB VI 28 D/E.
[85] Annot. in Mt 5,39, ebd. 32 C/D.
[86] Annot. in Mt 6,3, ebd. 34 F.

ren das Wort, zu leben wie die Lilien (Mt 6,28), die linke Wange darzubieten (Mt 5,39), den Mantel herzugeben (Mt 5,40), die zwei Meilen mitzugehen (Mt 5,41), die Salbung beim Fasten (Mt 6,17), das Verbot der Scheidung (Mt 5,32), der Vergeltung (Mt 5,39), des Zorns (Mt 5,22) und das Wort vom Jota und Strichlein (Mt 5,18)[87]. Wie eine Durchsicht der Bergpredigt-Paraphrase ergibt, kommt Erasmus nur im Anschluß an Mt 6,1–6 auf die Hyperbel zu sprechen, indem er Jesus die Worte in den Mund legt, er habe sich der vorausgegangenen übertriebeneren Beispiele (crassiora exempla) des Lehrvortrags, also der besseren Anschaulichkeit und Verständlichkeit wegen, bedient[88].

Der Hyperbel verwandt erkennt Erasmus noch eine andere, nicht näher bezeichnete Redeform, die weniger wörtlich als vielmehr auf dem Hintergrund eines volkstümlichen Allgemeinverständnisses, das oft recht einseitig ausgerichtete Inhalte mit bestimmten Redewendungen verbindet, zu verstehen ist[89]. Schon in den Annotationes hatte er seiner Hoffnung Ausdruck gegeben, unter Beachtung dieser Redeform manchen Interpretationsknoten lösen zu können, und als Beispiele aus der Bergpredigt das Verbot zu zürnen und zu vergelten angeführt[90]. Beide Exempel kehren unter dieser Kategorie in der Aufzählung der Ratio wieder, die darüber hinaus noch die Warnung vor dem Schwören (Mt 5,34), dem Sorgen (Mt 6,34) und der Gebetsgeschwätzigkeit (Mt 6,7) mithinzurechnet[91].

Vergleicht man die Aussagen der einzelnen Schriften miteinander, so bekommen sie Perspektive. Kontinuierlich durchgehalten ist das Verständnis des Textes von Mt 5,18, u. zw. von den Annotationes bis in die Paraphrase hinein. Jota und Strichlein sind bildhaft gemeinte Ausdrücke, die nicht wörtlich zu nehmen, sondern auf den Inhalt der Schrift zu beziehen sind[92]. Unproblematisch ist auch die Interpretation der sprich-

---

[87] Ratio (1519), Holb. 268,5 ff.
[88] „Atque haec docendi gratia crassioribus exemplis proposui" (Paraphr. in Mt 6,6, LB VII 36 B; vgl. ebd. C).
[89] „His cognata sunt illa, quae an tropis constent, nescio, certe ad vulgarem sensum accommodanda sunt potius quam ad vivum ut aiunt, exigenda" (Ratio, 1519, Holb. 270,15 ff.).
[90] „Hac autem ratione multarum quaestionum nodi dissolvi poterunt, si intelligamus Christum non simpliciter haec vetuisse, sed vetuisse eo more fieri, quo vulgato more fiebant" (Annot. in Mt 6,37, LB VI 31 F).
[91] Ratio (1519/20), Holb. 270 f. Es bleibt hier anzumerken, daß sich Erasmus in der Zuordnung der Warnung vor dem Zorn, (Mt 5,22) und der Vergeltung (Mt 5,39) unsicher zeigt. Bald will er sie in der oben beschriebenen Eingrenzung verstehen, bald sieht er in ihnen hyperbolische Aussagen (vgl. ebd. 268 f.).
[92] Annotationes: „Non igitur laboratur de apicibus, sed asseveratur nihil omnino promissum aut proditum in Lege Mosaica, quod Evangelium non absolvat" (Annot. in Mt 5,18, LB VI 28 E; vgl. auch den Zusammenhang. Ratio: „..., praeterea cum ait nec iota nec apiculum unum legis omittendum, qui non impleatur, intelligens nihil omnino praetereun-

wörtlichen Wendung: Laß deine linke Hand nicht wissen, was die rechte tut (Mt 6,3). Erasmus erkennt richtig den *metaphorischen Charakter* des Wortes. Auch mit der Klassifizierung des Vor-sich-her-posaunen-Lassens (Mt 6,2), des Rückzugs ins Kämmerlein (Mt 6,6) und des Salbens während des Fastens (Mt 6,17) als einer hyperbolischen Redeweise befindet er sich durchaus in Übereinstimmung mit Exegeten wie MARTIN DIBELIUS, der im vorliegenden Abschnitt eine Beschreibung jüdischer Frömmigkeit nach der hyperbolischen Art des Orients sieht, auf die Jesus auch seinerseits wieder hyperbolisch antwortet[93].

Interessanten Aufschluß über die Erasmische Interpretationsintention gibt die Behandlung der Warnung vor dem Zorn (Mt 5,22). Da viele Textzeugen hinter dem „Jeder, der seinem Bruder zürnt" ein „ohne Ursache" einfügen – wie auch Erasmus bemerkt[94] –, glaubte sich die Tradition ermächtigt, zwischen einem gerechten und einem ungerechten Zorn zu unterscheiden. Damit wäre aber nur ein blindwütiger Zorn untersagt – eine Selbstverständlichkeit für Erasmus, wo doch gerade dieses Verbot im Kontext verbotener Vergeltung zu sehen ist. Daher möchte er den Vers so verstehen, daß durch ihn der gemeine, der niedrige Zorn ausgeschlossen wird, der zum Unrecht tendiert, jener gemeine Zorn, der als innere Regung, empfangene Kränkung zu rächen sucht und darum der erste Schritt zum Mord ist. Obwohl Erasmus in der Ratio die Christen nach Christi Willen von jeder Art Zorn frei sehen möchte, muß er doch zugestehen, daß selbst Christus und Paulus vom Zorn bewegt worden sind. Es gibt also eine Art legitimen Zorns, etwa den Zorn des Richters, mit dem er den Übeltäter straft, einen heiligen Zorn oder einen Zorn, der in der Liebe wirksam ist. „Auch die Frömmigkeit hat ihren Zorn und die Liebe ihre Schmähungen"[95]. Die Liebe als Kriterium des Zorns, das ist zweifellos ein Fortschritt im Verständnis des neutestamentlichen Gebots, wie er sich eben schon in der Ratio niederschlägt. Daß es sich bei dem Verbot zu zürnen um eine hyperbolisch formulierte Aussage handelt, läßt die Paraphrase nicht mehr erkennen. Im Verfolg des Aussagegefälles der Passage liegt der Ton auf der *Verinnerlichung* der Gebote. Erster Schritt auf dem Wege zum Mord ist der Zorn, und zwar die

---

dum ex promissis divinis, quae constare possunt, etiamsi apices aliquot sublati fuerint" (Holb. 270,9ff.).
   Paraphrase: „... qui solverit vel unum ex his praeceptis minimis, quae nunc addo praescriptis Mosaicae Legis, ..." (LB VII 29 A/B). Die Differenz der Aussagen liegt lediglich darin, daß Erasmus den Inhalt in den Annotationen und der Ratio auf die göttlichen Verheißungen ganz allgemein, in der Paraphrase in engerer Bindung an den Kontext auf die lex Evangelica bezieht.
[93] DIBELIUS, S. 123.
[94] Annot. in Mt 5,22, LB VI 28 F.
[95] „Habet et pietas iram suam, habet et caritas sua convicia" (Ratio, 1520, Holb. 270,33–271,1).

zügellose, *innere Motivation* zur Rache[96]. Zorn (ira) wird vom rachsüchtigen, auf Vergeltung sinnenden Haß her interpretiert[97]. Das Verhalten des Christen wird an der Liebe gemessen, denn „dem Mord kommt nahe, wer aus der brüderlichen Liebe herausfällt". Die Auslegung gipfelt in der Aussage: „Odii extrema linea est occidere, caritatis extrema linea est, etiam occidenti bene velle"[98]. Ganz abgesehen davon, daß aus diesem Satz der Meister gedanklich-sprachlich prägnanter Formulierung spricht, lehnt sich Erasmus hier sehr eng an seine biblische Vorlage an. Man sucht in der Paraphrase vergeblich nach einer Betrachtung des Phänomens Zorn an sich und nach einer Rechtfertigung gewisser Erscheinungsformen des Zorns, wie sie in den Annotationes und der Ratio versucht wurde.

Zu den Worten Christi, die nicht wörtlich, sondern gemäß dem allgemeinen Volksverständnis zu interpretieren sind, rechnet Erasmus auch das *Schwurverbot*. Christus hat nicht zu schwören verboten, wohl hat er untersagt, bei jeder Kleinigkeit zu schwören, wie es das Volk zu tun pflegte[99]. Wie hier in der Ratio trägt Erasmus ein ähnliches Argument auch noch in der Apologie gegen Edward Lee (1520) vor, allerdings in der Modifizierung, daß sich Jesus gegen den jüdischen Usus verwahrt, nur unter Eid wahrheitsgemäße Aussagen zu machen[100], was offenbar dazu geführt hat, sich auch in Bagatellfällen gewisser Eidesformeln zu bedienen. Die Frage nach der Art und Weise, Eide zu schwören, ist einer unter vier Punkten, die Erasmus zu bedenken gibt[101]. Auch die Redeweise Christi ist zu berücksichtigen, und das Schwurverbot ist in Parallele zu dem Verbot zu sehen, keinen Stab oder Tasche zu tragen (Mt 10,9f.), und also auch nicht wörtlich zu nehmen[102]. Der Anlaß sollte gravierend sein; gerade wenn es um Christi Ehre oder um Sachen christlicher Frömmigkeit und christlichen Glaubens geht, ist der Eid geradezu geboten[103]. Was

---

[96] „Primus enim ad homicidium gradus est irasci" (Paraphr. in Mt 5,22, LB VII 29 E)
[97] Ebd. 30 A.   [98] Ebd. 30 A/B.
[99] „Veluti cum prohibet omnino iurare, sentit non esse iurandum ut vulgus deierabat ob quaslibet causas" (Ratio, 1519, Holb. 270,17f.).
[100] „Quod ad mentem modumque jurisjurandi pertinet, etiamsi hoc quartum non prorsus diversum a prioribus, admoneo, Christum non simpliciter vetuisse ne juremus, sed ne juremus eo more, quo tum jurabat vulgus. Sic enim jurabant Judaei, ut existimarent se non obligari ad praestanda promissa, nisi jurejurando aut voto essent obstricti, propterea quod simplici mendacio nullam poenam praescriberet Lex" (Des. Erasmi Responsio ad Notationes Ed. Lei in Matthaeum, LB IX 131 F/132 A).
[101] „Hic igitur quatuor viis quaerebam exitum ex objectionum laqueis. Primum ut distinguamus personam, deinde causam. Praeterea consideremus sermonis tropum. Postremo mentem, modumque jurisjurandi" (ebd. 131 D).
[102] Ebd. 131 E/F.
[103] „Quod ad causam pertinet, hoc est, materiam et argumentum jurisjurandi, propono jusjurandum non esse vitandum in his quae pertinent ad gloriam Christi, ac negotium pietatis fideique Christianae, in rebus levioribus non item" (ebd. 131 E).

Die Erfüllbarkeit der Forderung

das Kriterium der Person angeht, so ist im Unterschied zu den unvollkommenen Juden den Christen als den Anhängern der vollkommenen Gerechtigkeit das Schwören untersagt[104]. Ausdrücklich weist Erasmus die Unterstellung Lee's zurück, als teile er die Christen in Unvollkommene und Vollkommene. Alle Christen sind im Vergleich mit den Juden insofern vollkommen, als sie mit allen ihren Kräften ihrem Vorbild Jesus Christus nachstreben[105]. So weiß Erasmus die Praxis seiner Gegenwart mit dem neutestamentlichen Verbot auszugleichen. Als Christen auf dem Wege zum Ziel der Vollkommenheit wird ihnen der Eid immer entbehrlicher. In diesem Sinn hatte Erasmus in den Annotationes Chrysostomus zitiert: „Mit ganzem Verlangen ist zu wünschen, daß die Christen solche sind, daß sie weder Scheidung noch Eid nötig haben"[106]. Wiederum zieht die Paraphrase diese Linie aus. Bei den Christen soll die einfache Rede heiliger und verläßlicher sein als ein heiliger Eid bei den Juden. Was bedarf es des Schwörens unter Menschen, die sich in Einfalt vertrauen und in Aufrichtigkeit einander nicht täuschen wollen. Strafwürdig ist der Eid jedoch nicht, besonders in Sachen, die von den Christen verachtet werden[107].

In seiner Erwiderung auf die Kritik Bedas an der Paraphrase hat Erasmus seine Position behauptet. Er will nicht den, der einen Eid schwört, verurteilen, aber doch bekräftigen, daß jeder Eid von der evangelischen Vollkommenheit abführt, wie jeder Krieg vom Übel ist und es unter wahren Christen keinen Krieg gibt[108]. In der Paraphrase und ihrer Verteidigung gegenüber Beda versucht Erasmus nicht mehr das absolute Verbot von einer angenommenen tropischen Aussageform her zu ermäßigen. Eine irgendwie geartete Rechtfertigung des Eides kommt ihm nicht mehr über die Lippen, nur verurteilen will er den Schwörenden nicht[109]. Die Auslegung orientiert sich an der evangelischen Vollkommenheit, zu der zu gelangen alle wahren Christen auf dem Wege sind. Die Notwen-

---

[104] Ebd. 131 D/E.
[105] „... non quod omnes Christiani perfecti sint, sed quod horum professio collata ad Judaeorum professionem sit perfecta, qui pro suis viribus adnituntur ad exemplar perfectum, quod est Christus Jesus ... Veruntamen appello perfectos, quorum professio tendit ad scopum perfectae pietatis" (ebd. 132 B u. C).
[106] „Certe votis omnibus optandum, ut tales sint Christiani, ut neque divortio sit opus, neque jurejurando" (Annot. in Mt 6,31, LB VI 31 C).
[107] „Quid autem opus est ullo jurejurando inter eos, inter quos nec pro sua simplicitate diffidat quisquam, nec pro sua sinceritate fallere cupiat quisquam, etiamsi liceat impune, praesertim in rebus his, quarum contemptum profitentur. Inter vos igitur sanctior ac firmior esse debet sermo simplex, quam apud Judaeos quamlibet religiosum jusjurandum" (Paraphr. in Mt 5,36, LB VII 33 B/C).
[108] „Nec tamen pronuntio damnari quisquis jurat, sed aberratum a perfectione Euangelica, ubicunque jusjurandum intercedit, quemadmodum omne bellum ex malo est. Inter vere Christianos nullum est bellum" (Supputatio, LB IX 462 C).
[109] Vgl. vorherige Anmerkung.

digkeit, noch Eide zu schwören, zeigt die Entfernung von dem anzustrebenden Ziel an. Weit davon entfernt, als Konsequenz seiner Erkenntnis auf eine radikale Änderung der Praxis zu dringen und den Eid zu verbieten, wie es die *Täufer* später getan haben, setzt Erasmus neue Maßstäbe, indem er es sich nicht gestattet, die Predigt Christi zu scholastischen Dogmen zu verdrehen. Da er *so* nahe am Text bleibt, erfaßt er ihn besser. Und Beda gegenüber beruft er sich sogar ausdrücklich auf sein Amt als Paraphrast[110]: „Die Worte des Herrn habe ich in einer Paraphrase dargelegt, das Recht zu interpretieren überlasse ich anderen"[111].

Wenn auch das Verbot der *Scheidung* in der Ratio für Erasmus noch hyperbolischen Charakter trug in dem Sinn, daß Christus nur die ungerechtfertigte Scheidung untersagen wollte, in der Paraphrase sucht er das Verbot Christi ad litteram auszulegen, mit der einen von Christus selbst zugelassenen Einschränkung des Ehebruchs, denn durch ihn hat nach der Meinung des Erasmus die Ehe sowieso aufgehört zu bestehen[112]. Gerade zur Scheidungsfrage hatte er sich in einem längeren Exkurs zu 1.Kor 7,39 1519 ausführlich geäußert[113]. In seiner Antwort an Beda verweist Erasmus auf diesen Abschnitt seiner Annotationen. Die Paraphrase war nicht der Ort, diese vielschichtige Frage zu erörtern[114]. In der Tat: die Paraphrase läßt jeden Gegenwartsbezug, z. B. auf die heimlichen Ehen, und jede Kasuistik beiseite. Hier argumentiert Erasmus vom Zentrum des Evangeliums her. „Denn ein Mann, der mit evangelischer Sanftmut begabt ist, wird die Gewohnheiten seiner Frau korrigieren oder auch ertragen. Wird er aber jemals Streit haben mit seiner Frau, wo er doch sogar im Frieden lebt mit seinen Feinden?"[115] Unstimmigkeiten in einer christlichen Ehe hebt nicht ein Scheidebrief auf, sondern die gegenseitige Vergebung[116]. In der Erklärung dieser beiden neutestamentlichen Verse wird der Ausleger geradezu zum *Seelsorger,* der sich nicht in kirchenrechtlichen Fragen verliert, auch das Scheidungsverbot nicht zu ermäßigen sucht, sondern es positiv vom Evangelium her zu füllen weiß.

---

[110] „Nec mihi putabam hic laborandum, ut Christi sermonem ad Scholasticorum dogmata detorquerem, quas partes ipsis relinquo; in explicandis his, quae docuit Christus, ago Paraphrasten" (Supputatio, LB IX 462B).

[111] „Verba Domini paraphrastic ως exposui, interpretandi jus relinquens aliis" (ebd. 462E).

[112] Paraphr. in Mt 5,32, LB VII 32D u. F.

[113] Der Exkurs wurde in den folgenden Ausgaben der Annotationes erweitert. Wir verweisen hier auf seine Form, wie sie in der Leidener Ausgabe (LB VI 692D–703D) gegeben ist. Eine geraffte Erörterung findet sich bei PAYNE, Erasmus, His Theology of the Sakraments, S. 121 ff.

[114] Vgl. Supputatio, LB IX 461 D/E.

[115] „Nam vir Euangelica praeditus mansuetudine, facile aut corriget mores uxoris, aut feret. Quando autem quaeret dissiduum cum uxore, qui pacem habet etiam cum inimicis?" (Paraphr. in Mt 5,32, LB VII 32E). [116] Ebd. 33A.

Es muß auffallen, wie Erasmus im Gegensatz zu den vorerwähnten Beispielen an einer sehr engen Auslegung der 5. Antithese von der Vergeltung in allen Stadien festhält. Das Problem der *Gewalt* an sich und besonders der legitimen Strafgewalt wird von vornherein ausgeklammert. Noch mehr, Erasmus will das Verbot nur unter dem Aspekt der Unterbindung des Geistes der Vergeltung sehen[117]. Schon in den Annotationes möchte er *Augustin* zustimmen, der die Darbietung der anderen Backe im Herzen, nicht körperlich geschehen sehen möchte[118]. Das von Christus angeführte Beispiel ist eben nicht wörtlich zu nehmen, es will vielmehr auf größte Geduld, Mäßigung des Sinnes und eine solche Enthaltung von jeglicher Vergeltungssucht dringen, daß man eher bereit ist, weiteres Unrecht zuzulassen, als selbst Böses mit Bösem zu vergelten[119]. Die Paraphrase unterstreicht den Ruf nach absolutem Gewaltverzicht und fordert über das passive Hinnehmen des Unrechts hinaus die aktive Haltung der Freundlichkeit und der Toleranz[120].

Der Durchblick durch die Erasmische Auslegungsgeschichte von den Annotationen bis zu den Paraphrasen und über sie hinaus bis zu den Verteidigungsschriften zeigt das ernsthafte Bemühen um das rechte Verständnis der Schrift und ihrer Auslegung. Weil Erasmus die Forderungen der Bergpredigt unter dem Aspekt der *Internalisierung* sieht, gibt eher die Einstellung des Menschen als seine Tat die Antwort auf die Frage nach der Erfüllung. Ist der Geist des Menschen von den wahren Meinungen, den richtigen ethischen Ideen durchdrungen, dann folgt mit Notwendigkeit auch die rechte Tat. Daher sind die Konkretionen der Handlungsanweisungen in der Bergpredigt von durchaus sekundärer Bedeutung. Sie sind bildhafte, häufig hyperbolische Einkleidungen, die auf ihre eigentliche Intention hin befragt sein wollen. Je weiter Erasmus in der Schrifterklärung voranschreitet, desto behutsamer verhält er sich im Überspielen des Literalsinns. Der Nähe, in die ihn die Interpretationsform der Paraphrase zum Text bringt, sucht er nicht auszuweichen, im Gegenteil, er rechtfertigt gerade mit ihr seine zuweilen kompromißlose Auslegung. Zwar

---

[117] „De vindicandi animo loquor, non de legitima potestate puniendi" (Supputatio, LB IX 462F).

[118] „Atque hoc fortasse sensit Augustinus, cum alias, tum in libello de mendacio, et libro vigesimo secundo contra Faustum, scribit illam praeparationem alterius maxillae in corde faciendam, non in corpore" (Annot. in Mt 6,39, LB VI 32D). Augustin, Contra Faustum, Liber vigesimus secundus, cap. LXX VI, MPL 42, 448.

[119] „Haec Christi hyperbole, mea sententia, nihil aliud docet, quam summam patientiam animique moderationem, utque tantum absimus a cupiditate vindictae, ut ultro parati simus alteram potius injuriam admittere, quam malum malo pensemus" (Annot. in Mt 6,39, LB VI 32C/D). Vgl. auch: „Nec enim sensit Christus, obvertendam sinistram malam ei qui dextram percusserit, sed ea nos voluit esse lenitate, ut ad alteram injuriam accipiendam simus paratiores, quam ad retaliandam priorem" (ebd. 32D).

[120] Paraphr. in Mt 5,41, LB VII 34A.

weiß auch Erasmus, daß der Christ stets auf dem Wege ist, doch dies ist für ihn eben der *Weg zur Vollkommenheit* der Bergpredigt. Zu dieser Vollkommenheit sind alle gerufen, sie steht am Ende eines langen Weges menschlichen Strebens wie Gottes gnädiger Unterstützung und ist nicht unerreichbar.

9.7 „Vernünftige" Auslegung

Obwohl Erasmus die Makarismen „pardoxa" nennt und obgleich er die Forderungen als schwer erfüllbar bezeichnet, ist seine Auslegung doch durch die Tendenz gekennzeichnet, die Lehre Jesu als eine „vernünftige", vernunftgemäße zu erweisen. Mag sie zunächst auch deswegen als anstößig erscheinen, weil sie der simplen, praktischen Vernunft des Menschen zuwider zu laufen scheint, so offenbart sie sich bei näherem Zusehen doch als das genaue Gegenteil.

Wo sich das Evangelium einer „vernünftigen" Argumentation bedient, schließt sich Erasmus ihr bereitwillig an (so z. B. Mt 6,19 ff.). Wenn Matthäus nicht der idealistischen Erwägung folgt, das Gute um seiner selbst willen zu tun, sondern aus der guten Tat eine entsprechende Folge hervorgehen sieht und so für „vernünftig" hält, wer sich durch das Ewige bestimmen läßt, töricht, wer der Vergänglichkeit verfällt[121], dann zieht Erasmus diese Konturen gern kräftig nach. Wer seine Schätze vergräbt, um sie nicht zu verlieren, der verliert sie ja gerade[122]. Außer der unheilvollen Sorge bei der Anhäufung von Reichtümern muß man sich um ihre Erhaltung sorgen, wo man doch viel besser beraten wäre, mit dem Reichtum Gutes zu stiften. Überhaupt verdoppelt die bange Sorge die Misere. Ist es vernünftig, skeptisch zu säen, zweifelnd, ob die Saat überhaupt aufgeht, zu ernten in der Angst, Krieg oder Diebstahl könnten dem Einfahren in die Scheuer zuvorkommen, das Korn auf dem Speicher zu lagern in der Furcht, Fäulnis oder Feuer könnten es verderben?[123] Die Befriedigung des Hungers ist eine zweischneidige Sache, einmal kann überreiche Sättigung manchmal mehr quälen als Hunger, zum anderen

---

[121] STRECKER, S. 164.

[122] „Idem accidit iis, qui magna sollicitudine sibi congerunt ac recondunt opes, easque ne perdant defodiunt in terra; atqui hoc ipsum est eas perdere... Alioqui quod defoderis nec tibi est usui, tineisque, aerugini, et furibus obnoxium est, ut jam hinc ad te nihil redeat, praeter calamitosam parandi, servandique sollicitudinem" (Paraphr. in Mt 6,19, LB VII 38 E).

[123] „Siquidem vulgus conduplicat suam miseriam, simul et laborans corpore, et animo sollicitum. Serunt, sed anxii, ne non proveniat quod serunt, metunt, sed anxii, ne miles aut praedo prius auferat quod demessum est, quam condatur in horreum. Condunt in granarium, sed anxii, ne pestis aliqua vitiet frumentum, aut ne incendium exortum perdat" (Paraphr. in Mt 6,32, ebd. 41 C/D).

folgt ihr gleich der Hunger wieder auf dem Fuß[124]. Daß man mit dem Maßstab, den man selbst anlegt, gemessen wird (Mt 7,1f.), weiß Erasmus dahingehend zu der allgemeinen Sentenz zu erweitern, daß der Fluch der bösen Tat im Gebären von noch Böserem liegt. Üble Nachrede z. B. fällt in noch üblerer Form auf einen selbst zurück[125].

Die Aufforderung zur Aussöhnung mit dem Prozeßgegner noch auf dem Weg zum Gericht beruht u. a. auch auf der nüchternen Überlegung, daß man sich viel Lauferei und kostbare Zeit erspart, sich außerdem nicht Advokaten und Notaren andienen, die Gunst der Richter nicht erwerben und angesichts eines ungewissen Ausgangs nicht lange zuwarten muß[126]. Abgesehen davon, daß Gottes Gebot auf Eintracht unter den Menschen dringt, zahlt sich einträchtiges Verhalten auch menschlich gesehen in vielerlei Hinsicht aus. Warum soll man zu einer Meile gezwungen nicht freiwillig zwei Meilen mitgehen (Mt 5,41)? Erasmus kennt mehrere Gründe. Zunächst soll man einen so unwillig handelnden Menschen nicht noch weiter gegen sich aufbringen, die Situation dadurch verschlimmern und den Seelenfrieden verlieren, dann soll man aber auch die Gelegenheit nutzen, durch die nachgiebige und entgegenkommende Handlungsweise den Gegner zum Freunde zu gewinnen[127]. In der Bündelung der Argumentationsmotive verrät sich der wahre Erasmus. Ein der Verhaltenspsychologie entnommenes rationales Argument, das Streben nach dem stoischen Ideal der Ataraxie *(tranquillitas animi)* und der paulinische Gedanke der Überwindung des Bösen durch das Gute werden angezogen, um die Forderung Jesu plausibel zu machen.

Ebenso versucht Erasmus, die Paradoxalität der Seligpreisungen dem Einsichtigen als durchaus nicht widersinnig zu erklären. Wer durch den äußeren Schein zur tieferen Wirklichkeit hindurchzustoßen vermag, wird entdecken, daß die Zügellosen und Gewalttätigen in Wahrheit nicht herrschen, sondern von ihren Leidenschaften beherrscht werden[128]. Wo

---

[124] „Et expletos nonnunquam magis cruciat saturitas, quam fames cruciabat, et mox a saturitate recurrit sitis ac fames subinde sarcienda" (Paraphr. in Mt 6,6, ebd. 25 A).

[125] „Ut enim officium invitat officium, clementia clementiam, ita calumnia calumniam, saevitia saevitiam. Qui male loquitur de proximo, pejus audiet" (Paraphr. in Mt 7,2, ebd. 42 E).

[126] „... quantumvis iniquis conditionibus cum illo transegeris, tamen lucrum feceris. Peribit nummorum aliquid, sed servata est res longe pretiosissima, pax et amicitia, servata est animi tranquillitas, quam puta vel universis facultatibus emtam, parvo emtam esse" et sequ. (Paraphr. in Mt 5,25, ebd. 30 E/F).

[127] „Hac comitate tolerantiaque fiet, ut nec is, qui propensus ad laedendum, exasperetur ad atrociora; et tu citius a molestia liberaris, quam si malum malo propagetur, et ex parvo reddatur magnum, ex uno multiplex, nec animi tranquillitatem amittas, et fortassis ex inimico tibi reddes amicum tua bonitate" (Paraphr. in Mt 5,41, ebd. 34 A).

[128] „An tu regnare putas istos feroces ac violentos? Servitutem serviunt, multos patiuntur tyrannos" (Paraphr. in Mt 5,3, ebd. 23 F).

nur der geheime Konvergenzpunkt in der Orientierung am Idealzustand der tranquillitas animi gesehen wird, lösen sich die Schleier des Paradoxen auf. So kann Erasmus, der die Seligpreisung der „Sanftmütigen" von der Verheißung des Landbesitzes her interpretiert, dem Besitz den Seelenfrieden, dem zänkischen Besitz die in Gelassenheit einhergehende Armut (quieta paupertas) gegenüberstellen[129]. Doch recht betrachtet bedeutet diese Besitzlosigkeit in Wahrheit alles andere als Armut, denn „das ist die *neue Einsicht* des aufzugebenden Besitzes, daß die Sanftmut von den aus freien Stücken Schenkenden mehr erreicht, als in Gutem oder Bösem Raffgier anderer zuwege bringt"[130]. Gerade der Sanftmütige findet überall dort eine Bleibe, wo Menschen leben, die die evangelische Sanftmut lieben. Schließlich ist Hartnäckigkeit selbst den Heiden verhaßt[131]. Was macht es schon, wenn ein dem Evangelium ergebener Mann aus seiner Heimat vertrieben wird, die ganze Welt ist ja sein Vaterland und der Himmel sein sicherstes Haus[132]. In diesen Passagen wird besonders augenfällig, wie Erasmus die Botschaft Jesu reflektiert und deutet. Letztlich begreift er sie nicht als die neue, noch nicht gehörte und darum unerhörte Lehre, sondern als die *ewige, immer gültige Wahrheit,* die – wenn auch nur umrißhaft – auch von den Heiden schon erkannt werden kann.

In diesen *Passagen rationaler Reflexion* als den den Fluß der Paraphrasierung unterbrechenden Einsprengseln tritt Erasmus mit seinem theologischen Ansatz besonders deutlich hervor. Christi Lehre widerspricht nicht der *natürlichen Vernunft,* sie legt im Gegensatz vielmehr gerade das frei, was die Vernunft fordert. So läßt Erasmus Christus sagen: „Meine Lehre widerstreitet nicht den natürlichen Affekten, sondern führt die Natur zu ihrer ursprünglichen Reinheit zurück"[133]. Die goldene Regel muß als eine allgemeine Richtschnur begriffen werden, deren Kraft allen Menschen von Natur aus innewohnt[134], so daß sie recht handeln könnten, wenn sie ihre Taten nicht an ihren Begierden, sondern an der Vernunft

---

[129] „Quinam sunt mites? Qui nulli vim faciunt, qui laesi facile condonant injuriam, qui malunt rem perdere, quam contendere, qui pluris faciunt concordiam et animi tranquillitatem, quam latifundiam; quibus optabilior est quieta paupertas, quam rixosae divitae" (Paraphr. in Mt 5,4, ebd. 24B).

[130] „Sed haec est nova dilatandae possessionis ratio, ut plus impetret ab ultro largientibus mansuetudo, quam per fas et nefasque paret aliorum rapacitas" (ebd. 24C).

[131] „Placidus autem, qui mavult sua cedere, quam pro his digladiari, tot locis habet fundum, quot locis reperit amantes Euangelicae mansuetudinis. Invisa est omnibus pervicacia, mansuetudini favent et Ethnici" (ebd. 24C).

[132] „Excussi sunt a jure civitatis unius, ejecti domo, profligati patria, sed Euangelico viro totus mundus patria est, et piis coelum certissima domus est, patriaque securissima" (ebd. 24D).

[133] „Neque enim mea doctrina pugnat cum naturalibus affectibus, sed naturam suae puritati restituit" (Paraphr. in Mt 5,30, ebd. 32B).

[134] „Dabo formam generalem, cujus vis sit omnibus a natura insita" (Paraphr. in Mt 7,12, ebd. 44B).

(ratio) orientieren würden¹³⁵. Das Ziel des Menschen, seine Glückseligkeit, ist erreicht, wenn die Seele nach dem Abstreifen aller Begierden, die sie ins Fleischliche ziehen wollen, über die Geistwerdung zum Geist, somit der Geist zum Geist und damit zu Gott findet. Diesen „*Tugend*"-*weg der Erkenntnis* zu weisen, ist Christus, der Lehrer, gekommen, um mit seiner Lehre diesen Prozeß der *Geistwerdung* auf der Grundlage der natürlichen Vernunft in Gang zu setzen und zu fördern, indem er den sich vollziehenden Pervertierungsprozeß der natürlichen Ordnung wieder in die richtige Richtung umkehrt.

Von daher stellt sich die Frage, ob SCHLINGENSIEPEN Erasmus angemessen verstanden hat, wenn er die Erasmische „Klugheitslehre" gepaart mit einer „durchgängig betonten Weltverachtung" auf ein humanistisch – aristokratisches Denken zurückführt¹³⁶. Wie dagegen gezeigt werden konnte, orientiert Erasmus seine Konzeption am *stoischen Ideal* der *tranquillitas animi,* das zu erreichen ihm die Heraufbildung der anima unter Ablegung der niederen Affekte ermöglicht, eine Entwicklung, die von der rechten Ausrichtung der ratio initiiert und vorangetrieben wird. Daher muß es Aufgabe der Lehre Christi sein, diesen Prozeß zu befördern, Aufgabe des Auslegers aber, die *Vernunftgemäßheit der Lehre* aufzuzeigen und herauszustellen. So stehen diese Passagen rationaler Reflexion durchaus im Dienst der Erasmischen Theologie und ordnen sich ganz harmonisch seinem System ein.

9.8 Erasmus als Ausleger der Bergpredigt

„Der Kern des Evangeliums ist die einfache undogmatische Moral der Bergpredigt im Einklang mit der Weisheit Platos, Plutarchs, Senecas und Epikurs und aller Guten und Edeln. Und dieser Kern ist das wahre alte Christentum, daher Christianismus renascens die begeisterte Losung des erasmischen Kreises . . ."¹³⁷. So hat PAUL WERNLE die Theologie des Erasmus charakterisiert. Ähnlich hat auch ERNST TROELTSCH über das Enchiridion geurteilt: „Mit dieser Schrift ist der Übergang von Paulus, den im Grunde keiner dieser Männer (sc. der Humanisten) verstanden hat, zu der Religion der Bergpredigt und des schlichten Jesusglaubens gemacht"¹³⁸. Diese „Religion der Bergpredigt" wird inhaltlich bestimmt als Laienchristentum, Vorsehungsglaube, Lebensernst, Jenseitshoffnung und Nachfolge, während WERNLE vom einfachen, praktischen Evange-

---

¹³⁵ „Certe nemo non habet domi regulam, ad quam dirigat actus suos, modo rationi quam cupiditatibus obtemperare malit" (ebd. 44C).
¹³⁶ SCHLINGENSIEPEN, S. 40f. u. 43.
¹³⁷ WERNLE, Renaissance und Reformation, S. 69.
¹³⁸ TROELTSCH, S. 271ff.

lium der Bergpredigt spricht[139]. Es ist nur zu deutlich, wie hier von den Vertretern der sog. *religionsgeschichtlichen Schule* versucht wird, Erasmus in das Prokustesbett eigener Vorstellungen hineinzuzwängen[140]. Sie meinten, in Erasmus die „einfache *undogmatische Moral* der Bergpredigt", den „*schlichten Jesusglauben*" wiederzufinden, weil beides ihrem eigenen sittlich-moralischen Verständnis so außerordentlich zu entsprechen schien. Indem sie auf die vermeintlichen Grundpfeiler des Christentums, als die Grundpfeiler der Religion schlechthin zurückgriffen, glaubten sie, den Kern des Evangeliums von der harten Schale des Dogmas, das sich ihrer Meinung nach der Kommunizierbarkeit der christlichen Wahrheit mit der gegenwärtigen Welt in den Weg gestellt hatte, befreien zu können. Da man im paulinischen Christentum eine durch dogmatische Fixierung herbeigeführte Entstellung des ursprünglich schlichten Jesusglaubens und in Kontinuität mit dieser Entartung Kirche und Theologie der Gegenwart sah, wollte man durch alle Verkrustungen der Jahrhunderte wieder hindurchstoßen zu den reinen Quellen einer undogmatischen Religion und Moral. In Erasmus entdeckte man geradezu die Wurzeln einer *rationalistischen Theologie*.

Abgesehen von der Fragwürdigkeit der Behauptung einer undogmatischen Moral oder einer Religion des schlichten Jesusglaubens als Zentrum der Bergpredigt des Matthäus dürfte die vorstehende Untersuchung die Unhaltbarkeit dieser Hypothese erwiesen haben. Zwar läßt das geschärfte Auge des Exegeten Erasmus Unterschiede z. B. zwischen den paulinischen Briefen und den Evangelien wahrnehmen, doch sieht er an keiner Stelle eine grundsätzlich theologische Differenz zwischen Jesus und Paulus. Hier wie dort geht es für ihn um die Euangelica Philosophia, die sich überall in der Schrift niederschlägt, vornehmlich in den Worten Jesu und daher natürlich besonders in der Bergpredigt. Wie allein schon die Kompendien der Hauptthemen der Theologie zeigen, die Erasmus verschiedentlich zusammenstellt, ist die Bergpredigt keineswegs deckungsgleich mit dem von ihm bestimmten Zentralthemenkreis der Theologie. Doch schwerer als dies formale Argument wiegt das inhaltliche. Zwar trifft es zu, daß Erasmus mit der Konzeption einer *biblisch orientierten Theologie* die Verkrustungen der *scholastischen Theologie* und ihres Schulbetriebs aufbrechen wollte. Daß er allerdings der Meinung gewesen wäre, so weit zurückgehen zu können und zu müssen, bis er nach dem Abtragen der letzten Überlagerungen auf den Kern eines undogmatischen Christentums stoße, würde eine grobe Verzeichnung seiner Intention bedeuten. Rückgang heißt für ihn Rückgang auf die christliche antiquitas, denn Gottes Offenbarung ist nicht voraussetzungs-

---

[139] WERNLE, Renaissance und Reformation, S. 115.
[140] So sehr treffend HOFFMANN, S. 17.

los, und es liegt in der Konsequenz der *Inkarnation* als *Inverbation* durch *Akkomodation,* daß sich die philosophia Christi als göttliche der menschlichen Philosophie angleicht. Daher heißt, zum Urquell der Heiligen Schrift zurückzukehren, dem Strom der Kirchenväter und heidnischen Philosophen zu folgen, der sich von diesem Quell herleitet. Um es weniger bildhaft auszudrücken: Erasmus liest die Schrift mit den Augen der *Väter.* Da er die *neuplatonisch-origenistische Anthropologie* in Kongruenz mit der paulinischen sieht, liegt für ihn hier der Schlüssel zum Verständnis des Evangeliums. Von daher erschließt sich Erasmus auch die Bergpredigt. Sie hat für ihn die Funktion, den Menschen die rechten Anschauungen zu vermitteln, d. h. ihre Seele vom Körperlichen und Fleischlichen zum Geistigen und Göttlichen heranzubilden. Zu diesem reinen, ursprünglichen Zustand zurückzukehren, bedeutet des Menschen Seligkeit. Der Weg dahin führt über die *Tugend* als das *Erkennen des Wahren* und Richtigen, das im Tun desselben zu seinem Ziel kommt.

Die ursprünglich *eschatologische Ausrichtung* der Bergpredigt[141] wird in eine *ontologische* umgemünzt, und dadurch wird die *Radikalität ermäßigt.* Das äußert sich auch darin, daß die Forderungen der Bergpredigt häufig ihrer Direktheit entkleidet und in einem übertragenen Sinn verstanden werden. Was bei der Auslegung der Bildworte legitim ist, wird generell geübt. Eine Forderung, die im Rahmen der äußerlichen Welt gestellt zu sein scheint, weist in ihrer Eigentlichkeit auf einen Vorgang in der geistigen Sphäre hin. So ist z. B. Besitz an sich nicht schlecht, gewarnt werden soll nur vor der Gefahr, sich an den Besitz zu verlieren. Die Christen verlassen die Welt nicht, sie gehen zu ihr innerlich auf Distanz. So verstanden sind die Forderungen Jesu zwar hart, aber doch nicht unerfüllbar. Folglich wendet sich die Bergpredigt nicht an eine Elite, die zu Höchstleistungen berufen und fähig wäre, sie trägt vielmehr allgemeinen Verpflichtungscharakter, allerdings für jeden je nach seiner individuellen Verständnisfähigkeit. Mit der intellektualistisch geprägten Anthropologie geht eine Hochschätzung des Wortes, der Lehre, der Euangelica Philosophia einher. Christus proklamiert für Erasmus nicht den Anbruch des Gottesreiches, sondern verkündet eine Lehre.

Hinter dieser Lehre des *Christus doctor* steht sein *Werk,* stehen seine Taten zurück. Sie haben einzig den Sinn, die Lehre zu legitimieren und in ihrer Sinnenhaftigkeit die weniger Fortgeschrittenen an den Inhalt der Lehre heranzuführen. Diese *Logisierung* der christlichen Botschaft bringt es mit sich, daß der umfangreichsten Komposition innerhalb des synoptischen Redenstoffs ein hervorragender Stellenwert zuerkannt wird. Man wird aber Erasmus mit dem Vorwurf einer moralistischen Deutung der Bergpredigt nicht gerecht. Wenn schon bei Matthäus eine *Ethisierung* der

---

[141] G. BORNKAMM, Enderwartung, S. 14.

Aussagen zu beobachten ist, so nimmt Erasmus diese Tendenz bereitwillig auf, allerdings in der für ihn charakteristischen Form eines platonisch gefärbten *ethischen Intellektualismus,* in dem die Tugend dianoetisch verstanden wird als das Wissen, was zu erstreben und was zu meiden ist. In den Rahmen dieser Gedanken hineingestellt soll die Bergpredigt den Menschen über die Welt und sich selbst aufklären, um ihn so instand zu setzen, sich vom Körperlichen und Fleischlichen in einem Prozeß fortschreitender Vergeistigung zu seiner eigentlichen Bestimmung, der Geistwerdung, emporzubilden.

Wenn Erasmus sein Zentralanliegen in der Bergpredigt präfiguriert sah und ihm dieser neutestamentliche Abschnitt so viel bedeutete, dann war es vornehmlich die Aussage der *Antithesen,* die in seinen Gedanken Widerhall fand. Da er die Veräußerlichung kirchlicher Frömmigkeit durch einen Prozeß der *Internalisierung* zu überwinden suchte, kamen die Antithesen seiner Intention außerordentlich entgegen, indem sie dem Wie des Tuns alles Gewicht gaben, das Was der menschlichen Tat aber in eigentümlicher Weise relativierten[142]. Wenn der Jesus der Bergpredigt die „Herzlosigkeit" der Kasuistik[143] besiegen wollte, so übersetzte Erasmus dieses Anliegen in die Begrifflichkeit seiner Anthropologie, um auf die Herausforderung seiner Zeit mit der Forderung des Evangeliums zu antworten. Es ist ein verändertes geistiges Klima, in das der neutestamentliche Gedanke von dem angesichts des Hereinbrechens der Gottesherrschaft in der Nachfolge zu bewährenden Gehorsam gegen den göttlichen Willen transponiert wird. Für Erasmus lehrt Jesus – zwar in einmaliger Weise – die ewige und göttliche Wahrheit von der Bestimmung des Menschen.

---

[142] G. BORNKAMM, Jesus, S. 97.
[143] Ebd.

10. Evangelium und Politik

10.1 Das Evangelium als Herausforderung der Herrscher zum Frieden

Dem Leser der Paraphrasen muß durchgängig auffallen, wie wenig Erasmus in seinen Ausführungen zum Evangelientext ausdrücklich Bezug auf die Gegenwart, auf theologische, kirchliche, gesellschaftliche oder politische Probleme nimmt. Bei näherem Zusehen muß allerdings dieser erste und allgemeine Eindruck der Erkenntnis weichen, daß unter der Oberfläche weit mehr aktuelle Bezugspunkte verborgen liegen, als man zunächst annehmen möchte. Gerade die Paraphrasen zu den Evangelien nehmen in gewisser Hinsicht eine Sonderstellung ein. Es ist schon längst bemerkt worden, daß Erasmus die vier Evangelien-Paraphrasen den vier maßgeblichen Herrschern seiner Zeit gewidmet hat, ein Akt, der als ein außergewöhnliches Politikum anzusehen ist. So dedizierte er seine erste Paraphrase, die zu Matthäus, dem *Kaiser Karl V.*[1], die Johannes-Paraphrase dem Bruder des Kaisers, *Erzherzog Ferdinand* von Österreich[2], die Lukas-Paraphrase *Heinrich VIII.*, König von England[3], und schließlich seine letzte Evangelien-Paraphrase, die zu Markus, dem König von Frankreich, *Franz I.*[4]. Daß hier nicht der Zufall im Spiel ist, sondern volle Absicht, hat Erasmus im Widmungsschreiben an Franz I. ausgesprochen. „Wenn doch der evangelische Geist eure Herzen so innig vereinen möchte, wie das Evangelienbuch eure Namen verbindet"[5]. Wie diese vier Evangelien eine Einheit bilden, weil sie die *harmonia Christi*[6] darstellen, so werden auch diese vier Herrscher zur Einheit finden, wenn sie sich vom evangelischen Geist der auf Harmonie ausgerichteten Lehre Christi bestimmen lassen. Mit den vier Widmungsschreiben umreißt Erasmus ein *politisches Programm*. Die Lehre oder Philosophie Christi ruft nach Frieden.

---

[1] Ep. 1255, Allen V, S. 4–7 (vom 13. Jan. 1522).
[2] Ep. 1333, Allen V, S. 163–172 (vom 5. Jan. 1523).
[3] Ep. 1381, Allen V, S. 312–322 (vom 23. Aug. 1523).
[4] Ep. 1400, Allen V, S. 352–361 (vom 1. Dez. 1523).
[5] „Atque vtinam quam congruenter nomina vestra iungit codex Euangelicus, tam concorditer pectora vestra conglutinet spiritus Euangelicus!" (ebd. Z. 19–21, S. 353).
[6] Etwa Ratio (1519), Holb. 211,28.

Überblickt man das Lebenswerk des Erasmus, so kann man nicht unbegründet feststellen, daß sich der Ruf nach Eintracht, Harmonie und *Frieden* wie ein roter Faden durch sein gesamtes Schriftkorpus zieht. Kaum ein Traktat, in dem er nicht in irgendeiner, wenn auch noch so zurückhaltenden Form, dieses Thema anklingen läßt, viele Schriften, in denen sich die Friedensforderung vernehmlich meldet, und eine stattliche Anzahl von Schriften, die das Problem von Krieg und Frieden zum alleinigen Gegenstand haben, man denke an die „*Oratio de pace et discordia*"[7], den Brief an Antonius von Bergen (1514)[8], den Erasmus später zum Adagium „*Dulce bellum inexpertis*" (1515)[9] erweitert hat, die „*Querela pacis*" (1516)[10] und die „*Utilissima consultatio de bello Turcis inferendo*" (1530)[11]. Da Erasmus aber gerade von den Fürsten die Wiederherstellung bzw. Wahrung des Friedens erwartete, sind jene Schriften noch hinzuzunehmen, die er gleichsam als Fürstenspiegel verfaßt hat, der „*Panegyricus*" (1504)[12] und die „*Institutio principis christiani*" (1515)[13], die er dem späteren *Kaiser Karl V.* widmete[14]. *Ferdinand* von Österreich scheint sie ständig zur Hand gehabt zu haben, wie er Erasmus offenbar bestätigte[15].

In den Entstehungsjahren dieser Schriften in der zweiten Hälfte des zweiten Jahrzehnts hegte Erasmus große *Friedenshoffnungen,* weil er auf die Einsicht und den guten Willen des Papstes und der neu zur Macht gelangten Fürsten setzte. 1513 war auf den kriegerischen Papst *Julius II. Leo X.,* ein kunstverständiger und wissenschaftsinteressierter Mann, gefolgt. In England regierte seit 1509 *Heinrich VIII.,* den die Humanisten als einen Förderer ihrer Ideen ansahen. 1515 war *Franz I.* König von Frankreich geworden, und im Jahr darauf fiel das spanische Erbe dem jungen Herzog *Karl von Burgund* zu. Konnte nicht mit diesen z. T. jungen und aufgeschlossenen Herrschern ein neuer Anfang gemacht werden? Erasmus glaubte dies und muß sich geradezu in einer Art Hochstimmung befunden haben, der er wiederholt Ausdruck gab, wie z. B. in seinem Brief vom 26. Febr. 1517 an Capito. Obwohl er 51-jährig schon meinte, lange genug gelebt zu haben, möchte er jetzt fast Lust bekommen, wieder jung zu werden, „weil ich in nächster Zukunft ein geradezu goldenes Zeitalter heraufziehen sehe. So sehr scheinen uns wie durch göttliche Fügung die Herzen der Fürsten umgewandelt, sich mit allen Kräften der

---

[7] LB VIII 545 ff.
[8] Ep. 288, Allen I, S. 551 ff.
[9] LB II 951 ff.
[10] LB IV 625 ff.
[11] LB V 345 ff.
[12] LB IV 507 ff., AA IV–1, 23 ff.
[13] LB IV 559 ff., AA IV–1, 133 ff.
[14] Ep. 393, Allen II, S. 205–208 (vom März 1515).
[15] Vgl. Ep. 943,23 f., Allen III, S. 536 (vom 20. Apr. 1519) u. 970,23–25, Allen III, S. 596 (vom 21. Mai 1519). Ob Erasmus in einer weiteren Ausgabe das Buch wirklich auch noch mit einer Widmung an Ferdinand versehen hat, muß doch wohl fraglich bleiben (vgl. Allen I S. 39, n. 30).

Schaffung des Friedens und der Eintracht zu widmen"[16]. „Daher, nachdem ich sehe, wie die mächtigsten Fürsten der Erde, Franz, der König von Frankreich, der katholische König Karl, Heinrich, der König von England, und Kaiser Maximilian alle Kriegsvorbereitungen von Grund auf aufgegeben haben und den Frieden mit soliden und – wie ich hoffe – diamantenen Banden geknüpft haben, erfüllt mich wahrhaft die gewisse Hoffnung, daß nicht nur die rechtschaffenen Sitten und die christliche Frömmigkeit, sondern auch jene reineren und echten Wissenschaften wie auch die sehr schönen Studien teils wieder erblühen, teils zu erstrahlen beginnen"[17]. Erasmus baut, wie er ausdrücklich feststellt, auf Papst *Leo X.*, auf den Kardinal von Toledo *Ximenes*, auf *Heinrich VIII.*, König *Karl*, König *Franz* und Kaiser *Maximilian*[18]. Ebenso ist er von der Befähigung und Lauterkeit *Ferdinands* überzeugt. So schreibt er am 17. März 1519 begeistert über Ferdinand an Vives: „O wenn doch das Land unter einem solchen Fürsten hundert Jahre blühen könnte"[19], und zwei Monate später in einem Brief an Anton von Bergen: „Ferdinand rechtfertigt große Hoffnung"[20].

Doch die hochfliegenden Hoffnungen des Erasmus sollten sich nicht erfüllen. Als 1521 der Krieg zwischen Kaiser *Karl V.* und *Franz I.* von Frankreich ausbrach, mußte Erasmus einsehen, daß er die Fürsten überschätzt und sich selbst zu viel zugetraut hatte. Er sah auch, statt des von ihm ersehnten und erhofften goldenen Zeitalters ein Säkulum heraufziehen, wie es kein boshafteres seit Christi Geburt gegeben habe[21]. Im Oktober 1521 klagt er, die Bildung wäre überall so wunderbar aufgeblüht, wenn nicht die *Luthersche Tragödie* alles zunichte gemacht hätte. Und als ob das noch nicht genug gewesen wäre, erheben sich nun noch Kriegswirren, die alles auszulöschen drohen. Der christliche Erdkreis ist gespalten und droht einem verheerenden Krieg anheimzufallen. Zwei Fürsten bedrohen sich gegenseitig und beschwören die Gefahr herauf, den ganzen Erdkreis mit sich ins Verderben zu ziehen. Wo bleibt da die Autorität des Papstes? Vielleicht wird einst unser Karl sagen: Ich habe nicht geglaubt, daß der Krieg eine so schreckliche Sache ist[22].

Man muß also davon ausgehen, daß ein durch schmerzliche Erfahrun-

---

[16] Ep. 541,1–11, Allen II, S. 487 (vom 26. Febr. 1517); vgl. auch Ep. 534,61f., Allen II, S. 479: „Deum immortalem, quod saeculum video breui futurum! vtinam contingat reiuuenescere!".
[17] Ebd. Z. 29–35, S. 488.
[18] Ebd. Z. 35–45, ebd.
[19] Ep. 927,8f., Allen III, S. 509.
[20] Ep. 969,15, ebd. S. 595 (vom 20. Mai 1519).
[21] „Non arbitror a Christo nato seculum fuisse hoc maliciosius" (Ep. 1239,11f., Allen IV, S. 594f., vom 14. Okt. 1521).
[22] Ep. 1238,57–71, Allen IV, S. 592f. (vom Okt. 1521).

gen erschütterter und gewandelter Erasmus die Auslegung der Evangelien unternimmt, die er trotz aller Enttäuschung über die Haltung der Herrschenden gerade wiederum ihnen widmet, offenkundig in der Meinung, daß sie gerade jetzt eine solche ernsthafte und erneuerte Mahnung umso nötiger haben. Offenbart sich in dieser Art des Vorgehens die Haltung eines von Grund auf apolitischen und schwärmerischen Idealisten, dem es an der Nähe zur politischen Wirklichkeit mangelt, oder beweist Erasmus nicht doch einen unvergleichlich ausgeprägten Realitätssinn, weil er das politische Geschehen nicht nach dem Maßstab der Durchsetzung von Macht, sondern in der Perspektive der Verwirklichung des Evangeliums als Durchbrechung der Machtstrukturen beurteilt? Wenn sich Erasmus nach dem Scheitern seiner Hoffnungen auf die Einsicht und *Friedensbereitschaft* der Fürsten 1522/23 erneut in den Vorreden zu den Evangelien-Paraphrasen an sie wendet, dann bringt er damit klar zum Ausdruck, wie sehr er auf die alles *verwandelnde Macht des Evangeliums* baut.

10.2 Das Bild des christlichen Fürsten

Während die vier Vorreden ganz unterschiedlich gewichtet sind, stimmen sie allein schon darin überein, daß sie den Fürsten eine große Verantwortung für die Verwirklichung der Sache des Evangeliums in dieser Welt auferlegen. Ausgangspunkt aller seiner Überlegungen ist nicht der Fürst als Herrscher, sondern der *Fürst als Christ,* der für das *corpus christianum* Verantwortung trägt. In der Widmung an *Karl V.* spricht Erasmus diese Frage direkt an: „Doch da wird vielleicht jemand sagen, der dich nur unter dem Titel eines Kaisers kennt, was hat der Inhalt des Evangeliums mit einem weltlichen Fürsten zu tun, den man doch besser Äbten und Bischöfen widmen sollte? Zunächst scheint mir recht daran getan, daß, was auch immer ehrenwert ist, einem christlichen Fürsten entgegengebracht wird. Sodann: da kein Fürst so weltlich ist, daß ihm das Bekenntnis zum Evangelium fernläge, werden die Kaiser dazu gesalbt und geweiht, daß sie die evangelische Religion schützen, wiederherstellen und ausbreiten. Daher ist der Kaiser zwar nicht Lehrer des Evangeliums, aber doch Vorkämpfer. Im Vertrauen: es ist doch nicht mehr als billig zu wissen, wofür du die Waffen ergreifst." Nach einem Lob der christlichen Haltung des Kaisers fügt Erasmus dann noch hinzu, er könne nicht einsehen, warum das Evangelium nicht von allen beachtet werden solle, wo es doch die Evangelisten für alle geschrieben haben[23]. Ähnlich

---

[23] Ep. 1255,85–102 passim, Allen V, S. 7 (vom 13. Jan. 1522). „Neminem secundum episcopos magis decet Euangelica religio quam principes" (Ep. 1333,278f., Allen V, S. 170, vom 5. Jan. 1523); vgl. auch Ep. 1381,28–30, Allen V, S. 313.

äußert sich Erasmus in der Widmung an *Ferdinand I.*[24]. Wenn das Evangelium auch allen gilt, so haben es doch die mächtigsten Monarchen des Erdkreises am nötigsten. Je größer ihre Verantwortung ist, desto sorgfältiger müssen sie mit den heiligsten und zuverlässigsten Anweisungen der evangelischen Lehre ausgestattet und gewappnet werden, sie, die nicht ohne großes Übel für den ganzen Erdkreis sündigen[25]. Damit bewegt sich Erasmus im Rahmen seines *triadisch* aufgebauten *Gesellschaftsmodells,* in dessen zweiten Kreis, dem geistlichen Stand nachgeordnet, die Fürsten gehören, die auf ihre Weise Christus dienen[26].

Waren im Widmungsbrief an Paul Volz (1518) und in der Ratio von 1519 die Funktionen des Fürsten mehr negativ gesehen in der Abwehr der Feinde durch gerechte Kriege, in der Aufrechterhaltung der öffentlichen Ruhe und der Eindämmung der Kriminalität durch gesetzliche Strafen[27], in den Widmungsschreiben zu den Evangelienparaphrasen von 1523 werden sie positiver gefaßt. Neben den Bischöfen möchte Erasmus unter Berufung auf Homer auch dem König das Hirtenamt zuerkennen. Zwar lehrt der Fürst das Evangelium nicht direkt, doch lehrt er es dadurch, daß er es in die Tat umsetzt. Wie aber könnte er das ohne ein eifriges und häufiges Schriftstudium?[28] Von *Ferdinand* weiß Erasmus, daß er sich von frühester Jugend auf während der Messe in die Lektüre des Neuen Testaments vertieft hat, um aus den Episteln oder dem Evangelium eine Weisung für den Tag zu erhalten[29]. Der Fürst ist für alle ein leuchtendes Vorbild[30], wenn er sich Christus zum Vorbild nimmt, denn Christus hat in sich das geistliche und das weltliche Königtum vereinigt. Sein ganzes Leben stand unter der Selbsthingabe als Retter, Tröster und Wohltäter. „Das hieß als König regieren, sich für alle einzusetzen und niemandem zu schaden. Dem Beispiel Christi müssen alle Fürsten so weit wie möglich nahekommen"[31]. Die Auslegung der Hirtenrede (Joh 10,1) bestimmt

---

[24] Ep. 1333,111ff., Allen V, S. 166.
[25] Ebd. Z. 119–127, S. 166; vgl. ebd. Z. 179–183, S. 167.
[26] Vgl. Ratio (1519), Holb. 202,1ff.
[27] Ad Paul. Volzium, Holb. 9,29ff.; ähnlich auch Ep. 1333,287f., Allen V, S. 170: „Neminem secundum episcopos magis decet Euangelica religio quam principes". „... quorum [sc. principum] tamen arma legesque suo quodam modo Christo serviunt, sive dum necessariis ac iustis bellis profligant hostem publicamque tuentur tranquillitatem, sive dum legitimis suppliciis coercent facinorosos" (Ratio, 1519, Holb. 202,15–18; vgl. Ad Paul. Volzium, Holb. 9,34–10,1 u. Paraphr. in Joh 8,6, LB VII 563F).
[28] „Princeps non docet Euangelium sed praestat; docet autem etiam quisquis praestat" (vgl. den Zusammenhang Ep. 1333,130–137, Allen V, S. 166). Daß Homer die weltlichen Herrscher Hirten nennt, führt Erasmus auch an Ep. 1400,121–124, Allen V, S. 355.
[29] Ebd. Z. 193–200, S. 168.
[30] Ebd. Z. 201–205, S. 168.
[31] „Hoc erat vere regem agere, prodesse omnibus, nocere nemini. Ad huius exemplum oportet omnes principes, quatenus licet, accedere" (Ep. 1400,182–184, Allen V, S. 356; u. der Kontext Z. 159–186 ebd.).

ebenfalls als vornehmste Aufgabe der Lehrer, Führer und Hirten des Volkes, nicht sich selbst, sondern dem Volk zu dienen[32]. Wie Ärzte sollen die Fürsten für die leidende Welt sorgen[33], indem sie Kriege verhindern, die allgemeine Freiheit garantieren, den Hunger vom armen Volk abwenden und die Ernennung von korrupten Beamten verhindern[34]. „Im übrigen liegt das wahre Verdienst der Fürsten in der guten Verwaltung"[35]. Worin erweist sich die wahre Würde des Königs denn anders als darin, Recht zu sprechen, dem Unrecht zu wehren, Streit zu schlichten und im Rat für das Wohlergehen des Staatswesens zu sorgen?[36]

Es fällt auf, daß Erasmus nicht nur in diesen persönlich gehaltenen Widmungsschreiben, sondern auch sonst in seinen Schriften *keine Staatstheorie* entwirft. Erasmus geht nicht vom Abstraktum möglicher Gesellschaftsstrukturen und Regierungsformen aus, sondern von der ihm vorgegebenen Realität[37]. Ein solcher Ansatz ist bei ihm weniger in einer grundsätzlich konservativen, bewahrenden Grundstimmung begründet, als vielmehr in der Gewichtung der Anthropologie. Erasmus besitzt die hervorragende Fähigkeit zu konkretisieren. Für ihn lösen sich Institutionen in Personen auf, die als Menschen die Seinsstrukturen widerspiegeln, weil sie an ihnen teilhaben. Unter dieser Konstellation setzt die *Restauration* als ein *individual-ethischer Prozeß* zunächst beim Menschen an, bevor er sich durch den erneuerten Menschen auf die Institution überträgt[38]. Die Veränderung der Gesellschaft und ihrer Institutionen verläuft auf dem Weg über die Veränderung des einzelnen konkreten Menschen. Wenn Erasmus auch die Interrelation zwischen dem Individuum und der Gesellschaft nicht voll erkannt hat, so hat sein Ansatz doch Innovationen freisetzen können. Mit seiner Konzentration auf die Restauration des Menschen zu seiner ursprünglichen Bestimmung als Geistwesen hat Erasmus das mittelalterliche, hierarchisch gestufte *Standesdenken* aufgebrochen. Der Standort des Menschen bestimmt sich nicht mehr nach der Standeszugehörigkeit, sondern nach dem Grad der Verwirklichung der

---

[32] „... non servientes populi commodis, quemadmodum par erat facere, qui se populi doctores ac duces pastoresque profiterentur, sed populi malo sua captantes commoda" (Paraphr. in Joh 10,1, LB VII 580 D/E; vgl. auch ebd. E/F); vgl. auch Ep. 1400,154–156, Allen V, S. 356.

[33] Ep. 1400,354–356, Allen V, S. 360.

[34] Ep. 1333,286–290, Allen V, S. 170.

[35] „Caeterum in bene administrando vera principum laus est" (Ep. 1400,289f., Allen V, S. 359).

[36] Ebd. Z. 130–132, S. 355.

[37] TREINEN hat betont, „daß Erasmus in strengem Sinne überhaupt nicht staatstheoretisch denkt und schreibt", sondern einen ethisch bezogenen Empirismus betreibt (S. 173f.), vgl. auch ebd. S. 170, 171. Auch KOERBER erkennt die Konkretion (S. 22f.) und das Fehlen einer klaren Definition des Staates (S. 25).

[38] Vgl. HOFFMAN, S. 64 u. ö.

pietas – wir würden heute vorziehen zu sagen: nach dem Grad der Verwirklichung des Christseins. Für Erasmus geschieht die Erneuerung der Gesellschaft nicht auf dem Weg über die Reform der Institutionen als solcher, sondern durch die Erneuerung der in den Institutionen wirkenden Menschen. Es wäre ein Kurzschluß, die Reform durch die Aufhebung der Institutionen erreichen zu wollen. Der weltliche und der geistliche Herrschaftsbereich dürfen nicht vermischt werden. „Es gibt zwei Arten des Schwertes und zwei Arten der Herrschaft"[39]. Das Schwert der Fürsten dient zur Eindämmung der Bösen und zur Aufrechterhaltung der öffentlichen Ruhe[40], es taugt aber nicht zur Unterstützung des Evangeliums[41]. Im weltlichen Bereich gelten gleichsam Notverordnungen zur Bewahrung der öffentlichen Ordnung, die Jesus zwar respektiert, die er aber nicht für den geistlichen Bereich anerkennt, weil hier ganz andere Maßstäbe gelten[42]. Darum ist nichts gefährlicher als die Vermischung beider Bereiche. Das Übel liegt darin, daß der König die Mitra anstrebt, aber noch viel mehr darin, daß der Bischof seine Hand nach der Krone ausstreckt. Die Nachfolger Christi dürfen sich nicht auf die Geschäfte der Fürsten einlassen, sie sollen vielmehr gerade dafür sorgen, daß die Menschen nach der himmlischen Lehre ausgerichtet und so die Notverordnungen abgebaut werden können[43]. Doch zu allem Unglück werden die evangelischen Hirten ihrer Aufgabe nicht gerecht, sondern treiben sich am Hof herum. Daß Jesus in den Tempel geht (Mk 11,27), veranlaßt Erasmus zu einer Meditation darüber, daß seine Nachfolger, die eigentlich in den Tempel gehörten, sich an den Höfen der Fürsten aufhalten[44]. Es sind gerade die Priester, die die Fürsten gegen die evangelische Wahrheit aufwiegeln[45]. Diese im Blick auf Pilatus gemachte Aussage hat jedoch im Mund des Erasmus grundsätzliche Bedeutung. Der harmloseste Fall ist es noch, wenn die Geistlichen die Fürsten glauben machen, die

---

[39] „Duplex est gladii genus, duplex est regni genus" (Ep. 1400,116f., Allen V, S. 355; vgl. den Kontext ab Z. 111).
[40] Ebd. Z. 113–116.
[41] „Recondе igitur ensem tuum in vaginam. Res Euangelica non agitur ejusmodi praesidiis" (Paraphr. in Joh 13,11, LB VII 631 A).
[42] „Siquidem in his constitutionibus, quas mundus etiam pro conservanda tranquillitate publica necessario servat, Jesus sic ubique moderatur suam orationem ut nec probet admodum, nec improbet, sed per occasionem admoneat, omne scelus esse fugiendum, non solum ea quae leges Principum puniunt" (Paraph. in Joh 8,6, LB VII 563 F); dazu auch Paraphr. in Mt 18,18, LB VII 100D.
[43] „Parabatur exemplum, quam non oporteat callere Principum negotia, qui se Christi vicarios profitentes, docere debent coelestia" (Paraphr. in Mc 12,16, LB VII 249D); „Haec est functio regum, sed praecipue Euangelicorum, quos non decet ambire regnum hujus mundi" (Ep. 1400,159f., Allen V, S. 356).
[44] „Quid [sc. agit Episcopus] in Principum aulis?" (Paraphr. in Mc 11,27, LB VII 247A).
[45] Paraphr. in Mc 15,12, ebd. 266F–267A.

höchste Frömmigkeit bestehe im Absolvieren von Zeremonien[46]. Doch viel verhängnisvoller wirkt sich aus, daß die evangelischen Pastoren, anstatt die sich befehdenden Fürsten zur Eintracht zurückführen, im Gegenteil noch zusätzlich Brandfackeln in den Kriegsbrand schleudern[47]. Von der gegenteiligen Gefahr eines Übergriffs der weltlichen Gewalt in den Bereich der geistlichen hören wir nichts.

Das Problem des Erasmus ist nicht das Wachen über die exakte Trennung zweier Bereiche. Es geht ihm vielmehr um die Trennung von zwei verschiedenen Funktionen, von denen die geistliche die weltliche zu inspirieren hat. Wie sich der König nicht die Mitra anmaßen soll, so soll der Bischof nicht die Königskrone usurpieren, beide hingegen sollen nach dem Wohl des Volkes streben[48]. Das hat aber unter der Anleitung des Evangeliums zu geschehen, für das die Bischöfe und Pastoren in erster Linie Sorge zu tragen haben. Nicht das ist der Vorwurf, daß die Pastoren bei Hofe sind, sondern daß sie ihre Aufgabe verabsäumen, die Herrschenden nach dem Evangelium zu beraten[49].

Erasmus scheut sich nicht, den Herrschenden zuzumuten, nach den Grundsätzen des Evangeliums zu regieren. Im Widmungsschreiben an *Franz I.* (1. Dez. 1523) gesteht er ihm, Kaiser *Karl* und *Heinrich VIII.* von England zwar zu, daß sie in ihrem Fehlverhalten die Opfer schlechter Berater sind, doch sind solche Behauptungen im Munde des Erasmus als eine diplomatische Abmilderung der direkten Kritik an den Fürsten zu werten. Sachlich nimmt er damit allerdings nichts von seinem Vorwurf zurück. Politik aus dem Motiv des Expansionsstrebens ist deswegen so verdammungswürdig, weil der Gebietsgewinn niemals die Opfer der Bevölkerung rechtfertigen kann. Gegen Berater, die zu Gebietserweiterungen animieren, müssen die christlichen Fürsten mit den Verordnungen Christi wie mit einem Gegengift sorgfältig gewappnet werden und alle ihre Pläne nach der Regel des Evangeliums wie nach einem Skopus ausrichten[50]. Man könnte meinen, Erasmus lasse mit dieser *Ausrichtung der Politik* nach dem *Maßstab des Evangeliums* jeden Realitätssinn vermissen. Doch würde er sich von einer solchen Kritik nicht getroffen fühlen.

---

[46] Ep. 1333, 279–283, Allen V, S. 170.

[47] „Longius autem absunt ab officio suo pastores Euangelici qui, quum reges inter se tumultuantes debuerint in concordiam redigere, vltro faces ad bellorum incendia suggerunt" (Ep. 1400, 194–197, Allen V, S. 357).

[48] Ep. 1400, 150–158, Allen V, S. 356.

[49] Ebd. Z. 194 ff., ebd. S. 357; vgl. auch Paraphr. in Mc 15,12, LB VII 266 F–267 A. Von einer Gleichordnung von Kirche und Staat (so MAURER, S. 24 f. und KOHLS, Theologie I, S. 172) kann nach dem Brief an Paul Volz (Holb. 9,29 ff.) und der Ratio (1519, Holb. 202,1 ff.) wohl nicht die Rede sein. Vgl. auch TREINEN, S. 183 f.

[50] „Verum aduersus istorum pestiferas voces oportet animos Christianorum principum Christi decretis, velut antidotis, diligenter esse praemunitos, atque ad Euangelicam regulam, velut ad scopum, omnia dirigere consilia" (Ep. 1400, 294–297, Allen V, S. 359).

Wie er in seinem Widmungsbrief an *Ferdinand* erkennen läßt, ist er sich durchaus der Tatsache bewußt, daß der Regent mit Rücksicht auf die öffentliche Ruhe Kompromisse schließen muß. Dennoch darf er die Richtschnur nicht aus den Augen verlieren und muß seine Politik so einzurichten verstehen, daß sie sich, so weit wie eben möglich, nach den Verordnungen Christi richtet und sich möglichst wenig von diesem Ziel entfernt[51]. Das Evangelium ist nur approximativ realisierbar. Diese Einsicht enthebt Erasmus jeder schwärmerisch-utopischen Tendenz. Andererseits bewahrt ihn das Vertrauen in die Macht des Evangeliums vor der dumpfen Resignation.

Beispielhaft nennt Erasmus zwei Konkretionen, die er u. a. den Herrschenden zumuten möchte. Sie sollen den circulus vitiosus des ehernen Gesetzes der Vergeltung durchbrechen. Um der Ruhe im Staat willen sollen sie Beleidigungen unerwidert hinnehmen[52]. Zum anderen zeichnet es den christlichen Fürsten aus, wenn er in Rücksicht auf den äußeren und inneren Frieden des Staates von Gebietserweiterungen absieht, die doch nur mit schweren Opfern der Untergebenen erkauft werden können[53]. Auf diese Weise werden die alten Machtstrukturen abgebaut und durchbrochen, so daß an die Stelle der *Herrschaft von Menschen über Menschen* die *Herrschaft Christi* über alle Menschen treten kann; denn über allen Fürsten steht der höchste Fürst, Christus[54], und er leidet wiederum, sooft die Wahrheit des Evangeliums verurteilt, bespuckt, geschlagen, gekreuzigt und begraben wird[55]. Wie sehr Erasmus auch von der *antiken Philosophie* beeinflußt sein mag, er gibt seiner Argumentation eine starke christologische Ausrichtung. Christus, der Fürst nicht dieser, sondern aller Welt, ist in Wahrheit das Bild des christlichen Fürsten. An ihm, an seinen Dekreten haben die Herrscher ihr Tun zu messen, ihm gegenüber werden sie sich auch einst im Gericht zu verantworten haben[56].

---

[51] „... vt, quantum potest, semper ad ea quae Christi praeceptis sunt proxima nitatur, et quam minimum a scopo deflectat" (Ep. 1333,191 f.; vgl. ab Z. 187, Allen V, S. 167 f.).

[52] Ep. 1400, 81–86, Allen V, S. 354.

[53] „Christiano Principi gloriosius est aliquo ditionis dispendio pacem ac reip. tranquillitatem redimere, quam speciosos et optimos referre triumphos tantis hominum malis emptos" (Ep. 1400,73–75, Allen V, S. 354).

[54] Ep. 1255,109, Allen V, S. 7; Ep. 1333,138 ff., ebd. S. 167; Ep. 1400,324 f., ebd. S. 360; ebd. Z. 376, S. 361.

[55] „Sed eadem quae passus est, denuo patitur, quoties damnatur, conspuitur, caeditur, crucifigitur et sepelitur Euangelica veritas" (ebd. Z. 367–369).

[56] Die wiederholt dringliche Mahnung an das Gericht verleiht den Bemühungen des Erasmus einen besonderen Ernst. Siehe Ep. 1333,138 ff., Allen V, S. 167; Ep. 1400,57 ff., ebd. S. 354 u. ebd. Z. 356 ff., S. 360 f.

10.3 Das Gegenbild eines christlichen Fürsten

Die Evangelien bieten wenig Gelegenheit, das Bild eines christlichen Fürsten zu entwickeln, stehen doch die hier auftretenden Herrscher auf der Gegenseite, denn sie sind quasi die Handlanger des Teufels, des Fürsten dieser Welt[57]. Der Teufel herrscht in der Welt und in ihren Fürsten durch Ehrgeiz, Verschwendung, Vergnügen, Geiz, Zorn, Neid und alle anderen schädlichen Lüste[58]. Am Beginn der evangelischen Geschichte steht Herodes, der Kindermörder, den Glaubenden zum Zeichen dafür, was sie von gottlosen Prinzen zu erleiden haben, deren Geist von der Sucht zu regieren verdunkelt ist[59]. Als abschreckendes Beispiel fungiert auch Herodes Antipas, der Johannes, den Täufer, enthaupten läßt. „Von der Art ist meist der Geist der Fürsten, die die evangelische Weisheit nicht von der Macht der schändlichen Laster befreit hat. Sie befehlen anderen, sie, die selbst ihren eigenen ungestümen Affekten erlegen sind; und sie halten sich für Könige, wo sie doch gerade Sklaven der Gemeinheit sind"[60]. Sie saugen das Volk aus, fangen ruchlose Kriege an und wüten gegen die, die dem Staat wohlwollen[61]. Dazu sind die schlechten Fürsten häufig noch so verschlagen, daß sie berühmte und als untadelig bekannte Männer an den Hof ziehen, nicht um ihrem Rat zu folgen, sondern um das, was sie selbst ausbrüten, vor dem unwissenden Volk als Empfehlung ihrer Berater ausgeben zu können[62]. Die Wahrheit können diese Fürsten nicht vertragen, wer sie ihnen dennoch mutig ins Gesicht sagt, erleidet das Schicksal des Täufers[63]. Wie die Verleugnung des Petrus im Palast des Hohenpriesters zeigt, vertragen die Paläste die Wahrheit nicht, und der Jünger Christi riskiert seinen Kopf, wenn er sich nicht gänzlich selbst verleugnet. Im Verleugnen, Lügen und Falschschwören wird Petrus zu einem echten Höfling[64], der immer verderbter Ansichten, der Untreue und der Schmeichelei verdächtig ist[65]. Die Fürsten und ihre Umgebung erscheinen in einem denkbar schlechten Licht. Als Jesus von der Enthauptung des Johannes hört, weicht er aus, um

---

[57] Paraphr. in Joh 10,15, LB VII 583C; vgl. Paraphr. in Mt 12,29, LB VII 73C.
[58] Ebd.
[59] Paraphr. in Mt 2,15, ebd. 11D.
[60] Paraphr. in Lc 3,19, LB VII 314D.
[61] Ebd. 314E.
[62] Ebd. u. bes.: „Et guadent nonnunquam etiam mali Principes habere domi viros insigni probitatis opinione celebres et commendatos non ut horum consiliis obtemperent, sed ut quot agunt ex animo suo, ex horum consiliis agere videantur apud ignaram plebem" (Paraphr. in Mt 4,12, LB VII 20D/E).
[63] Ebd. 20D.
[64] Paraphr. in Mc 14,70f., LB VII 265E/F.
[65] Paraphr. in Lc 7,25, LB VII 355E. Die Umgebung der Monarchen rät zu Krieg und Gebietserweiterung, der Ursache des Krieges (Ep. 1400,65f. 75ff., Allen V, S. 354 u. Z. 278ff., S. 359).

Herodes davor zu bewahren, dem einen Mord noch einen zweiten hinzuzufügen, gleichzeitig aber auch, um zu lehren, daß man zuweilen dem Zorn der Fürsten weichen muß; denn durch Wohltaten irritiert wüten sie sonst noch gegen Unschuldige und machen sich selbst zu noch größeren Verbrechern[66].

Die Perikope von der Bitte der Zebedaiden (Mk 10,35–45, par.) nimmt Erasmus zum Anlaß, das evangelische Reich dem weltlichen gegenüberzustellen und dabei vornehmlich die Fürsten zu charakterisieren in Anlehnung an Vers 42 (par.): „Ihr wißt, daß die, welche als Fürsten der Völker gelten, sie knechten und ihre Großen über sie Gewalt üben." Obwohl alle Synoptiker-Paraphrasen sachlich das gleiche sagen, wird die Lukas-Paraphrase am deutlichsten[67]. Das evangelische Reich wird von Wohltaten regiert, das weltliche mit Macht, hier herrscht Gewalt, dort verläßt man sich auf geistliche Mittel, hier arbeitet man mit Zwang, dort mit Überzeugung. Die Fürsten üben Macht über ihre Untertanen aus, indem sie diese nicht zum Guten überzeugen, sondern durch Furcht vor Strafen von Übeltaten abhalten. Je tyrannischer sie werden, desto mehr lassen sie sich vom Volk mit höchsten Titeln ehren. „Sie werden Fürsten, Väter des Vaterlandes, Retter und Räte genannt, obwohl sie die Schwächeren gewaltsam unterdrücken"[68]. Macht verführt. Erasmus nimmt die Versuchungsgeschichte (Mt 4,1–11 u. Lk 4,1–13) zum Anlaß, vor der Gefahr der Macht zu warnen. „Was ist so frevelhaft und gottlos, daß es die Menschen um der Macht willen nicht tun oder erleiden?"[69] Das Volk himmelt die Herrscher wegen ihres Reichtums, der Gefolgschaft, der Paläste, Truppen, Trompeten, der Gunstbezeigung der Anbeter, der Fest- und Siegeszüge, der Gesandtschaften, der allmächtigen Befehlsgewalt und vieler anderer Dinge an, und sie selbst halten sich auch für mehr als göttlich[70]. Macht korrumpiert den Menschen, denn sie schließt auf seiten des Menschen die Hybris der Usurpation göttlicher Macht ein. Dieses Streben nach Macht war die Ursünde der Menschheit – esse sicut Deus[71]. „Ehre ist angenehm, Herrschen ist herrlich, großartig ist es, anderen voranzustehen"[72].

Es fällt auf, daß das Bild des *weltlichen Herrschers* bei Erasmus ausge-

---

[66] Paraphr. in Mt 14,13, LB VII 84 B.
[67] Paraphr. in Mt 20,25, LB VII 109 E–F; Paraphr. in Lc 22,25 f. LB VII 451 D–F; Paraphr. in Mc 10,42, LB VII 239 C/D.
[68] Paraphr. in Lc 22,25, LB VII 451 D–E.
[69] Paraphr. in Lc 4,5, LB VII 320 C; ganz ähnlich Paraphr. in Mt 4,8, LB VII 19 E: „Nimirum expertus erat, in caeteris hominibus nihil esse tam impium ac nefarium, quod imperii causa non auderent."
[70] Paraphr. in Lc 4,5, LBVII 320 E.
[71] Ebd. 320 D.
[72] „Dulcis est honos, praeclarum est imperare, magnificum caeteris antecellere" (ebd.).

sprochen *despotisch-tyrannische Züge* trägt. Er ist mit ungeheurer Machtfülle ausgestattet[73], in seiner Willkür nicht beschränkt[74] und der Versuchung des Mißbrauchs ausgesetzt[75]. Von den Herrschern hängt Wohl und Wehe des Erdkreises ab[76], sie rauben das Volk aus, bedrücken die Schwachen[77] und sind wahre Draufgänger[78]. Dem stehen die Verantwortlichen im evangelischen Reich gegenüber, weil sie statt zu unterdrücken, Fürsorge tragen und die Schwachen unterstützen, weil sie anstelle des Eigenlobs das Gotteslob setzen, weil sie sich nicht überheben, sondern aller Diener sein wollen[79]. Die Fürsten sind es auch, die sich durch die schwachen Verkünder des Evangeliums in ihrer Macht eingeschränkt fühlen. Sie wüten mit grausamen Strafen gegen sie, weil sie sich an der Ausübung ihrer Tyrannei der Unterdrückung des Volkes nicht hindern lassen wollen[80]. Gerade die Könige haben im Verlauf der Geschichte der Kirche versucht, das Evangelium zu behindern, sie sind aber vom Evangelium überwunden worden[81]. Deswegen sollen sie das äußerst törichte Vertrauen auf ihre Macht fahren lassen[82]. Dadurch, daß Erasmus die Herrscher charakterisiert, wie sie sind, sagt er doch auch indirekt, wie sie sein sollen. Die Kritik des Erasmus an den Fürsten kulminiert in dem Vorwurf, sich selbst eine *Willkürherrschaft* als Herrschaft von Menschen über Menschen anzumaßen, während ihre wahre Aufgabe im Dienst am *Allgemeinwohl* zu bestehen hätte. Statt *Herrschaft* fordert Erasmus *Dienst,* statt Gewalt pädagogische Führung, statt Egoismus Selbstlosigkeit, statt Unaufrichtigkeit Wahrheitsliebe, statt Kampf gegen Gott und das Evangelium Kampf dem eigenen lasterhaften Ich.

Über das Problem der *Gewaltenteilung* und *Machtkontrolle* denkt Erasmus nicht näher nach. Diese Möglichkeiten tauchen bei ihm nur ganz am Rande auf[83] – wiederum ein Hinweis, daß er noch sehr stark in den

---

[73] Ep. 1333, 141f., Allen V, S. 167; ebd. Z. 156ff.
[74] Ebd. u. ebd. Z. 160f.
[75] Ebd. Z. 167ff. u. Ep. 1381,55ff., ebd. S. 314.
[76] Ep. 1333,179f., ebd. S. 167; Ep. 1400,230f., ebd. S. 357.
[77] Ep. 1333,267f., ebd. S. 169.
[78] Ebd. Z. 170f., ebd. S. 167.
[79] Paraphr. in Lc 22,26, ebd. 451 E–F.
[80] Im Zusammenhang mit Mk 9,42 sieht Erasmus die Feinde der Jünger in den Herrschern (Paraphr. in Mc 9,42, LB VII 230 C–E).
[81] Diesen Gedanken schreibt Erasmus Heinrich VIII. ins Stammbuch (Ep. 1381,320f., Allen V, S. 320).
[82] „Abjiciant Reges et tyranni stultissimam confidentiam, quam in suis opibus ponunt" (Paraphr. in Mc 1,14, LB VII 163 E).
[83] „Ti.: Nihil igitur remedii adversus malorum Regum impotentiam? Ev.: Fortasse primum fuerit, leonem in civitatem non recipere: proximum, sic auctoritate senatus, magistratuum, ac civium moderari potentiam illius, ut non facile erumpat in tyrannidem" (Colloquia, Convivium Religiosum, LB I 678 A; AA I–3, 243, 376ff. Institutio principis chr., LB IV 576 D; AA, IV–1, 162, 837ff.).

Kategorien eines *persönlichen Regiments* denkt, den Staat als Institution noch nicht entdeckt hat und insofern auch noch keine Staatstheorie im modernen Sinn entwickeln kann[84]. Obwohl Erasmus durch die Beschäftigung mit der *Antike* durchaus mit anderen Regierungsformen vertraut war, obwohl er sie am Beispiel der deutschen Reichsstädte praktisch kennengelernt hatte, setzt er eigentlich bei allen seinen Überlegungen die *Monarchie* voraus. Er sieht die Gefahren, die den einzelnen Formen inhärent sind. Die *Demokratie* steht in der Gefahr der Entartung zu Aufstand und Aufruhr, die *Aristokratie* neigt zur Funktionsunfähigkeit durch die Bildung von Parteiungen. Der Monarchie droht die Pervertierung zur absolutistischen Gewaltherrschaft[85]. Ist letztere das kleinere Übel und daher die Monarchie vorzuziehen? Nirgends scheint eine solche Sicht der Dinge angedeutet. Eher wohl läßt sich des Erasmus Neigung zur *monarchischen Staatsform* aus dem Gedanken der *Repräsentation* heraus begründen; denn der Fürst übt eine Stellvertreterfunktion aus. „Obwohl es viele Staatsformen gibt, besteht doch bei allen Philosophen fast ein Konsens, daß die günstigste die Monarchie sei, natürlich nach dem Vorbild Gottes, so daß einer die höchste Macht hat, jedoch nur, wenn er ebenso nach dem Bild Gottes alle übrigen an Weisheit und Güte überragt, er niemandes bedarf und nichts anderes im Sinn hat, als dem Staat zu nützen"[86].

Während Erasmus hier im Horizont der Gotteslehre argumentiert, kann er den gleichen Gedanken auch christologisch begründen und den Fürsten an Christi Stelle sehen, dem er so ähnlich wie möglich zu werden hat[87]. An diesem Beispiel beweist sich einmal wieder, wie stark die theologischen Implikationen bei Erasmus sind, die in vielen Interpretationsversuchen zu niedrig veranschlagt oder sogar völlig übersehen werden. Wenn Erasmus vom Staat spricht, so meint er die *respublica christiana,* wenn er sich an den Fürsten wendet, so adressiert er ihn als *princeps christianus.* „Sooft dir in den Sinn kommt, ein Fürst zu sein, soll dir zugleich auch einfallen, daß du ein christlicher Fürst bist"[88]. Damit ist jeder eventuellen absolutistischen Entwicklung der Boden entzogen, das Fürstenamt vielmehr patriarchalisch verstanden. Wie sich der Fürst Chri-

---

[84] Obwohl KOERBER bei Erasmus zwar nicht von einer Staatslehre, immerhin aber von einer Staatstheorie sprechen möchte, meint er doch nur Ansätze zu einem institutionellen Staatsdenken eruieren zu können (S. 114, Anm. 6 u. S. 26).
[85] In einem Brief an Wimpfeling vom 21. Sept. 1519 lobt Erasmus die Straßburger Stadtverfassung: „Denique videbam monarchiam absque tyrannide, aristocratiam sine factionibus, democratiam sine tumultu..." (Ep. 305,92ff., Allen II, S. 19).
[86] Institutio principis chr., LB IV 576D; AA IV–1, 162, 837ff.
[87] „Immo tu, id quod res est, existima unum omnium esse dominum Christum Iesum, cuius te quam simillimum esse oportet, quippe cuius vices geris" (Enchiridion, Holb. 105,22ff.).
[88] „Quoties venit in mentem te Principem esse, pariter succurrat et illud, te Christianum esse Principem" (Institutio principis chr., LB IV 567B; AA IV–1, 146, 327f.).

stus zum Vorbild nimmt, so fungiert er selbst wieder als Vorbild für das Volk. In seiner Ausrichtung auf Christus hin beginnt in und mit dem Fürsten die Erneuerung der Gesellschaft und ihre Ausbildung zur respublica christiana[89].

10.4 Der Christ in seinem Verhältnis zum Staat

„Vieles schuldet dir das Volk, aber du schuldest ihm alles"[90], so umschreibt das Enchiridion das Verhältnis des Volkes zum Fürsten und umgekehrt. Die Frage ist, welche Rolle dem einzelnen Christen in einem Gemeinwesen zukommt, das von einem Monarchen an der Spitze nach Maßgabe des Gemeinwohls regiert wird. Man wird hier schon vermuten dürfen, daß in der Monarchie als Staatsform, wie sie Erasmus vor Augen steht, ein christlich gefärbter *Patriarchalismus* das Gemeinwesen prägt, der von oben her nach unten durchstrukturiert ist und dem Volk keine politisch aktive, sondern wenn schon, dann eine reaktive Funktion zuerkennt. Ebenso liegt ihm jede Ausformung einer extremen Position durchaus fern. Weder möchte er den Christen in der Rolle des *Revolutionärs* sehen, noch in der des *quietistischen Spiritualisten,* der sich der Mitarbeit an der staatlichen Ordnung verweigert, weil er diese Welt bereits hinter sich gelassen zu haben glaubt. Zweifellos äußert sich hier ein in seiner Grundtendenz konservatives Verhalten, dem allerdings der Gedanke einer Veränderung der bestehenden Ordnung nicht völlig fernliegt, wie noch zu zeigen sein wird. Bezeichnend für Erasmus ist, daß er Jesus folgendes Wort an seine Jünger in den Mund legt: „Ihr müßt euch auf alle erdenkliche Weise Mühe geben, daß nicht durch euch die öffentliche Ordnung des Staates gestört wird"[91]. Positiv ausgedrückt heißt das: Man muß den öffentlichen Amtsträgern in allem gehorchen, sei es, daß sie vor die Schranken des Gerichts rufen, sei es, daß sie Rechenschaft fordern[92]. Dieser *Gehorsam* findet allerdings seine Grenze an den Geboten Gottes, denn dort, wo die staatliche Gehorsamsforderung den Ungehorsam gegen Gott einschließt, muß sich ihr der Christ versagen[93]. Es gilt der Rat des Petrus: Man muß Gott mehr gehorchen als den Menschen (Acta 5,29). In diesem Sinn erfaßt Erasmus den Skopus des Jesuswortes: „Gebt dem Kaiser, was des Kaisers ist, und Gott, was Gottes ist", sehr

---

[89] TREINEN hat hier etwas Richtiges gesehen, wenn er feststellt, für Erasmus sei der Fürst die Inkarnation des neuen Menschen (S. 177).

[90] „Multa tibi debet populus, at tu illi debes omnia" (Enchiridion, Holb. 106,15f.).

[91] „Vobis danda est opera modis omnibus, ne per vos turbetur communis Reipublicae status" (Paraphr. in Mt 10,37, LB VII 64 B).

[92] „Publicis magistratibus in omnibus obtemperandum est, nisi cum praescribunt impia; vocant in jus, eundem est; exigunt rationem, reddenda est" (ebd. 64 C).

[93] Ebd.

gut, wenn er die Überordnung des zweiten Satzes über den ersten bemerkt. „Wenn du dem Kaiser Tribut zahlst, wieviel mehr mußt du ihn dann Gott erstatten?"[94] Gott als dem höchsten Fürsten muß vor allem der Frömmigkeitszins gezahlt werden[95]. Unter Wahrung dieser Prämisse kann dann der Christ zum Gehorsam gegen die Obrigkeit bzw. die Amtsträger aufgefordert werden, denn Erasmus denkt mehr personal als institutionell[96]. Sehr instruktiv äußert er sich in der Auslegung der Tempelsteuerfrage (Mt 17,24–27). Obwohl Jesus als der Herr der Welt und mit ihm seine Jünger grundsätzlich keinem sterblichen Fürsten Tribut schuldig sind, will er den Seinen durch die Entrichtung der Tempelsteuer bedeuten, wie sie sich zu verhalten haben. Denn dort, wo die pietas nicht auf dem Spiel steht, entspricht der Gehorsam den Herrschenden gegenüber geradezu einer vom Evangelium geforderten Haltung, weil das Bestehen auf der grundsätzlichen Freiheit der Kinder Gottes die Herrschenden zu noch größerem Unrecht herausfordern würde[97].

Damit stellt sich die Frage, ob und ggf. inwieweit Erasmus einen weltlichen bzw. *staatlichen Freiraum autonomer Entscheidungen* anerkennt, sofern der Primat des Gehorsams gegen Gott nicht berührt ist und gewahrt bleibt. Es können aus den Schriften des Erasmus Belege dafür gehäuft werden, die scheinbar von der simplen Unterscheidung zweier Herrschaftsbereiche, des geistlichen und des weltlichen, ausgehen. Seiner Meinung nach ist es ein Unglück für die Christenheit, wenn Krone und Mitra verwechselt, geschweige denn vertauscht werden[98]. Analog zu den *beiden Reichen* muß man von den beiden Schwertern oder den zwei Weisen des Herrschens reden[99]. Das Thema stellt sich mit der Perikope vom Zinsgroschen (Mk 12,13–17 par.) und wird von Erasmus auch in diesem Zusammenhang angesprochen. Für ihn hat die Tatsache Bedeutung, daß sich Jesus im Blick auf Bild und Inschrift eines Denars unwissend stellt, obwohl er ihn doch kennen mußte. Allerdings liegt in der Verstellung Jesu eine klare Absicht, da er auf diese Weise seinen Nachfolgern ein Beispiel geben wollte, von den Geschäften der Fürsten nichts verstehen zu müssen[100], denn es gibt einen Bereich, der die Frömmigkeit nicht tangiert und für den Jesus infolgedessen auch keine Gesetze geschaf-

---

[94] „Si hunc agnoscis, et pendis Caesari quod debetur, quanto magis reddendum est Deo, cujus imaginem gerit omnis homo?" (Paraphr. in Mc 12,17, LB VII 249 E).

[95] „Nimirum ut Deo Principi summo solverent censum pietatis" (Paraphr. in Mt 22,18, LB VII 117 B).

[96] Erasmus spricht meist von den principes und magistratus, selten von der respublica (wie etwa Paraphr. in Mt 10,34, LB VII 64 B).

[97] Paraphr. in Mt 17,25, ebd. 97 D/E.

[98] Ep. 1400,150 ff., Allen V, S. 356.

[99] Ebd. Z. 110 ff., ebd. S. 355.

[100] „Parabatur exemplum, quam non oporteat callere Principum negotia, qui se Christi vicarios profitentes, docere debent coelestia" (Paraphr. in Mc 12,16, LB VII 249 D).

fen hat[101]. Dazu gehört z. B. die Steuerpflicht des Christen gegenüber einem profanen, wie auch immer gottlosen Herrscher, denn die Entrichtung macht zwar ärmer, doch schadet sie der Frömmigkeit nicht[102], – in der Intention des Erasmus darf man wohl verdeutlichend hinzufügen: sie macht durch Abbau des Reichtums u. U. evangeliumsgemäßer. Daß sich hier zwischen dem geistlichen, auf Gott hin gerichteten und dem weltlichen ein dritter Bereich etabliert, der als gleichsam wertneutral zu bestimmen ist, liegt in der Erasmischen Denkstruktur begründet. So wird das *dichotomische Schema* immer wieder von der *Trichotomie* durchbrochen, besonders deutlich in der Anthropologie.

Dieser eingeschobene Mittelbereich offenbart sich als Ort der *natürlichen Ordnungen*. Die Ordnung der Ehe, der Familie, der Freundschaft, des Staates wird durch das Evangelium nicht aufgegeben, sondern im Gegenteil bestätigt. Erasmus läßt Jesus zu Mt 10,37: „Wer Vater und Mutter mehr liebt als mich, ist meiner nicht wert . . ." erklären: „Ich schaffe das Naturgesetz nicht ab, ich vollende es vielmehr"[103]. Die Tatsache, daß Jesus die Tempelsteuer nicht verweigert, veranlaßt Erasmus zu einer besonders klaren Aussage. „Auch die Welt hat ihre Ordnung, die aus Anlaß der evangelischen Freiheit nicht vollständig vernichtet werden muß"[104]. Wenn man hier Erasmus so verstehen würde, als wolle er eine Aufspaltung der Welt in einen geistlichen Bezirk und einen weltlichen vornehmen, würde man ihm nicht gerecht. Weil Gott Herr über die ganze Welt ist, kann es keine autonomen Bereiche geben. Es kann sie aber auch nicht geben, weil das Evangelium überall auf Vollendung drängt. Trotzdem werden die *natürlichen Ordnungen* nicht einfach abqualifiziert, sondern in der Analogie zur wahren Ordnung gesehen, schließlich spiegeln auch die natürlichen Ordnungen am Fuße der Seinspyramide in irgendeiner Form und natürlich in minderer Intensität das Licht der Wahrheit von der göttlichen Spitze wider. Obwohl ein *qualitativer Unterschied* zwischen der Ordnung Christi und der Ordnung der Natur besteht, verbindet doch beide ein nicht zu übersehendes Maß an Affinität[105]. Zwar können die natürlichen Ordnungen auch entarten, doch

---

[101] „Utque declararet sese non in hoc venisse, ut leges ferret hisce de rebus, quae nihil attinebant ad pietatem, quaeque pro tempore aut recte fieri possent, aut secus, . . ." (Paraphr. in Mt 22,20, LB VII 117 B).

[102] „. . . significans nihil officere pietati, si quis Deo dicatus, det profano Principi tributum, etiamsi non debeat, malens obsequi, quam provocare; praesertim in ea re, quae pauperiorem reddit, non impium" (Paraphr. in Mt 22,21, ebd. 117 C); vgl. Paraphr. in Mc 12,17, LB VII 249 E.

[103] „Non enim abrogo naturae legem, sed perficio" (Paraphr. in Mt 10,37, LB VII 64 C).

[104] „Habet et mundus ordinem suum, quem per occasionem Euangelicae libertatis non oportet omnino confundi" (Paraphr. in Mt 17,26, ebd. 97 F).

[105] Es sei auf jene Stelle in der Ratio (1519) verwiesen, in der Erasmus von der Korrespondenz des orbis doctrinae Christianae zur aequitas naturalis spricht (Holb. 286,1 ff.).

haben sie ebenso die Anlage, sich so zu wandeln, daß sie sich dem Gesetz Christi nähern[106]. Sie können zur *occasio pietatis* werden, d. h. in ihnen kann der Christ sich bewähren. Selbst im Erleiden der pervertierten natürlichen Ordnung kann er Zeugnis für ein dem Evangelium gemäßes Verhalten ablegen[107]. Im Sinne der Bergpredigt übertrifft der Verzicht auf das Recht den Versuch, dasselbe unter allen Umständen durchzusetzen[108]. Der Christ soll sich nicht wehren, wenn ihm widerrechtlich Kleidung und Geld genommen, er ins Gefängnis geworfen oder zu Tode gefoltert wird[109]. Wenn von ihm Ungerechtes verlangt wird, das nicht in den Gegensatz zu Gott führt, dann soll er die Herrschenden ertragen und sie nicht zum Wüten provozieren[110].

Unter solchen Voraussetzungen muß die Ausbildung eines möglichen *Widerstandsrechts* verkümmern. Wo der *status confessionis* eintritt und vom Christen der Ungehorsam gegen Gott verlangt wird, rät Erasmus zur Mäßigung. Maßvoll, besonnen, höflich und ehrerbietig soll man darauf hinweisen, daß man Gott dem Fürsten aller Fürsten mehr Gehorsam schuldet als jeder menschlichen Autorität[111]. Auf diese Weise soll man allen begegnen, denen man von Natur her oder aufgrund öffentlicher Vorschriften den Dienst der Mitmenschlichkeit schuldig ist[112]. Erasmus meint vor jeglicher Art von Provokation warnen zu müssen, selbst wenn sie das Recht auf ihrer Seite hat[113]. Gewalt fordert Gewalt heraus, und das kann nicht im Sinne des Evangeliums sein. Ja, das Evangelium empfiehlt sich nach der Meinung des Erasmus den Monarchen gerade dadurch, daß es ihre Untertanen eben nicht gegen sie aufrührerisch, sondern ihnen gehorsam macht. Das Evangelium läßt das Volk die mögliche Einschränkung des Wohlergehens botmäßiger in Kauf nehmen[114].

---

[106] Vgl. Paraphr. in Mt 10,37, LB VII 64 C.

[107] „Haec enim adeo non auferunt pietatem, ut per occasionem augeant, et illustrent virtutem Euangelicam" (ebd. 64 D).

[108] „Et tamen cum dat quod non debet, docet aliquoties esse praestabilius de jure tuo decedere, quam cum improbis de jure contendere" (Paraphr. in Mt 17,26, ebd. 97 E/F).

[109] Paraphr. in Mt 10,37, ebd. 64 D.

[110] Ebd.

[111] „Nec sunt tamen convitiis irritandi, sed sobrie reddenda est ratio, cur magis deceat obtemperare omnium principi Deo, quam humanae potestati" (ebd. 64 C); vgl. auch ebd. 64 B, 64 D u. Paraphr. in Mt 17,26 ebd. 97 E.

[112] „Ad hunc modum et cum caeteris agendum, quibus ex natura, moreve civili debemus officium humanitatis" (Paraphr. in Mt 10,37, ebd. 64 D/E).

[113] „Significans nihil officere pietati, si quis Deo dicatus, det profano Principi tributum, etiamsi non debeat, malens obsequi, quam provocare" (Paraphr. in Mt 22,21, ebd. 117 C).

[114] „Neque vero debet monarchis hoc nomine suspectum esse Euangelium, quod, vt quidam iactitant seditiosos reddat eos quos oportet principibus dicto audientes esse: imo principibus hoc praestat, ut pro tyrannis sint veri principes, et populo praestat vt bono principi libentius obtemperet, parum commodum mansuetius ferat" (Ep. 1333,333–337, Allen V, S. 171).

Die Stärkung der Untertanenmentalität geht sogar so weit, daß Erasmus auch dem *Tyrannen* den Gehorsam nicht aufkündigen will, da er den Tyrannen im Vergleich zur *Anarchie* für das kleinere Übel hält, allerdings für ein Übel, dessen Beseitigung er der Macht des Evangeliums zutraut, denn das Evangelium macht aus Tyrannen wahre Fürsten[115]. Wie so oft bei Erasmus laufen auch hier zwei Argumentationsstränge miteinander, zuweilen könnte man meinen gegeneinander und dann doch wieder in eigenartiger Weise ineinander verschlungen. Obwohl Erasmus starke Ansätze zur *Spiritualisierung* und damit zu einer Überhöhung bzw. Auflösung der äußeren Formen und Institutionen zeigt, ist er diesem Hang doch nicht erlegen. Der Grund dafür liegt in seinem Verständnis von Wirklichkeit, das oben schon skizziert worden ist. Mag die Realität auch noch so sehr von der Idealordnung abweichen, so ist sie doch Abschattung der wahren und göttlichen Wirklichkeit, deren Spuren selbst in der entarteten äußeren Ordnung noch zu entdecken sind, falls man nur mit dem rechten Erkenntnisprinzip an sie herangeht. Die schlechtere Ordnung ist unbedingt der absoluten Perversion, dem *Tumult,* wie Erasmus sie nennt, dem Chaotischen vorzuziehen, weil sie, wie verzerrt und uneigentlich auch immer, die Ordnung Gottes widerspiegelt. Dieser Zusammenhang wird in der Matthäus-Paraphrase deutlich, wenn Erasmus die Jünger dazu auffordert, die staatliche Ordnung nicht durch Aufruhr aus den Angeln zu heben (turbare)[116]. Durch den Fortgang der *lutherischen Sache* und die Entwicklung im Gefolge des *Bauernkrieges* konnte sich Erasmus nur bestätigt fühlen, daß die Unmenschlichkeit der Fürsten weit erträglicher sei als die alles zerstörende Anarchie[117]. „Der schlimmste Zustand ist immer noch der vom Tumult verursachten allgemeinen Unordnung vorzuziehen, denn er hat, wenngleich einen äußerst gefährdeten, Bestand, einen status, in dem sich die göttliche Ordnung aller Dinge gerade noch zu erkennen zu geben vermag"[118].

Eine *Theologie der Revolution* hätte Erasmus nicht schreiben können, da nach seinem Verständnis das Evangeliums die Veränderung der äußeren gesellschaftlichen Verhältnisse mit Mitteln der Gewalt mißbilligt, was es aber fordert, ist eine Revolution der Herzen. Die Perversion der Ordnung muß rückgängig gemacht werden, so daß die Wirklichkeit dem wieder näher kommt, was sie nach der Bestimmung Gottes eigentlich

---

[115] Ebd.
[116] Paraphr. in Mt 10,37, LB VII 64B.
[117] „Interim ferendi sunt, ne Tyrannidem excipiat anarchia, malum pene perniciosius. Quod complurimum rerum publicarum experimentis comprobatum est, et nuper etiam agricolarum per Germaniam exortus tumultus nos docuit, aliquanto tolerabiliorem esse Principum inhumanitatem, quam ἀναρχίαν omnia confundentem" (Adagium II.VIII.LXV „Ut fici oculis incumbunt", LB II 654C/D).
[118] So sehr gut HOFFMANN, S. 52.

sein sollte. Der Weg zu diesem Ziel führt nicht über die Veränderung der Institutionen, ist nicht über gesellschaftspolitische Steuerungen zu erreichen, dieser Weg führt über die Sinnesänderung des Individuums, die in ihrer Summe auch die Institutionen, die Ordnungen, den Staat, kurz die Gesellschaft so nachhaltig beeinflussen muß, daß eine Veränderung als notwendige Konsequenz daraus zu folgen hat. Je mehr die Herzen der Menschen mit Liebe, Frieden und Harmonie erfüllt werden, desto mehr werden die Formen und Ordnungen geistlich belebt und ihrer ursprünglichen Bestimmung angenähert. So konservativ Erasmus auf den ersten Blick erscheinen mag, im Vertrauen auf die alles verwandelnde Macht des Evangeliums und den Willen wie die Fähigkeit des Menschen, sich zu wandeln, beherrscht ihn der Gedanke einer dynamischen Veränderung der vorfindlichen Wirklichkeit nach dem Maßstab des Evangeliums. „Die Funktion des politischen Bereiches ist dabei von Erasmus im Zusammenhang seiner theologischen Anschauungen intensiviert und vertieft worden"[119].

10.5 Der Krieg

Das Thema Krieg und Frieden ist im Sinne des Erasmus umfassender zu sehen als nur in der Beschränkung auf das politische Phänomen. Und doch gestattet sich Erasmus nicht den leichten Rückzug in eine unverbindliche, akademisch-philosophische oder rein theologische Diskussion, sondern versucht durch seine literarische Tätigkeit, das Problem schonungslos aufzugreifen und dadurch die *Realpolitik* zu beeinflussen[120]. Für Erasmus ist der Krieg weit davon entfernt, ein Gedankengebilde zu sein, das seine Phantasie ihm hätte eingeben müssen. Der Krieg bedeutet für ihn wie für alle seine Zeitgenossen eine hart erfahrene Wirklichkeit[121]. Seine plastischen Schilderungen des grauenvollen Krieges und seiner zerstörerischen Begleiterscheinungen atmen den Hauch eigenen leidvollen Erlebens. Erasmus war der Krieg verhaßt, sein Charakter wie auch seine Welt- und Lebenseinstellung lassen ihm keine Wahl, andere Gefühle gegenüber dem Krieg zu hegen. Seine Abneigung kennt keine Grenzen. Schon in seinem Brief an Antonius von Bergen von 1513 od. 1514 schreibt Erasmus, der Krieg sei eine so verderbliche und ekelhafte Angelegenheit, daß die Erlangung eines noch so großen Gutes ihn nicht rechtfertigen könnte, ja, wäre es ein noch so gerechter Krieg, einem wirklich guten Menschen könne er nicht gefallen[122]. Dieses Urteil hat er

---

[119] KOHLS, Theologie I, S. 172.
[120] TREINEN (S. 160) hat die Friedensbemühungen des Erasmus m. E. sehr treffend als Antikriegspublizistik gekennzeichnet.
[121] Querela pacis, LB IV 633 B.   [122] Ep. 288,36–38, Allen I, S. 552.

sein Leben lang nicht revidiert. Im Widmungsschreiben zur Matthäus-Paraphrase an *Karl V.* kommt Erasmus am Schluß ganz unvermittelt auf den Krieg zu sprechen. Indem er dem Kaiser Segen und Glück zum Regieren wünscht, gibt er ihm zu bedenken, daß es keinen Krieg gibt – ob er nun aus gerechtem Anlaß unternommen oder mit Mäßigung geführt wird – der nicht von einer Menge Verbrechen und Not begleitet ist, und daß ferner der größte Teil der Übel die Unschuldigen und solche trifft, die es nicht verdient haben[123]. Diese Klage über den Krieg greift er im Widmungsschreiben an *Franz I.* wieder auf: Unter allen Übeln, die das Leben der Sterblichen martern, ist keines verbrecherischer, keines schädlicher als der Krieg, der den Sitten ein schrecklicheres Ende bereitet als den Talenten und den Körpern[124]. Der Krieg ist aber darum auch besonders hassenswert, weil er den größten Teil der Übel den Schwachen, den Bauern, Handwerkern und Reisenden aufbürdet[125].

Man würde Erasmus nicht gerecht, wollte man seine Abneigung gegen den Krieg, ja seine Verurteilung eines jeden Krieges nur seiner lebendigen Erfahrung und seinem Gefühl entspringen sehen. Seine ausschließlich diesem Thema gewidmeten Friedensschriften zeigen, wie sehr er das Problem reflektiert hat. Hinreichende Anleitung konnte er in der *antiken Philosophie* finden. Von überall her trägt er seine Argumente zusammen, um seine These zu untermauern, daß der Krieg die widernatürlichste Sache von der Welt ist. Der Kosmos, die Bahnen der Gestirne, das Verhalten der Tiere, selbst die Pflanzen und Mineralien und nicht zuletzt der Mensch selbst in seiner Liebe- und Ergänzungsbedürftigkeit zeugen von Harmonie und der Schnsucht nach ihr. Kurz: die *Natur* lehrt das Gegenteil vom Krieg, nämlich *Frieden* und *Eintracht*[126]. Krieg zu führen, heißt, sich nach Art der wilden Tiere zu benehmen[127], von denen aber die meisten wenigstens ihre Artgenossen schonen.

Wenn Erasmus dabei von einem Urmenschen ausgeht, der ein friedliches Leben als Sammler und Jäger führte, bevor er durch die Progressivität des Besitzstrebens in ein immer stärker sich ausprägendes Aggressionsverhalten hineingezogen wurde[128], dann verrät er damit ein be-

---

[123] „Illud interim semper meminerit tua clementia, nullum bellum neque tam iustis de causis suscipi neque tam moderate geri, quod non ingens et scelerum et calamitatum agmen secum trahat: tum maximam malorum partem ad innoxios et indignos recidere" (Ep. 1255,112–116, Allen V, S. 7).

[124] „Nam inter omnia mala quibus discruciatur vita mortalium, nihil bello sceleratius, nihil nocentius; quod atrocius exitum infert moribus hominum quam facultatibus aut corporibus" (Ep. 1400,48–51, Allen V, S. 353f.).

[125] Ebd. Z. 52–54, S. 354.

[126] Querela pacis, LB IV 627F. Zum Nachweis antiker Gedanken vgl. BAINTON, The Querela Pacis of Erasmus.

[127] Ep. 1400,217, Allen V, S. 357.

[128] Adagium „Dulce bellum inexpertis" IV.I.I, LB II 953 B ff.

trächtliches Maß an Einsicht in die menschliche Psyche und die Entwicklungsgeschichte der Menschheit. Der moderne Leser wird mit Überraschung die Übereinstimmung der Ansichten des Erasmus mit den Ergebnissen der *Verhaltensforschung* konstatieren, rechnet sie doch damit, daß die ur- und vorgeschichtlichen Menschen friedliche Sammler gewesen sind. „Erst mit der Entwicklung des Besitzes beginnt jene Tragödie, die von der neidvoll rivalisierenden Aggression gespeist ist, die uns so vertraut ist, weil sie bis in die verborgensten Winkel unserer Sozialwelt eindringt", so skizziert MITSCHERLICH den Ursprung der Aggression und des Krieges[129].

Von seinen theologischen und anthropologischen Voraussetzungen aus kann Erasmus den Krieg nicht als ein über die Menschheit verhängtes Fatum oder gar als ein wesentliches Entwicklungsmoment in der Menschheitsgeschichte hinnehmen. Krieg ist ihm vielmehr in seinem tiefsten Wesen fragwürdig. Der Krieg verträgt sich weder mit der ursprünglich gut geschaffenen Natur des Menschen, die wiederherzustellen der Mensch gerufen ist, noch mit der *Lehre Christi,* der nichts anderes verkörperte und lehrte als Frieden[130]. Der Krieg ist Ausdruck der Depravation der ursprünglich guten und harmonischen Ordnung. Den kriegerischen Geist seiner Zeit und die Verrohung der Menschen durch das Kriegsgeschehen sieht Erasmus geradezu in den Soldaten personifiziert. So nimmt Erasmus die Predigt Johannes, des Täufers, nach Matthäus zum Anlaß einer Soldatenschelte, die er in die Form einer Ermahnung kleidet. Er tut das, indem er die sog. Ständepredigt des Lukas (Lk 3,10–14) in die Matthäusfassung einträgt[131]. In der Auslegung von Lk 3,14 kehren die Argumente dann noch einmal forciert wieder.

Eine ausführliche Zitierung dieser Stelle mag auch den Stil und die Art solcher gelegentlich eingestreuten Exkurse zur Darstellung bringen. Erasmus paraphrasiert folgendermaßen: „Nach den Zöllnern kommen auch die Soldaten, ein gewalttätiger und gottloser Menschenschlag, der die Gesetze mißachtet, rasch zur Gewalt neigt, bestechlich ist, gern raubt, in seiner Zügellosigkeit wild und rücksichtslos. Und weil sie die Angst vor dem Zorn Gottes ergriffen hatte, kommen sie zu Johannes, anerkennen ihre Bosheit, erbitten die Taufe und fragen, wie sie Gott gnädiger stimmen könnten. Zweifellos war es ein großer Fortschritt bei dieser Art von Menschen, daß sie ihre Krankheit erkannten und von dem Wunsche nach einem besseren Leben bewegt waren. Daher wagt es Johannes auch nicht, von ihnen Nächstenliebe zu fordern, sondern hält es für einen

---

[129] S. 22.
[130] „Age Christus ipse jam adultus, quid aliud docuit, quid aliud expressit, quam pacem?" (Querela pacis, LB IV 630 D).
[131] Paraphr. in Mt 3,12, LB VII 16 B–E.

großen Fortschritt, wenn sie sich im Übeltun mäßigten. Gewöhnlich schadet diese Sorte von Menschen in dreifacher Hinsicht, durch Gewalt, Verleumdung und Raub. Häufig kehren sie nämlich die Waffen, die ihnen der Fürst zur Verteidigung der öffentlichen Ruhe gegen die Feinde gegeben hat, gegen die eigenen Bürger, und womit sie das Wohl des Staates schützen sollten, damit kühlen sie ihre ganz private Wut. Daher plündern sie häufig, brandschatzen, vertreiben und tun Frauen Gewalt an. Gewaltsam brechen sie die Türen auf, vertreiben und schlagen den Gastgeber. Da sie dies nun meist ungestraft tun, glauben sie, es sei erlaubt. Andere wiederum denunzieren fälschlicherweise Unschuldige bei ihren Fürsten oder Führern, damit ein Teil des beschlagnahmten Vermögens an sie als Lohn für ihre Verleumdung fällt. Bei diesen Schandtaten sehen ihnen die Fürsten manchmal durch die Finger, weil sie sich ihren Soldaten erkenntlich zeigen wollen. Die meisten verprassen ihren von den Fürsten gereichten Sold mit Huren, Würfeln und Zechen und machen den Verlust ihrer Sachen durch Raub und Diebstahl wieder wett. Sie bezahlen nicht nur das nicht, was sie selbst schulden, sondern pressen auch noch das aus den Bauern heraus, was ihnen nicht geschuldet wird, was ihnen aber im Namen des Krieges zusteht, wie sie glauben . . . Dieser Sorte von Menschen also zeigte Johannes, was sie tun sollten und was sie fortan meiden müßten, wenn sie der Rache Gottes entgehen wollten. Schlagt niemanden zusammen, sagte er, zeigt niemanden fälschlicherweise aus Gewinnsucht an, sondern seid zufrieden mit eurem Sold"[132]. Es ist deutlich, hier spricht *kein konsequenter Pazifist,* hier wird der Krieg auch nicht bejaht, hier wird zwar mit der Realität des Krieges gerechnet, aber gerade auch mit der Möglichkeit, das Übel möglichst einzudämmen. Ein Schritt rückwärts in negativer Richtung ist für Erasmus schon ein Schritt vorwärts auf positivem Gelände.

10.6 Die Ursache des Krieges

Erasmus polemisiert nicht nur gegen den Krieg, er fragt auch nach seinen Ursachen. Die Quellen des Übels gilt es aufzuspüren, und die liegen in den tiefen Schichten negativer menschlicher Leidenschaften. Neid, Haß, Zorn, Rachsucht und das Wüten gegen den Nächsten sind der

---

[132] Paraphr. in Lc 3,14, ebd. 312 D–313 B. Die Mt-Paraphrase stimmt inhaltlich überein: „Mißbraucht nicht eure Waffen, sagte er, die ihr nur, und das auf Befehl des Herrschers, gegen Feinde richten sollt, traktiert niemanden mit Gewalt oder schlagt ihn zusammen, denn dazu seid ihr angeworben, daß ihr dem Land die Ruhe bewahrt. Mißbraucht nicht Beziehungen zu den Führern, daß ihr jemanden verleumdet, um daraus Gewinn zu ziehen. Schließlich seid mit eurem Sold zufrieden, betrügt oder beraubt niemanden" (Paraphr. in Mt 3,12, ebd. 16 D).

beste Nährboden¹³³. Die Expansionsgelüste der Fürsten¹³⁴ und ihre Geltungssucht¹³⁵ gebären immer neue Kriege. Im Grunde ist es das Streben nach weltlichen Gütern und die menschliche Eitelkeit, die die Staaten immer wieder in Kriege verwickelt. Zorn, Ehrgeiz und mangelndes Verantwortungsbewußtsein der Fürsten reißen Tausende in Not und Tod hinein. Erasmus fragt: Wie kann ein so eigennütziger Fürst an der Gedächtnisfeier jenes wahren und höchsten Fürsten teilnehmen, der sein Leben für die Wohlfahrt der Seinen geopfert hat?¹³⁶ Als gemeinsamen Nenner aller menschlichen Begierden erkennt Erasmus den *Egoismus,* der ganz im Gegensatz zur *Selbstlosigkeit Christi* steht. Der Krieg ist vom Übel, weil er dem menschlichen Grundübel entspringt.

In der Querela pacis ist Erasmus den anthropologischen Voraussetzungen noch eingehender nachgegangen. Dort läßt er den Frieden folgende Klage erheben: „Schließlich habe ich mir gewünscht, wenigstens im Herzen eines einzigen Menschen eine Bleibe zu finden. Nicht einmal das ist geglückt; denn der Mensch liegt mit sich selbst im Kampf. Die Vernunft führt Krieg mit den Affekten, und obendrein kämpft Affekt mit Affekt, während die Frömmigkeit hierhin ruft, lockt die Begierde dorthin. Wiederum je etwas anderes rät die Begierde, der Zorn, der Ehrgeiz und die Habgier. Und obwohl die Menschen so geartet sind, hat man keine Bedenken, sie dennoch Christen zu nennen, obwohl sie doch in jeder Weise zu dem im Widerspruch stehen, was Christus auszeichnet und ihm eigentümlich ist. Lehrt die Betrachtung seines ganzen Lebens etwas anderes als wechselseitige Eintracht und Liebe? Was anderes schärfen seine Gebote und Gleichnisse ein als Frieden und gegenseitigen Liebe?"¹³⁷ Die tiefste Wurzel des Unfriedens in der Welt erblickt Erasmus darin, daß der Mensch mit sich selbst im Kampf liegt. Wer aber so mit sich selbst zerstritten ist, lebt auch mit seiner Umwelt im Streit¹³⁸. Indem Erasmus den eigentlichen Kriegsschauplatz in den Menschen hineinverlegt, verweist er auf den seiner Meinung nach entscheidenden Ursprungsort des Krieges, die widerstreitende *Triebstruktur* des Menschen. Wird das Übel an dieser Wurzel gepackt, dann dürfte es nicht schwer sein, auch unter den christlichen Fürsten die Gesetze des Friedens endgültig zu stabilisieren, schreibt Erasmus 1523 an *Franz I.*

Daß sich hier interessante Parallelen zur modernen *psychoanalytischen Triebtheorie* aufzeigen lassen, soll nur angedeutet werden. Wie für Erasmus die Lösung in der Unterwerfung der Affekte unter die Vernunft

---

¹³³ Z. B. Ep. 1333,239ff., Allen V, S. 169.
¹³⁴ Ep. 1400,75ff., Allen V, S. 354.
¹³⁵ Ebd. Z. 314ff., S. 360.
¹³⁶ Ep. 1333,297–300, Allen V, S. 170.
¹³⁷ Querela pacis, LB IV 629D.
¹³⁸ Vgl. Adagium „Dulce bellum inexpertis" IV.I.I, LB II 963 C.

gesehen wird[139], so wird heute von der Verhaltensforschung die Möglichkeit einer Konfliktbewältigung durch „denkende Anpassung" und „überlegtes Verhalten" ins Auge gefaßt[140]. Obwohl man gut daran tun wird, hier nicht vorschnell Übereinstimmungen zu konstatieren, ist eine Gleichgerichtetheit der Analyse unübersehbar. Die Bestimmtheit menschlichen Handelns im Widerstreit verschiedener antagonistischer Triebe angelegt zu sehen und ebenso, daß dieser Streit unter der Führung der Vernunft positiv entschieden werden kann, dies sind die die Gegenwart mit Erasmus verbindenden Konstanten[141].

Ebenso hat Erasmus das Gesetz der Interaktion von innerer und äußerer Aggression, von innerer Spannung und ihrer Projektion nach außen durchschaut. Ungebundener Aggressionsüberschuß wird meist nach draußen abreagiert. Der mit sich selbst zerstrittene Mensch lebt auch im Unfrieden mit seinen Mitmenschen[142]. Diese Art der Projektion geht einher mit einer Konkretisierung und dem Versuch, ein *Feindbild* zu installieren. „Was bisher ungreifbar und in einem selbst war, ist nun greifbar, sichtbar und draußen in der Welt"[143]. Über das Zustandekommen, die Art und die Funktion des Feindbildes wie auch seinen Abbau hat sich Erasmus an verschiedenen Stellen ausgelassen. Seine Beobachtungen und Einsichten zu dieser Frage sind durchaus lesens- und beachtenswert[144]. Im Widmungsschreiben zur Markus-Paraphrase an *Franz I.* streift er das Problem nur flüchtig, wenn er das Feindbild des Türken hinterfragt, indem er den Finger auf die eigenen Wunden der sich in abscheulichen Kriegen befehdenden christlichen Parteien legt[145].

Man mag fragen, ob diese Analyse des Phänomens „Krieg" als eines in seinem Ursprung innersubjektiven Vorgangs die Sache vielleicht nicht doch viel zu sehr simplifiziert. Selbstverständlich war sich Erasmus der Automatismen der Macht, der ökonomischen wie gesellschaftlichen Zwänge nicht so bewußt, wie wir es heute sind. Ohne Zweifel hat er das Problem viel zu sehr individualisiert, um es umfassend in den Griff zu bekommen. Dennoch heben ihn seine Überlegungen zum Thema über die Simplifikationen eines naiven Moralisten hinaus. Sein bleibendes

---

[139] Man erinnert sich an die Allegorie aus dem Enchiridion, mit der Erasmus seine Anthropologie im Bilde eines aufgeklärten absolutistischen Staatswesens beschreibt: an der Spitze die königliche Vernunft, die mit den Begierden im Kampf liegt und sie zu besiegen hat (Holb. 41,15 ff.).
[140] MITSCHERLICH, S. 39 ff.; bes. S. 93.
[141] Allerdings ist Erasmus hier der größere Optimist, da die Psychoanalyse doch viel stärker mit der fortdauernden Existenz der negativen Affekte und Aggressionstriebe rechnet.
[142] Vgl. oben Anm. 138.
[143] MITSCHERLICH, S. 43.
[144] Näheres dazu KRÜGER, Engagement, S. 73 ff.
[145] Ep. 1400,28–37, Allen V, S. 353.

Verdienst ist es, den Zusammenhang innerer Aggression mit der nach außen gerichteten gesehen zu haben. Mit der Übertragung der Kriegsterminologie und der Krieg-Frieden-Vorstellung auf die menschliche Triebstruktur, verrät Erasmus, daß er das Gesetz der *Interaktion von innerer und äußerer Aggression,* von innersubjektiver Spannung und ihrer Projektion nach außen erkannt hat. Friede, das ist nicht allein das Ruhen der Waffen, ein durch Verträge gesichertes Stillhalten; Friede, das heißt, daß die Vernunft die Affekte des einzelnen unter ihre Kontrolle gebracht, modern gesprochen, daß der Mensch die Fähigkeit erworben hat, seinen Aggressionsüberschuß zu sublimieren. Erst mit dem Erreichen dieses Ziels kann sich wahrer Friede wirklich anbahnen.

10.7 Christus, das Bild des Friedens

Wenn Erasmus für den Frieden wirbt, bedient er sich einer erstaunlichen Bandbreite von Begründungen. Aus der Beobachtung der Natur und der *Naturphilosophie,* aus der *Anthropologie,* der *Ethik* und *Gesellschaftslehre,* aus der allgemeinen *Vernunft* und nicht zuletzt aus der *christlichen Botschaft* bezieht er seine Argumente für den Frieden. Es könnte zuweilen der Eindruck entstehen, als würde die christliche Argumentationsreihe von der naturrechtlichen überlagert. Bei näherem Zusehen muß man jedoch feststellen, daß Erasmus im Kern seines Nachweises bei der christlichen Botschaft ansetzt. Wenn Erasmus zum Frieden aufruft, dann spricht er als *Christ zu Christen von Christus.* Christus steht im Zentrum aller seiner Überlegungen, und das Interpretationsgefälle führt von Christus, seinem Wort und Werk ausgehend zu den anderen Erkenntnisebenen. In der Querela pacis adressiert Erasmus den christlichen Herrscher: „Ich beschwöre dich, christlicher Fürst, sofern du wahrhaft ein Christ bist, das Bild deines Herrn und Herrschers Christus zu betrachten, sieh, wie er seine Herrschaft antrat, wie er Fortschritte machte, wie er schließlich aus dem Leben schied, und du wirst bald begreifen, wie er will, daß du herrschen sollst, nämlich, daß deine höchste Sorge sich auf Frieden und Eintracht richte"[146], denn „was hat Christus anderes gelehrt, was anderes in seinem Leben zum Ausdruck gebracht als den Frieden?"[147]

So ergreift Erasmus bei der Auslegung der Evangelien jede sich ihm bietende Gelegenheit, den friedfertigen Charakter Jesu, seine Mahnungen zum Frieden und seine Versöhnung wie Frieden stiftenden Taten hervorzukehren. Schon anläßlich der Geburt Christi wird in dem Friedensgesang der Engel deutlich, daß es Gott um den Frieden geht, um den

---
[146] Querela pacis, LB IV 630 C.
[147] Ebd. 630 D/E.

Frieden, der die Versöhnung mit Gott und die wechselseitige Liebe unter den Menschen bewirkt[148]. In die von Erasmus fingierte Unterredung Jesu mit den Emmausjüngern (Lk 24), hat der Paraphrast einen weitläufigen Abschnitt über den rex pacificus eingeschaltet[149]. Sacharja 9,9 u. 10; Jes 9,5–7; Jes 11,4–6; Ps 2,6f. und Ps 45,4f. haben auf diesen Friedenskönig hingewiesen. Der auf dem Esel reitet (Sach 9,9), kommt nicht, um Krieg zu führen, sondern um die Kriege dieser Welt auszurotten[150]. Mit seinem bescheidenden Einzug in Jerusalem verspottet er die Weltreiche, er, der gekommen ist, den Kriegsbogen zu zerbrechen (Sach 9,10)[151]. Die Herrschaft auf der Schulter des Friedensfürsten (Jes 9,6) ist die Herrschaft des Kreuzes Christi, der die Menschen nicht mit Gewalt und Furcht unterdrückt, sondern sie durch Wohltaten anlockt[152]. Sein Friedensreich (Jes 11,4ff.) unterscheidet sich ganz und gar von den Waffen und Kriegen der Fürsten[153]. Seine Herrschaft übt er mit dem Schwert des evangelischen Wortes aus (Ps 2,6f. u. Ps 45,4f.). Mit seinen Pfeilen durchbohrt er die niedrigen Leidenschaften der Menschen, tötet er den Geizigen und richtet den Wohltäter auf, vernichtet er den Götzendiener und richtet den Bekenner evangelischer Frömmigkeit auf, beseitigt er den Zügellosen wie Rachsüchtigen und erweckt den Sanften und Milden, streckt er den Stolzen nieder und ermutigt er den Bescheidenen[154]. Christus liegt mit dem Krieg im Krieg[155], doch er führt seinen Kampf nicht nur gegen die kriegerischen Auseinandersetzungen in dieser Welt, sondern gerade auch gegen ihre Ursachen, die er in den niedrigen Affekten der Menschen erkennt.

Erasmus versteht unter Frieden nicht einfach die bloße Abwesenheit von Krieg. Schließlich hat auch die Welt ihren Frieden, nur ist auf ihn kein Verlaß[156]. Er ist von der Art, wie ihn Herodes und Pilatus geschlossen haben, als das gemeinsame Unrecht, das sie der evangelischen Wahrheit antaten, sie zusammenschweißte[157]. Solchen Frieden zu stiften, ist Chri-

---

[148] „... in terris nihil aliud optandum, quam pacem, quae peccatis abolitis nos Deo conciliet, quae nos mutua caritate conglutinet" (Paraphr. in Lc 2,14, LB VII 299E).
[149] Paraphr. in Lc 24,27, ebd. 472Dff. (passim).
[150] Ebd. 475B. Ähnlich in der Paraphrase zu Lk 19,40, ebd. 434E: „Mundi Principes amant feroces caballos, ac bello natos et edoctos. Dominus Jesus tales amat asinos, qui mites mitem vehant Dominum." Vgl. auch Ep. 1255,99f., Allen V, S. 7.
[151] Paraphr. in Lc 24,27, LB VII 475B.
[152] Ebd. 475B–D.
[153] Ebd. 475D.
[154] Ebd. 475D–F.
[155] Vgl. dazu Insitutio principis chr., LB IV 610D; AA IV–1, 218, 606.
[156] „Habet et mundus suam quandam pacem, et his, quos amat, dat pacem suam, sed haec infida pax est" (Paraphr. in Joh 14,27, LB VII 612D/E).
[157] „Impia vero pax est, quam conglutinat injuria veritatis Euangelicae" (Paraphr. in Lc 23,12, LB VII 460A).

stus nicht gekommen, eine Ruhe, die erst nach Befriedigung der Lüste eintritt, wenn sich die Bösen mit den Bösen verbündet haben[158]. Wer aber dem Aufruhr der Lüste Einhalt tut, der kann auch zwischen anderen Eintracht stiften[159]. Es kennzeichnet die Erasmische Theologie, daß die Rede von der Überwindung des Krieges durch den Frieden in unmittelbarem Zusammenhang mit der *Bergpredigt* gesehen wird. In diesem Herzstück der philosophia Christi sieht Erasmus den Friedensruf hauptsächlich in der Seligpreisung der Friedfertigen und der Verschärfung des 5. Gebots zur absoluten Gewaltlosigkeit verankert. Die vornehmliche Sorge hat dem Frieden und der Eintracht zu gelten, denn nichts ist Gott lieber als die Einigkeit unter den Menschen[160]. Friede, das bedeutet Freundschaft und besonders innere Ruhe, den Seelenfrieden, eine Ausgeglichenheit, die sich darin ausdrückt, daß das eigene Ich mit sich selbst im Einklang steht. Weil das Böse noch in der Welt wirkt, ist Friede, Liebe und Eintracht nur durch Toleranz, Freundlichkeit, Milde und Wohltun zu gewinnen[161]. Darum sendet Jesus seine Jünger wie Schafe unter die Wölfe (Mt 10,16), weil weder Gewalt Gewalt auslöschen kann, noch Unrecht Unrecht oder Überheblichkeit Überheblichkeit, weil das vielmehr nur Sanftmut, Milde und Versöhnlichkeit vermögen[162]. Der am Kreuz seinen Feinden vergebende Christus verdeutlicht, wie weit von seinem Beispiel entfernt sind, die wegen einer geringfügigen Beleidigung ihrem Nächsten das Schwert in den Leib rennen[163]; denn Christus verkörpert wahrhaft diese Ausgeglichenheit und diese Sanftmut[164]. Sein Joch auf sich zu nehmen, heißt, den hochfahrenden und zügellosen Sinn abzulegen, dem alle negativen Affekte, Kriege, Aufstände und der Widerstand gegen Gott entspringen, und einen milden und sanftmütigen Sinn anzunehmen, der die Quelle aller menschlichen Ausgeglichenheit (tranquillitas humana) ist[165]. Die *tranquillitas animi* ist die unumgängliche Voraussetzung der *publica tranquillitas*.

Mit Begriffen wie amicitia, amor, caritas[166], concordia, tolerantia, mansuetudo, lenitas und placabilitas sucht Erasmus den Bereich des

---

[158] Paraphr. in Lc 12,51, ebd. 394 B/C.
[159] Paraphr. in Mt 5,9, LB VII 25 E/F.
[160] Paraphr. in Mt 5,22, ebd. 30 B und Paraphr. in Mt 5,24, ebd. 30 C.
[161] Paraphr. in Mt 5,10, ebd. 26 A.
[162] „Nec enim violentia violentiam, injuria injuriam, superbia superbiam exstinguit, sed mansuetudo, lenitas, placabilitas" (Paraphr. in Mt 10,16, ebd. 60F).
[163] Paraphr. in Lc 23,34, LB VII 462 D.
[164] „Tantam animi tranquillitatem, tantam mansuetudinem prae se ferret" (Paraphr. in Joh 19,14, ebd. 638 B); vgl. Paraphr. in Mc 2,25, ebd. 178 C/D u. ö. Siehe auch „. . . adesse pacificum illum [sc. Jesum], omnia conciliaturum . . ." (Paraphr. in Joh 10,23, ebd. 584 E); „Non hoc aget [sc. Jesus] per tumultum" (Paraphr. in Mt 12,19, ebd. 72 C).
[165] Paraphr. in Mt 11,29, ebd. 69 C–F.
[166] Vgl. Paraphr. in Mt 5,24, ebd. 30 C.

Wortfeldes „Frieden" abzustecken. Friede und Liebe legen sich dabei in seiner Sicht gegenseitig aus[167]. Wäre dies alles, was Erasmus zum Thema zu sagen hätte, läge immerhin der Verdacht sehr nahe, daß ein Humanist stoische Gedanken am Beispiel Christi exemplifiziert. Aber für Erasmus hat der Friede eine viel umfassendere Dimension als die ἀταραξία. Die lange Phalanx der Argumente, die Erasmus zur Empfehlung des Friedens aus allen Bereichen vorbringt, hat ihren Konvergenzpunkt im Heilshandeln Gottes durch Christus an dieser Welt. So steht die Bitte des Vaterunsers um Vergebung in Beziehung zum Frieden mit Gott, den die Menschen für sich erbitten[168]. Durch seine Vergebung, durch die Gott Frieden mit dem Menschen stiftet, lädt er uns ein, untereinander Frieden zu schließen und ihn zu erhalten[169]. Diesen Zusammenhang spricht Erasmus in seinem Widmungsbrief an *Ferdinand* an: „Friedensevangelium heißt das Evangelium, weil es uns zunächst mit Gott versöhnt, dann aber auch durch wechselseitige Eintracht uns untereinander verbindet"[170]. Das Phänomen des Friedens greift hinein in jenen Zusammenhang des durch Christus bewirkten Friedens mit Gott, von dem Paulus in Röm 5,1 redet. So reicht die mit „Frieden" umschriebene „concordia" bis in die Sphäre Gottes und seines Heilshandelns an der Welt. Da Gott und der Friede sich gegenseitig auslegen, konnte Erasmus schon in der Querela pacis sagen, daß „der Friede dort nicht sein kann, wo Gott nicht ist, und Gott da nicht sein kann, wo es keinen Frieden gibt"[171]. In diesem Sinn weiß auch die Matthäus-Paraphrase darum, daß man mit Gott nicht Frieden haben kann, wenn man mit dem Teufel nicht im Krieg liegt[172]. Jeder Kampf des Friedens um Auflösung und Ablösung eines Krieges partizipiert an der Dimension der Auseinandersetzung des Gottesreichs mit dem Teufelsreich: „denn wo ist das Reich des Teufels, wenn nicht im Krieg?"[173]

Bei aller theologischen Kritik im einzelnen muß doch festgestellt werden, daß Erasmus hier nicht als naiv moralisierender Weltverbesserer spricht. In seiner Rückfrage an das Neue Testament unternimmt er es, die

---

[167] Ep. 1333,242f., Allen V, S. 169.
[168] Paraphr. in Mt 6,12, LB VII 37 C/D.
[169] „Deus gratis condonans omnia peccata, mortales omnes, a quibus fuerat offensus, invitat ad pacem et amicitiam" (Paraphr. in Mt 5,9, ebd. 25 F).
[170] „Pacis Euangelium dicitur, primum Deo nos reconcilians, deinde nos inter nos mutua concordia copulans" (Ep. 1333,339f., Allen V, S. 171); vgl. Paraphr. in Lc 11,4, LB VII 380 F.
[171] „... haec duo sic inter sese cohaerere, ut ibi pax esse non possit, ubi Deus non adsit; nec illic esse Deus possit, ubi pax non adsit" (Querela pacis, LB IV 629 F).
[172] „Nemo potest cum Deo pacem habere, nisi bellum habeat cum Diabolo" (Paraphr. in Mt 12,30, LB VII 73 D).
[173] „Ubi nam Diaboli regnum est, si in bello non est?" (Adgium „Dulce bellum in expertis", LB II 957 A).

Friedensfrage vom Zentrum der biblischen Botschaft von der Heilstat Gottes in Christus her zu beantworten. Das in seinem Vollsinn als allumfassend verstandene Heil kann in Anknüpfung an die alttestamentlich-jüdische Tradition auch mit „Frieden" umschrieben werden. *Friede* bedeutet als Heil die durch Christus bewirkte *Gemeinschaft mit Gott* im Gegensatz zur Heillosigkeit eines Lebens im Widerspruch zu Gott, das im Krieg eine seiner grausamsten Realisierungen findet. Durch die Hineinnahme des Christen in diesen Frieden wird er beauftragt, das empfangene Heil innerweltlich und mitmenschlich zu bezeugen, weiterzureichen und zu verwirklichen[174]. Erasmus wendet sich gegen das selbstverständliche Approbieren des Krieges durch Theologie und Kirche, gegen ihre Parteinahme in kriegerischen Auseinandersetzungen wie auch gegen die Segnung der Heere und Waffen. Er wehrt sich gegen das oberflächliche Kurzschließen von biblischen Aussagen und dringt vor in die Tiefe des neutestamentlichen Verständnisses von Gottes Heil, das alle Bereiche des Lebens erfassen und durchdringen will.

Doch damit ist Erasmus allerdings noch nicht voll in seiner Motivation erkannt, denn letztlich liest er auch die Schrift vom Ansatz seines Denkens her. Es ist die Vorstellung der *Harmonie der göttlichen Ordnung,* die seine Gedanken bestimmt. Gott als der reinste Geist lebt in der vollkommensten Identität mit sich selbst, er verkörpert die höchste Einfachheit, Einheit und Harmonie. Christus als das wahre Bild des Vaters spiegelt diese Harmonie am reinsten[175]. Je weiter sich die Seinspyramide nach unten fortsetzt, je weiter sie sich von ihrem Ursprung entfernt, desto weniger spiegelt sie diese Harmonie wider, desto mehr setzt sich die Spaltung durch. Während Streit, Krieg und Tumult als auseinanderlaufende Kräfte trennen, führen Liebe, Einmütigkeit und Friede zusammen und wieder so dem göttlichen Ursprung näher. In Auseinandersetzungen und Kriegen vollzieht sich nur auf andere Weise, was Erasmus im anthropologischen Bereich mit dem platonischen Bild des Aufruhrs im Gemeinwesen des Menschen beschreibt. Auch hier müssen die widerstreitenden Bereiche zur ursprünglichen Ordnung ihrer Harmonie zurückgeführt werden. Frieden auf allen Ebenen in dieser Welt zu stiften, heißt daher für Erasmus, der ursprünglich harmonischen, göttlichen Ordnung und so Gott wieder näherzukommen. Auf diesem Weg ist *Christus* für die auseinanderstrebenden Kräfte das *wirkungsvollste Integrationsmodell.* Unter Christus als dem allen gemeinsamen Herrscher sollen alle Völker und Herrscher ebenso einträchtig wie glücklich leben[176].

---

[174] Zum Verständnis des Friedens im Neuen Testament ist die Studie von Peter STUHLMACHER zu empfehlen: Der Begriff des Friedens im Neuen Testament und seine Konsequenzen.
[175] Ratio (1519), Holb. 210,33–211,4.
[176] Ep. 1400,378f., Allen V, S. 361; vgl. Ep. 1381,286–289, ebd. S. 319.

10.8 Zwischen Evangelium und Politik

Generell steht der Krieg in den Schriften des Erasmus unter dem absoluten christlichen Verdikt. *Engagement für den Frieden* heißt bei Erasmus, alle Kräfte in den Dienst der Versöhnung zu stellen, um das *Versöhnungswerk Gottes in Christus* fortzusetzen. 1514 schreibt Erasmus an Antonius von Bergen: „Wenn irgendwelche Gesetze den Krieg gestatten, so sind sie roh und schmecken nach einem degenerierten und mit weltlichen Geschäften beschwerten Christus"[177]. Aber hat Erasmus wirklich eine so konsequent pazifistische Einstellung durchgehalten? 1522 muß er sich gegen den Vorwurf verwahren, er habe den Krieg grundsätzlich verurteilt. Zu seiner Rechtfertigung verweist er auf die Institutio principis christiani von 1515: „Wenn mir der Krieg schlechthin mißfallen würde, wie könnte ich dann die Stirn haben, in meinem Büchlein „Über den christlichen Fürsten" öffentlich zu lehren, unter welchen Bedingungen ein Krieg zu unternehmen und zu führen sei"[178]. Wenn Erasmus hier seine Einstellung zum *gerechten Krieg* auch positiver darstellt, als er sie in der Institutio geäußert hatte, die theoretische Möglichkeit eines gerechten Krieges, zumal gegen aggressive Barbaren, hat Erasmus nie ausgeschlossen[179]. Auch in der Querela pacis finden sich Aussagen, die mit der Möglichkeit eines Krieges als ultima ratio zur Verhinderung größeren Unheils rechnen. In der Lukas-Paraphrase (zu Lk 3,14) geht Erasmus am detailliertesten auf das Problem des gerechten Krieges ein, bejaht ihn grundsätzlich und nennt die Bedingungen, unter denen er zu führen ist[180]. Sicherlich sind in den verschiedenen Schriften Gewichtungen und Akzentuierungen zu erkennen. PADBERG hat sie im Fall der Lukas-Para-

---

[177] „Quod si qua iura bellum admittunt, ea crassa sunt et Christum iam degenerantem sapiunt ac mundanis opibus oneratum" (Ep. 288,105–107, Allen I, S. 554).

[178] „Quod si mihi in totum displicuisset bellum, qua fronte ex professo docerem in libello de Principe Christiano quibus modis suscipiendum ac gerendum esset bellum?" (Apologia ad blasphemias Jac. Stunicae, LB IX 270D).

[179] „Ut donemus aliquod bellum esse justum, tamen quoniam videmus in hanc pestem insanire mortales omneis, Sacerdotum prudentia fucit, in diversam partem avocare plebis ac Principum animos" (Institutio principis chr., LB IV 610B; AA IV–1, 218, 598ff.). Vgl. auch ebd. 607C. Auch in der Querela pacis wird der Krieg als ultima ratio nicht gänzlich verworfen. „Quod si bellum vitari non potest, ..." (ebd. 637A). Der Krieg unter Christen wird verurteilt, nicht aber im selben Maße der gegen die andringenden Barbaren (ebd. 637F–638A); vgl. auch ebd. 637E u. 638C. 1530 gesteht ihn Erasmus den Fürsten in seiner „Consultatio de bello Turcico" als absolut letztes Mittel zu. „Doceo, bellum numquam suscipiendum, nisi cum tentatis omnibus vitari non potest, propterea quod bellum suapte natura sit adeo pestilens, ut etiam si a justissimo Principe, justissimis de causis suscipiatur, tamen ob militum ac ducum inprobitatem fere mali plus adferat quam boni" (LB V 354A/B). Auch TREINEN urteilt: „Erasmus stellt die theoretische Möglichkeit des gerechten Krieges nicht nur nicht in Abrede, sondern billigt sie ausdrücklich" (S. 158).

[180] Paraphr. in Lc 3,14, LB VII 312F–313A.

phrase so zu deuten versucht, daß sich Erasmus hier quasi selbst verleugnet, indem er mit Rücksicht auf die Gewalttätigkeit *Heinrichs VIII.* seine rigoristischen Friedensforderungen ermäßigt und sich bemüht, auf diese Weise noch das Bestmögliche herauszuholen[181]. Wäre das Eingehen auf die Frage des bellum iustum in der Paraphrase zu Lukas ein Einzelfall, könnte man PADBERGS Argumentation eventuell noch folgen. Aber auch im Widmungsschreiben der Markus-Paraphrase an *Franz I.* gesteht Erasmus dem Fürsten unter Umständen die Legitimität eines Krieges als ultima ratio zu[182]. Ebenso deutet er sie im Widmungsbrief zur Matthäus-Paraphrase an *Karl V.* an[183]. Im Blick auf die zahlreichen und in seinen Schriften verstreuten Belege erweist sich auch der Versuch KOERBERS als nicht praktikabel, gewisse sogen. Tendenzschriften wie die Querela pacis und die Institutio aus dem Erasmischen Schriftenkorpus herauszukristallisieren. In diesen soll Erasmus sein Friedensideal besonders hochgeschraubt haben, um nicht durch die bloße Andeutung der Möglichkeit eines gerechten Krieges gewissenlosen Politikern ein Alibi zu verschaffen, während er in Wirklichkeit viel realistischer dachte, wie etwa in der Lukas-Paraphrase. Nun zeigt es sich aber, daß die sogen. Tendenzschriften nicht frei von solchen Andeutungen sind. Wie hätte aber andererseits Erasmus gerade in der persönlich gewidmeten Lukas-Paraphrase einem Mann wie *Heinrich VIII.* mit seiner Auslassung über den gerechten Krieg ein solches Alibi geradezu anbieten können? Hier bringt uns auch der Versuch einer Unterscheidung gewisser Schriftengattungen nicht weiter. Wenn es daher nicht angeht, die Aussagen der absoluten Verurteilung des Krieges zugunsten einer gemäßigten Position als nicht ernstgemeint auszuscheiden, oder die authentische Meinung des Erasmus in einer bestimmten Schrift unter Absehen von den Paraphrasen zu suchen, dann muß zunächst einmal bei Erasmus der scheinbare Widerspruch konstatiert werden, wie ihn GELDNER formuliert hat: „Er hat wohl in der Consultatio de bello Turcico das Recht des Schwertes und des Krieges anerkannt, aber er hat es nicht mit seinem früheren System, das die unbedingte Befolgung der Lehren der *Bergpredigt* für den Fürsten verlangt, systematisch verschmolzen, sondern nur danebengestellt, so daß es unmöglich erscheint, alle Äußerungen über den Fürstenberuf auf einen einheitlichen Nenner zu bringen"[184].

Muß man aber mit GELDNER vor einer angemessenen Interpretation der Erasmischen Haltung resignieren oder liegen vielleicht nicht doch bei

---

[181] Padberg, Pax, S. 303f.
[182] „Non haec dico, Rex Christianissime, quo principibus gladium e manibus excutiam. Est fortasse boni principis aliquando bellum gerere, sed tum denique posteaquam omnibus frustra tentatis huc adigit extrema necessitas" (Ep. 1400,89–92, Allen V, S. 354).
[183] Ep. 1255,112–116, Allen V, S. 7.
[184] GELDNER, S. 148.

Erasmus selbst bisher noch nicht genützte Verständnishilfen bereit? Sind nicht doch beide Aussagenreihen auf einen gemeinsamen Ansatz zurückzuführen? Hier müssen einige Zusammenhänge noch deutlicher herausgearbeitet werden. Die detaillierten Ausführungen zur Möglichkeit eines gerechten Krieges finden sich im Zusammenhang der lukanischen Predigt Johannes, des Täufers, der von den Soldaten eben nicht die volle Erfüllung des Gesetzes Christ verlangt, sondern das Abstehen vom Übeltun als ersten Schritt auf diesem Wege[185]. Wie der Körper, so hat auch die Frömmigkeit ihre Wachstumsraten, bis man zur völligen Stärke der Fülle Christi herangewachsen ist[186]. Immer wieder unterstreicht Erasmus den Gedanken des notwendigen *Progresses*. Wer Christus angezogen hat, der muß sich nach dessen Beispiel immer mehr zu vervollkommnen trachten[187]. Die letzte Erfüllung hat im Gottesreich statt, der ewige Friede realisiert sich erst im himmlischen Jerusalem[188]. Der Fürst als Christ soll alle seine Pläne nach der Regel des Evangeliums wie nach einem Skopus ausrichten und die Vorschriften Christi so weit wie möglich zu verwirklichen suchen[189]. Im Adagium „Dulce bellum inexpertis" ist dieser Vorbehalt schon unübersehbar ausgesprochen. Im Himmelreich herrscht vollkommene Eintracht. „Christus jedoch hat seine Kirche zu nichts anderem bestimmt, als zu einem himmlischen Volk, das auf Erden, soweit wie nur möglich, nach dem Modell des Himmelreichs leben ... soll"[190]. Erasmus ist sich darüber im klaren, daß das Streben nach Vollkommenheit immer auf dem Wege zu seinem Ziel ist – „quoad fieri potest" –. Nicht erst die Erfahrungen der praktischen Politik müssen Erasmus den Realismus lehren, vielmehr weiß er als Theologe schon immer, daß die Realisierung des Reiches Gottes unter einem Vorbehalt steht.

In seinem Brief an Paul Volz, den Erasmus seiner Ausgabe des Enchiridions von 1518 vorausschickt, hat er das Problem des Zwiespalts zwischen Evangelium und Politik direkt angesprochen: „Doch was sollst du tun", fragt er, „wenn diese Regel (sc. der christlichen Liebe) dem wider-

---

[185] Paraphr. in Lc 3,14, LB VII 312 D.
[186] So kommentiert Erasmus Lc 2,52: „Und Jesus nahm zu an Weisheit und Alter und Gnade bei Gott und Menschen": „ita habet et pietas suos accessus, donec adolescamus ad perfectam firmitatem plenitudinis Christi" (ebd. 308 E).
[187] „Caeterum qui semel induerunt Jesum Christum, hos oportet ad illius exemplum semper ad meliora conniti..." (ebd. 309 A); vgl. auch Paraphr. in Lc 24,27, ebd. 472 B und Paraphr. in Lc 11,3, ebd. 380 E.
[188] Paraphr. in Lc 21,28, LB VII 447 E.
[189] Ep. 1333,187–192, Allen V, S. 167f. u. Ep. 1400,294–297, ebd. S. 359.
[190] „In illa civitate summa concordia est. At Christus nihil aliud esse voluit suam Ecclesiam, quam coelestem quendam populum in terris ad illius imaginem, quoad fieri potest, viventem, ..." (LB II 960 C).

streitet, was in Jahrhunderten durch allgemeine Anwendung rezipiert und was durch Gesetze der Herrschenden sanktioniert worden ist?"[191] Die Antwort findet Erasmus gemäß seiner theologischen Grundkonzeption in der *Mehrdimensionalität der Wirklichkeit,* da sie graduell – mehr oder weniger – vom göttlichen Geist durchweht wird. Die weltlichen Herrscher dienen auf ihre Weise Christus, indem sie im gerechten Krieg den Feind überwältigen und die öffentliche Ruhe wahren, oder indem sie mit gesetzlichen Strafen die Verbrecher in Schranken halten[192]. „Man muß sie ehren, wo sie ihr Amt wahrnehmen, vielleicht ertragen, wo sie sich selbst zum Vorteil Macht ausüben, damit nichts Schlimmeres entsteht. Denn in diesen Dingen schimmert auch das Abbild oder Schattenbild der wahren göttlichen Gerechtigkeit auf"[193]. Die gesamte Wirklichkeit gewinnt für Erasmus ihre *Transparenz* vom *Christusereignis* her, denn alle Dinge sind in unterschiedlichem Gefälle auf Christus hingeordnet. Man muß nur den jeweiligen Grad der Abschattung erkennen, vom Abbild zum Urbild vorstoßen und der Gefahr entgehen, ersteres mit letzterem zu vertauschen. Krieg im eigenen Interesse zu führen, steht Christus entgegen, ein *gerechter Krieg als ultima ratio* zur Vermeidung größeren Übels kann, wenn auch in größter Abschattung, unter dem Vorzeichen Christi stehen, darf aber niemals als solcher christlich legitimiert werden. Die christliche Botschaft als eine dynamische, sich in den Herzen der Menschen realisierende Kraft dringt auf die Überwindung jedes noch so gerechten Krieges. Wenn es Aufgabe der evangelischen Pastoren ist, die sich bekriegenden Könige zur Eintracht zurückzuführen[194], dann hat Erasmus mit dieser Formulierung sein eigenes Engagement umschrieben. Alle Friedensbemühungen des Erasmus sind von seinem Glauben an die Einsicht der vom göttlichen Geist *erleuchteten Vernunft* und an die revolutionäre, weltverändernde Kraft des Evangeliums getragen. So kann einerseits der Gedanke des Friedens zum Integrationspunkt der philosophia Christi, zum anderen aber auch zum Programm der restitutio christianismi werden. Gerade die Evangelien erhalten unter diesem Aspekt in einer kriegsgeplagten und von religiösen Unruhen erschütterten Zeit ihr ganz besonderes Gewicht.

FALUDY hat gemeint, den Gedanken des Erasmus ein gewisses Maß an Naivität nicht absprechen zu dürfen, gleichzeitig aber auch darauf aufmerksam gemacht, „daß Erasmus' Erklärung der Gründe von Kriegen mutatis mutandis der Ansicht heutiger politischer Theoretiker äußerst nahe kommt. In der Moderne hat er als erster auf die Verbindung zwi-

---

[191] Ad P. Volzium, Holb. 9,24ff.
[192] Ebd. 9,34ff.
[193] Ebd. 11,17–20.
[194] Ep. 1400,194ff., Allen V, S. 357.

schen dem Krieg und der Doppelnatur des Menschen hingewiesen, das heißt auf den Konflikt zwischen den zerstörerischen und aggressiven Instinkten des Menschen und seiner ‚höheren Natur'"[195]. Dies ist sicher richtig, doch kann man die Leistung des Erasmus erst voll würdigen, wenn man seinem theologischen Ansatz nachgeht. Erasmus versteht es, den Frieden theologisch als dem Bereich der durch Christus gewirkten Heilswirklichkeit zugehörig zu fassen und ihn so als ein in die Tiefe der menschlichen Gemeinschaft reichendes Phänomen zu erfassen. Darum redet Erasmus vom Frieden, wenn er von der neuen Heilswirklichkeit in Christus spricht, und umgekehrt. Indem Erasmus erkennt, daß pax und caritas einander auslegen, gewinnt für ihn das Evangelium einen *gesellschaftspolitischen Bezug,* der die Theologie vor einer Engführung der Verinnerlichung des Glaubens bewahrt, die so häufig das bestehende politisch-gesellschaftliche System stabilisiert hat. Dabei hat Erasmus allerdings nicht an revolutionäre Veränderungen, als vielmehr an einen *evolutionären Prozeß* gedacht, der bei der Veränderung des Menschen durch die ihn treffende Botschaft des Evangeliums ansetzt. Ein neuer, nach dem Bilde Christi gestalteter Mensch soll den Aufruhr und Widerstreit der Welt in einen Gleichklang auflösen, der die göttliche Harmonie widerspiegelt. Friede ist daher nicht Abwesenheit von Krieg, sondern eine dem Christen gestellte Aufgabe, die in Christus geschenkte Gemeinschaft mit Gott in der Gemeinschaft der Menschen fruchtbar zu machen. Engagement für den Frieden heißt nicht Arrangement mit dem Bestehenden, sondern gläubiges Sicheinlassen auf die Dynamik des die Welt verändernden Evangeliums.

---

[195] FALUDY, S. 150.

11. Zusammenfassung der wichtigsten Ergebnisse

Erasmus hat seinen Platz in der Darstellung der *Geschichte der Hermeneutik* noch nicht finden können, weil sein umfassendes Oeuvre zur Schriftauslegung nicht annähernd zur Kenntnis genommen, geschweige denn einer kritischen Sichtung unterzogen worden ist. Urteile, die gefällt wurden, basieren vornehmlich auf Aussagen des Enchiridions, günstigstenfalls noch auf solchen aus den Einleitungsschriften zum Neuen Testament, selten auf dem Ecclesiastes, orientieren sich aber fast ausschließlich nicht an der von Erasmus geübten praktischen Schriftauslegung. Dies ist umso erstaunlicher, als für Erasmus gerade die Schrift und ihre Auslegung so sehr im Zentrum seines Bemühens stand, daß er von ihr die so dringend geforderte *Reform der christlichen Gesellschaft* erwartete. Dabei konzentrierte sich sein Interesse gerade auf die Evangelien, weil er in ihnen die philosophia Christi, die er zum Ausgangspunkt seines theologischen Denkens machte, am klarsten abgebildet sah.

Schon früh hatte Erasmus die Richtung seines Weges zur Schrift eingeschlagen, weil er erfaßt hatte, daß eine Erneuerung der Theologie nur von der Schrift her möglich war. Unterschiedliche Einflüsse mögen hier bestimmend gewesen sein, nicht zuletzt das Klima der *devotio moderna*. Doch mit der Zeit und dem Fortschritt seiner Studien und Entdeckungen präzisierte sich für Erasmus die einmal gewählte Aufgabe. Ihm ging es nicht einfach nur um die Verwirklichung einer schlichten Bibelfrömmigkeit. Als Humanist wollte er zurückgreifen auf den Schwerpunkt der *Antike,* den er im christlichen Altertum auszumachen glaubte. Er lernt Griechisch und ist damit imstande, hinter das lateinische auf das noch ursprünglichere griechische Altertum und die originalen Urkunden der christlichen Tradition zurückzugehen. Hier schlägt der historische Ansatz in einen systematischen um. In der christlich-griechischen Antike findet Erasmus Kriterien eines Schriftverständnisses, einen inhaltlichen Kanon der evangelischen Botschaft und vor allem ein Welt- und Seinsverständnis, das ihm die eigene Existenz im Licht des Evangeliums erschließt.

Die *neuplatonisch-origenistische Ontologie* liefert ihm den Schlüssel zum Seins- und Wirklichkeitsverständnis. Der Begriff der Ontologie erscheint hier angemessen als Charakteristik dieses Ansatzes, weil eine

Letztbegründung alles Wissens ermöglicht werden soll. Sein Denken prägt das Modell von den beiden Welten, der intelligiblen, unsichtbaren, ewigen, göttlichen und der sensiblen, sichtbaren, vergänglichen, irdischen Welt. *Wirklichkeit* bestimmt sich nach dem Grad der *Teilhabe* an der *intelligiblen Welt*. Die körperlich-sinnenhaften, sichtbaren Dinge können nicht die wahre Wirklichkeit selbst, sondern nur das Abbild des Urbildes der wahren Wirklichkeit sein. Daß die beiden Welten auseinanderklaffen, ist die Folge einer Pervertierung, denn im Urstand gehörten sie harmonisch zusammen. Da der status quo folglich nicht ein *grundsätzlicher,* sondern ein *tatsächlicher* ist, sucht Erasmus die Restitution der ursprünglich harmonischen Ordnung. Die Möglichkeit eines Brückenschlages sieht er von zwei Seiten her gegeben. Einmal durch den Menschen selbst kraft der Teilhabe seines Geistes am Geiste Gottes, dann aber und ganz besonders durch die Akkommodation Christi an die sichtbare Welt ohne Aufgabe seiner Identität mit dem Geiste Gottes. Christus ist in diese Welt gekommen, um den Weg in die Welt seiner Herkunft zu weisen. Seine Aufgabe liegt in der Aufklärung über den status quo und die Möglichkeit der Rückkehr zum Urstand. Darum ist Christus vornehmlich ins Wort eingegangen.

Wie der Mensch so hat das Wort und die Geschichte, ja haben alle Dinge je graduell verschieden an der einen wie der anderen Welt Anteil. Alles muß unter dem Fleisch-Geist-Aspekt betrachtet werden: außen Fleisch – innen Geist. Damit ist der Weg der Erkenntnis skizziert. Der Mensch hat von außen nach innen, von unten nach oben, vom Sensiblen zum Intelligiblen zu streben. Alle Wirklichkeit der sensiblen Welt hat daher *Symbolcharakter*. Sie kann transparent werden für die hinter ihr liegende ursprüngliche und wahre Wirklichkeit, die nie mit ihr identisch sein kann, weil sie in den Dingen der sensiblen Welt nur vielfältig gebrochen und teilweise bis zur Unkenntlichkeit pervertiert aufleuchtet. Es ist das Koordinatensystem einer neuplatonisch-origenistischen universalen Ontologie, das dem Erasmischen Denken zugrunde liegt. In seinem *Zentrum* steht *Christus,* der auf dem Wege der *Akkommodation* die Brücke von der intelligiblen zur sensiblen Welt schlägt und mit der Heraufbildung des Menschen von der unteren zur oberen Welt durch die Ausrichtung des Erkenntnisvorgangs von außen nach innen, vom Fleisch zum Geist den Prozeß der Restitution befördert. Das ganze Weltbild des Erasmus ist nach dieser Grundstruktur entworfen. Kosmologie, Anthropologie, Christologie, Ekklesiologie und Hermeneutik basieren auf den gleichen ontologischen Voraussetzungen. Für die Interpretation der Schrift heißt das: die Schrift selbst, das evangelische Geschehen, der Mensch Jesus, seine Worte, Gleichnisse und Taten sind auf diesem Hintergrund zu sehen und zu verstehen. Sie sind transparent und auf die sich in ihnen widerspiegelnde Wirklichkeit Gottes hin zu befragen.

Unter diesen philosophischen Voraussetzungen wendet sich Erasmus der *Schrift* zu und findet in ihr die Bestätigung seiner Anschauungen, besonders bei *Paulus* und im *Johannesevangelium.* Während allerdings Paulus in der *Antithese „Buchstabe-Geist"* eine Gegenüberstellung der in Christus erschienenen, *pneumatischen Wirklichkeit* des neuen Bundes mit dem sich im unwirksam gewordenen Gesetz manifestierenden alten Bund sieht, bezieht Erasmus die sich in dieser Antithese offenbarende Differenz auf zwei verschiedenartige Verstehensweisen und interpretiert sie so als eine *hermeneutische Formel.* Ebenso will die johanneische *Fleisch-Geist-Antithese* eine *offenbarungsgeschichtlich-eschatologische Dimension* beschreiben, während Erasmus sie formal auf den Gegensatz von *äußerer Form* und *geistigem Inhalt* anwendet. Das gleiche gilt auch für die Aufnahme der paulinischen *Anthropologie.* Wenn Erasmus Paulus oder das Johannesevangelium interpretiert, dann tut er es unter Anwendung von Kategorien eines *neuplatonischen Origenismus.* Allgemein formuliert: er deutet Plato in das Neue Testament hinein[1]. Wenn nach unserer Ansicht Erasmus Paulus damit mißverstanden hat, dann muß das nicht heißen, daß er sich selbst dem Apostel nicht gewachsen gefühlt und sich eher an der Bergpredigt orientiert hätte[2]. Solcher Alternative hat er sich nie gegenüber gesehen, weil für ihn sowohl Paulus wie auch die Evangelien unter dem gleichen Vorzeichen seines ontologischen Entwurfes standen.

Auch die Schrift ist unter dem Aspekt seines umfassenden Wirklichkeitsverständnisses gesehen. Nach ihrer äußeren Gestalt, nach dem Buchstaben partizipiert sie am mundus sensibilis, nach ihrem geistig-geistlichen Gehalt am mundus intelligibilis, an der transzendenten, pneumatischen, göttlichen Wirklichkeit. Da eine Identität von Geist und Buchstaben ausgeschlossen ist, kann die Schrift nur Verweischarakter haben, da aber Christus im Zuge der Inkarnation in das Wort der Schrift eingegangen ist, hat es teil an der pneumatischen Wirklichkeit. Daher muß Erasmus bei der Schriftinterpretation von der *Mehrschichtigkeit des Wortes* ausgehen. Da das Wort wesenhaft von der allegorischen Struktur geprägt ist, fordert es geradezu als die konveniente Auslegungsmethode die *Allegorese* im weitesten Sinn. Damit wandelt sich aber das den Menschen rechtfertigende *Wort vom Kreuz* als Ausdruck der heilsgeschichtlichen Wende in ein *Wort der Weisheit,* das in *noologischer Stufenfolge* vom Buchstaben zum Geheimnis des göttlichen Geistes führt. Die neutestamentliche, heilsgeschichtlich orientierte Antithese wird spiritualisiert, wobei allerdings Christus als die Mitte der Schrift festgehalten wird.

Die *mittelalterliche Hermeneutik* ist wesentlich von der Methode der Auslegung nach dem *vierfachen Schriftsinn* bestimmt. Sie war im Spätmit-

---

[1] BAINTON, Erasmus, S. 63–65; TRACY, S. 92.
[2] Wie TROELTSCH und WERNLE vermuteten.

telalter häufig in Spielereien entartet und hatte damit den Literalsinn überspielt. Erasmus, der sah, daß eine mechanistisch gehandhabte Interpretation nach der Quadriga einer lebendigen Auslegung im Wege stehen mußte, knüpfte darum ganz bewußt an die *Vätertradition* eines doppelten Schriftsinns an. Damit erkannte er aber auch dem *Literalsinn* als dem *Fundament* eines *geistlichen Sinns* wieder eine entscheidende Bedeutung zu. Wie die Sichtung der verschiedenen Äußerungen zum Thema ergeben hat, wächst mit zunehmenden Jahren die Reserve des Erasmus gegenüber der Allegorese, weil er sich in steigendem Maße der Gefahr der Überfremdung und Pervertierung des Literalsinns durch die Allegorese bewußt wird.

Da Erasmus jedoch keine scharfen Begriffsdistinktionen vornimmt, muß man sehr wohl zu unterscheiden suchen, ob er von der *allegorischen Struktur* des Wortes der Schrift *im allgemeinen* oder von der *Allegorie im besonderen* als einer literarischen Gattung spricht. Im ersten und allgemeinen Sinn hat Erasmus stets an dem Gedanken der Notwendigkeit einer allegorischen Schriftauslegung festgehalten, weil er von der Mehrdimensionalität des Wortes ausgeht und seine Erkenntnislehre ein tieferes Eindringen in die sublimeren Sinnschichten des Schriftwortes fordert. Zur Allegorese im speziellen Sinn fühlt sich Erasmus ermächtigt, weil er sieht, wie sich die Schrift selbst, wie sich Jesus und Paulus der Allegorie bedienen. Zudem erscheint ihm die Allegorese an den Stellen notwendig, die sonst absurd und ohne Sinn sind, und nützlich, wo sie einen Gegenwartsbezug herzustellen vermag.

Wer sich von diesen grundsätzlichen Überlegungen der praktischen Auslegung der Evangelien in den Paraphrasen zuwendet, wird überrascht von der Entdeckung, wie sparsam Erasmus die Allegorese im speziellen Sinn anwendet. Die Reden und Gleichnisse Jesu sind weitestgehend von der Allegorese freigehalten. Das hat seinen Grund vornehmlich darin, daß Erasmus Christus in der äußersten Akkomodation begreift als den, der dem menschlichen Fassungs- und Erkenntnisvermögen am weitesten entgegenkommt. Nichts ist einfacher als die Wahrheit, und weil Christus die Wahrheit ist, ist nichts einfacher als er selbst. Die *simplicitas* charakterisiert Christus, und an ihm als der sachlichen Mitte der Schrift bzw. an seiner philosophia hat sich die Allegorese zu orientieren. Die Erasmische *Gleichnisauslegung* ist in diesem Zusammenhang ein gutes Paradigma. Das Gleichnis partizipiert in gesteigerter Form am Gleichnis- bzw. Verweischarakter aller Dinge der äußerlich-sichtbaren Welt. Es soll in besonders plastischer Anlehnung an die menschliche Erfahrungswelt den Blick auf die geistige Welt Gottes lenken. Insofern ist das Gleichnis Funktion der *Akkommodation Christi* an das Fassungsvermögen des Menschen und seiner Struktur nach in dem Sinn schon „allegorisch", daß Ausage und Bedeutung zwar auseinanderfallen, sie aber doch wieder ganz eng aufeinander bezogen sind. Daher genügt es, diese dem Gleichnis inhärente Relation aufzudecken und nach dem in ihm verborgenen Sinn zu fragen, ohne noch weitere Sinnschichten zu erheben.

Wo Erasmus die Interpretation nach dem Literalsinn überschreitet, geschieht das meist im Bereich der Auslegung des Erzählungsstoffs. Da die Geschichte nur im Kontext der Erasmischen Ontologie zu verstehen ist, gilt auch und gerade für die evangelische Geschichte, daß sie transparent ist für die göttliche Wahrheit, ja diese geradezu in Bildern und Ereignisabläufen zur Darstellung bringt. Die *Geschichte* ruht nicht in sich selbst, sondern ist *intentional signifikativ*. Sie will etwas be-deuten, das auf einer anderen Ebene hinter oder in ihr liegt. Weil dieser Sinn nur mittelbar zum Ausdruck kommt, darum muß er gesondert erschlossen werden. Einzelne Ereignisse, Jesu Taten vor allem, aber auch die Orte der Handlung oder ihre Gegenstände, kurz, alles kann Verweischarakter tragen, man muß ihn nur erkennen und zu deuten verstehen. So wird die gesamte evangelische Geschichte beredt und versinkt nicht in der Vergangenheit, sondern wird für die Gegenwart fruchtbar gemacht. Das ist besonders deswegen möglich, weil die Geschehnisse in Analogie zu inneren, seelischen, geistig-geistlichen Vorgängen stehen, die meist ethischer Natur sind.

Da die Ereignisse der evangelischen Geschichte exemplarischen Charakter für die christliche Lebensführung haben, ist die ihnen angemessene Interpretationsmethode die *Tropologese*. Nicht jede Schriftstelle läßt eine allegorische, fast jede aber eine tropologische Deutung zu. Allein schon weil der sensus tropologicus weit enger an den *sensus litteralis* gebunden ist, schätzt Erasmus ihn so hoch. Schließlich scheint er seiner Neigung zur Tropologese besonders *Chrysostomus* gefolgt zu sein. Mit an Stereotypie grenzender Häufigkeit enden die Schilderungen von Ereignissen, Taten, Verhaltensweisen und Worten, meist von Jesus vollbracht oder gesprochen, in einem „*docens*", mit dem die Tropologese eingeleitet wird, die das Berichtete in eine Handlungsanweisung ummünzt. Historia docet. *Lehre* und *Leben* Christi stehen in einem inneren Zusammenhang, und zwar so, daß das Leben und Tun Christi nichts anderes ist als seine *in Akte gefaßte Lehre*. Und umgekehrt, die Taten sind Erläuterung seiner Worte. In der Auslegung der Paraphrasen zeigt Erasmus auf Schritt und Tritt, was er im Enchiridion schon ausgesprochen hatte, daß nämlich alle Urteile und Regeln für ein seliges Leben in Christus als unserm Vorbild bereitliegen. Die Evangelien erkennt er als geradezu unter tropologischer Abzweckung geschrieben.

Dem *christozentrischen Ansatz* korrespondiert eine Anthropologie, die auf die Hinaufbildung des Menschen vom Fleisch zum Geist angelegt ist. Wenn alle Sünden aus der falschen Vorstellungswelt des Menschen geboren werden, dann ist der Weg vom Fleisch zum Geist nicht gangbar ohne die Korrektur dieser falschen Vorstellungen. Kraft der dem Menschen eingeprägten und am göttlichen Gesetz partizipierenden Vernunft ist er in der Lage, sich nach den beate vivendi rationes auszurichten, die in Christus gespeichert sind. Die Anlage der Erasmischen *Anthropologie* fordert eine Vorordnung der *Noetik* vor der *Ethik*. In dem Angebot der „idealen" Meinungsbilder, die Christus als das Urbild bereitstellt, erkennt der Mensch den Ursprung seines Geistes vom Urbild des göttlichen Geistes und wird so fähig, sich wieder an diesem Urbild auszurichten. Die Erkenntnis geht der Verwirklichung voraus. Insofern hat man mit Recht von einer intellektualistischen Färbung der Erasmischen Theologie gesprochen und damit das Verständnis des Erasmus als eines flachen Moralisten abgewiesen. Unter der Voraussetzung seiner Anthropologie und *Erkenntnistheorie* wird die Schrift für Erasmus zu einem unerschöpflichen Reservoir wahrer Meinungsbilder. Aufgabe des Interpreten ist es, diese Meinungsbilder herauszuarbeiten, damit sie sich dem Geist des Menschen einprägen und auf dem Weg der Erkenntnis der wahren Ordnung und der Selbsterkenntnis des eigenen Unvermögens, aber auch Vermögens zur Verwirklichung im Leben des Menschen kommen können. Der Prozeß der Restitution des Menschen kann schlechthin nur beginnen, wenn er erkannt hat, in welchem Verhältnis er zum Skopus Christus steht und daß er sich auf diesen Skopus als Ziel auszurichten hat.

Von daher kommt nun auch das *Christusbild* des Erasmus ins Spiel. Der orbis totius Christi fabulae, d. h. der Ablauf der Geschichte seines Lebens ist in unvergleichlicher Konzentration unter der Trias *Einfachheit, Reinheit* und *Demut* zusammengefaßt. Christi Taten, sein Verhalten und sein Geschick sind auf diesen Dreiklang gestimmt und koinzidieren völlig mit seiner Lehre. Abgesehen davon, daß diese strenge Konzentration eine gewisse Vereinseitigung des Christusbildes zur Folge hat, bewirkt sie eine ungeheure Zentralisation auf Christus. Was auf den ersten Blick nicht immer gleich deutlich wird, stellt sich dem tiefer in die Schrift Eindringenden aber bald heraus, daß nämlich die Schrift ihre Mitte in Christus hat und der *Skopus Christus* zum Deutungsmaßstab genommen werden muß, wenn man die Schrift verstehen will. Man wird geradezu an *Luther* erinnert. Erasmus und Luther betreiben beide ihre Schriftauslegung in einzigartiger Konzentration auf Christus. Die Differenz zwischen beiden wird deutlich, wenn man fragt, was jeder von ihnen unter Christus verstanden hat. Für Luther konkretisiert sich in Christus das Wort vom Kreuz als das rechtfertigende Wort der Verkündigung, das den Menschen zu einer neuen Existenz befreit. Während Luthers Christologie demnach am *Rechtfertigungsgedanken* orientiert ist, entwirft Erasmus seine Christologie vom Gedanken der *Inkarnation als Akkommodation* her. In Christus entdeckt sich die göttliche Ordnung, und indem er den Menschen in diesen Erkenntnisvorgang mithineinnimmt, bringt er ihn auf den Weg zur Restitution durch Anleitung zur Ethik. Hier liegt die fundamentale Differenz zwischen dem Schriftverständnis und der Schriftauslegung Luthers und des Erasmus zutage, die sich versweise nachhalten ließe.

Wie die Untersuchung hat nachweisen können, bedient sich Erasmus der *allegorischen Auslegung* hauptsächlich, um die *ekklesiologische Dimension* zu skizzieren. Die Allegorese stellt heraus, wie in dem evangelischen Geschehen das Leben der Kirche schon vorgebildet ist und stellt so einen wesentlichen Gegenwartsbezug her, der ein nicht unbeträchtliches Maß an Kritik an den bestehenden kirchlichen Institutionen impliziert, eine Kritik, die aber als solche mehr angedeutet als ausgesprochen wird. Die Konzentration der Kirche auf ihr Haupt, Christus, die *Verkündigung des Evangeliums* durch sein Wort, das Leben der Gemeinde aus der *Sündenvergebung* und in *brüderlicher Liebe* wie ihre *Erbauung* durch die Geistwerdung des einzelnen Christen, das sind die Generalthemen, die Erasmus mit Hilfe der Allegorese aufgreift. Ein weiterer Gegenstand allegorischer Auslegung ist der Gegensatz von falscher Religion als *Gerechtigkeit aus den Gesetzeswerken* und der evangelischen Wahrheit als *Demut aus dem Glauben*. Hier wird besonders der Wortcharakter der evangelischen Wahrheit betont. Der Trend, alles Geschehen auf dem Weg einer *analogia spiritualis* zu transzendieren hat allerdings häufig eine *Entradikalisierung* zur Folge.

In allem aber hat sich Erasmus durchaus an die von ihm selbst in den Einleitungsschriften gezogenen Grenzen allegorischer Auslegung gehalten. Nirgends versucht er, auf dem Weg der Allegorese, *Dogmen* zu begründen. Vielmehr verschafft er sich durch die allegorische Auslegung die Möglichkeit, die aufgespürten Linien paränetisch auszuziehen. Ähnlich verhält es sich mit der Tropologese, die eine stark *seelsorgerliche Abzweckung* hat. Die individuell gehaltenen Mahnungen werden aber weit übertroffen von denen, die sich an das Kollektiv der kirchlichen *Amtsträger* wenden. Dabei bestimmt Erasmus die Hauptaufgabe des kirchlichen Amtes als *Verkündigung* und *Seelsorge*. Aufs Ganze der Evangelienauslegung gesehen stehen die Mahnungen, die sich an die kirchlichen Amtsträger richten und sie an ihre vornehmsten Aufgaben erinnern, so sehr im Vordergrund, daß man die Evangelien nach der Art, wie Erasmus sie in seinen Paraphrasen auslegt, im Erasmischen Verständnis geradezu *Pastoralevangelien* nennen könnte. Wir sehen hier Erasmus schon am Werk, wie er Gedanken zu Papier bringt, die ihn weiter so beschäftigen sollten, daß er sie dann später in seinem Alterswerk „Ecclesiastae sive de ratione concionandi" zusammenfaßte. Aus alledem geht klar hervor, daß Erasmus die Paraphrasen als einen entscheidenden Faktor seines Reformprogramms begreift. Wenn wir sehen, wie sich Erasmus in der Auslegung der Evangelien selbst in erster Linie an die kirchlichen Amtsträger und geistlichen Führer wendet und in den Widmungsschreiben zu den vier Evangelien-Paraphrasen die weltlichen Fürsten besonders adressiert, dann ist deutlich, daß er damit die beiden inneren Kreise der christlichen Gesellschaft anspricht, von denen ihre Erneuerung auszugehen hat. Erasmus vertraut auf die Macht des Evangeliums, das von gesellschaftlicher Relevanz ist, indem es sich über die Erneuerung des einzelnen auf die Restitution der christlichen Gesellschaft ausrichtet. Die Versöhnung des Menschen mit Gott muß Konsequenzen haben im sozialen Bereich, so daß sich die Harmonie der göttlichen Ordnung in allen Dimensionen verwirklichen kann.

Die Interpretation der Evangelien durch Erasmus ist der groß angelegte Versuch, die christliche Offenbarung in der Geschichte im Lichte eines philosophischen Seinsverständnisses auszulegen. Indem er die evangelische Geschichte aufnimmt und nacherzählt, deutet er sie im Kontext seines ontologischen Welt- und Wirklichkeitsverständnisses als den Ort des Transitus des göttlichen Logos auf seinem Weg über Inkarnation und Inverbation als Akkommodation zur Rückführung der sensiblen Welt auf ihren Ursprung in der intelligiblen. Weil für ihn die Geschichte metaphorischen Charakter hat, weist sie über sich selbst hinaus und will im umfassenden Sinn „allegorisch" verstanden werden.

Literaturverzeichnis

A. Bibliographien

Bibliotheca Erasmiana publiée par F. van der Haeghen, R. van den Berghe et T. J. I. Arnold. Gent 1897 ff., 2. Nachdruck 1972.

Bibliographie des impressions et des oevres de Josse Badius Ascensius, publiée par T. Renouard. 3 vol. Paris 1908.

Oversicht van de werken en uitgaven van Desiderius Erasmus, aanwezig in de Bibliotheek der gemeente Rotterdam, Rotterdam 1937, Nachtrag 1961.

J. C. MARGOLIN, Quattorze années de la Bibliographie érasmienne (1936–1949). Paris 1968.

– Douze années de la Bibliographie érasmienne (1950–1961). Paris 1963.

B. Quellen

AUGUSTINUS, Sancti Augustini Sermones post Maurinos reperti, ed. Germanus Morin (Miscellanea Agostiniana, vol. I), Romae 1930.

BUCER, MARTIN, Enarrationvm in evangelia Matthaei, Marci, et Lucae, libri duo . . . per M. Bucerum. Argentorati 1527.

ERASMUS, Opera omnia (bisher erschienen I/1–5, IV,1) Amsterdam 1969 ff. (AA).

– Opera omnia ed. J. Clericus 10 Bde. Lugduni Batavorum, 1703–1706. Neudruck Hildesheim 1961 (LB).

– Erasmi opuscula. A Supplement to the Opera omnia. Ed. W. K. Ferguson. Den Haag 1933.

– Opus epistolarum edd. P. S. and H. M. Allen. Tom. I–XII, Oxford 1906–58 (Allen).

– Ausgewählte Werke (lat.) edd. H. und A. Holborn München (1933) 1964 (Holb.).

– Ausgewählte Schriften (lat. und deutsch) ed. W. Welzig 8 Bde. Darmstadt 1967 ff.

– Paraphrasis in Euangelium secundum Matthaeum. Basel, Froben 1522 (Bibliotheek der gemeente Rotterdam).

– Paraphrasis in Evangelium secundum Ioannem. Basel, Froben 1523 (Bibliotheek der gemeente Rotterdam).

– In Evangelium secundum Lucam Paraphrasis. Basel, Froben 1523 (Bibliotheek der gemeente Rotterdam).

– Tomus Primus Paraphraseon in Novum Testamentum. Basel, Froben 1524 (Bibliotheek der gemeente Rotterdam).

Paraphraseon D. Erasmi Roterodami in novum testamentum . Tom. 1.2, Basel, Froben 1524.

Paraphraseon in quatuor evangelia et acta apostolorum, quarum bona pars nunc recens nata est, omnes ab ipso auctore non oscitanter recognitae. (Priesterseminar Münster).

LUTHER, MARTIN, D. Martin Luthers Werke. Kritische Gesamtausgabe, Weimar 1883 ff. (WA).

LYRA, NIKOLAUS DE, Postilla super totam bibliam IV, Straßbrug 1492. Nachdruck Frankfurt 1971.

VALLA, LAURENTIUS, Opera Omnia. 2 Vol. Basel 1540, Neudruck Torino 1962.

Griechische Kirchenväter:
Patrologiae Cursus completus, Series Graeca, accurante J.-P. Migne. Parisiis 1886 ff. (MSG).
- Die griechischen christlichen Schriftsteller der ersten drei Jahrhunderte, hrsg. von der Kirchenväter-Commission der Königl.-Preuß. Akademie der Wissenschaften. Leipzig 1897 ff. (GCS).

Lateinische Kirchenväter:
Patrologiae Cursus completus, Series Latina, accurante J.-P. Migne. Parisiis 1878 ff. (MSL).
Corpus Scriptorum Ecclesiasticorum Latinorum editum consilio et impensis Academiae Litterarum Caesareae Vindobonensis. Vindobonae 1866 ff. (CSEL).
Corpus Christianorum, Series Latina. Turnholti 1954 ff. (CC).

C. Biographien

AUGUSTIJN, C., Erasmus. Vernieuwer van kerk en theologie. (Theol. Monografieen). Baarn 1967.
BAINTON, R., Erasmus of Christendom. New York 1969, (dt.) Erasmus. Reformator zwischen den Fronten. Göttingen 1972.
ECKERT, W. P., Erasmus von Rotterdam. Werk und Wirkung. 2 Bde. Köln 1967.
HUIZINGA, J., Europäischer Humanismus. Erasmus, Rowohlts Deutsche Enzyklopädie 78, 1962.
MEISSINGER, K. A.. Erasmus von Rotterdam. Berlin 1948.
NEWALD, R., Erasmus Roterodamus. Freiburg 1947, 1963².
SMITH, P., Erasmus. A study of his life, ideals and place in history. 1923², Nachdruck New York 1962.

D. Sammelwerke

Gedenkschrift zum 400. Todestag des Erasmus von Rotterdam. Basel 1936.
Colloquium Erasmianum. Actes du Colloque International. Mons 1968.
Scrinium Erasmianum. Melanges historiques, ed. J. Coppens. 2 Bde. Leiden 1969/70.
Commémoration Nationale d'Erasme. Actes Bruxelles, Gand, Liège, Anvers 3.–6. Juin 1969. Bruxelles 1970.
Actes du Congrès Erasme. (Academie Royale Neerlandaise des sciences et des sciences humaines). Rotterdam 27.–29. Octobre 1969. Amsterdam-London 1971.
Colloquia Erasmiana Turonensia. I. ed. J. C. Margolin. Toronto 1972.

E. Literatur

(Das Verzeichnis enthält Monographien, Aufsätze und Hilfsmittel, denen ich Material und Anregungen verdanke. Abkürzungen nach Schwertner, Internationales Abkürzungsverzeichnis für Theologie und Grenzgebiete (IATG).

ALLEN, P. S., The Age of Erasmus, Oxford 1914.
- Erasmus, Lectures and Wayfaring Sketches, Oxford 1934.
- Erasmus on Peace, Voordrachten gehouden ter Herdenking von den Sterfdag van Eras-

mus, Rotterdam 1936, 'S-Gravenhage 1936, Bijdragen van Vaderlandsche Geschiedenis en Oudheidkunde 7, 1936, S. 235–246.

ALLGEIER, A., Erasmus und Kardinal Ximenez in den Verhandlungen des Konzils von Trient, Spanische Forschungen der Görres-Gesellschaft, 1. Reihe (Gesammelte Aufsätze zur Kulturgeschichte Spaniens, Bd. 4), Münster 1933, S. 193–205.

AUER, A., Die vollkommene Frömmigkeit des Christen nach dem Enchiridion militis Christiani des Erasmus von Rotterdam, Düsseldorf 1954.

AUGUSTIJN, C., Die religiöse Gedankenwelt des Erasmus und sein Einfluß in den nördlichen Niederlanden, RhV 28, 1963, S. 218–230.

– Erasmus en de Reformatie, Een onderzoek naar de houding die Erasmus ten opzichte van de Reformatie heeft aangenomen, Amsterdam 1962.

– The Ecclesiology of Erasmus, Scrinium Erasmianum Vol. II, Leiden 1969, S. 135–155.

BAILEY, J. W., Erasmus and the Textus Receptus: Croz Q17 (1940), S. 271–279.

BAINTON, R. H., The Paraphrases of Erasmus, ARG 57, 1966, Festschrift H. Bornkamm, S. 67–76.

– The Querela Pacis of Erasmus, Classical and Christian Sources, ARG 42, 1951, S. 32–38; abgedruckt in: Ders., Collected Essays I, Boston 1962.

– The Responsibilities of Power according to Erasmus of Rotterdam, in: The Responsibility of Power, Festschrift H. Holborn, hg. L. Krieger u. F. Stern, New York 1967, S. 54–63.

BAUER, K., John Colet und Erasmus von Rotterdam, ARG Ergänzungsband 5, Leipzig 1929, S. 155–187.

BAUER, W., Das Johannesevangelium, HNT 6, Tübingen 1933³.

BAUMGÄRTEL, F., Artikel „καρδία", ThWNT Bd. III, S. 609–611.

BEHM, J., Artikel „καρδία", ThWNT Bd. III, S. 611–616.

BÉNÉ, CH., Erasme et Saint Augustin TRH, CIII, Genf 1969.

BIETHENHOLZ, P. G., History and Biography in the Work of Erasmus of Rotterdam, Genf 1966.

BLUDAU, A., Die beiden ersten Erasmus-Ausgaben des Neuen Testament und ihre Gegner, BSt 7,5, Freiburg 1902.

BORN, L. K., Erasmus on Political Ethics, The Institutio principis Christiani, Political Science Quarterly 43, 1928, S. 520–543.

BORNKAMM, G., Enderwartung und Kirche im Matthäusevangelium, in: Überlieferung und Auslegung im Matthäusevangelium, Neukirchen 1960.

– Jesus von Nazareth (Urban-Bücher 19), Stuttgart 1956.

BORNKAMM, H., Das Problem der Toleranz im 16. Jahrhundert, in: Ders., Das Jahrhundert der Reformation, Göttingen 1961, S. 262–291.

BOUYER, L., Autour d'Érasme, Études sur le Christianisme des humanistes catholiques, Paris 1955.

BULTMANN, R., Das Evangelium des Johannes, KEK, Göttingen 1959¹⁶.

– Die Geschichte der synoptischen Tradition, FRLANT, NF. 12, Göttingen 1957.

CONZELMANN, H., Mitte der Zeit, BHTh 17, Tübingen 1960³.

COPPENS, J., ed., Scrinium Erasmianum, Mélanges historiques publiés sous le patronage de l'Université de Louvain à l'occasion du cinquième centenaire de la naissance d'Érasme, 2 Bde., Leiden 1969/70.

– Les idées réformistes d'Érasme dans les Préfaces aux Paraphrases du Nouveau Testament, Scrinium Lovaniense, Löwen 1961, S. 345–371.

– Érasme exégète et théologien, EThL 44, 1968, S. 191–204.

DEKKERS, E., Clavis Patrum, Acris Erudiri 3 (1961²).

DELITZSCH, F., Die Entstehung des Erasmischen Textes des Neuen Testaments, insonderheit der Apokalypse, Hanschriftliche Funde, Leipzig 1861.

DIBELIUS, M., Die Bergpredigt. Botschaft und Geschichte, Bd. I. Gesammelte Aufsätze, Tübingen 1953, S. 79–174.

DOERNE, M., Er kommt auch noch heute. Homiletische Auslegung der alten Evangelien, Göttingen 1956[4].
DOLFEN, CH., Die Stellung des Erasmus von Rotterdam zur scholastischen Methode, Osnabrück1936.
DUHAMEL, P. A., The Oxford Lectures of John Colet, An Essay in defining the English Renaissance, JHI 14, 1953, S. 493–510.
EBELING, G., Die Anfänge von Luthers Hermeneutik, ZThK 48, 1951, S. 172–230; auch in: Lutherstudien 1, Tübingen 1971, S. 1–68.
– Evangelische Evangelienauslegung, Eine Untersuchung zu Luthers Hermeneutik, FGLP 10, I, München 1942; Nachdruck Darmstadt 1962.
– Artikel, Geist und Buchstabe, RGG[3] II, Sp. 1290–1296.
– Artikel „Hermeneutik", RGG[3] III, Sp. 242–262.
EICHHOLZ, G., Auslegung der Bergpredigt, BSt 46, Neukirchen 1965.
ETIENNE, J., Spiritualisme Érasmien et les théologiens Louvanistes, Theol. Diss. Löwen 1956.
FALUDY, G., Erasmus von Rotterdam, Frankfurt 1970.
FERGUSON, W. K., Renaissance Tendencies in the Religious Thought of Erasmus, JHI 15, 4, 1954, S. 499–508.
FLITNER, A., Erasmus im Urteil seiner Nachwelt, Das literarische Erasmus-Bild von Beatus Rhenanus bis zu Jean Le Clerc, Tübingen 1952.
GEBHARDT, G., Die Stellung des Erasmus von Rotterdam zur römischen Kirche, Marburg 1966.
GELDER, H. A. E. VAN, The Two Reformations in the 16th Century, A Study of the Religious Aspects and Consequences of Renaissance and Humanism, 'S-Gravenhage 1961.
GELDNER, F., Die Staatsauffassung und Fürstenlehre des Erasmus von Rotterdam, Eberings Historische Studien 191, Berlin 1950.
GÖGLER, R., Zur Theologie des biblischen Wortes bei Origenes, Düsseldorf 1963.
GOPPELT, L., Typos. Die typologische Deutung des Alten Testaments im Neuen, Nachdruck Darmstadt 1969.
GORCE, D., La patristique dans la Réforme d'Érasme, in: Reformation, Schicksal und Auftrag, Festschrift J. Lortz 1, hg. E. Iserloh u. P. Manns, Baden-Baden 1958, S. 233–276.
GRABMANN, M., Die Geschichte der scholastischen Methode, 2 Bde., Nachdruck Darmstadt 1957.
GREITEMANN, N., Erasmus als Exeget, StC 12, 1936, S. 294–305, S. 365–387.
HANSON, R. P. C., Allegory and Event, London 1959.
HARBISON, E. H., The Christian Scholar in the Age of the Reformation, New York 1936, 1956.
HARNACK, A. VON, Die Entstehung der christlichen Theologie und des kirchlichen Dogmas, Gotha 1927.
HASHAGEN, J., Die Devotio Moderna in ihrer Einwirkung auf Humanismus, Reformation, Gegenreformation und spätere Richtungen, ZKG 55, 1936, S. 523–531.
HEIDTMANN, G., Die Philosophia Christi des Erasmus, EvTh 12, 4/5, 1952 bis 1953, S. 187–198.
HENTZE, W., Kirche und kirchliche Einheit bei Erasmus von Rotterdam, (KKTS 34), Paderborn 1974.
HESS, G., Kommentarstruktur und Leser, Das „Lob der Torheit" des Erasmus von Rotterdam, kommentiert von Gerardus Listrius und Sebastian Franck. Der Kommentar in der Renaissance, hrsg. v. A. Buch und O. Herding, Bonn-Bad Godesberg 1975, S. 141–165.
HIRSCHBERGER, J., Geschichte der Philosophie, 1. Teil, Basel, Freiburg, Wien 1963[7].
HOFFMANN, M., Erkenntnis und Verwirklichung der wahren Theologie nach Erasmus von Rotterdam, BHTh 44, Tübingen 1972.

HOLBORN, H., Deutsche Geschichte in der Neuzeit I, Das Zeitalter der Reformation und des Absolutismus, Stuttgart 1960.
HOLECZEK, H., Humanistische Bibelphilologie als Reformproblem bei Erasmus von Rotterdam, Thomas More und William Tyndale, SHCT 9, Leiden 1975.
HUIZINGA, J., Herbst des Mittelalters, Studien über Lebens- und Geistesformen des 14. und 15. Jahrhunderts in Frankreich und den Niederlanden, Stuttgart 1952[6].
– Das Problem der Renaissance, Renaissance und Realismus, Neuausgabe Darmstadt 1953.
HUNT, E. W., Dean Colet and his Theology, London 1956.
HYMA, A., Erasmus and the Oxford Reformers, NAKG 15, 1932, S. 69–92, S. 97–134.
– The Youth of Erasmus, University of Michigan Publications, History and Political Science 10, Ann Arbor 1930; New York 1968[2].
JAEGER, W., Das frühe Christentum und die griechische Bildung, übers. W. Eltester, Berlin 1963.
JARROT, C. A. Z., Erasmus' Biblical Humanism, StRen XVII, 1970, S. 119–152.
JEREMIAS, J., Die Gleichnisse Jesu, Göttingen 1956[4].
JONGE, H. J. DE, Novum Testamentum a nobis versum: The Essence of Erasmus' Edition of the New Testament, JThS N.S. 35, 1984, S. 394–413.
JÜLICHER, A., Die Gleichnisreden Jesu I–II, Tübingen 1910, Nachdruck Darmstadt 1963.
KÄSEMANN, E., Artikel Geist – IV. Geist und Geistesgaben im NT, RGG[3] II, Sp. 1272–1279.
KERLEN, D., Assertio. Die Entwicklung von Luthers theologischem Anspruch und der Streit mit Erasmus von Rotterdam. VIEG Bd. 78, Wiesbaden 1976.
KETTLER, F. H., Der ursprüngliche Sinn der Dogmatik des Origenes, ZNW Beiheft 31, Berlin 1966.
KISCH, G., Erasmus' Stellung zu den Juden und Judentum, PhG 83/84, Tübingen 1969.
KLEINHANS, R. G., Luther und Erasmus. Another Perspective, ChH 39, 1970, S. 459–469.
KÖHLER, W., Erasmus, Ein Lebensbild in Auszügen aus seinen Werken, Berlin 1917.
KOERBER, E. VON, Die Staatstheorie des Erasmus von Rotterdam, Berlin 1967.
KOHLS, E.-W., Luther oder Erasmus. Luthers Theologie in der Auseinandersetzung mit Erasmus, Bd. I, ThZ, Sonderband III, Basel 1972.
– Die Theologie des Erasmus I–II, Basel 1966.
– Die Bedeutung literarischer Überlieferungen bei Erasmus, AKultG 48, 1966, S. 219–233.
KRISTELLER, P. O., Renaissance Thought, The Classic, Scholastic and Humanist Strains, New York 1961.
KRODEL, G., Die Abendmahlslehre des Erasmus von Rotterdam und seine Stellung am Anfang des Abendmahlsstreites der Reformatoren, Theol. Diss. Erlangen 1955.
KRÜGER, F., Bucer und Erasmus. Eine Untersuchung zum Einfluß des Erasmus auf die Theologie Martin Bucers (bis zum Evangelien-Kommentar von 1530), VIEG Bd. 57, Wiesbaden 1970.
– Das Engagement des Erasmus für den Frieden, Dogma und Politik, Mainz 1973, S. 62–90.
LEEUW, G. V. D., Phänomenologie der Religion Tübingen 1956[2].
LINDEBOOM, J., Het Bijbelsch humanisme in Nederland, Leiden 1913.
LINNEMANN, E., Gleichnisse Jesu. Einführung und Auslegung. Göttingen 1966[4].
LORTZ, J., Erasmus kirchengeschichtlich, in: Aus Theologie und Philosophie, Festschrift F. Tillmann, hg. Th. Steinbüchel u. Th. Müncker, Düsseldorf 1950, S. 281–326.
LUBAC, H. DE, Exégèse médiévale, les quatre sens de l'écriture, 3 Bde., Paris 1959–1961; Aubier 1964.
MARGOLIN, J.-C., L'idée de nature dans la pensée d'Érasme, Vorträge der Aeneas-Silvius-Stiftung an der Universität Basel, 7, Basel 1967.
– Guerre et paix dans la pensée d'Érasme, Paris 1973.
MARXSEN, W., Einleitung in das Neue Testament, Gütersloh 1964[2].
MAURER, W., Das Verhältnis des Staates zur Kirche nach humanistischer Anschauung,

vornehmlich bei Erasmus, Aus der Welt der Religion, Problemgeschichtliche Reihe 1, Gießen 1930.

MESNARD, P., L'Essor de la philosophie politique au XVIe siècle, (De Petrarque à Descartes 19), Paris 1969³.

MESTWERDT, P., Die Anfänge des Erasmus, Humanismus und ‚Devotio Moderna', Studien zur Kultur und Geschichte der Reformation 2, Leipzig 1917.

MITSCHERLICH, A., Die Idee des Friedens und die menschliche Aggressivität. (Bibliothek Suhrkamp 233), Frankfurt 1969.

MÜLLER, J., Martin Bucers Hermeneutik, QFRG 32, Gütersloh 1965.

PADBERG, R., Glaubenstheologie und Glaubensverkündigung bei Erasmus von Rotterdam, Dargestellt auf der Grundlage der Paraphrase zum Römerbrief, in: Verkündigung und Glaube, Festschrift F. X. Arnold, hg. Th. Filthaut u. J. A. Jungmann, Freiburg 1958, S. 58–75.

– Pax Erasmiana. Das politische Engagement und die „politische Theologie" des Erasmus von Rotterdam, Scrinium Erasmianum, Vol. II, Leiden 1969, S. 301–312.

– Personaler Humanismus, Das Bildungsverständnis des Erasmus von Rotterdam und seine Bedeutung für die Gegenwart, Ein Beitrag zur Revision des Humboldtschen Bildungsideals, Paderborn 1964.

PAYNE, J. B., Erasmus and Lefevre d'Étaples as Interpreters of Paul, ARG 65, 1974, S. 54–83.

– Erasmus, His Theology of the Sacraments, Richmond 1969.

– Toward the Hermeneutics of Erasmus, Scrinium Erasmianum, Vol. II, Leiden 1969, S. 13–49.

PFEIFFER, R., Besprechung A. und H. Holborn, Ausgewählte Werke des Erasmus, Gnomon 12, 1936, S. 625–634.

– Die Einheit im geistigen Werk des Erasmus, DVfLG 15, 1937, S. 473–487.

PHILLIPS, M. M., The ‚Adages' of Erasmus, A Study with Translations, Cambridge 1964.

– Erasmus and the Northern Renaissance, London 1949, New York 1950.

PINEAU, J. B., Érasme, sa pensée religieuse, Paris 1924.

PUSINO, I., Der Einfluß Picos auf Erasmus, ZKG 46, 1927, S. 75–96.

RABIL, A. JR., Erasmus and the New Testament: The Mind of a Christian Humanist, Trinity University, Monograph Series in Religion, Vol. 1, San Antonio 1972.

RAUMER, K. V., Ewiger Friede, Friedensrufe und Friedenspläne seit der Renaissance, Orbis Academicus, Geschichte der politischen Ideen in Dokumenten und Darstellungen, hg. v. W. Gudrian, u. F. Wagner, Freiburg-München 1953.

REICKE, B., Erasmus und die neutestamentliche Textgeschichte, ThZ 22, 1966, S. 254–265.

RENAUDET, A., Études Érasmiennes 1521–1529, Paris 1939.

RICH, A., Die Anfänge der Theologie Huldrych Zwinglis, QAGSP 6, Zürich 1949.

RITTER, G., Die geschichtliche Bedeutung des deutschen Humanismus (HZ 127, 1923, 393–453), Darmstadt 1963².

SCHÄTTI, K., Erasmus von Rotterdam und die römische Kurie, Basler Beiträge zur Geschichtswissenschaft 48, Stuttgart 1954.

SCHLINGENSIEPEN, H., Erasmus als Exeget, auf Grund seiner Schriften zu Matthäus, ZKG 48, 1929, S. 16–67.

SCHOTTENLOHER, O. H., Erasmus im Ringen um die humanistische Bildungsform, Ein Beitrag zum Verständnis seiner geistigen Entwicklung, RGST 61, Münster 1933.

– Lex naturae und Lex Christi bei Erasmus, Scrinium Erasmianum, Vol. II, Leiden 1969, S. 253–299.

SCHWARZ, M., Krieg und Frieden bei Erasmus von Rotterdam, in: Festschrift W. Hausenstein, hg. W. E. Süskind, München 1952, S. 220–226.

SCHWARZ, W., Principles and Problems of Biblical Translation, Some Reformation Controversies and their Background, Cambridge 1955.

SCHWEIZER, E., Das Evangelium nach Markus. NTD Teilband 1, Göttingen 1973¹³.

- Das Evangelium nach Matthäus. NTD Teilband 2, Göttingen 1973[13].
- Artikel „πνεῦμα" ThWNT Bd. 6, S. 387–453.

SMITMANS, A., Das Weinwunder von Kana. Die Auslegung von Jo 2,1–11 bei den Vätern und heute, BGE 6, Tübingen 1966.

SPITZ, L. W., The Religious Renaissance of the German Humanists, Cambridge Mass. 1963.

STOCK, H., Studien zur Auslegung der synoptischen Evangelien im Unterricht, Gütersloh 1959.

STRACK-BILLERBECK, Kommentar zum Neuen Testament aus Talmud und Midrasch, Bd. I–IV, München 1956[2].

STRECKER, G., Der Weg der Gerechtigkeit. Untersuchung zur Theologie des Matthäus, Göttingen 1971[3].

STUHLMACHER, P., Der Begriff des Friedens im Neuen Testament und seine Konsequenzen. Studien zur Friedensforschung, Bd. 4; Histor. Beiträge zur Friedensforschung, hg. v. W. Huber, Stuttgart-München 1970.

STUPPERICH, R., Erasmus von Rotterdam und seine Welt, Berlin-New York 1977.
- Der Humanismus und die Wiedervereinigung der Konfessionen, SVRG 160, Leipzig 1936.
- Die theologische Neuorientierung des Erasmus in der Ratio seu Methodus 1516/18, Actes du Conges Erasme, S. 148–158.
- Zur Biographie des Erasmus von Rotterdam. Zwei Untersuchungen, ARG 65, 1974, S. 18–36.

THÜRLEMANN, I., Erasmus von Rotterdam und Johannes Ludovicus Vives als Pazifisten, Phil. Diss. Freiburg, Schweiz 1932.

TRACY, J. D., Erasmus. The Growth of a Mind, THR 126, Genf 1972.

TREINEN, H., Studien zur Idee der Gemeinschaft bei Erasmus von Rotterdam und zu ihrer Stellung in der Entwicklung des humanistischen Universalismus, Phil. Diss. Saarbrücken, Saarlouis 1955.

TROELTSCH, E., Protestantisches Christentum und Kirche in der Neuzeit, in: Ders., Die Kultur der Gegenwart, hg. v. P. Hinneberg, I, Abt. IV, 1; Berlin-Leipzig 1909[2], S. 431–755.

WENDLAND, H., Der zweite Brief an die Korinther, NTD Bd. III, 7/8, Göttingen 1958.

WERNLE, P., Die Renaissance des Christentums im 16. Jahrhundert, SGV 40, Tübingen-Leipzig 1904.
- Renaissance und Reformation, Sechs Vorträge, Tübingen 1912.

WINDISCH, H., Der Sinn der Bergpredigt. Ein Beitrag zum Problem der richtigen Exegese, Untersuchungen zum Neuen Testament, Heft 16, Leipzig 1929.

WINKLER, G. B., Erasmus von Rotterdam und die Einleitungsschriften zum Neuen Testament, RGST 108, Münster 1974.

WOODWARD, W. H., Desiderius Erasmus concerning the Aim and Method of Education, Nachdruck New York 1964.

Bibelstellenregister

Genesis
3	88
35,18	105

Exodus
3,5	97
19,20	127

Numeri
21,8f.	53

1. Regum
19,8	127

Psalmen
2	87,132
2,6f.	230
4	132
18,16f.	126
34	89
45,4	230
69,2f.	126
15f.	126

Jesaja
8,4	88
9,5–7	230
11,4–6	230
54,1	114

Jeremia
31,15	105

Sacharja
9,9f.	230

Matthäus
1,1	74,133
2	75
2,1–12	88
11	104
15	214
17	105
18	105
22	105
3,5	105
11	104
12	28,69,225,226
14	142
16	75
4,1–11	215
8	215
12	143,214
18	104
23–25	124,145
5–7	180,184,191
5,1	181,182,184,185,187
2	182,185
3	146,199
4	179,200
5–7	183
8	186,189
9	231,232
10	186,231
12	184,186,190
13–16	190
13	180
17	184
18	191,192
22	192,193,194,231
24	231
25	199
29f.	59
30	200
32	192,196
34	192
36	195
39	190,192
40	192
41	192,197,199
48	186
6,1–6	192
1	186

6,2	193	33	145
3	191,193	13,3	91,154,157
6	192,193,199	4	157,159
7	192	8	155
9	188	12	156
12	232	18	157
13	187	34	156
16	129	41	145
17	192,193	14,13	215
19	190,198	19	118,137
19ff.	198	24	126
20	190	15,29	142
22	189,190	32–39	145
23	190	45	142
24	189	16,6	58
28	192	11ff.	58
31	188,195	17,24–27	219
32	186,198	26	220,221
33	174,186	18,3	179
34	192	12–14	172
37	192	18	139,211
39	197	22f.	173
7,1f.	199	23–25	172
6	184	19,12	59,129
11	188	16	129
12	200	22	129
28	182	24	58
8,1–4	145	20,1–16	170
1	146,181,182	25	215
2	124	26ff.	179
4	93	21,4ff.	106
14	105	13	110
23–27	105,126	18	145
24	105	22,2–14	170
25	105	18	219
27	105,126	20	220
34	141	21	220,221
39–41	181	24,1	104,120
9,15–17	119	43f.	173
16f.	119	25	159,173
18ff.	125	1–13	173
30	140	14	173
34	146	31	159,173
10,9f.	194	26,1	105
16	231	14	74
34	128,219	26	74
37	218,220,221,222	32	134
11,4	147	36	134
29	231	44	134
12,19	231	50	142
29	214	51	128
30	232	52ff.	128

26,67	142	48	126
27,51	104,120	7,7	33
28,19	37	24	142
		26	113
Markus		31–37	123
1,9	142	32	123
14	120,144,216	33	124
21–28	148	34	124
26	125	37	124
29–39	111	8,1–10	54,119
31	111	5	54
39	146	5ff.	119
40–45	124	6	28
40	124,146	25	125
44	93	26	141
2,1–1,2	69,76,110,125	9,2	127
2	110	9	136
3	125	25	138
10	69	42	216
12	76,125,134	10,16	138
13–17	113,113	22	130
17	137	35–45	215
18	137	42	215
21	119	46	125
25	231	50	28
27	27	11,1–11	108
3,1–6	112	7	74
12	110	11	109,110
13	127,136	13	123
20	135	15	110
4,1	136	27	110,211
2	155,157	12,13–17	219
3	155,158	16	211, 219
11	158	18	69
13	155,156	41–44	113,114
14	155,157	13,1	142
26–29	170	3	113
29	171	14,3–9	112,125
33ff.	155	3	126
34	157,159	14,20	142
35–41	105,112,126,150	24	127
35	127	32	127
40	112,126	43–52	128
5,1–20	141	43	28,123
21–43	125	45	142
40	125	47	128
43	140	48	128
6,14–29	65	52	127
29	122	70f.	214
31	136	15,12	211,212
44	119,137,138	16	144
47	127	38	120

16,17	146	8	157
18	146	25	105,126
		39	141
Lukas		40–56	125
1,1	134	56	140
5	120	59	138
8	135	9,10	137,138
9	138	17	118
18	114,121,147	35	123
20	121	36	140
22	120,121	10,25–37	160
63	121	37	111,161,162
64	121	38–42	114
2,8	137	38	162
14	230	42	125
22	142	11,3	236
41–52	144	4	232
47	112	5–8	172
52	118,236	12,4f.	179
3,10–14	225	13–21	130
14	226,234,236	16–21	174
19	214	30	174
20	120	31	174
4,1–13	215	34	179
5	215	51	129,231
13	135,136	14,15–24	170
14–30	50	15	164,172
14	120	3	164,172
17	58	4–7	172
20	50	7	163,172
32f.	124	11–32	160,163,165,169
38–41	105	13	166,167,169,170
40	135,137,146	14	169
41	111	16f.	167
44	147	17	168
5,3	110	20	166,168
6	113	21	168
12f.	124	24	164,167,168
13	135,138	25	111,122,166
14	93,140	29	167
15	146	30	166,168
16	136	32	164,168
17	110	16,1–9	174
28	148	1	175
36–38	119	3	175
39	119	8	175
6,20	133	9	175
20f.	130	16	121
7,11–17	73,114	17,6	69
15	115,116	14	93
25	214	18,1	59
8,4	154,156	15–17	138

34	53,58	6	135,137
19,4	123	8	135,137,142
6	111	24	32,33
16	130	48	147
28–40	106	5,1–16	27
40	40,73,107,122	16	27
46	110	36	32
20,36	137	36f.	33
44	69	6,17	126
48	135	19	127
21,28	232	20	126
22,10	111	26	147
12	111	29	33
13	111	35	58
25f.	215	48	58
26	216	6,51–58	54,58
35–38	128	63	53,54
51	128	64	53,70
69	69	69	114
23,9	138	7,16	142
12	230	21	142
26	113	28	143
34	135,231	34	146
45	120	37	120
24	28	46	52
26	54	49	72
27	28,33,37,74,230,236	50	28
31	118	8,1	135
44	54	6	122,143,211
		8	143
Johannes		59	74,138,143
1	48,79	9	52
1	27,36	1	146
2	38,41,43,48,51	5	51
3	68	7	52
6	36	10,1	210
6f.	36	15	214
9	35,36	21	143
10	35	22	110,122
26	105	23	231
35	120	25	147
36	120	12,1–8	113
43f.	77	6	137
2,1–11	114,119	12f.	76
13	75	12–19	106
15	135,137	19	110
19	58	20	110
3	35	13,5	142
8	32,34	11	211
14f.	53	14,26	68
15	53,89	27	230
4	137	28	70

16,5	68	*1. Korinther*	
7	68,70	7,39	196
11	179	12,25–27	179
16	70		
18,20ff.	143	*2. Korinther*	
22	143	3,6	54,55
19,3	142	3,17	32
14	231		
21	118	*Galater*	
3	135,138	4,24	53
11	113		
13	118,137	*Philipper*	
15	137	1,21	179
17	137		
		1. Timotheus	71
Acta			
2,44	179	*1. Johannes*	
19,18	93	4,11	179
Römer			
1	166		
12,5	179		

Beiträge zur historischen Theologie
Herausgegeben von Johannes Wallmann

70 Christoph Burger
Aedificatio, Fructus, Utilitas
1986. XII, 226 Seiten. Ln.

69 Dietrich-Alex Koch
Die Schrift als Zeuge des Evangeliums
1986. 470 Seiten. Ln.

67 Richard Schröder
Johann Gerhards lutherische Christologie und die aristotelische Metaphysik
1983. VI, 257 Seiten. Ln.

66 Oswald Bayer / Christian Knudsen
Kreuz und Kritik
1983. X, 174 Seiten. Br.

65 Berndt Hamm
Frömmigkeitstheologie am Anfang des 16. Jahrhunderts
1982. XV, 378 Seiten. Ln.

64 Andreas G. Hyperius
Briefe 1530–1563
1981. XIV, 288 Seiten. Ln.

63 Hans H. Holfelder
Solus Christus
1981. VII, 127 Seiten. Br.

62 Hans Conzelmann
Heiden – Juden – Christen
1981. VIII, 351 Seiten Ln.

61 Ulrich Köpf
Religiöse Erfahrung in der Theologie Bernhards von Clairvaux
1980. IX, 247 Seiten. Ln.

60 Erich Gräßer
Albert Schweitzer als Theologe
1979. X, 279 Seiten. Br. Ln.

59 Karl H. zur Mühlen
Reformatorische Vernunft und neuzeitliches Denken
1980. IX, 337 Seiten. Ln.

58 Andreas Lindemann
Paulus im ältesten Christentum
1979. X, 449 Seiten. Ln.

57 Walter Mostert
Menschwerdung
1978. V, 189 Seiten. Ln.

56 Gerhard Krause
Andreas Gerhard Hyperius
1977. VIII, 175 Seiten. Br.

55 Reinhard Schwarz
Die apokalyptische Theologie Thomas Müntzers und der Taboriten
1977. VII, 142 Seiten. Br.

54 Berndt Hamm
Promissio, Pactum, Ordinatio
1977. XVI, 527 Seiten. Ln.

53 Theodor H. Jorgensen
Das religionsphilosophische Offenbarungsverständnis des späteren Schleiermacher
1977. X, 382 Seiten. Ln.

52 Christof Gestrich
Neuzeitliches Denken und die Spaltung der dialektischen Theologie
1977. XII, 409 Seiten. Ln.

51 Siegfried Raeder
Grammatica Theologica
1977. VII, 372 Seiten. Ln.

50 Jürgen Hübner
Die Theologie Johannes Keplers zwischen Orthodoxie und Naturwissenschaft
1975. VIII, 334 Seiten. Ln.

49 Ulrich Köpf
Die Anfänge der theologischen Wissenschaftstheorie im 13. Jahrhundert
1974. XII, 310 Seiten. Ln.

48 Henneke Gülzow
Cyprian und Novatian
1975. IX, 167 Seiten. Br.

47 Eric F. Osborn
Justin Martyr
1973. XI, 228 Seiten. Br. Ln.

46 Karl H. zur Mühlen
Nos extra nos
1972. IX, 298 Seiten. Br. Ln.

45 Hans D. Betz
Der Apostel und die sokratische Tradition
1972. IV, 157 Seiten. Br.

44 Manfred Hoffmann
Erkenntnis und Verwirklichung der wahren Theologie nach Erasmus von Rotterdam
1972. XIV, 294 Seiten. Br. Ln.

43 Ulrich Mauser
Gottesbild und Menschwerdung
1971. VII, 211 Seiten. Br. Ln.

42 Johannes Wallmann
Philipp Jakob Spener und die Anfänge des Pietismus
2. Aufl. 1986. XIII, 384 Seiten. Br. Ln.

41 Rolf Schäfer
Ritschl
1968. VIII, 220 Seiten. Br. Ln.

40 Hans H. Schmid
Gerechtigkeit als Weltordnung
1968. VII, 203 Seiten. Br. Ln.

39 Hans Frhr. von Campenhausen
Die Entstehung der christlichen Bibel
1968. VII, 393 Seiten. Ln.

38 Siegfried Raeder
Die Benutzung des masoretischen Textes bei Luther in der Zeit zwischen der ersten und zweiten Psalmenvorlesung (1515–1518)
1967. VIII, 117 Seiten. Br.

37 Hans D. Betz
Nachfolge und Nachahmung Jesu Christi im Neuen Testament
1967. VII, 237 Seiten. Br.

36 Martin Brecht
Die frühe Theologie des Johannes Brenz
1966. VIII, 331 Seiten. Ln.

35 Karlmann Beyschlag
Clemens Romanus und der Frühkatholizismus
1966. VII, 396 Seiten. Br. Ln.

34 Wilhelm F. Kasch
Die Sozialphilosophie von Ernst Troeltsch
1963. IX, 283 Seiten. Br.

33 Gerhard Krause
Studien zu Luthers Auslegung der Kleinen Propheten
1962. IX, 417 Seiten. Br. Ln.

32 Thomas Bonhoeffer
Die Gotteslehre des Thomas von Aquin als Sprachproblem
1961. III, 142 Seiten. Br. Ln.

31 Siegfried Raeder
Das Hebräische bei Luther, untersucht bis zum Ende der ersten Psalmenvorlesung
1961. VII, 406 Seiten. Br. Ln.

30 Johannes Wallmann
Der Theologiebegriff bei Johann Gerhard und Georg Calixt
1961. VII, 165 Seiten. Br.

29 Rolf Schäfer
Christologie und Sittlichkeit in Melanchthons frühen Loci
1961. VIII, 171 Seiten. Br.

28 Wilfrid Werbeck
Jakobus Perez von Valencia
1959. 273 Seiten. Br.

27 Gerhard Koch
Die Auferstehung Jesu Christi
2. Aufl. 1965. V, 338 Seiten. Br.

25 Hartmut Gese
Der Verfassungsentwurf des Ezechiel (Kapitel 40–48) traditionsgeschichtlich untersucht
1957. VIII, 192 Seiten. Br.

22 Christoph Senft
Wahrhaftigkeit und Wahrheit
1956. XII, 171 Seiten. Br.

20 Heinz Kraft
Kaiser Konstantins religiöse Entwicklung
1955. X, 289 Seiten. Br.

18 Werner Jetter
Die Taufe beim jungen Luther
1954. X, 372 Seiten. Br.

17 Hans Conzelmann
Die Mitte der Zeit
6. Aufl. 1977. VIII, 242 Seiten. Ln.

15 Karl Elliger
Studien zum Habakuk-Kommentar vom Toten Meer
1953. XIII, 203 Seiten. Br.

14 Hans Frhr. von Campenhausen
Kirchliches Amt und geistliche Vollmacht in den ersten drei Jahrhunderten
2. Aufl. 1963. X, 339 Seiten. Ln.

12 David Lerch
Isaaks Opferung, christlich gedeutet
1950. XVII, 290 Seiten. Br.

10 Walter Bauer
Rechtgläubigkeit und Ketzerei im ältesten Christentum
2. Aufl. 1964. IX, 314 Seiten. Br. Ln.

J.C.B. Mohr (Paul Siebeck) Tübingen